Goyo Perez Companc/ Santiago Soldati/
Aldo Roggio/ Enrique Menotti Pescarmona

LOS DUEÑOS DE LA ARGENTINA II

Los secretos del verdadero poder

Diseño de tapa: María Chimondeguy / Isabel Rodrigué
Fotos: Gentileza de Editorial Atlántida

LUIS MAJUL

Goyo Perez Companc/ Santiago Soldati/
Aldo Roggio/ Enrique Menotti Pescarmona

LOS DUEÑOS DE LA ARGENTINA II

Los secretos del verdadero poder

EDITORIAL SUDAMERICANA
BUENOS AIRES

PRIMERA EDICION
Noviembre de 1994

QUINTA EDICION
Enero de 1995

IMPRESO EN LA ARGENTINA

*Queda hecho el depósito
que previene la ley 11.723.*
© *1994, Editorial Sudamericana S.A.
Humberto I 531, Buenos Aires.*

ISBN 950-07-0976-7

A Octavio, el hijo de mi China y de mi alma

Colaboración periodística:
Solange Curuchet y Marcelo Dimango

AGRADECIMIENTOS

A mi familia, por soportar lo insoportable.

A mi mamá Tita por su apoyo incondicional y a mi papá Julio por su honestidad permanente.

A mis hermanas Lili y Ale, por aceptarme con resignación.

A Jorge Azcárate, por mostrarme la luz en los momentos de confusión.

A Sergio Frenkel y Gabriel Corrado, por estar siempre.

A mis compañeros de Radio Continental y Todo Noticias —especialmente a Oscar Gómez Castañón y Marcelo Bonelli— por tapar los baches de trabajo y de neuronas que me ha dejado esta investigación.

A los que pusieron en juego su trabajo y su futuro con el aporte de datos y testimonios indispensables para esta investigación.

Alegato II

Estos Dueños de la Argentina —como los incluidos en el libro anterior— también se parecen a Dios: no sólo están en todas partes sino que manejan asuntos que pueden modificar profundamente la vida del resto de los mortales.

Ellos extraen el petróleo del que sale el combustible que nos da vida.

Administran las estaciones de servicios que nos venden ese petróleo destilado y refinado.

Operan los teléfonos por los cuales nos comunicamos.

Manejan la luz que nos ilumina con la que funciona la computadora con la que se está escribiendo esto.

Reparten el gas que nos da calor en invierno.

Distribuyen el agua que nos evita morir deshidratados.

Son propietarios de las cabinas de peaje por las que estamos obligados a pasar si queremos viajar por el país.

Construyen turbinas que dan energía hidraúlica a millones de argentinos.

Recogen la basura de muchas ciudades de la República.

Poseen bancos y mesas de dinero que les permiten tener platita contante y sonante en tiempo récord y en cantidades industriales.

Son mimados por los gobiernos de turno.

Multiplicaron su poder vertiginosamente en los últimos cinco años.

Los cuatro Dueños de la Argentina que conforman esta investigación podrían fundar otro mediano país: facturan en conjunto casi 7 mil millones de dólares por año; dan trabajo directa e indirectamete a más de 100 mil personas y deberían pagar impuestos por más de 2 mil millones de dólares.

Los Dueños de la Argentina II también trascienden los gobiernos democráticos y los golpes de Estado y salen indemnes de las catástrofes naturales y las crisis económicas.

Los protagonistas de esta historia también resultan inalcanzables para el resto de los pecadores.

Pero *Los Dueños de la Argentina II* es también una respuesta al pasar para los estúpidos que hicieron hipótesis conspirativas y dijeron que:

* Perez Companc no fue incluido en *Los Dueños de la Argentina I* porque alguien del poderoso grupo consiguió convencer al débil autor en ese sentido.

* Resultó llamativa la ausencia de Santiago Soldati y su Comercial del Plata en la investigación anterior.

* Fue muy raro que en *Los Dueños I* se investigara en detalle a los Macri y no se hiciera alusión a los Roggio, sus principales enemigos de negocios.

* Dio mucho que pensar la incorporación de Carlos Bulgheroni, de Bridas, como el símbolo del empresario que mamó de la teta del Estado, y la exclusión simultánea de Enrique Menotti Pescarmona, de IMPSA.

Los Dueños de la Argentina II, es, entre otras cosas, el fin de todos los mitos que se tejieron sobre la pureza y el misterio de Perez Companc desde su fundación; una zambullida profunda en la Sociedad Comercial del Plata; una gira sin escalas hacia los manejos de Benito Roggio e Hijos y una recorrida sinuosa por los expedientes que involucran a Industrias Metalúrgicas Pescarmona.

Los Dueños de la Argentina II constituye, finalmente, una prueba más de la promiscuidad entre el poder permanente y los poderes de turno y la evidencia de que los grandes empresarios argentinos cumplen con su mandato de obtener mayores utilidades, pero que si se los controla como corresponde van a ser más transparentes y más éticos.

Primera parte

Goyo, el fantasma

1. La importancia de llamarse Perez Companc

—*Se llamará Perez Companc. Tendrá todo lo que tienen ustedes, mis hijos legítimos. Es mi último deseo y espero que lo cumplan.*

La voz de ultratumba de Margarita Companc de Perez Acuña se oyó nítida y premonitoria. La sentencia fue pronunciada una mañana de invierno de 1968.

La mujer de 80 años que acababa de hablar estaba por morir. Sobre la pared donde se apoyaba el respaldo de la cama colgaban retratos de Jesucristo, María y San Jorge.

Margarita se estaba despidiendo de la vida en su lecho del departamento de 250 metros cuadrados, en el décimo G del edificio de Florida 1065, más conocido como El Kavanagh, donde finalmente dejó de respirar el 8 de junio de ese mismo año, a las cuatro y media de la tarde, por culpa del carcinoma de aparato genital con metástasis que la hizo sufrir más de la cuenta.

La escucharon perplejos sus dos vástagos de sangre, Carlos Alberto Perez Companc y Alicia Estela Perez Companc.

Margarita no hablaba de pavadas.

Hablaba de cambiarle el apellido a un chico que había nacido en el anonimato.

Hablaba de regalarle el mitológico nombre de familia a un tal Goyito Bazán, quien más tarde se convertiría, por obra y gracia de ese deseo póstumo, en el hombre más rico y poderoso de la Argentina.

Bazán era un chico humilde, morochito y menudito, con pelo de puercoespín y carita de indio mapuche. Hay quienes dicen que fue adoptado por Margarita Companc después de quedar huérfano. Y hay quienes juran que se trata del hijo natural del marido de Margarita Companc, Ramón Perez Acuña, con una doméstica que además era india.

"Goyo" Bazán no tiene partida de nacimiento ni fue anotado en ningún registro cuando nació.

Recién fue blanqueado ante las leyes cuando tenía 11 años, exactamente el 23 de agosto de 1945. Ese día se confeccionó un documento llamado "acta de inscripción tardía."

En el acta se asegura:

* que nació en Villa Ballester, provincia de Buenos Aires, el 12 de octubre de 1934,

* que es un hijo "legítimo" de un tal Benito Bazán y otra tal Juana Emiliana López, "ambos fallecidos",

* que sus abuelos paternos se llamaban Enrique Bazán y Eladia Cáceres y sus abuelos maternos eran Gregorio López y Juana Correa.

Pero nueve especialistas consultados afirman que esa acta está plagada de irregularidades y de datos que no se pueden comprobar, a saber:

* ninguno de sus supuestos parientes de sangre figuran con un número de documento, una dirección o una identificación mínima en ningún registro oficial de la República Argentina

* no se inició un incidente para comprobar cómo habían muerto los supuestos padres de Goyo

* la inscripción tardía no fue certificada por ningún juez sino apenas autorizada por el jefe de la sección civil del registro de Villa Ballester

* la existencia de Goyo no fue constatada por ningún magistrado, sino por un médico policial llamado Roque Peletti.

Los testigos de esta misteriosa acta fueron Margarita Companc y sus retoños legítimos, Carlos Alberto, Jorge Joaquín y Alicia Pérez Companc.

Dieciocho personas distintas explicaron que esa acta fue prefabricada para ocultar que Bazán sería el hijo natural de Ramón Perez Acuña. Siete relataron que fue confeccionada para tapar que fue hijo de quien hoy aparece como su hermanastro, el fallecido médico Jorge Joaquín Perez Companc. Y hombres de la plena confianza de Perez Companc afirmaron que sólo es un chico adoptado.

Ser un hijo como Goyo no tiene nada de particular en la Argentina hoy, cuando faltan seis años para el siglo XXI. Al futbolista Diego Maradona, a los cantantes Julio Iglesias y Luis Miguel, al sindicalista Jorge Triaca y hasta al propio presidente Carlos Menem les adjudican hijos que no reconocieron.

Pero éste no es un caso cualquiera.

Estamos hablando de Jorge Gregorio "Goyo" Bazán o Perez Companc, 61 años, casado, seis hijos, un metro 68 centímetros de estatura, más de 75 kilogramos de peso, Libreta de Enrolamiento 4.150.211, cédula de identidad 3.824.012, nacido el 12 de octubre de 1934 bajo el signo de libra en el horóscopo occidental y del perro en el chino, hincha de River Plate, estudios universitarios incompletos, hombre excepcionalmente bueno y generoso pero sin una inteligencia descomunal; católico de comunión casi diaria; empresario petrolero, telefónico, ganadero y ovejero, de la luz y el gas, los chocolates y los hoteles, el turismo y el primer banco de la Argentina, de los trenes de carga y las construcciones civiles y nucleares, de la pesca y la informática; con una fortuna familiar de casi 3 mil millones de dólares, superior a las de las familias Rockefeller, Morita, Disney, Peugeot, Mc Donald's, Chanel, Vuitton y Niarchos; copropietario de la fundación que más dinero gasta en ayuda social con 15 millones de dólares anuales; tímido, retraído, austero, sencillo y atormentado; apodado el Fantasma porque no se deja fotografiar, ni aparece en cócteles y desprecia a los periodistas, las fiestas y todo lo que pueda alterar mínimamente su intimidad y su Gran Secreto.

Margarita, la mujer que lo crió y lo convirtió en uno más de la familia, había nacido en Lyon, Francia, en 1881. Hija del ingeniero Domingo Companc y de Lidya Gasilloud, se casó con Ramón Pérez Acuña el 7 de diciembre de 1907 al mediodía. Su marido, Ramón Perez Acuña, había nacido en Orense, España, en 1875. Hijo de Joaquín Perez y Manuela Acuña, murió en 1943, mientras tomaba vacaciones.

La primera hija de Ramón y Margarita, Alicia Estela Perez Companc, nació el 16 de setiembre de 1908, a la una y media de la tarde, justo cuando cumplían nueves meses de casados. Hoy tiene 86 años y vive postrada debido a un infarto de cerebro.

El segundo, Carlos Alberto Perez Companc, llegó al mundo el 14 de enero de 1911, a la una y media de la mañana, y se despidió de él el 7 de octubre de 1977 a las nueve de la noche. Se trata del abogado al que se lo tiene como el verdadero hacedor de la compañía.

Y el tercero, Jorge Joaquín Perez Companc, nació el 11 de octubre de 1912, a las cuatro de la tarde, y murió el 29 de mayo de 1959, a la misma hora. Es el médico que compartió la conducción del grupo con Carlos hasta el mismo día de su muerte.

Margarita Companc no sólo les hizo jurar a sus hijos verdaderos que anotarían a Goyito como Perez Companc. Ella les hizo prometer, además, que lo tratarían como un hermano de sangre y que lo incluirían en el directorio de las empresas y en su propia sucesión. El chico tenía entonces 24 años y la promesa fue cumplida: al poco tiempo, y como por arte de magia, Bazán se convirtió en Perez Companc, aunque no existe en los tribunales federales ni en los de la provincia de Buenos Aires ningún acta de adopción o de cambio de apellido que acredite la metamorfosis.

¿Pero quién es realmente Jorge Gregorio Pérez Companc?

La respuesta más clara debería figurar en los archivos del Registro Nacional de las **Personas**.

Debería.

Sin embargo, no es así: la ficha de identidad que allí aparece aumenta más la confusión y la sospecha.

Porque figura, con tinta azul, "Jorge Gregorio Bazán". Pero
al lado del Bazán se lee, entre paréntesis y en tinta roja, el
apellido Perez Companc. Y más abajo dice: "Hijo de Benito Bazán y Juana Emiliana López".

Sin embargo, sobre el apellido López y con tinta roja hay
una tachadura y un agregado. Lo que se agrega es nada menos
que el nombre de Margarita Companc.

Abogados que se especializan en detectar este tipo de presentaciones se manifestaron perplejos con semejante panorama
y un ex altísimo empleado de la compañía que ingresó en 1947
y se debió ir en 1980, reveló, como si estuviera ante el propio
Satanás:

—*Esa acta que tiene usted en la mano no es una partida de
nacimiento. Es un papel que hicieron a las apuradas para docu-
mentar a Goyito.*

Las añadiduras que figuran en la ficha de identidad del
Registro Nacional de las Personas, demuestran que Goyo sacó
su libreta de Enrolamiento el 24 de abril de 1953 bajo el nombre de Bazán. Y revelan que recién seis o siete años más tarde,
en 1960, o 1961, se presentó en sociedad con otra libreta y bajo
el apellido Perez Companc.

¿Qué razones puede tener una persona de 26 años para
cambiarse el apellido?

Un abogado serio explicó que las razones más habituales
son que el apellido original se preste a burla, que sea impro-
nunciable o demasiado largo. También agregó:

—*No es posible que un adulto cambie su apellido sólo para
perpetuar la dinastía de un imperio económico.*

Perez Companc no compartió el Gran Secreto ni con sus
hijos... hasta el día 10 de marzo en 1989, cuando salió publicado, en *Página /12*, un párrafo del libro de Marcelo Bonelli, *Un
volcán en llamas.*

Bonelli no descubrió su verdadero apellido de nacimiento,
pero contó la versión de que Goyito sería hijo natural de su
padre con una doméstica anónima.

La doméstica sería la persona que figura en el acta de
inscripción tardía y el Registro Nacional de las Personas con el
nombre de Juana Emiliana López. La doméstica Juana, a su
vez, sería la esposa legítima de Benito Bazán, explicaron hombres seguros de conocer el intríngulis.

Pero Goyo no es culpable de nada sino víctima de mucho y
desde el momento mismo en que lo trajeron al mundo empezó a
sufrir.

Sufrió, por caso, con un problema congénito que tiene en
los huesos. Un problema que lo obligó a andar con muletas

algunos años de su infancia y por el que debió operarse en los Estados Unidos. La operación fue un éxito, pero si se lo observa bien, se puede notar que todavía camina con cierta dificultad.

Sufrió también en los primeros años de su vida, cuando asistió como pupilo a un colegio religioso de la provincia de Córdoba. Y sufrió nuevamente al ingresar a la escuela secundaria en el Colegio Marín, de San Isidro, donde empezó a codearse con la gente que tiene dinero o estilo, y a veces ambas cosas a la vez.

Pero si la vida lo castigó con las cosas de la sangre, también lo premió sobradamente con las cosas del dinero y el poder.

Porque él consiguió nada menos que perpetuar el apellido Perez Companc, ya que sus "hermanos" Carlos ni Alicia ni Jorge Joaquín tuvieron hijos. Y, como si eso fuera poco, Goyo fue tomando sin prisa y sin pausa el control absoluto del grupo, al desplazar o congelar uno a uno a los profesionales que respondían a su fallecido hermano Carlos, y también al apartar con sutileza a su "hermana" Alicia de la Fundación Perez Companc.

No le fue tan mal porque Goyo maneja hoy un imperio que:
* factura 4 mil millones de dólares anuales entre sus empresas controladas y vinculadas
* posee el banco privado más poderoso del país con un valor patrimonial de 1.800 millones de dólares
* gastó casi mil millones de dólares en los negocios de la privatización y tardará cerca de 10 años en recuperarlos
* da trabajo a 20 mil personas con un salario promedio de bolsillo de mil dólares
* paga cerca de 600 millones de dólares de impuestos todos los años
* tiene una mesa de dinero que maneja entre 5 y 10 millones de dólares por mes
* gana dos millones de dólares por día al extraer el 20 por ciento de toda la producción petrolera del país
* está a punto de disputar el control de YPF, la empresa de mayor venta de la Argentina
* genera más del 10 por ciento de la energía que gasta la Argentina, la transporta a través de 14 provincias y distribuye luz para 5 millones y medio de habitantes
* transporta el 65 por ciento del gas que consume todo el país y lo distribuye entre casi 6 millones y medio de personas
* posee más de un cuarto de millón de hectáreas en campo fértil, diseminadas por todo el país, con animales de primera categoría y cultivo de alta rentabilidad
* participa en el control y la conducción de Telefónica y Telecom, dos de las telefónicas que más ganancias obtienen en el mundo y que sirven a un total de 5 millones de personas

* maneja, a través de sus compañías, entre el 15 y el 20 por ciento de los negocios que se mueven en la bolsa

* embolsó cientos de millones con las más grandes obras públicas que licitó el Estado, apartando de la competencia con prácticas cuestionables a constructoras medianas y pequeñas

* participa en negocios disímiles pero altamente rentables como el Shopping Center Alto Palermo, el Shopping Recoleta y el Hotel Internacional Cataratas del Iguazú.

Un ex compañero de Goyo del Colegio Marín se sorprendió tremendamente al comparar las imágenes de Perez Companc aparecidas en las tapas de las revistas SOMOS y NOTICIAS con la del chico cuya foto se encuentra en la memoria escolar 1953 bajo el nombre de Jorge Gregorio Bazán.

—*¿Cómo puede ser que Bazán aparezca como el "Dueño de la Argentina" si en realidad fue el último de la clase?* —se preguntó, extrañado, en su casa de Junín, después de mirar unas y otras figuras.

En los documentos escolares, en su boletín de calificaciones y en los testimonios de cinco de sus compañeros de promoción hay pruebas contundentes de que Goyito era un chico tímido, sin una inteligencia abrumadora, acomplejado, casi autista, ensimismado y silencioso, por no decir mudo.

Entró al Colegio Carmen Arriola de Marín en 1949, después de que el padre Julio Arce, del San José, de Once, intentara prepararlo sin éxito para enfrentar la adolescencia.

Fue incorporado un año tarde, bajo la condición de pupilo.

Entraba al colegio los domingos a las 8 de la noche y salía los sábados después del almuerzo.

Goyo se levantaba a las 6 de la mañana y a las 7 y media ya tenía que estar listo para ingresar a clase. Debía orar, repetir en voz alta el rosario, soportar la charla de 10 minutos del hermano de turno y sobrepasar de la mejor manera posible la primera hora, que siempre era "religión".

Al terminar la clase, el profesor correspondiente entregaba al hermano de turno un papelito con la lista de bochados. Ellos debían comparecer, a la hora de la comida, para confesar por qué no habían entendido la clase:

—*Goyito siempre figuraba en la lista de bochados* —recordó un alumno que se sentaba a sus espaldas.

La cena de Goyo era un verdadero calvario: tenía que permanecer en silencio y con las manos juntas hasta que el hermano titular diera unos golpecitos en la mesa, en señal de que se podía hablar.

El hermano titular de la promoción de Goyo, Luis, no dejaba a los alumnos ni a sol ni a sombra.

El pernoctaba en el mismo dormitorio colectivo junto a los chicos, separado por una manta blanca. Recorría cama por cama, y no se iba a acostar antes de asegurarse que todos estaban bien dormidos y que nadie, esa noche, había intentado masturbarse.

Los compañeros de la promoción 1953 recuerdan a Goyito como un chico raro y solitario.

No participó en las obras de teatro. Jamás compitió en los torneos internos o intercolegiales de gimnasia, fútbol, básquet, esgrima, ejercicios de destreza, garrocha, ejercicios sobre paralelas, yachting, pirámides humanas o saltos acrobáticos.

Sólo jugó muy pocas veces a la paleta y el profesor de Educación Física, quizá por el problema que tenía en sus piernas, nunca lo exigió como al resto.

No formó parte del coro del Colegio. Nunca integró el cuadro de honor.

Se lo recuerda por algunos episodios curiosos.

Un día, para tratar de acercarse a la barra de compañeros, consiguió cigarrillos Phillips Morris importados, y los repartió a diestra y siniestra, aunque luego no fue recompensado.

Otro día, mandó a traer desde Puerto Santa Cruz —donde pasó algunos años de su infancia— una balsa de rescate como la que traían los barcos Victory.

A la balsa la pusieron en el lago deportivo del colegio para que jugaran los alumnos. Y a él lo aplaudieron brevemente, porque enseguida se puso todo colorado.

Tuvo su hora de gloria en tercer año, al dar una clase especial sobre El Resplandor, el primer buque argentino que llegó a la Antártida.

Pero su boletín de quinto año es una muestra evidente de que fue el peor de la clase junto a un alumno llamado Juan José Sinclair.

Las calificaciones no eran por puntos sino por menciones.

¡Goyo fue el único de su promoción que no obtuvo ni una sola mención en las once materias cursadas ese año!

Sólo le dieron premio consuelo en asignaturas que no requerían estudio: una se llamaba Conducta y Aplicación y otra Convictorio.

Convictorio era la capacidad de soportar la condición de pupilo sin quejas y con disciplina.

Sus compañeros de entonces creen que si Margarita y Carlos no hubieran ayudado a mantener el Colegio Marín, Goyito no habría resistido el nivel de exigencia y lo habrían expulsado.

Uno de ellos supone que sin la tutela de los Perez Companc, ni siquiera podría haber ingresado:

—*En esa época los colegios lasalianos como el Marín no aceptaban chicos de padres divorciados o que hubieran anulado su matrimonio. Tampoco consentían hijos naturales o adoptados sin los papeles que acreditaran su adopción.*

El día en que se recibió de bachiller, Gregorio Bazán se puso un smoking blanco y un moño negro.

Recogió su diploma del brazo de su tutora, Margarita, a quien siempre llamó mamá.

Tomó el certificado después de soportar con estoicismo el izamiento de la bandera, de cantar las estrofas del himno nacional y de escuchar la obertura de Beethoven llamada Coriolan y la Fuerza del Destino, de Guissepe Verdi.

Comulgó y repitió:

—¡Renuncio a Satanás! ¡Prometo amar siempre a nuestro Señor Jesucristo!

En la memoria de la promoción 1953, hay tres fotos de Goyito sorprendentes: en todas se nota esa mueca de angustia que lo acompañaría toda su vida. También se destacan algunos rasgos típicos de la familia Perez Companc, como los ojos celestes, la cabeza en punta y la nariz recta. (El pelo de puercoespín, la piel oscura y la baja estatura corresponderían a los genes de la familia de quien aparecería como su verdadera madre, Juana Emiliana López.)

No hay dudas de que el Goyito del Colegio Marín y el empresario Perez Companc, el hombre más rico de la Argentina, son una misma persona. El sábado 27 de noviembre de 1993, ex alumnos de la promoción 1953 se reunieron en la casa de uno de ellos, el juez civil y comercial César Antonio Pescio, para conmemorar el cuadragésimo aniversario de su bachillerato. Fue en San Isidro y se hicieron presentes, entre otros:

Carlos Massicot, textil, de Bella Vista; Bernardo Pablo González, gerente de Autolatina; Luis Yuste, el famoso publicista de Yuste y Asociados; Patricio Santiago Rocha, directivo de Perez Companc; Adolfo Jartus y Mariano Odorigo. Cuando estaban por empezar a comer el asado con ensalada llegó un hombrecito silencioso, sin compañía, con un gastado saco azul y un pantalón blanco. Saludó sin euforia, acompañó sin hablar el recordatorio de anécdotas del secundario, se sirvió solo su porción de carne y ensalada, no tomó vino, se despidió de todos y se retiró por la misma puerta por la que había entrado, sin custodia y a pie.

El hombrecito era Goyito Bazán y los presentes no lo podían creer.

Tan conmocionados estaban, que se olvidaron de pedirle los 200 pesos del cubierto que incluía la comida, el postre, el café y el champagne. Y uno de ellos acotó:

—Dicen que Goyo es tan amarrete que es capaz de tomarse el 60 hasta el centro.

Gregorio salió del Marín y probó suerte en la Facultad de Agronomía. Pretendió, en realidad, dar cierto rigor científico a su pasión por la cría y la reproducción de vacas y ovejas. Sus amigos dicen que apenas duró un año.

El deseaba desesperadamente ir a criar ovejas en la Patagonia pero sus hermanos querían adiestrarlo con urgencia para dar cumplimiento efectivo a la promesa que le habían hecho a su madre, Margarita.

El primogénito Carlos Perez Companc no le hizo a "su hermanito" la vida fácil.

Carlos, por ejemplo, compró 300 hectáreas en 25 de Mayo y las hizo llamar Goyaike, sólo para que Goyo no cumpliera su deseo de volver a los campos del sur. Goyaike significa "lugar de Goyo" en la lengua de los indios patagones. Pero Goyo jamás pisó ese campo y en cambio, cuando Carlos murió, utilizó el nombre de Goyaike para una de sus empresas familiares. Testigos presenciales juraron que Carlos lo llegó a maltratar y que hubo un período en que ni siquiera lo quiso ver.

Uno de ellos recordó que cuando Goyito iba al Banco Río y llegaba Carlos los ordenanzas le avisaban al joven para que se pudiera escurrir por una puerta de emergencia y así evitar los gritos y reprimendas de su tutor.

Un día Carlos llegó sin avisar y lo sorprendió infraganti:

—¿Qué estás haciendo acá? —le preguntó adelante de todos—. ¿Por qué no te vas al campo a criar ovejas?

Era tan intenso el temor que sintió Goyo por Carlos que recién ocupó su despacho de presidente varios meses después de su entierro.

Goyito siempre fue ayudado por su madre putativa, Margarita Companc. Ella quería sacarlo bueno.

El primer trabajo serio de Goyo fue como administrativo en La Patagonia, Compañía de Seguros, en 1956. El súbito aterrizaje conmocionó a los altos directivos. ¿De dónde salió este chico?, se preguntaban. ¿Por qué nadie había oído antes hablar de él? ¿Por qué no aparecía en los cócteles, en las fiestas familiares o en los comentarios de Carlos, Jorge Joaquín, Alicia o Margarita? Los gerentes más observadores se inclinaban por creer que Goyito era hijo natural de su "hermano" Jorge Joaquín. Y lo explicaban así:

* Los dos se llaman Jorge.

* Los dos tienen los mismos ojos, la misma nariz y el mismo pelo.

* Si bien era cierto que todos los hijos legítimos de Ramón y Margarita tenían la tez blanca, Jorge Joaquín era el más morocho de los tres, lo que lo haría más parecido a Goyito.

* Los dos son tímidos y retraídos.

* Cuando Goyo nació, Jorge Joaquín tenía 22 años, la edad justa para tener una aventura con el personal doméstico.

Dos de esos empleados repitieron una historia que fue reproducida y aumentada por las distintas generaciones de gerentes que pasaron por las principales compañías de Perez Companc. La historia dice que Jorge Joaquín habría dejado embarazada a Juana López en una de las visitas a San Benito o San Ramón, uno de los campos de los Perez Companc en Puerto Santa Cruz. Agrega que el chico nació y que Juana López fue enviada a Neuquén, a la hostería de un amigo de Ramón Pérez Acuña que se llamó Emiliano Fernández.

Emiliano Fernández no sólo era amigo de Ramón Perez Acuña: también fue el testigo de su casamiento con Margarita Companc.

Emiliano Fernández sería el padre de un tal Avelino Fernández y el abuelo de otro tal Mario Fernández.

Avelino Fernández atendió durante muchos años el buffet de la Universidad Católica Argentina y ahora atiende la concesionaria del Centro de Altos Estudios Carlos Perez Companc.

Avelino Fernández es otro de los que está completamente seguro de que Goyo Bazán o Perez Companc es hijo natural de Ramón Perez Acuña y de Juana López.

El hijo de Avelino, Mario Fernández, que fue durante muchos años gerente de la banca minorista del Banco Río, de Perez Companc, ahora tiene un puesto mucho mejor en el Banco Francés.

Así como hay datos para creer que Goyo es hijo de Jorge Joaquín, también hay muchas razones para suponer que Goyo es descendiente de su padre, Ramón Perez Acuña, con una trabajadora de la cocina y la limpieza. Ramón tenía 59 años y rebosaba de salud 9 meses antes del 12 de octubre de 1934, día en que nació Goyo Perez Companc. Qué coincidencia: Ramón empezó a alejarse de su primera mujer y se fue a vivir a Córdoba por la misma época en que Goyito vino al mundo.

Pero Ramón Perez Acuña no es parte de la mística de Perez Companc.

Goyo ni siquiera lo nombra en la inocua historia oficial de la empresa que lleva su firma y está traducida al inglés, para la comprensión de los inversores extranjeros.

Goyo, además, no habría sufrido para nada la muerte de su presunto padre, pero le produjo un dolor irreparable la desaparición de "mamá" Margarita, a quien siempre amó con devoción. Tanto la querían sus hijos que el 6 de abril de 1959 se creó la Fundación Perez Companc en su memoria. Y a Goyo se le reservó el lugar de segundo vocal, detrás del presidente Carlos Perez Companc y el vicepresidente Jorge Joaquín y la vocal primera Alicia.

El 29 de mayo del mismo año, el "hermano" de Goyo, Jorge Joaquín, murió en Madrid, de un ataque cardíaco.

Había viajado a Europa para recuperarse de la profunda depresión que le provocó la muerte de su madre. Lo trajeron en un avión en menos de 24 horas. El cementerio de la Recoleta y la bóveda estaban cerrados, pero fueron abiertos de inmediato por pedido especial de la familia Perez Companc para que la ceremonia del adiós no se demorara. El día en que pasó a la eternidad, Jorge Joaquín tenía apenas 47 años. El se llevó el Gran Secreto de Goyo a la tumba. Era el más bueno y el más sensible de los tres hijos legítimos. Sufría de asma, y Margarita lo cuidaba como si fuera un bebé, aun cuando era un muchacho de pantalones largos. Juntos solían viajar a Córdoba, para que a Jorge Joaquín se le abrieran los pulmones.

Hizo parte de la secundaria en un colegio nacional de esa provincia, en la localidad de Villa Dolores, Córdoba. Se incorporó en cuarto año, un mes y medio después de que empezaran las clases y se fue días antes de la entrega de los diplomas de maestro. Uno de los veinticinco compañeros que asistían a esa clase lo recuerda muy bien, y también recuerda a la omnipresente Margarita.

—*Ella siempre iba vestida de negro y antes de llevarlo a la escuela lo hacía ir a misa de siete todas las mañanas. Lo tomaba del brazo y no lo soltaba por nada del mundo.*

Jorge Joaquín iba habitualmente engominado y usaba traje negro. Vivían al día y ni siquiera podían pagar un alquiler. Por eso se alojaban en lo de la señora Loul de Barboza, una especie de casa de hospedaje que servía desayuno y atendía a los huéspedes con familiaridad. Los fines de semana viajaban a San Javier, una localidad cercana a Villa Dolores que era considerada el paraíso de los asmáticos.

Jorge Joaquín se recibió de médico años después de que su hermano Carlos se recibiera de abogado. Dicen que era prudente y mesurado, y que así equilibraba la audacia y la desmesura de su hermano mayor.

La figura de Jorge Joaquín irrumpió sorpresivamente en el seno de la familia el 18 de octubre de 1984. Ese día empezó en tribunales la reconstrucción de su sucesión iniciada en 1959 y perdida años después. Esta fue la causa en la que el juez exigió a Goyo Perez Companc que presentara su partida de nacimiento. Goyo no presentó nada y en cambio renunció a todos los derechos hereditarios que pudieran corresponderle y se los cedió a su hermana Alicia. Finalmente, el juez admitió a Goyo como heredero pero aclaró que esa decisión no implicaba "reconocimiento de estado de familia".

Es decir: no fue reconocido ni como hijo legítimo, ni como hermano de sangre de Carlos, Alicia y Jorge.

Sólo fue aceptado como heredero, y nada más que eso.

Entre los bienes de Jorge Joaquín que pasaron a manos de Alicia hubo uno que conserva un alto valor simbólico: la bóveda de cinco metros cuadrados de la familia Perez Companc, en el cementerio de la Recoleta. En ella se encuentran los restos de Margarita Companc, de Carlos Alberto y de Jorge Joaquín, pero no los de Ramón Perez Acuña, lo que revelaría el desapego de la familia por quien fuera su jefe. La bóveda de la familia de Goyo está en otra parte: un cementerio privado del norte de Buenos Aires.

Luego de la muerte de Margarita y de Jorge Joaquín, Carlos, Alicia y Goyo vivieron juntos en el mismo departamento del edificio Kavanagh en el que murió su madre. Y cinco años después Goyo se compró otro departamento en el mismo edificio, pero dos pisos más abajo, para vivir con la que sería su esposa, la exquisita María Carmen Munchi Sundblad de Perez Companc.

Es preciso detenerse un momento en ella.

Munchi, 52 años, nacida el 15 de abril de 1942, Aries en el horóscopo occidental y Caballo en el chino, cédula de identidad 5.987.368, un metro 75 centímetros de estatura y menos de 60 kilogramos de peso, es morocha, ubicada, muy católica y sencilla, usa polleras por encima de las rodillas y mocasines sin tacos, pero no tiene un apellido cualquiera.

La esposa de Goyo es la cuarta de los once hijos que tuvieron Luis Sundblad y Sara María Beccar Varela.

El abuelo de Munchi sí que fue importante.

Se llamaba Horacio Beccar Varela y era nieto del periodista uruguayo del *Tribuno Argentino* Florencio Varela. Había nacido el 3 de diciembre de 1875 en la antigua casona familiar que se encuentra en el Paseo de los Ombúes, en San Isidro. Fue fiscal de los tribunales de la provincia de Buenos Aires, director del Registro de la Propiedad, consultor del Banco de Nueva York, la Droguería Suizo Argentina y Panificación Argentina. Horacio Beccar Varela también fue socio del Jockey Club, del American Club, del Náutico San Isidro y del CASI.

Munchi tiene cientos de parientes aristócratas, pero una de las más conocidas es su tía Julia Helena Sundblad.

Julia Helena Sundblad saltó a la fama el lunes 27 de noviembre de 1978, cuando la acusaron de haberle robado la capa a la reina Sofía de España, quien estaba de visita en la Argentina. Fue en los salones del Concejo Deliberante. Al acto lo encabezó el entonces presidente de facto, general Jorge Videla. La Corte Suprema de Justicia dictó sentencia sobre la capa.

—A raíz de un error, al chal lo había llevado consigo Julia Sundblad de Beccar Varela, quien lo restituyó —dictaminaron los ministros de la Corte.

Julia Helena no fue juzgada porque la reina Sofía no se quiso presentar como querellante.

La señora esposa de Goyo Bazán Perez Companc, María Carmen Munchi Sundblad, es presidenta de la Asociación Argentina de Criadores de Vacas Jersey.

La jersey no es una vaca cualquiera. Es distinta, bellísima, refinada, silenciosa, muy lechera y eficiente. Una vaca de éstas permite tener en el campo un mayor número de cabezas por hectárea, porque es pequeña y difícilmente pese más de 350 kilogramos. Jamás la atacan piojos ni otras sarnas. En el mismo espacio de pastura donde se alimentan tres holando-argentinas pueden hacerlo hasta cuatro y cinco jersey.

La leche que dan las jersey tiene más tenor graso y se presenta en mayor cantidad. En el tambo San Isidro Labrador que tienen los Perez Companc en su estancia de Escobar cada jersey produce... ¡18 litros por día con casi un 5 por ciento de tenor graso por cada litro!

La Asociación de Criadores de Jersey que preside Munchi Sundblad de Perez Companc tiene 70 socios. Entre ellos se encuentra el ex presidente de la Sociedad Rural Argentina, Guillermo Alchourón. Los miembros de la Asociación pagan 60 pesos por semestre y determinan qué es lo ético o no en la crianza y reproducción de jersey. Y la Cabaña San Isidro Labrador, propiedad de los Perez Companc, siempre gana en la Rural la mayoría de los premios que se disputa la raza.

Los expertos dicen que la jersey es una raza muy familiera, porque con este tipo de vacas se encariñan desde los abuelos hasta los nietos. El más chico de los hijos varones de Goyo y Munchi ganó en 1992 y 1993 dos premios consecutivos por "pasear" a una jersey joven, de menos de ocho meses. Y todos los meses de agosto, durante la Exposición Rural, se puede ver a los Perez Companc preparando sus veinte animales con posibilidades de ser galardonados.

La Asociación de Criadores de Jersey que preside Munchi tiene una revista. Y la revista tiene avisos del Banco Río y de la Compañía Naviera Perez Companc. En la publicación aparece un listado con los más importantes proveedores de semen puro e importado de la raza. Hasta no hace mucho, la empresa Goyaike SA ofreció semen importado de Dinamarca a 15 dólares el frasquito.

Los que subestiman la capacidad del dueño de Perez Companc dicen:

—*Lo único que le interesa y le preocupa es el laboratorio de semen que tiene en Escobar.*

Ellos citan, para sustentar su teoría, una reunión que mantuvieron Goyo, Oscar Vicente y Roque Maccarone con el embajador ruso Ian Burliay a fines de 1993.

El embajador no sabía cómo arrancarle una palabra al dueño de Perez Companc, hasta que habló de ganadería. Allí Goyo comenzó a entusiasmarse y le pidió facilidades para importar semen congelado.

Goyo y Munchi se casaron por 1964 en la iglesia del Santísimo Sacramento, e hicieron una fiesta austera en su departamento del edificio Kavanagh, con un servicio sobrio y un brindis mesurado.

Tuvieron hijos de inmediato.

La primera hija fue Margarita, quien murió de manera absurda en un accidente automovilístico, en una ruta del sur, el 16 de abril de 1984: tenía 19 años.

Margarita Perez Companc había interrumpido sus estudios en la facultad de veterinaria para aprender cómo se vacunaban los animales de su padre. Había volado desde Buenos Aires con su dama de compañía. Había bajado del avión y se había prendido del volante de una camioneta Ford Bronco con la que la había ido a buscar un joven veterinario. Iban a menos de 100 kilómetros por hora. Sin embargo, la camioneta se salió de la ruta, se abrió la puerta del lado del conductor, Margarita salió despedida unos metros hacia adelante y la Ford la pasó por encima.

Goyo estaba en la Capital Federal y la fue a buscar en una avioneta junto con su amigo, el doctor Luis Bustos Fernández.

La sacaron muerta del Hospital de Santa Cruz y su padre jamás pudo superar lo que se considera como el golpe más terrible de su vida.

Margarita fue velada en el primer piso de la casa de Barrio Parque donde todavía vive toda la familia, y cuya dirección no se publica por razones de seguridad. Un banquero que asistió a la ceremonia confesó que nunca había visto en su vida tantos curas, tantas monjas y semejante clima de monasterio y paz de conciencia como el que se respiraba ese día allí.

Margarita Perez Companc fue la más simpática y extravertida de toda la familia. Estudió primero en el Saint Margaret y después en el Michael Ham. Fue una excelente equitadora. Crió vacas jersey, como sus padres, y caballos cuarto de milla. Tuvo una profunda vocación religiosa y se enamoró perdidamente de su padre, como todas las hijas primerizas.

Goyo la amó con locura y todavía no ha podido superar esa pérdida. Un día que la extrañaba mucho se llevó a su oficina del piso 23 del edificio Perez Companc un dibujo que Margarita le había hecho cuando era muy chiquita. Otro día se llevó el retrato de la virgen que tenía Margarita en su habitación de estudiante. Desde que ella murió, en los folletos de la empresa se incorporó, junto a la bandera azul y amarilla de Perez Companc, la foto o el dibujo de una margarita, en homenaje a la hija que Dios se quiso llevar.

El segundo hijo de Goyo y Munchi se llama Jorge y es el heredero indiscutido del imperio económico.

Jorge Perez Companc, 28 años, casado, dos hijos, cédula de identidad 7.870.076, Documento Nacional de Identidad 17.802.855, nacido el 18 de julio de 1966, un metro ochenta de estatura, muy flaco, ojos azules, bigotes, sencillo y tímido, estudios universitarios incompletos igual que su padre, amante del campo y los "fierros", pasó del papel de nene de papá a tesorero del Banco Río en un santiamén, en lo que constituyó el primer avance de Goyo y su familia para controlar de manera absoluta todos los negocios del grupo, como se verá en el próximo capítulo.

Jorge se transformó en el preferido de su padre después de la muerte de Margarita. En la familia se consideró que ya estaba en condiciones de ocuparse de los negocios del grupo a partir del 10 de noviembre de 1989, día en que se casó con Gloria Morea después de ocho años de noviazgo.

La ceremonia fue muy emotiva.

Se desposaron, igual que Goyo y Munchi, en la iglesia del Santísimo Sacramento e hicieron la fiesta en el Palacio Saint Souci, en Victoria, provincia de Buenos Aires. Juraron amarse hasta que la muerte los separe diez minutos antes de las diez de la noche y consiguieron arrancarle así una lágrima al padrino Goyo y varias lágrimas a la madrina Munchi Sundblad.

Jorge Perez vistió un frac oscuro, con camisa almidonada blanca y corbata gris con tonos de celeste y un clavel blanco en el ojal.

Gloria Morea, un metro 65 centímetros, rubia, muy delgada, ojos marrones y expresivos, nariz recta y pequeña, sonrisa inocente, lució un vestido blanco con un volado de encaje que cubría las mangas y seguía el recorrido del borde de la espalda y de la larguísima cola de tres metros de largo. Se hizo un tocado sencillo: flores blancas, muy pequeñas, un retazo del encaje del mismo vestido y una hebilla simple para recoger el pelo muy lacio.

Goyo y Munchi acompañaron la ceremonia en los banquillos de la derecha del altar. Goyo no llevó frac sino un traje casi negro con el mismo clavel y la misma corbata que el novio. Munchi usó un traje verde esmeralda con piedras del mismo color. El no se sacó en ningún momento los anteojos y pareció emocionado y afligido. El momento más emotivo lo vivió cuando empezó a sonar el Ave María. Su esposa lució despreocupada y dio la sensación de ser mucho más alta que su marido. Antes de que los novios dieran el sí, Luisito, el menor de los Perez Companc, leyó un pasaje de la Biblia.

Los fotógrafos Pablo Arbetman y Mey Felgueras hicieron los retratos de rigor. El video estuvo a cargo de Villamil y el servicio de comidas del Saint Souci fue responsabilidad de la confitería Desty.

La cámara registró algunos instantes incomparables.

Uno fue cuando los amigos de Jorge lo revolearon para arriba, como se hace con todos los novios. Y otro fue cuando Goyo y su nuera Gloria se tomaron las manos, luego se abrazaron y se echaron a llorar.

Amigos de la pareja dicen que Jorge y Gloria se enamoraron a primera vista. Agregan que ella, ni bien se conocieron, le dijo que su tío era el famoso ex tenista Enrique Morea pero que él, durante los primeros dos meses de noviazgo, sólo informó que se llamaba Perez.

—*Cuando Gloria se enteró de que el chico que amaba era un Perez Companc casi se cae desmayada* —remataron.

La fiesta de boda no tuvo el despliegue de la de la nieta de Amalita Fortabat, Bárbara Bengolea, ni la pompa del festejo del matrimonio de apuro de la hija de Francisco Macri, Sandra Macri. Pero asistieron con alegría todos los hijos de Goyo y Munchi, a saber: Rosario, Pilar, Cecilia, Pablo y Luisito Perez Companc.

Pilar Perez Companc, 25 años, se enfundó un vestido negro con un hombro descubierto y un volado color fucsia que seguía la forma del escote. Ella tiene unos ojos azules estupendos, usa el pelo corto y está casada con Juan Bosombrío, otro de los que aman el campo y el ganado. Pilar y Juan se casaron ante unas 500 personas en el campo que los Bosombrío tienen en la localidad de Pilar.

Rosario Perez Companc tiene 27 años, aparece en el directorio de la Compañía Naviera y también es miembro de la Fundación Perez Companc.

Cecilia, de 22 años, estudió en el colegio de monjas alemanas Mallinckrodt, tiene un novio de buena posición y entre sus compañeras es famosa por tomar colectivos para las distancias cortas y comprar gangas u ofertas de ocasión, como toda la familia Perez Companc. Ella estudia ahora administración de empresas y una de las discusiones más fuertes que tuvo con su padre fue cuando no la quiso dejar ir al viaje de egresados del secundario, con destino a Europa. Goyo tenía miedo de que la secuestraran. Cecilia finalmente lo convenció y viajó. El tour costó 7 mil dólares.

Pablo y Luisito son los más chicos y los regalones. Durante la semana en que una revista de actualidad hizo guardia en la casa de los Perez Companc con la intención de obtener una foto de Goyo, El Fantasma, ellos tuvieron que tirarse al piso de los asientos de un Ford Sierra, para no ser retratados.

Los amigos del hombre rico y poderoso de la Argentina afirman:

—*Por más guardias que le hagan, ningún periodista podrá contar nunca cómo es y cómo vive Goyo Perez Companc.*

Esta es una radiografía completa del personaje:

Se levanta muy temprano a la mañana y antes de las 8 y media está en el piso 23 de Maipú 1, el edificio de Perez Companc. Se viste como lo haría un vendedor de autos usados o el cajero de un banco de mediano porte y en su solapa nunca olvida el escudito azul y amarillo de Perez Companc. Tiene custodia mínima y a distancia y antes de llegar a su oficina deja a los chicos en la escuela. Para ir al trabajo recurre a su chofer. A veces, al regresar, maneja él mismo y da rienda suelta a su amor por la velocidad. Tiene gustos sencillos y entre ellos se encuentran las canciones de Julio Iglesias, a quien fue a ver en vivo el día que cantó en la cancha de Vélez con el auspicio de una de sus empresas, Alto Palermo Shopping. Su casa de Palermo Chico tiene dos pisos, pero no hay nada dentro de ella que evidencie riqueza u ostentación. Comenzó a refaccionarla en febrero de 1993 después de la insistencia de sus hijos y sus amigos, ya que se les estaba haciendo demasiado chica. Los domingos asiste a misa en la Iglesia de Escobar, la localidad donde tiene su estancia.

Gregorio Perez Companc y su familia jamás viajan a Punta del Este, Miami o Cancún.

Ellos veranean en la villa Quina-Quila, un paraíso que queda a 36 kilómetros de San Martín de Los Andes y a sólo 12 kilómetros de la Ruta de los Siete Lagos. Allí poseen una enorme casa climatizada artificialmente a 26 grados de temperatura todo el año. La casa está enclavada en un parque de 9 hectáreas. Se trata de uno de los 27 lotes de propiedad privada bañados por el Lago Lácar. Alrededor de la mansión de ensueño de los Perez Companc hay una reserva indígena de 42 familias con más de 400 personas. Los vecinos de Goyo en Quina-Quila son las familias indígenas Cheuquepán, Trenquil, Curruhuinca, Lefín y Nancucheo, entre otras. Un informe del guardaparque fechado en 1991 afirma que en Quina-Quila conviven pobladores de "muy escasos recursos con propietarios de muy alto" poder adquisitivo.

Cuando no descansa en Quina-Quila o Escobar, y River juega un partido decisivo en su cancha, Gregorio Perez Companc hace uso del superpalco que alquila en el Monumental de Núñez.

El palco se encuentra en la platea General San Martín.

Entran cómodas doce personas y cuesta 12 mil dólares por dos años. Tiene heladera, bajo mesada y aire acondicionado de cuatro mil frigorías. Cuenta con un paño fijo de blíndex automático que al oprimir un botón se baja. Goza de audio y el cable de Video Cable Canal. Desde allí se puede seguir el partido en directo por un circuito cerrado de tevé. El circuito viene con un botón que permite ver la repetición de las jugadas polémicas. El palco se vendió con tres cocheras incluidas y un teléfono directo para hablar a cualquier parte del mundo.

No hay duda de que a Goyo, plata, no le falta.

En 1992 fue primero en el ranking de los pagadores de impuestos sobre Bienes Personales valuados en 31.272.000 de dólares. Para 1994 la DGI espera que duplique ese monto. Hasta hace poco andaba con un Ford Falcon pero ahora usa un Sierra y también se compró una camioneta Van para movilizarse con toda la familia. Pero si hay algo que caracteriza a Goyo además de su abultada chequera y su bajo perfil, es su sencillez y su vocación por arreglar las cosas simples de la vida.

Ordeña las vacas él mismo, pone y levanta los platos de la mesa. Arregla cualquier cosa que le pongan a mano. En una Exposición Rural de hace unos años, se descompuso el proyector que mostraba una película sobre reproducción artificial de ovejas. Todos se estaban por ir pero él pidió un poco de paciencia, fue a buscar un destornillador y puso el aparato en funcionamiento.

Goyo no habla con nadie porque es tímido y le huye a la prensa porque no quiere que conozcan la verdadera historia de su identidad. Se negó a integrar el grupo María que manejaron en su momento Francisco Macri y Carlos Bulgheroni. Y sólo existen dos fotos suyas en los medios de comunicación: una es en blanco y negro y fue tomada hace 20 años. Otra es en color y fue obtenida de casualidad, cuando le tendió la mano a Julio Iglesias en el recital que dio en el estadio de Vélez.

Otra característica de Goyo es su paciencia oriental.

—*Si tuviera que definir a Goyo por una cualidad diría que es el hombre más paciente del mundo* —informó un directivo que trabaja muy cerca de él.

El directivo tiene razón: tardó nada menos que 35 años en controlar todos los negocios del grupo sin ninguna interferencia.

Margarita Companc también era paciente y, contra lo que muchos creen, fue la verdadera impulsora del grupo Perez Companc.

Llegó con sus padres desde Francia cuando terminaba el siglo XIX, y enseguida se puso a trabajar para parar la olla. Se sospecha que antes de ejercer como profesora de francés, lavó ropa para afuera. Hombres viejos y memoriosos relataron que reivindicó esa humilde actividad muchos años después, cuando el dinero le sobraba, en la mansión que los Pereyra Iraola poseían cerca de la Plaza San Martín.

—*Pensar que yo era una humilde lavandera* —dicen que dijo— *y ahora me encuentro aquí, tomando el té en lo de los Pereyra Iraola.*

Fue profesora de francés desde 1917 hasta por lo menos 1936 en el colegio Nacional de Quilmes a razón de dos turnos semanales, y en el Colegio San José de la misma localidad, a tiempo completo. Una ex directora del normal, Ana Manzo, que hoy tiene 74 años y compartió el magisterio con ella, la recuerda como "una rubia de mediana estatura, enérgica, principista, que no aprobaba a nadie si no creía que había estudiado muy seriamente". Otro profesor creyó recordar que por enconces ya estaba separada de Ramón Perez Acuña y que con su sueldo educaba a sus hijos con mano firme y metódica: a Carlos lo convirtió en abogado, a Jorge en médico y a Alicia le cedió sus dos horas semanales como profesora de francés. Los cuatro vivieron un tiempo en la calle Pacífico Rodríguez 684, de Villa Ballester, y otro tiempo en Leandro N. Alem 644, de Quilmes.

Vivieron con lo necesario.

La casa de Villa Ballester estaba compuesta por dos lotes. Uno tenía 675 metros cuadrados y el otro 275 metros cuadrados. Cuando Ramón Perez Acuña murió, en 1943, el albacea de la sucesión la había valuado en 6.600 pesos y había dejado constancia de que estaba hipotecada por el Banco Hipotecario Nacional (BHN).

La casa de Quilmes tenía 466 metros cuadrados y fue valuada en 11.200 pesos. Fue toda la herencia que le dejó su padre a los tres hijos. Margarita cobraba en ese momento 196 pesos de su jubilación. Y en su caja de ahorro del BHN acumulaba apenas 38.316 pesos.

Después de 1947, cuando se fundó Perez Companc y se les dio la buena, Margarita alimentó dos vocaciones. Una fue repartir sábanas, frazadas y ropa para los hospitales y los niños necesitados. Otra fue llevar todas las mañanas a su hija Alicia a la misa que invariablemente se celebraba en el Santísimo Sacramento, a la vuelta de su nuevo departamento en el edificio Kavanagh.

Margarita Companc de Perez Acuña siempre tuvo tendencia a custodiar huérfanos o niños aparentemente desvalidos, como Goyito. Una vez le propuso seriamente a Andrés Barrionuevo, un viejo encargado del edificio Kavanagh, que le diera a su hijo en adopción, para educárselo como Dios manda.

—Me lo das unos años y te lo saco derechito derechito —le garantizó.

El chico de Barrionuevo tenía dos años y su padre se negó a entregárselo terminantemente.

Margarita Companc mantuvo a sus tres hijos legítimos bajo su pollera hasta el mismo momento de su muerte. A esa especie de cordón umbilical indestructible se atribuye el hecho de que ni Carlos ni Jorge Joaquín ni Alicia hayan tenido nunca un amor, una pareja, una esposa o un esposo.

La matrona Margarita tenía un carácter demasiado fuerte y una personalidad absolutamente avasalladora. Por eso impuso a Goyo en la familia casi de prepo, contra la voluntad de todos los demás.

Cuando la madre del Alma y los Negocios murió, parecía que todo se venía abajo. Los gerentes empezaron a rezar temiendo por el derrumbe del incipiente grupo económico. Fue después de esa crisis cuando se decidió vender los queridos barcos de la mitológica Compañía Naviera Perez Companc e introducir las pulcras manos de la empresa en el negro negocio del petróleo.

En ese instante un hombre empezó a escribir una buena parte de la historia de la Compañía.

Se llamaba Carlos Alberto Perez Companc, portaba la Libreta de Enrolamiento 533.829, medía un metro 75 centímetros, pesaba 80 kilogramos, usaba el pelo muy corto, y siempre se ponía traje azul.

Había nacido el 14 de enero de 1911 a la una y media de la madrugada bajo el signo de Capricornio.

Se lo tiene como el verdadero hacedor del Imperio. Sus primeros pesos los hizo como profesor particular con alumnos católicos conseguidos por el ex embajador en el Vaticano, Santiago de Estrada. Se recibió de abogado a los 23, en 1934, el mismo año que nació su hermanastro Goyo Bazán. Mucho antes de que le entregaran el diploma, inició un pleito contra el Estado para reclamar dos campos en Santa Cruz que le correspondían a su abuelo Domingo Companc como parte de pago a su trabajo para el Ferrocarril. Lo ganó y así pisó por primera vez la Patagonia, la cuna del grupo Perez Companc.

Carlos Alberto Perez Companc trabajó como profesor en la Facultad de Derecho de la Plata.

La primera gran idea que se le ocurrió fue pasar gran parte del día en las oficinas que tenía la Acción Católica en Juncal y Suipacha.

Se trataba de la cuna del poder y la aristocracia. Todos sus miembros figuraban entonces en la Guía Azul de la Alta Sociedad. Carlos y su hermano Jorge Joaquín consiguieron seducir a los accionistas y reunir el dinero para comprar en 1946 las cuatro barcazas que son consideradas el punto de partida del imperio económico.

Atropellador, pionero, intuitivo y caza-negocios, un día le preguntaron por qué no se había casado y él respondió, solemnemente:

—*Porque ya estoy casado con la patria.*

Pero la verdad es que nunca formó una pareja porque se enamoró una sola vez en la vida, y no fue correspondido. Ella se llama María Pereyra Iraola, y él la llenó de poemas. María Pereyra Iraola se terminó casando con un amigo de Carlos Perez Companc, llamado Willy Reynal. El señor Reynal participa ahora de algunos negocios del grupo Perez Companc, como el pozo petrolero más productivo de la Argentina, llamado Puesto Hernández.

Carlos fue el que no tuvo vergüenza de rogar a los ex presidentes Arturo Frondizi y Arturo Illia para conseguir los distintos contratos petroleros que hicieron ganar dinero de verdad a la compañía. Carlos combatió al peronismo con todas sus fuerzas y tomó la decisión de que toda la familia huyera a Brasil cuando se empezaron a quemar las iglesias y los empresarios católicos temieron por su vida. Pero Carlos también dejó que un autodenominado Frente Nacional inspirado en el frondicismo, el peronismo y los azules del Ejército lo candidateara para presidente de la Nación. Fue en 1963 y el intento no tuvo éxito.

Los que trabajaban con él dicen que, más que católico practicante, era un fetichista de la religión y un místico incurable. A todo el mundo repartía estampitas y novenas.

Una vez, en ocasión de la compra de un campo, tiró una medallita a la tierra para asegurar el éxito de la transacción.

En su despacho había un cenicero que decía:

—*No fume: el cigarrillo mata y enferma.*

Un día se enteró de que su tesorero tenía una relación extramatrimonial dentro de la empresa: primero lo llamó al orden y finalmente lo congeló.

Carlos era infinitamente ahorrativo.

Cada vez que viajaba a Nueva York, pasaba largas horas en las tiendas buscando gangas: no importaba que fueran lindas o de calidad, importaba que fueran gangas. En una oportunidad, también en Nueva York, se levantó sobresaltado de su cama después de haber hecho una cuenta mental y comprobar que los radiadores usados que la empresa había vendido luego de comprar tres pisos de un edificio de Florida 234 valían mucho más que el precio obtenido. El que la ligó entonces fue quien los vendió, Santiago Patricio Rocha, el compañerito de Goyo en el colegio Marín.

Nunca llenó a la gente de plata pero sí la inundó de consejos.

Un día de 1964 Carlos Perez Companc mandó llamar al número dos de YPF, César Ovejero, enterado de que su hijo tenía una seria afección en los riñones y que necesitaba ser operado. Se trataba de una operación compleja y se debía hacer en los Estados Unidos. Ovejero no tenía el dinero suficiente. Carlos se dirigió a su caja fuerte y la abrió. Ovejero se sobresaltó:

—*No, qué va a hacer...¡Yo no puedo aceptar ninguna ayuda! ¡Venderé mi auto si es necesario!*

Pero el vice de YPF se desilusionó cuando Carlos le entregó una novena y le dijo:

—*Acéptelo: es para que rece por su hijo.*

Un párrafo de la sucesión de Carlos Perez Companc confirma la sospecha de que era excesivamente cuidadoso con el dinero.

En el expediente se afirma que compró un departamento en Marcelo T. de Alvear 534, quinto piso, el 12 de junio de 1972, cuando a la familia ya le sobraba la plata. Se agrega que para comprarlo tuvo que pedir un crédito del Banco Popular Argentino.

Un crédito de 51.500 pesos. Un préstamo que se comprometió a reintegrar en...¡180 cuotas fijas, iguales, mensuales y consecutivas de 646 pesos con 38 centavos! Carlos confesó que lo terminaría de pagar en 15 años y 5 días.

En esa época, la empresa no se estaba fundiendo: facturaba cerca de 100 millones de dólares por año.

Carlos y su hermana Alicia vivieron toda la vida juntos. Se amaban profundamente, pero se peleaban como perro y gato. En medio de una de las peleas más serias, ambos fueron a pedir una opinión a su sacerdote consejero. Y el padre, con buen tino y mucha diplomacia sugirió:

—*¿Por qué no van a vivir cada uno por su lado?*

Carlos y Alicia entonces se indignaron, y le retiraron el saludo.

En la empresa mandaba él y nadie más que él.

Estaba rodeado de abogados e ingenieros que lo asesoraban. Ante ellos, de vez en cuando, repetía esta teoría:

—*Los profesionales deben ser empleados de lujo de los empresarios...hay que pagarles lo suficiente como para que sean incondicionales, pero no tan bien...como para que se independicen.*

Se ocupaba de las grandes decisiones, y de las pequeñísimas, como la administración de la estancia Los Angeles, que tenían en Magdalena, provincia de Buenos Aires. Por esas minucias discutía con Alicia. En esa estancia se refugió Raquel Hartridge mientras su esposo Jorge Videla cumplió condena en Magdalena. En esa estancia los Videla aceptaron un puesto de administrativa para su hija en una de la empresas de Perez Companc.

Carlos no sólo amaba la Iglesia. También quiso imponer sus enseñanzas en la empresa. Por eso, durante mucho tiempo, una vez por semana, sometió a todos sus gerentes a una extensa charla de religión y ética empresaria, a cargo del padre Manuel Moledo.

Fue un adicto al trabajo.

Una vez fue a hacer un negocio a una isla del Caribe y no salió del hotel: comió ahí mientras todos tomaban sol y se metían en el mar. Se lo podía encontrar arriba de un avión en Navidad o Nochebuena.

Uno de los abogados que trabajó con él sentenció:

—*Carlos Pérez Companc se murió sin haber vivido.*

Carlos murió a raíz de un derrame cerebral que se le declaró en el despacho del almirante Eduardo Massera. Tenía entonces 65 años. Padeció 7 meses en el Hospital Alemán hasta que falleció de una bronconeumonía, a las nueve de la noche. Su desaparición desató una lucha por la presidencia de Perez Companc que se contará en detalle más adelante.

Alicia y Goyo acordaron que ella se presentara en la sucesión como única y legítima heredera. Las razones: los documentos de Gregorio Bazán no eran aptos para ser considerado heredero y además Carlos había donado en vida gran parte de las acciones de todas las empresas a su hermanastro.

Carlos Alberto Perez Companc dejó a su hermana Alicia, el 7 de octubre de 1977:

26.090 acciones de Austral Líneas Aéreas, 703.632.030 acciones del Banco Río de la Plata, 174.052 acciones de Crear SA, 99.482.946 acciones de Compañía Naviera Perez Companc, 3.615.000 acciones de la Petrolera Perez Companc, 6.088.000 acciones de American Asociados SA., 50.000 acciones de J.J. Bertagni, 179.125 acciones de La Patagonia, Seguros SA, 11.900.000 de Sudacia, SA, 5.311.000 de Francobra SA: 5.311.000, 67.000 de Andes SA, 40.000 de Turismo Pecom SA, 800 de Goyaike SA, 19.600.000 de Fima SA y 48.000 acciones de Santa Escolástica SCA.

Cada acción valía un peso moneda nacional. Se trataba de una verdadera fortuna.

Carlos también dejó propiedades en:

Tandil, General Sarmiento, Puerto Madryn, Montevideo, San Martín de Los Andes y Capital Federal.

En la foja 146 de la sucesión de Carlos Perez Companc hay un párrafo sorprendente y que puede ser interpretado de distintas maneras. Lo escribió el abogado de Alicia y dice textualmente:

—*Teniendo en cuenta que en su vasta actividad comercial y empresaria tanto el causante (Carlos) como su hermana han utilizado el apellido Perez Companc solicito expresamente que en la declaratoria de bienes se haga constar dicho apellido respecto de la heredera Alicia Perez Companc.*

Alicia Estela Perez Companc, 86 años, soltera, Libreta Cívica 1.349.698, traductora pública recibida en el Lenguas Vivas, profesora de francés en el Normal de Quilmes en reemplazo de su madre, alta, distinguida, excelente cocinera, nacida bajo el signo de Virgo el 14 de setiembre de 1908 a la una y media de la tarde, jamás se metió en los negocios del grupo. En verdad, sólo lo hizo una vez: cuando trató de impedir que Goyo ocupara la presidencia en lugar del fallecido Carlos Perez Companc.

La señorita Alicia es la filántropa más generosa de la Argentina. Mucho más dadivosa y menos espectacular que Amalita Fortabat, donó todos sus bienes, en vida, a la Fundación Perez Companc.

El 18 de noviembre de 1992, después del mediodía, Alicia Pérez Companc sufrió un infarto cerebral, más comúnmente denominado trombosis.

Ya había tenido una lesión en el tronco cerebral, pero ésta fue tremenda. Le sucedió en su departamento de la calle Alvear al 1400 con un living enorme y tres dormitorios con vista al río, en el mismo edificio donde vive el ex hombre fuerte del Banco Río, Roque Maccarone.

Alicia se empezó a descomponer.

Rosita, la uruguaya que la cuida desde hace 10 años, recién se dio cuenta cuando la señorita se desmayó. Rosita llamó de inmediato al médico Luis Bustos Fernández, quien vive en el mismo edificio. Luis Bustos Fernández es hijo de otro médico que fuera íntimo amigo de Jorge Perez Companc y sobrino de Juan Bustos Fernández, el vicepresidente da la compañía durante más de 30 años.

Era una causalidad que "el gordo" Bustos Fernández estuviese allí, ya que a esa hora atiende su consultorio.

Fue esa casualidad la que le salvó a la vida a Alicia. Bustos Fernández le aplicó una ampolla de Adalat, para bajarle la presión:

—Si no la inyectaba en ese momento, Alicia se quedaba dura ahí nomás —confesó alguien muy cercano a la señorita Perez Companc.

Antes de la trombosis que la postró, Alicia era una mujer muy activa.

Ocupaba muchas noches de su vida visitando obras de la Fundación Perez Companc, con chicos minusválidos o sin familia. Compartía horas de charla espiritual con el fallecido Cura "sanador" Mario Pantaleón. Recibía en su casa para hablar de asuntos públicos, privados y económicos al nuncio apostólico Ubaldo Calabresi. Dedicaba mucho tiempo a jugar con sus dos perros salchicas y sus cuatro o cinco gatos. Salía a pasear despreocupadamente con el Ford Falcon o el Renault 21 que le proveía la empresa. Se juntaba con sus amigas a comentar las últimas noticias de la farándula internacional aparecidas en la revista Hola. Viajaba a Miami, Nueva York o Punta del Este con llamativa asiduidad. En Nueva York tenía un departamento de 80 metros cuadrados arriba del Museo de Arte Moderno: lo vendió después del infarto cerebral. Pequeño pero lujoso, con un horno a microondas y las comodidades básicas, fue durante algún tiempo su segundo hogar, hasta que se dio cuenta de que lo usaban más sus amigos que ella misma. Lo mismo hizo con su departamento de Punta del Este, en el edificio Farayon, justo en la Punta.

Ahora todo es distinto.

En vez de ir todos los días a oír misa en el Santísimo Sacramento, un sacerdote debe concurrir a su casa los sábados a la tarde para celebrarla en presencia de sus íntimos. En vez de constatar personalmente si la plata que donó es bien utilizada, tiene que hacerlo a través de terceros. En lugar de charlar con los jóvenes, se refugia en su círculo áulico compuesto por Luis Bustos Fernández, su prima Marcela Bustos Fernández, Giselle Grassi y María Cristina Pipa. En lugar de visitar hospitales, ve demasiado seguido a su médico de cabecera, el neurólogo del presidente Menem, Ramón Monze Leiguarda y el clínico Jorge Firmat, del Mater Dei.

El día que cumplió 85 años, el 16 de setiembre de 1993, Alicia invitó a comer a sus íntimos.

Los presentes no pasaban de veinte y la cocinera del Banco Río preparó unas espectaculares empanadas. Estuvieron, entre otros, los médicos con sus mujeres. Testigos presenciales contaron que aunque ella no podía comer gozaba viendo a todos disfrutando. No concurrió ni Goyo Perez Companc, ni su esposa, ni ninguno de sus hijos: fue la muestra más clara de que no se aman profundamente. Y uno de los que estuvo en el cumpleaños reveló:

—*La relación de Alicia con la familia es fría: el otro día fueron a visitarla Jorge Perez con su esposa y sus dos hijitos. Pero no fueron porque tuvieran ganas sino porque ella se lo pidió con insistencia.*

Las secuelas de la trombosis siguen vigentes: Alicia no come por la boca, como todo el mundo, sino a través de una sonda. La pura verdad es que ella perdió el reflejo de tragar porque la lesión arterial le afectó ese mecanismo nervioso y, para evitar que se ahogue, le hicieron una traqueotomía.

La traqueotomía de Alicia provocó demoras en las donaciones.

Un sacerdote de una parroquia del oeste de la provincia de Buenos Aires que estaba terminando de construir su colegio se desesperó cuando comprobó que Perez Companc no podía hacer más donaciones "a viva voz". Desde entonces, cada domingo, además de dedicarle la misa a Juan Pablo II, se la dedica a la señorita Alicia. Ese párroco fue uno de los que más suplicó para que le colocaran un aparatito que le permitiera emitir sonidos.

Alicia Perez Companc camina dificultosamente, aunque su mente está intacta.

Alicia no dramatiza su enfermedad, pero varias veces le escucharon decir:

—*Ya viví lo suficiente, estaría mejor en el cielo.*

Y otras veces se la oyó despotricar contra lo que considera un despojo por parte de Goyito y su familia.

El Pequeño Larousse Ilustrado dice que despojo significa: todo cuanto el vencedor le quita al enemigo.

La señorita Alicia nunca dio precisiones a nadie sobre la quita.

Es hora de conocerlas en detalle.

2. El heredero de Dios

Goyo Perez Companc fue paciente: demoró exactamente treinta y cinco años en quedarse con el grupo más sólido y poderoso de la Argentina.

Sus amigos dicen que se convirtió en el dueño absoluto del imperio debido a una sucesión de hechos fortuitos.

Pero sus enemigos suponen que para llegar produjo una serie de movimientos fríamente calculados.

La puntada inicial de la escalada, como se sabe, se tejió en 1958 cuando su tutora, Margarita Companc, hizo prometer a sus tres hijos de sangre que tratarían a Goyo como a un hermano más. La puntada final es menos conocida y tuvo lugar el 26 de noviembre de 1993, cuando Goyo tomó —junto a su mujer y sus hijos— la mayoría del Banco Río, ocupando así el último bastión del grupo.

Se trata de un bastión que hasta entonces manejaba la Iglesia Católica a través de Alicia Perez Companc.

Todo tiene su explicación:

El Banco Río es el más poderoso de la Argentina con depósitos anuales por más de 1.700 millones de dólares y una capacidad de crédito y préstamos de más de 2.100 millones de dólares. En el balance cerrado en marzo de 1994 sobre ocho meses de gestión se acredita que fue el banco privado que más ganancias obtuvo: casi 80 millones de dólares. Hasta el 25 de noviembre de 1993, el poder en el Banco Río se dividía de la siguiente manera:

Fundación Perez Companc 53 por ciento de las acciones
Goyo Perez Companc (Sudacia) 28,5 por ciento
María Carmen Sundblad de Perez Companc 2,3 por ciento
Accionistas minoritarios 7 por ciento

Pero el 26 de noviembre de 1993, Sudacia, la empresa familiar de Goyo, compró a la Fundación un 43 por ciento de las acciones que ésta tenía en el Río, y así pasó a dominar el 75 por ciento del banco. Nada más y nada menos que el control casi total.

Por otra parte, la Fundación Perez Companc no es una abstracción: es, junto al banco y los negocios petroleros, una de las tres patas donde se asienta el poder del grupo. La manejó con mano firme Alicia Perez Companc desde 1977 hasta 1992, cuando le agarró el infarto cerebral. Posee un patrimonio de más de 500 millones de dólares y da ayuda por 15 millones de dólares anuales. Los que conocen el corazón de Perez Companc dicen que Alicia tiene fuertes vínculos con la Iglesia argentina y no mienten. La prueba más acabada se encuentra en el artículo 15 del reglamento de la propia Fundación Perez Companc. El artículo lleva por título Liquidación y Disolución de la Fundación y dice:

—*Si por cualquier motivo no fuese posible dar cumplimiento al objeto de la Fundación, el Consejo de Administración podrá resolver su disolución y designar una comisión liquidadora y una vez pagada la deuda del remanente de los bienes pasará a un ente que debe crear la Conferencia Episcopal Argentina para fines de educación, cultura y asistencia social de las cinco diócesis más pobres según el criterio de la mencionada conferencia.*

La Conferencia Episcopal es el órgano rector de la Iglesia. ¿Es posible que Goyo y su familia hayan comprado las acciones que la Fundación tenía del Banco Río para impedir que la Iglesia tomara el control una vez que muriera Alicia? Los que quieren a Goyo opinaron que no se trató de un golpe de Estado. Y explicaron que las acciones del Río se compraron porque un banco serio que desea hacer negocios con el mundo no puede tener como accionista mayoritario y controlante a una fundación sin fines de lucro. En cambio, los que no lo quieren dicen:

—*El aprovechó la avanzada edad de su hermanastra Alicia para hacerle firmar cualquier cosa.*

Ya se dijo que Alicia sufrió una trombosis el 18 de noviembre de 1992 y a partir de ese día perdió definitivamente el control de la Fundación. Lo que no se dijo es que ya había perdido parte de su dominio el 13 de julio del mismo año, cuando tres de sus colaboradores más fieles fueron reemplazados por tres de los hijos de Goyo. Los tres vocales de la Fundación Perez Companc que respondían a la señorita eran Roque Maccarone, Luis Bustos Fernández y Eduardo Casabal.

Maccarone era quien manejaba en los hechos el Banco Río.

Bustos Fernández era el médico íntimo amigo de Carlos y Jorge Perez Companc y murió en diciembre de 1992.

Eduardo Casabal es el vicepresidente primero del holding, la Compañía Naviera Perez Companc.

Los tres vocales de Alicia fueron suplantados por tres hijos de Goyo Bazán:

Jorge Perez Companc, Rosario Perez Companc y Pilar Perez Companc de Bosombrío.

Ahora la Fundación está absolutamente controlada por Goyo y familia porque además de él y sus hijos figuran como miembros su esposa María Carmen Sundblad, su amigo del colegio, Santiago Patricio Rocha y el contador Carlos Cupi, un hombre de la absoluta confianza del dueño del grupo.

—*Ese fue el primer avance de la familia, el segundo fue la compra de las acciones que tenía la fundación en el Banco Río y el tercero fue la designación de Jorge Perez como tesorero del banco, en simultáneo con la renuncia de Roque Maccarone* —explicó con precisión de cirujano un hombre del grupo que conoce los intríngulis familiares.

Maccarone no se fue del Banco Río porque le agarró un ataque de caspa. Se fue porque no pudo soportar que Goyo le impusiera en la Tesorería a su hijo, Jorge Perez Companc. ¿Cómo se iba a hacer cargo de la caja del banco un joven tímido y bueno que abandonó la universidad al segundo año, se especializó en las tareas del campo y tuvo como primera experiencia una tarea menor en la Fundación Perez Companc?

Maccarone se indignó con el aterrizaje del heredero y la última semana de octubre de 1993 se reunió a solas con Goyo Perez Companc en el piso 23 de Maipú 1, el edificio Perez Companc, y lo apuró:

—*Yo construí este banco. Le di cuarenta años de mi vida. No puedo admitir que me recorten el poder.*

Pero Goyo le respondió, con lógica implacable:

—*Nadie puede negar lo que usted hizo con este banco. Pero lamentablemente el dueño soy yo.*

Maccarone se equivocó.

Había sentido toda su vida que el dueño era él, aunque no había comprado nunca ni una acción del banco. Pero lo que más le dolió fueron dos cosas. Una: que para sacarlo del medio le hayan ofrecido un cargo honorífico, sin ninguna importancia. Dos: que Jorge Perez haya ingresado al poder por la ventana y pateando puertas. A Maccarone el golpe lo hizo tambalear. Y hasta pensó abandonar el departamento de Alvear al 1400 que le cedió la compañía y su casa en el country Highland valuada entre 300 y 350 mil dólares.

El día que lo desplazaron definitivamente, Maccarone corrió a visitar en persona al presidente de la Comisión de Valores, Martín Redrado.

Eran las tres y media de la tarde.

Testigos presenciales dicen que Maccarone se tapó la cara con las manos y en medio de sollozos, repitió:

—¡Son cuarenta años! ¡Y cuarenta años de trabajo y lealtad no se pagan así!

Maccarone entró a Perez Companc a los 20 años. Había venido de la Cruz Roja y no había terminado su carrera de contador cuando le ofrecieron entrar a La Patagonia, compañía de Seguros. Años más tarde, 1964, Carlos Perez Companc lo tomó del brazo y le dijo:

—*Acabo de comprar un banco y quiero que lo manejes vos.*

—¡*Pero si yo no sé nada de bancos!* —se atajó Maccarone.

44	LUIS MAJUL

—*No importa. Yo tampoco sé. Pero por lo menos a vos te tengo confianza* —lo tranquilizó. Desde ese día, Maccarone abrió una por una las 170 sedes con que cuenta el Banco Río y lo llevó del ostracismo al liderazgo con muchos años de esfuerzo y manejo personalísimo.

Maccarone era un incondicional de Carlos Perez Companc. Cuando éste murió, en 1977, empezó a manejar el banco a su criterio y sin interferencias, porque Goyo Perez Companc no sabe nada de finanzas y porque Alicia siempre apoyó a Maccarone contra viento y marea.

La estrella de Maccarone se apagó debido a dos hechos: la trombosis de la señorita Perez Companc y la decisión de Goyo de colocar a su hijo en la caja del banco.

Maccarone sufrió una sugestiva metamorfosis como producto de su traumática salida del grupo y su súbito ingreso al gobierno. Hasta que se fue del Banco Río, se vestía como un vendedor de automóviles usados, con la austeridad que exige la conducción de Perez Companc. Pero ahora que se pasó al menemismo, usa gemelos y camisas con monograma y pasa largas horas con sus vecinos del Highland: Carlos Corach, Rubén Moltoni y Roberto Dromi.

En el mundo de las finanzas los expertos se preguntaron:

—*¿Cómo puede ser que Jorgito, el hijo de Goyo, haya tenido la audacia de pilotear el desplazamiento de uno de los banqueros más capaces del país? La respuesta se encuentra en el equipo que lo apuntala, un grupo de especialistas en monitorear bancos y superempresas en crisis.*

Los especialistas son:

Carlos Alberto Cupi, contador, Libreta de Enrolamiento 4.552.899, cédula de Identidad 5.670.829, 47 años, nacido el 15 de noviembre de 1946 bajo el signo de Escorpio. Su primer trabajo en el grupo fue para La Patagonia Compañia de Seguros. Es vocal de la Fundación Perez Companc y jefe del equipo que instruye a Jorge Perez.

Néstor Gerónimo Rebagliati, Cédula de Identidad 5.783.982, 43 años, bienes personales que ascendían a 428.900 dólares en 1991 y con mucha afinidad personal con el hijo de Goyo, el hederero.

Martín Bauer, ex gerente del Citibank y experto en finanzas.

Jorge Fourcade, otro incondicional de Goyo.

Cupi, Rebagliatti, Bauer, Fourcade y Jorge Perez Companc no cuidan solamente los intereses de las empresas familiares del grupo, como los campos y la inversora. Ellos miran con lupa a las 33 empresas consolidadas que forman parte del imperio Perez Companc. El ojo de los Jóvenes Turcos hace dormir más tranquilo al Dueño del Ganado.

Pero a Goyo el desembarco en el Río no le salió gratis.

Para empezar, todavía está pagando los casi 196 millones de dólares que le costaron las acciones compradas a la Fundación. Las está abonando de la siguiente manera:

Casi 49 millones de dólares en efectivo.

Siete millones de dólares en campos y edificios.

Y los 146 millones de dólares restantes en 10 cuotas consecutivas y anuales de 14.600.000 dólares, con vencimiento, la primera de ellas, el 20 de diciembre de 1994.

Y para seguir, Goyo perdió la imagen de hombre bueno, generoso y desinteresado que tenía entre algunos hombres de la Iglesia y los negocios.

A partir del desembarco de Goyo en el Río muchos empezaron a preguntarse si la cáscara pulcra de los Perez Companc se correpondía con la realidad de los negocios. La mejor manera de saberlo es contar con minuciosidad cómo se construyó el imperio.

Todo comenzó a fines del siglo pasado, cuando el ingeniero ferroviario Domingo Companc llegó desde Lyon, Francia, con su esposa Lidya y su hija Margarita Companc.

Domingo Companc fue compañero del político, escritor y fundador de la Universidad de la Plata Joaquín V. González. Companc ayudó a construir el Ferrocarril desde Río Gallegos a Río Turbio. El Estado se comprometió a pagar los servicios de Companc con campos en la Patagonia. Pero la entrega nunca se hizo efectiva. Entonces su nieto, Carlos Perez Companc, los reclamó en 1934, ni bien se recibió de abogado.Se los devolvieron en 1941 y de ahí surgió el mito de que el imperio nació con la compra de esas tierras.

—¿Quiere que le diga la verdad? Esos campos no valían prácticamente nada —reveló uno de los empleados más viejos de la compañia. Y agregó que les daban una renta de unos 3 mil dólares por mes.

Otro hombre viejo y sabio desmintió otro mito sobre cómo la hicieron los Perez Companc. El mito que dice que Ramón Perez Acuña fue el que apuntaló la primera aventura de la empresa.

—Ramón Perez Acuña era un rentista y administraba la fortuna de los Menéndez Bethy en la Patagonia, pero más allá de eso, nunca tuvo un peso —ilustró.

Parece rigurosamente cierto. Porque hacia fines de la década del treinta, los hijos de Ramón y Margarita, Carlos y Jorge Joaquín, daban clases particulares a estudiantes católicos. Esas clases se las consiguió Santiago de Estrada, uno de los más activos embajadores argentinos en el Vaticano.

—A la plata de las clases la necesitaban de verdad —informó alguien que los conoció bien.

Carlos y Jorge Joaquín Perez Companc empezaron a salir de pobres cuando decidieron montar una oficina muy cerca de Juncal y Suipacha, donde funcionaba la Acción Católica Argentina y la Iglesia del Socorro. El hijo de uno de los primeros accionistas de Perez Companc reveló:

—*Carlitos y Jorge Joaquín fueron muy vivos. Porque desde allí armaron la vaquita de prestamistas para viajar a Estados Unidos y fundar la compañía. Los entonces prestamistas se convirtieron en socios fundadores de la Compañía.*

Fueron:

Rafael Pereyra Iraola. Alfonso Porrino. Agustín Pestalardo, que luego se convertiría en presidente de Peuser. Natalio Scarímbolo. José María González Chaves, con ése y Ricardo Zorraquín Becú.

Ellos pusieron cerca de 5 mil pesos de la época cada uno. Carlos y Jorge invirtieron una cantidad menor, y por eso los hijos de los socios fundadores prestamistas los recuerdan como "testaferros de una decena de capitalistas con apellidos ilustres".

Carlos y Jorge Joaquín Perez Companc juntaron la plata y viajaron en 1946 con la idea original de comprar cosméticos, medias de nylon y lápices de labios para la mujer, pero en lugar de eso se trajeron cuatro barcazas que habían quedado varadas después de la Segunda Guerra Mundial. Las bautizaron con los nombres de Santa María de Luján, San Benito, San Juan Bosco y Santa Micaela. Viajaron a Estados Unidos en un avión DC que tardó cinco días.

Carlos Perez Companc dijo después a la prensa que la idea original había sido montar un frigorífico.

—*Dijo lo del frigorífico porque nadie veía bien que católicos de comunión diaria trajeran objetos de placer para mujeres de vida licenciosa* —confesó el hijo de otro socio fundador.

Los barcos eran especiales: su quilla plana los hacía muy útiles en el sur, donde no hay puertos sino playas.

Los Perez Companc viajaron a los Estados Unidos con una carta de recomendación del sacerdote Andrés Azcárate, Abad de los monjes benedictos.

Ellos la presentaron ante miembros de la Orden de los Caballeros de Colón.

La Orden de los Caballeros de Colón es una organización de laicos ultracatólicos fundada en 1882 y con sede en New Haven, Connecticut. Cuando los Perez Companc fueron a pedirle ayuda, tenían casi un millón y medio de fieles. Mentes conspirativas le adjudican a la Orden haber financiado las aventuras de la familia.

Lo desmintió el propio Carlos Perez Companc, en una entrevista concedida en 1969.

Hay quienes afirman que sólo con la plata que ganaron vendiendo chucherías importadas pagaron el primer barco de 100 mil dólares. Otros aseguran que la mayor parte del dinero para comprar las barcazas lo consiguieron del Banco Industrial de la República Argentina (BIRA) y parientes muy cercanos de los Estrada recordaron que los fundadores debieron dar una coima de 50 mil pesos por barcaza al gerente del banco que les autorizó el préstamo.

La historia oficial ubica el nacimiento del imperio el 17 de noviembre de 1947, día en que se constituyó la Compañía Naviera Perez Companc.

Ramón Perez Acuña había muerto cuatro años atrás y su viuda, Margarita, seguía instruyendo con mano firme a sus tres hijos legítimos y también a Goyo. En ese momento Alicia tenía 39 años, Carlos 35 y Jorge Joaquín 33.

Goyo Bazán apenas cargaba con 13 añitos.

Dios y la Virgen los habrían de ayudar constantemente. Los viajes de los Perez Companc a la Patagonia fortificaron su relación con la Iglesia en general y con los salesianos en particular.

El apogeo de los Perez Companc en la Patagonia estuvo emparentado con la decadencia de los Menéndez Bethy. Mientras los primeros empleaban indios para cargar en el barco la lana de sus ovejas y el carbón del yacimiento carbonífero de Río Turbio y de paso los catequizaban, los segundos daban una paga mínima.

Uno de los socios fundadores, González Chaves, siempre sospechó que los salesianos dieron a Perez Companc la administración de su dinero y sus riquezas. González Chaves solía decir que él había descubierto uno de los cuatro grandes secretos que Dios ignoraba.

El primer secreto es: ¿Cuántas órdenes religiosas existen entre las monjas?

El segundo: ¿qué rezan los canónicos en la Catedral?

El tercero: ¿qué tienen en la cabeza los jesuitas?

Y el cuarto: ¿de dónde sacan la plata los salesianos para construir un colegio al lado del otro?

González Chaves decía sin ironía que los salesianos sacaban la plata para construir colegios de lo que hoy es el Banco Río de la Plata.

En 1951, Carlos y Jorge Joaquín Perez Companc decidieron expandirse y fundaron La Patagonia, Compañía de Seguros. Lo hicieron, entre otras razones, porque el seguro que le debían pagar a YPF por sus barcos era carísimo y les salía más barato armar una compañía aseguradora. El mismo año, compraron miles de hectáreas en el Establecimiento Ganadero Los Lagos.

En 1952, los hermanos Perez Companc ofrecieron al superior gobierno de la Nación uno de sus barcos para que el militar Hermes Pujato encabezara la primera expedición argentina a la Antártida.

El gran barco no tenía radar, ni los equipos técnicos necesarios. De manera que el gobierno lo equipó de arriba a abajo, lo usó, y se lo devolvió a la Naviera Perez Companc en mejores condiciones que antes.

—*Se ahorraron un montón de plata, y aparecieron como unos patriotas bárbaros* —opinó alguien que no los quiso. Pero un ex alto empleado recordó una anécdota más piadosa:

—*Fue una verdadera epopeya, porque los empleados del barco hicieron huelga y lo tuvimos que empujar entre todos los jefes.*

En 1954 se fundó Turismo Pecom, una compañía que ofrecía viajes desde la Patagonia a Buenos Aires y desde Buenos Aires a Brasil.

Entre 1954 y 1955 toda la familia se fugó a Brasil, por el miedo atroz de que los peronistas los mataran en su calidad de empresarios muy vinculados a la Iglesia. De Brasil saltaron a Estados Unidos, donde vivieron pocos meses, hasta que irrumpió la denominada Revolución Libertadora. Un viejo accionista contó una leyenda sobre el temor ancestral que sintieron la Iglesia y los Perez Companc a las hordas peronistas. La leyenda dice que ni bien Perez Companc ocupó la actual sede del Banco Río, se construyó un pasillo secreto que conecta al banco con la Curia. Un pasillo de escape para los religiosos de La Catedral que quisieran llevarse consigo los bienes del Tesoro de la Curia. La leyenda agrega que esos bienes se encontrarían en el salón de la Archicofradía del Santísimo Sacramento.

En 1956 la Compañía Naviera Perez Companc empezó a cotizar en la Bolsa de Comercio. Los empleados que aman la empresa sostienen que esto es una evidencia de la añeja transparencia del grupo. Ex empleados que se fueron resentidos aseguran que se anotaron en la Bolsa para canalizar los fondos que llegaban de la Iglesia argentina, ya que las acciones eran innominadas. También en 1956 compraron 54 mil hectáreas de selva virgen en Misiones. Así nació el Establecimiento Forestal San Jorge, que al año siguiente instaló un moderno aserradero. Los Perez Companc no se anduvieron con chicas y crearon, para transportar la madera, la primera flota fluvial privada de la Argentina. El responsable del proyecto de entonces dice que sólo contaban con empleados paraguayos, que colonizaron la zona y le dieron de comer a miles de familias, las que fueron convertidas al catolicismo. La pretensión de los Perez Companc era desmontar 200 hectáreas por año.

—*Querían aprovechar la desgravación impositiva y fue un negocio de porquería: terminaron cultivando palmitos en Misiones*

—opinó, casi cuarenta años años después, el hijo de uno de los ejecutivos de ese proyecto.

En 1957 compraron la empresa aérea ALA. Cubría solamente la ruta Buenos Aires-Rosario.

En 1958 se produjo la primera gran crisis del grupo: el 8 de junio a las cuatro y media de la tarde, murió Margarita Companc, la verdadera líder de la compañía.

Perez Companc facturaba entonces no más de 10 millones de dólares y tenía una estructura fija de no más de 60 personas.

En el medio de la desolación y la pérdida Carlos Perez Companc tomó dos decisiones históricas: incursionar en el negocio del petróleo para ganar plata en serio y crear la Fundación con el objeto de ordenar la ayuda social y eludir ciertos impuestos, como se verá después.

En petróleo empezaron de abajo: sacando la parafina y destapando los caños de los pozos. Para eso se gastaron cien mil dólares en un equipo usado que valía en el mercado medio millón de dólares. Siguieron con el tendido y el mantenimiento de los mismos pozos. Carlos Perez Companc se dio cuenta enseguida de la magnitud del negocio. Entonces le suplicó al presidente Arturo Frondizi que lo dejara convertirse en un petrolero de verdad.

Sucedió en el sur.

Frondizi estaba recorriendo la Patagonia en un avión de YPF. Y Carlos se subió a una avioneta para interceptarlo. En uno de los aeropuertos lo logró: pudo subir al avión presidencial antes de que partiera. Un ex presidente de YPF asegura que Perez Companc le dijo a Frondizi:

—*Puedo organizar una empresa de capital nacional. Puedo conseguir dinero para producir petróleo. Soy un empresario argentino dispuesto a todo. Déjenos participar en el negocio.*

El ex funcionario afirma que Carlos fue tan vehemente que lloró. Y agrega que al bajar del avión, Perez Companc preguntó al piloto de YPF, secándose las lágrimas:

—*¿Qué le pareció? ¿Cree que convencí al presidente?*

A lo que el piloto le respondió: —*No sé si lo convenció pero... ¡Qué poca dignidad para plantear sus razones!*

Frondizi le pidió tiempo, pero no le consiguió nada.

El 6 de abril de 1959 fue creada la Fundación Perez Companc. Se planteó, entre sus más importantes objetivos, promover la educación católica en todo el país. Se fundó con un capital de 550 mil pesos moneda nacional. La presidió entonces Carlos Perez Companc. Su vicepresidente fue Jorge Joaquín Perez Companc. Su hermana Alicia figuró como tercera vocal. Y Goyito fue nombrado cuarto vocal. Nunca una fundación empresaria dio tanta ayuda social como ésta. Jamás un ente de estas características hizo tanta presión para evitar que sus donaciones se conocieran.

Lo que sigue es una larga lista de las instituciones a las que la Fundación Perez Companc financió desde su nacimiento hasta el último balance presentado en la Inspección de Personas Jurídicas.

Incluye, entre las donaciones más controvertidas: una partida de 356.669 pesos al Batallón de Intendencia 601, otra partida de un millón y medio de pesos a la Armada Nacional y un cheque de medio millón de pesos argentinos a la Base General San Martín de la Antártida.

Todas estas ayudas fueron dadas durante 1975, cuando las Fuerzas Armadas iniciaban la guerra sucia contra "la subversión apátrida". Por eso hoy ex empleados de Perez Companc sostienen que la Fundación financió a los grupos de tarea del denominado Proceso de Reorganización Nacional.

Durante 1975 la Fundación entregó casi 5 millones de pesos de la época. Entre los beneficiarios, se encontraron:

Escuela de Misiones / Círculo de la Prensa / Inta / Establecimiento San Jorge / Misión Salesiana / San Jorge Obrero / Iglesia Libertad / Hermanas Adoratrices de Córdoba / Reverendo padre de Misiones / Centro de Diagnóstico / Instituto María Auxiliadora / Cotolengo de la Parroquia San José / Centro de Catequesis Santa Teresita del Niño Jesús / Padres Sacramentinos / Misión Arquidiocesana / Obispado de Córdoba / Iglesia de Wanda en Misiones / Catedral de Santa Cruz del Eje / Obispado de Lomas de Zamora / Misiones Rurales Argentinas / Parroquia Nuestra Señora de las Gracias / Club de Madres Protectoras de Niños / Servicio de la Santa Trinidad / Pequeño Cotolengo / Instituto de Gastroenterología doctor Jorge Perez Companc.

Las donaciones durante 1976 treparon a 54 millones de pesos. Fue uno de los años que la Fundación más dio, en proporción a su capacidad. Estos fueron los bendecidos con la varita mágica de Alicia:

Instituto Cancerología / Hermanas Adoratrices de Córdoba / Colegio Cardenal Newman / Círculo de la Prensa / Parroquia Santa María / Fundación Luis María Grignon de Monfort / Universidad Católica Argentina / Academia Nacional de Ciencia / Misión Salesiana / Asociación el Centavo / Liga contra la Tuberculosis / Iglesia y Escuela de Misiones / Instituto de Gastroenterología / Asociación Hijas del María Santa Unión / Hermanas Adoratrices Españolas / Pequeño Cotolengo Argentino / Escuela de Ingenieros Forestales / Misiones Rurales Argentinas / Hermanas Adoratrices de Juan B. Alberdi 1577 / Reverendo Santiago Baker Misiones / LALCEC / Universidad de Cuyo / Facultad de Ingeniería / Hermanas Benedictinas / Nunciatura Apostólica / Hijas del María Auxiliadora / Hogar Hermanas Ancianas Desamparadas / Municipalidad Ciudad de Buenos Aires / Fundación Amigos de la UCA y Misión Yaminué (Río Negro).

Las afortunadas Hermanas Adoratrices de Córdoba recibieron 10 millones de pesos. La Universidad Católica Argentina (UCA) —fundada en 1972 por Carlos Perez Companc— recibió en esta oportunidad más de un millón de pesos. Pero la Fundación Amigos de la UCA se llevó nada menos que 20 millones. A la Misión Salesiana se le donaron casi 800 mil pesos. Y a la Nunciatura Apostólica nada más que 30 mil pesos.

Durante 1977 la Fundación tuvo una vida muy agitada.

Ese año murió Carlos, Alicia pasó a ser la presidenta efectiva y se incorporó como vocal nada menos que María Carmen Sundblad, la esposa de Goyo Bazán. Ese año, además, el ente multiplicó varias veces su poder y su capital, porque Alicia donó a la Fundación la mayor parte de la herencia que recibió de Carlos, a saber: 100 millones de acciones de la Compañía Naviera Perez Companc y 215 millones de acciones del Banco Río de la Plata.

No fue una donación de morondanga.

Se trataba de más del 50 por ciento de las acciones de cada una de las dos firmas. La incorporación de esas acciones hicieron trepar los activos de la Fundación Perez Companc a más de 850 millones de pesos y generaron un aumento del patrimonio a casi 350 millones de pesos de entonces.

La lectura del balance de ese año revela que la torta de los Perez Companc fue repartida en partes más o menos iguales.

Goyo, el remplazante de Carlos al frente del holding, se quedaría con las empresas y Alicia con la Fundación. Pero la Fundación se nutriría con una buena parte de las empresas que debía hacer prosperar Goyo. Desde que Alicia tomó la Fundación empezaron a aumentar las donaciones a particulares.

Las donaciones totales de 1977 llegaron a 56 millones de pesos. De ese total, 15 millones fueron aportados por el Banco Río, 5 millones por Sudacia —la Sociedad Anónima de Goyo y su familia— y 12 millones por la Compañía Naviera Perez Companc.

Los agraciados con la ayuda de la Fundación durante 1977 fueron:

Asociación Protectora de los Jóvenes Obra Juan Bautista Alberdi, con 30 millones de pesos / UCA, con 5 millones / Hermana Rosita Ludueña, con 50 mil pesos / Asociación Protectora de los Jóvenes, en Córdoba, con casi 9 millones / Hermanas Adoratrices Españolas, con 25 mil / Escuela Policial Número 196 de Misiones / Hermana Rosa Frías / Templo Catriel, en Neuquén, con 2.700.000 mil / Ejército Argentino, Quinta Brigada de Infantería / Capilla de Wanda en Buenos Aires / Néstor Oscar San Martín, con 300 mil / Academia Benedicta / Obispado de Añatuya, en Santiago del Estero, con 1.500.000 / Misiones Rurales / Daniel Keegan, con un millón de pesos / Asociación Protectora de los Jóvenes Obra Malvinas, con 2 millones / Daniel Almada, con 66 mil / Ana Bisset, con 700 mil pesos / Parroquia del Viso, con 452 mil / Asociación Protectora de los Jóvenes de Villa Pogreso / Parroquia Inmaculada Concepción, con 214 mil pesos y Cándida Costa, por internación en casa San Justo, con 50 mil.

Alicia Perez Companc siguió repartiendo dinero a diestra y siniestra hasta 1992, cuando la trombosis la obligó a delegar el manejo efectivo del ente.

Ese año, la Fundación Perez Companc donó efectivo y entregó subsidios por ...¡12 millones y medio de dólares!

Esta es la lista incompleta de beneficiarios:

Obispado de Añatuya / Caritas Argentina / Rincón de los Sauces / Fundación de Endocrinología Infantil / Casa para los Jóvenes de Haedo / Asociación Protectora de las Jóvenes / Fundación Sonneschein / Fundación ADA / Hospital Muñiz / C. I. R.P.C. / Confidentia / Escuela de Policía Río Gallegos / Hogar de Ancianos Marín / Liga Argentina de la Lucha contra el Cáncer (LALCEC) / Congreso Arquidiocesano sobre la Familia / Misiones Rurales Argentinas / Fundación Sagrada Familia / Fundación Presbítero José Mario Pantaleón. (Pantaleón era el cura sanador amigo de Menem, María Julia y Víctor Sueyro que murió durante 1993). / Academia Argentina de Cirugía / Escuela primaria Rincón de los Sauces / Instituto María Auxiliadora de Puerto Santa Cruz / Escuela Número 21 de Catriel Oeste / Biblioteca Juan Bautista Alberdi de Neuquén / Universidad Católica Argentina / ENET Número 1 Plaza Huincul / Colegio María Auxiliadora de Salta / Escuela 145 Villa Llanquín de Río Negro / Fundación de Lucha contra las Enfermedades Neurológicas Infantiles / Hospital Italiano / Hospital de Niños Ricardo Gutiérrez / Hospital Rincón de los Sauces / Fundación Favaloro / Cooperativa Hospital Rural Lago Polo / Cooperativa Sanitaria Villa Recondo / Academia Argentina de Cirugía / Sala de Terapia Intensiva del Hospital Muñiz y Fundación Argentina de Lucha contra el Dolor.

Pero, como si esto fuera poco, la Fundación, ese año, dio a veintidós empleados de la Compañía Naviera préstamos para vivienda sin intereses. E hizo lo mismo con trece empleados del Banco Río.

La Fundación Perez Companc vio manchada su honra en 1968 cuando el Inspector General de Justicia, señor Zaldívar, la consideró "un ente concebido para eludir obligaciones impositivas." En el capítulo siguiente se contará con precisión cuál fue la piedra del escándalo.

Ahora es necesario viajar hasta 1960 cuando Carlos compró, a precio de bicoca, el embrión de lo que luego sería el Banco Río.

Había sido fundado en La Plata, en el año 1909. Era, en realidad, una compañía de seguros y se llamaba exactamente Río de la Plata, Compañía de Seguros contra Incendios. En 1932 sus dueños consiguieron el permiso para convertirla en banco y pasó a denominarse Banco de Créditos y Seguros Río de la Plata. En 1935 lo bautizaron definitivamente como Banco Río de la Plata. Y 25 años después Carlos Pérez Companc se lo compró a la familia Tetamanti a precio irrisorio. La sede del Río de la Plata estaba en La Plata, sucursal Ensenada, pero el verdadero negocio de los bancos estuvo y está en la Capital Federal. Por eso, en 1964, el Río absorbió el Banco del Este, que era uruguayo pero tenía sede en el Puerto de Buenos Aires.

—*El primer banco argentino que compra un banco extranjero* —se dijo en la publicidad de entonces.

Después de la jugada Carlos Perez Companc sacó a Maccarone de La Patagonia Compañía de Seguros y lo puso al frente del flamante Banco Río. En esa época, el número uno solía decir:

—*Prefiero ser el último banco sano y no el primero endeble.*

Las oficinas del Banco estuvieron durante mucho tiempo en Florida 234, tercer piso, donde hasta hace poco se encontraban las empresas familiares de Goyo Perez Companc.

El Banco Río empezó a funcionar inmediatamente, pero la inscripción definitiva se produjo el 14 de mayo de 1968. En mayo de 1977 nació la Patria Financiera apta para hacer Negocios Sucios. Muchas entidades cayeron en la trampa de endeudarse en dólares y a altísimas tasas de interés.

El Banco Río no.

En cambio, en 1978, Maccarone decidió hacer negocios con el mundo y contrató entonces a Roberto Ruiz, 52 años, casado, tres hijos, quien fundó ese mismo año el Panamá Río Bank y en 1978 abrió una oficina en New York. Río Bank fijó su sede en Panamá para no pagar doble impuesto, pero también para ocultar su nacionalidad argentina: en esa época, ser argentino y banquero eran dos malas palabras.

En 1981 el Río creció geométricamente: compró el Banco Delta e incorporó sucursales de los bancos Rural, Comercial del Norte y Español. Les salieron baratos: estaban en proceso de liquidación.

En 1985 compró la mayoría del Banco Ganadero Argentino y todavía hoy mantiene a Narciso Ocampo, uno de los accionistas de aquella entidad, en el directorio del Río.

En 1987 Río Bank abrió oficinas en París y San Pablo.

En 1982 Río Bank se mudó a otro paraíso financiero, la isla de Grand Cayman. Y aún ahora Ruiz sigue sosteniendo que Cayman es un centro financiero de gran prestigio y que sirvió en su momento como reservorio del dinero de Perez Companc ante la gran bicicleta financiera nacional.

En 1986 Roberto Ruiz ayudó a crear una Banca de Inversión para el programa de capitalización de la deuda externa. Así se formó Argentina Private Development Trust (APDT), el más grande banco de privatización de todo el planeta.

Río encabeza APDT y le siguen atrás veintiún bancos de primera línea. Su misión era acumular títulos de la deuda externa argentina. Le fue demasiado bien: llegó a tener un fondo de 1.300 millones de dólares en papeles. Es decir: llegó a convertirse en el principal acreedor de la Argentina.

En 1989 el Río Bank que manejó Roberto Ruiz inventó una compañía y la llamó Inter Río Holding.

Inter Río Holding participó de las siguientes privatizaciones:

* Telefónica de Argentina.
* Area petrolera central Puesto Hernández.
* Area petrolera central Santa Cruz II.

Inter Río Holding acompañó a su prima hermana, la Compañía Naviera, en el negocio petrolero de El Tordillo, y se hermanó con el grupo Techint en el negocio de Repsol.

Ruiz resultó tan eficiente en Río Bank como Maccarone en el Río. Cuando Ruiz fundó Río Bank, en 1978, su patrimonio era de 20 millones de dólares. Y cuando renunció, en julio de 1993, su patrimonio trepaba a 500 millones de dólares. Ruiz se fue del Río por la razón que se va muchísima gente: ganaba menos de 30 mil dólares por mes y quería tener acciones, hacer negocios propios y romper así la regla de oro de Perez Companc. La regla que dice que un empleado, por más alto que sea, jamás puede ser socio o accionista.

El Río es el banco argentino que más sucursales tiene.

Son 170 en todo el país, pero sólo en la Capital Federal y el gran Buenos Aires funcionan 106. Tiene 3.500 empleados directos y el personal llega a 5 mil, si se suman los indirectos. El 70 por ciento del personal está formado por auxiliares, cajeros y administrativos de cargos muy bajos.

El Río participa en empresas como: Banelco, con un 20 por ciento de acciones, Visa Argentina, con 5,56 por ciento de acciones, Gire —firma que gestiona cobranzas de compañías como Telefónica y Telecom—, con el 28 por ciento del paquete accionario y Sur Seguros de Retiro y Sur Seguros de Vida.

El 51 por ciento de Sur es de Perez Companc y el resto del Citicorp.

El Río, finalmente, es el banco privado que más ha sido robado y atacado en los últimos tres años: le quitaron, en 12 asaltos diferentes, 842 mil dólares.

La historia menos simpática del Banco Río fue contada por ex integrantes de la comisión interna que trabajan en la sede central. Esta es la síntesis:

* "Es un milagro que exista comisión interna. El banco tiene un perfil de empleados bien antisindical: se trata de chicos que acaban de terminar la secundaria y siguen la carrera de economistas. Los captan de colegios religiosos como el Lasalle o el Don Bosco. También de universidades como la UCA o El Salvador".

* "El salario promedio de los empleados, al día de hoy, noviembre de 1993, es de 750 dólares. Está 150 dólares arriba del sueldo medio del personal bancario de todo el país".

* "La política salarial es discriminatoria y antisindical. Hay quienes tienen el mismo cargo y la misma antigüedad, pero uno gana mucho más que el otro."

* "Existe sí, el doble aguinaldo, tanto a mitad de año como a fin de año. Tenemos hoy una colonia de verano impecable y un plan de medicina prepaga del que no hay por qué quejarse."

* "No echan ni mandan telegramas. Te presionan sutilmente, hasta que te obligan a aceptar el retiro voluntario. Los 650 tipos que se cargaron en 1990 fueron a través de retiros voluntarios".

* "Un gerente común puede ganar entre 1700 y 3000 dólares."

* "El Río no paga horas extras aunque hay gente que llegó a trabajar 18 horas seguidas."

* "Cada sucursal debe autofinanciar sus gastos y si alguna presenta déficit, el responsable es trasladado o elegantemente despedido."

* "Hay infinidad de chicos que llegan al laburo manejando un Peugeot 505. Son nenes de mamá de la UCA o el Lasalle y vienen a hacer su pasantía. No necesitan el dinero. Ninguno es cabeza de familia ni tiene conciencia gremial. Uno de ellos es nieto del general Lanusse y trabaja en la sucursal microcentro".

Después del golpe de 1993 que hizo quedar a Goyo con la mayoría absoluta de las acciones del banco e hizo saltar por los aires a quien fuera su mariscal, Roque Maccarone, el directorio quedó formado así:

Presidente: Goyo Pérez Companc
Vicepresidente ejecutivo: Amadeo Vázquez
Vicepresidente segundo: Jorge Fernández
Director secretario: Joaquín Suárez
Director tesorero: Jorge Pérez Companc

Amadeo Vázquez es considerado un hombre leal pero no por convicción, sino por temor a la autoridad. Se recibió de abogado con medalla de oro en la UCA y es verticalista hasta el ridículo. Cierto día estaba en un cóctel del banco y Carlos Perez Companc tomó la bandeja y le convidó un bocadito.

—¿Quiere uno? —preguntó primero Perez Companc a un empleado que estaba junto a Vázquez.

—No, gracias —respondió el hombre.

—¿Y usted? —le preguntó Perez Companc a Vázquez, quien en ese entonces era un pinche de banco.

—Por supuesto, señor, muy agradecido señor —le contestó.

Vázquez tomó el bocadito, esperó que Carlos Pérez se fuera y lo hizo desaparecer. El abogado se sorprendió:

—¡Qué me mirás así!...A mí tampoco me gusta el bocadito. Pero me lo ofreció Perez Companc, y no el mozo.

Cuatro años después de que Perez Companc comprara el Banco Río, exactamente en 1964, Carlos suplicó al presidente Arturo Illia que lo dejara participar en una licitación no ya para limpiar pozos sino para extraer petróleo.

Lo llevó hasta el despacho presidencial del titular de YPF, Facundo Suárez. Perez Companc no tenía antecedentes. Hasta entonces sólo había hecho perforaciones. Para colmo, su socio en un 50 por ciento era una compañía americana pequeña.

YPF tenía interés en licitar dos zonas. Una había sido ocupada y explotada por Amoco. A otra se la consideraba estéril y estaba cerca de Comodoro Rivadavia, provincia de Chubut.

Suárez dio la noticia a Perez Companc y éste lanzó el desafío de inmediato:

—Prometo que me presento y hago 100 pozos en tiempo récord, y a un precio baratísimo.

Perez Companc ganó la licitación con la oferta más baja de todas pero los competidores impugnaron la oferta. Los acusaron de ser demasiado chicos para tener tantas pretensiones. Carlos Perez Companc volvió al despacho de Illia pensando que lo iban a sacar del negocio. Entonces dijo:

—Le aseguro que, si pierdo plata, no la pagará YPF, sino mi empresa.

Illia no hizo lugar a la impugnación y Carlos estalló de alegría. Después hizo algo más práctico: salió de la Casa Rosada y corrió a pedir plata por todos lados, porque la que tenía no le alcanzaba para bancar el trabajo.

Era el contrato petrolero más grande que había tenido una empresa nacional hasta ese momento.

Los Perez Companc prometieron y cumplieron.

En 1965 Carlos fundó, en Zapala, la fábrica de Cemento Pérez Companc. Luego se la vendería a Loma Negra. A esa planta Perez Companc la instaló aprovechando el subsidio de la Ley 378 de Promoción Industrial, que lo eximió de pagar la mayor parte de los impuestos. La planta era importante y llegó a proveer la mayoría del cemento para El Chocón.

En 1968 el grupo dio su segundo gran salto.

Fue el 17 de junio y gracias a un decreto del presidente de facto Juan Carlos Onganía. El decreto anuló una licitación previa y le adjudicó a la Compañía Naviera Perez Companc y sus socios un contrato de exploración y explotación de petróleo, que es la crema del negocio. El yacimiento se llama Entre Lomas y está ubicado entre las provincias de Neuquén y Santa Cruz.

Fue una especie de bendición.

El hombre que más sabe de petróleo de Perez Companc, ingeniero Oscar Vicente, dijo que en ese entonces el grupo no facturaba más de 30 millones de dólares, y que a partir de ese contrato triplicó su venta.

Los socios de Perez Companc para Entre Lomas eran la americana AMOCO Oil y el Banco Industrial de la República Argentina (BIRA), el antecedente inmediato del Banco Nacional de Desarrollo (BANADE).

Las relaciones de Carlos Perez Companc, católico de misa diaria y repartidor de medallitas y novenas, con Onganía, cursillista y tan católico como el empresario, fueron inmejorables. Porque detrás del decreto Entre Lomas, Onganía firmó otro, el 3764/ 69, por el que designó al hombre de negocios presidente del BIRA, el banco encargado de dar créditos a las grandes empresas. Carlos Perez Companc fue denunciado ni bien se hizo cargo por aprobar un millonario crédito del BIRA a su compañía, en lo que constituye uno de los pocos escándalos públicos que afrontó el grupo desde su creación.

En 1970 Perez Companc había crecido lo suficiente y tenía una estructura fija de más de 150 personas.

Y había agregado a sus propiedades: 14 mil hectáreas de campo fértil en la provincia de Santa Fe; 2 mil hectáreas en General Villegas, provincia de Buenos Aires; una barraca en el delta; varios edificios en Neuquén y Mendoza y estaba por comprar Interamerican Asociados, una empresa dedicada a la construcción de casas económicas a gran escala.

El 12 de junio de 1970 pasó algo fundamental que modificó absolutamente el espíritu del grupo: entró a trabajar, con un sueldo de poco más de mil dólares, el ingeniero Oscar Aníbal Vicente, casado, un hijo, hincha de Boca, campechano, bocasucia, hombre que durante años se ensució las manos con el petróleo, y que comanda el grupo de hecho, por ausencia forzada de su verdadero dueño, Goyo Perez Companc. La historia completa de este hombre fue contada por él mismo y aparece en el cuarto capítulo de esta primera parte.

En 1972, y con Vicente incluido, los Perez Companc se recibieron de petroleros con todas las letras. Porque se hicieron cargo de la absoluta mayoría de la empresa que ganó el contrato de explotación del yacimiento de Catriel Oeste, y empezaron a operar las máquinas extractoras de petróleo en serio, y no a través de sus socios.

En 1976 los Perez Companc dieron el tercer golpe maestro de su carrera: compraron el 80 por ciento de SADE a los americanos de la General Electric y lo hicieron a precio de remate. Se quedaron con la mayoría de las acciones a cambio de 15 millones de dólares de los cuales pagaron en efectivo solamente 2 millones.

No es que los americanos se la hayan regalado porque Perez Companc les caía simpático. Lo hicieron porque tenían miedo de que pasara con sus gerentes lo mismo que pasó con el presidente de FIAT Argentina, Oberdán Salustro, quien fue secuestrado y asesinado por grupos guerrilleros que respondían a los Montoneros.

SADE había sido fundada en 1947 por la General Electric, con más de un 84 por ciento de las acciones; por Vitorio Orsi, con poco más del 15 por ciento, y otro italiano llamado Leonardo Prati, con poco más de medio punto. En sus inicios se ocupó de producir, transmitir y distribuir energía eléctrica. Pero enseguida se empezó a realizar grandes obras de ingeniería y otras actividades como la informática y la inmobiliaria. Ni bien se incorporó a la Naviera, SADE se convirtió en un grupo dentro de otro grupo, y se benefició espectacularmente con las grandes obras públicas.

Muchas de las licitaciones que ganó SADE fueron irregulares, como se probará en el capítulo siguiente.

SADE construcciones llegó a representar casi el 40 por ciento de la facturación total del grupo con casi 260 millones de dólares en 1987.

De la madre SADE nacieron algunas de las siguientes criaturas:

PECOM NEC: proveedores de equipos para teléfonos. Se trataba de una sociedad controlada por la NEC de Japón con un 49 por ciento, seguida por Orsi con el 37 y medio por ciento y Perez Companc con el 15, 3 por ciento. Se llenó de oro al ganar una controvertida licitación para abastecer a ENTel en 1979.

CONUAR: en sociedad con la Comisión de Energía Atómica. Fabrica elementos nucleares para centrales atómicas.

NUCLAR: construye obras civiles en las centrales atómicas.

MELLOR GOODWING: fabrica equipos industriales.

ALTO PALERMO: tiene negocios inmobiliarios como el polémico contrato del shopping de Recoleta, cuyos detalles se conocerán más adelante.

TRADAR: Exporta e importa cualquier cosa.

BIOTICA: desarrolla biotecnología.

El primero de junio de 1989 Orsi se desvinculó definitivamente del grupo Perez Companc.

El empresario italiano dejó a Perez Companc su 15,25 por ciento de SADE argentina y recibió a cambio casi el 48 por ciento de SADE Brasil.

Vittorio Orsi no es un empresario cualquiera. Tiene 76 años, dos hijas y se casó tres veces, siempre enamorado. Se recibió de ingeniero electromecánico en Roma y de inmediato fue alistado en las tropas de la artillería italiana de Benito Mussolini, para quien combatió en Grecia y Albania. Fue secretario de Planificación del gobierno de Menem y calculó el costo de Yaciretá en 9 mil millones de dólares. Se considera discípulo espiritual de Karl Popper y lee con voracidad las recetas económicas de Paul Johnson y Peter Drucker. Viste de azul todo el tiempo porque cree en la influencia que los colores tienen sobre las personas. Se fue de Perez Companc, entre otras cosas, porque considera a sus altos gerentes máquinas de hacer dinero. También se fue porque nunca se llevó bien con Goyo Perez Companc. Un día de 1993, ante un periodista amigo, dijo de él:

—*Se trata de una persona elemental con la picardía de los hombres de campo pero sin una base cultural sólida.*

El italiano dejó en claro que entre ambos se terminó acabando el "afecto societatis".

—*Si hasta me quiso excomulgar cuando me empeñé en quitar el crucifijo que apareció de repente en mi despacho* —confesó Orsi, quien se presenta como agnóstico y está más allá del bien y del mal.

La SADE de Perez Companc sigue hoy vivita y coleando. En el último balance de 1993 facturó casi 152 millones de dólares y se quedó con una ganancia de 12 millones y medio de dólares.

La irrupción de la dictadura no afectó los negocios del grupo, sino que los benefició.

El 24 de marzo de 1976, día del golpe de Estado más sangriento de toda la historia argentina, Perez Companc tenía 12 empresas. Cuando terminó el mal llamado Proceso de Reorganización, en 1983, el grupo ya poseía 48 y todas de alto nivel de facturación.

El 7 de octubre de 1977 murió el presidente del grupo, Carlos Alberto Perez Companc. Falleció a las nueve de la noche en una cama del Hospital Alemán a consecuencia de un derrame cerebral sufrido en la antesala del despacho del almirante e integrante de la Junta Militar Emilio Eduardo Massera.

No dejó descendencia.

Tuvo una convalecencia lenta y, cuando todavía no se moría, se inició una lucha sórdida y sutil por ocupar su lugar.

De un lado del cuadrilátero se ubicaron Goyo Bazán o Perez Companc y su familia. El hijo no legítimo, Goyo, estaba por cumplir los 43 años y se consideraba a sí mismo el heredero natural. Había trabajado muy cerca de Carlos y, después de todo, le habían puesto el apellido Perez Companc.

Del otro lado del cuadrilátero se encontraba el abogado Juan Bustos Chicho Fernández, vicepresidente ejecutivo de la empresa y mano derecha del fallecido Carlos Perez Companc. Bustos Fernández no estaba solo: lo apoyaba nada menos que Alicia Perez Companc, quien no se consideraba a sí misma como sucesora, pero sostenía que Goyito no estaba capacitado intelectualmente para hacerse cargo de semejante monstruo empresario.

Juan Bustos Fernández estuvo en la compañía desde el principio. En el segundo balance de la Naviera, realizado en 1948, apareció como miembro del directorio con responsabilidades ejecutivas. El fue el responsable en un 40 por ciento de todas las decisiones que se tomaron en Perez Companc desde que se creó hasta que abandonó la compañía, en 1981. Se hicieron tan íntimos con Carlos Perez Companc, que éste compró una estancia al lado de la que Bustos Fernández tenía en Magdalena, para no perderlo de vista durante los fines de semana. Todos los viajes que hizo Carlos a los Estados Unidos, los hizo junto a Bustos Fernández.

Carlos Perez Companc le tenía a Juan Bustos Fernández tanta confianza que hasta le llegó a transferir acciones sin un contrato de por medio. Cuando Carlos las volvió a necesitar, se las pidió de inmediato. Juan le preguntó entonces:

—*Pero cómo, ¿no me las habías regalado?*

—*No* —le respondió Carlos—. *Sólo te las había prestado para que negociaras por mí en la asamblea.*

Carlos y Juan ocupaban el mismo despacho de 36 metros cuadrados del tercer piso de Florida 234. Uno estaba enfrente del otro. Ambos conocían los secretos del amigo, incluyendo los asuntos personalísimos. Cierto día, Carlos pidió con un ministro de Economía y cuando se lo estaban por pasar, miró a Juan y le preguntó:

—*¿Y ahora qué le digo, cómo se lo digo y cuándo se lo digo?*

Esta anécdota fue contada por un alto empleado de entonces, para destacar que Carlos era un Bustosfernandezdependiente.

Antes de resolver quién sería el número uno, Goyo y Chicho se midieron como dos pesos pesado.

Goyo, por ejemplo, tardó más de un año en sentarse en el sillón de capo que ostentaba su hermanastro mayor. Y cuando Carlos murió, Goyo le dijo a Chicho:

—*Asuma la presidencia. Yo no estoy preparado para esto.*

Pero Bustos Fernández le respondió:

—*Usted lleva el apellido. Su obligación es asumir.*

Testigos presenciales del episodio dicen que Bustos Fernández no sucedió a Carlos Perez Companc sólo porque Alicia no lo defendió con suficiente energía. Ambos contrincantes convivieron bajo tensión durante cuatro años: desde 1977 hasta 1981. No terminaban de entenderse. Se sentían incómodos. Goyo era extremadamente conservador. No quería perder nada de lo que había conseguido su hermanastro y sólo aceptaba consejos de Oscar Vicente y Eduardo Casabal, quienes jamás ignoraron quién era el verdadero dueño del grupo.

Los que conocieron a Bustos Fernández dicen:

—*Así como Amalita se empezó a sacar de encima a todos los hombres que respondían a su marido Alfredo Fortabat ni bien éste murió, Goyo fue desplazando a todos los que respondían ciegamente a Carlos Perez Companc, desde Bustos Fernández hasta Roque Maccarone.*

La diferencia entre uno y otro es que Amalita lo hizo rapidísimo, y Goyo tardó más de 15 años.

Bustos Fernández renunció en 1982 y no recibió indemnización por sus treinta y cuatro años de trabajo y de lealtad. Ganaba no más de 10 mil dólares por mes. Sin embargo, no se fue con las manos totalmente vacías. Porque Goyo le compró las acciones que Chicho tenía en la compañía a un precio razonable: cerca de 2 millones de dólares.

El cuarto gran salto de Perez Companc fue la obtención de los contratos petroleros en 1977, cuando reinaba la Junta pero gobernaba el superministro José Martínez de Hoz.

Los contratos petroleros de 1977 pasarán a la historia como uno de los negocios más oscuros de la Argentina.

Oscar Vicente reconoció que en ese momento Perez Companc no facturaba más de 100 millones de dólares. Y agregó que para 1983 el grupo ya vendía más de 400 millones de dólares, entre los negocios del petróleo y los negocios derivados de SADE. Vicente dijo además que después de la renegociación de los contratos petroleros en 1985 Perez Companc pasó a facturar 800 millones de dólares anuales.

Pero el quinto, último y más espectacular salto del grupo se produjo con la irrupción del menemismo.

Porque desde 1989 hasta 1993 pasó de una facturación de 800 millones de dólares a otra de casi 2 mil millones de dólares.

Hay una relación directamente proporcional entre el dinero que pusieron los grandes grupos para la campaña presidencial de 1989 y los negocios que consiguieron.

Según el "sincericida" José Luis Barrionuevo, Perez Companc fue el conglomerado que más dinero donó para la campaña Menem Presidente 1989, con casi 900 mil dólares. Es curioso: se trata de un monto insignificante comparado con lo que el grupo gastó en las privatizaciones.

Y casualmente, es el grupo que consiguió también mayor cantidad y calidad de negocios, a saber:

'* *Telefónica de Argentina*: El Banco Río tiene el 15 por ciento de las acciones del consorcio que a su vez posee el 60 por ciento de la compañía. Desde que se hizo cargo del servicio en 1990 hasta marzo de 1994 Telefónica ganó más de 813 millones de dólares y al mismo tiempo se deshizo de casi el 20 por ciento de sus empleados.

* *Telecom*: La Naviera tiene el 25 por ciento de las acciones del consorcio que a su vez posee el 60 por ciento de la compañía. Desde que se hizo cargo del servicio, en noviembre de 1990, hasta marzo de 1994, Telecom ganó 510 millones de dólares y al mismo tiempo se desprendió de centenares de empleados.

* *Edesur*: Perez Companc tiene el 32,5 por ciento de las acciones del consorcio que posee el 51 por ciento de la compañía. La compró el 31 de agosto de 1992. Edesur tiene casi 1.900.000 clientes. Cuando se hizo cargo, tenía casi 7.400 empleados. Ahora, gracias a la imposición de retiros voluntarios, cuenta sólo con 5.900. Entre setiembre de 1992 y junio de 1993, Edesur facturó 565 millones de dólares pero perdió casi 73 millones de dólares. Perez Companc quiso sacarse a Edesur de encima. El gobierno se lo habría impedido..

* *Central Costanera*: Perez Companc tiene el 6 por ciento del total de las acciones de la empresa. Central Costanera es una empresa de generación de energía termoeléctrica y durante 1993 produjo más del 10 por ciento de la energía consumida en Argentina. Entre julio de 1992 y junio de 1993 Central Costanera vendió por casi 240 millones de dólares y ganó casi 22 millones de dólares.

* *Transener*: Perez Companc tiene el 15 por ciento de las acciones del consorcio que posee el 65 por ciento de toda la compañía. Transener transporta energía eléctrica de muy alta tensión. Le dieron la concesión por un ratito: exactamente 95 años.

* *Elenet*: El grupo controla el 51 por ciento de las acciones de esta compañía. Elenet se ocupa de leer medidores de luz, evitar el robo de energía y controlar el consumo y la facturación.

* *Distribuidora Metropolitana de Gas (Metrogas)*: Tiene el 25 por ciento de las acciones del consorcio que posee a su vez el 70 por ciento del paquete de la empresa. Metrogas tiene casi el 40 por ciento del total de clientes del país. Es la mayor compañía de distribución de gas natural en Argentina. Durante 1993 facturó casi 332 millones de dólares. Y ganó más de 47 millones de dólares.

* *Transportadora de Gas del Sur (TGS)*: Tiene el 25 por ciento de las acciones del consorcio que a su vez domina el 70 por ciento del paquete de la compañía. TGS tiene una capacidad de transporte equivalente al 65 por ciento del gas que se produce en Argentina. Durante 1993 facturó 176 millones de dólares. Y ganó casi 84 millones de dólares.

* *Refinería del Norte Campo Durán*: Perez Companc tiene el 40 por ciento de las acciones del consorcio que posee el 70 por ciento del total de la empresa. Entre enero de 1992 y junio de 1993 Refinor facturó más de 72 millones de dólares y ganó apenas 156 mil dólares.

* *Ferroexpreso Pampeano* (Ramal Rosario Bahía Blanca): Tiene un poco más del 8 por ciento de toda la compañía. Es un tren de cargas y también da pérdidas. Perez Companc estudia cómo sacárselo de encima.

* *Rutas 5 y 7*: Posee el 25 por ciento de los 10 mil kilómetros de ruta licitados en 1991.

* *Area Central Puesto Hernández*: Tiene casi el 38 por ciento de las acciones. Es el yacimiento más productivo de la Argentina.

* *Destilería San Lorenzo*: Perez Companc tiene el 42,5 por ciento de las acciones y provee a la destilería de petróleo crudo.

Una parte igual posee la Compañía General de Combustibles (CGS) del grupo Soldati y el restante 15 por ciento es de PASA (Petroquímica Argentina Sociedad Anónima). La mitad de PASA es de Perez Companc. Entre abril de 1992 y junio de 1993, la Destilería San Lorenzo vendió por más de 34 millones de dólares. Y ganó sólo 64 mil dólares.

* *YPF*: Perez Companc es el principal accionista privado con el tres por ciento de las acciones extraordinarias. Aspira a sentar en el directorio un gerente de Perez Companc con voz y voto. También a participar en los yacimientos más productivos de YPF.

* *Hotel Intercontinental*: Es un 5 estrellas de 400 habitaciones ubicado en Moreno 809 de Capital Federal. Lo construye a pasos agigantados Perez Companc asociado con los japoneses de Intercontinental. Estaría terminado en enero de 1995. Perez Companc tiene el 75 por ciento del paquete. SADE está terminando el hormigón. Alto Palermo SA hará la terminación. Ambas constructoras son también de Perez Companc. La inversión inicial es de 40 millones de dólares.

¿Puede considerarse a Goyo (Bazán) Perez Companc un inútil que dilapidó la fortuna familiar y llevó al grupo a la quiebra?

Evidentemente no.

Antes de que el protagonista de esta historia asumiera como presidente, la Compañía Naviera Perez Companc tenía menos de 20 empresas y facturaba alrededor de 100 millones de dólares.

Diecisiete años después, de la mano de Vicente, Maccarone y del vicepresidente primero Eduardo Casabal, aumentó la cantidad de empresas a 113 y las ventas a cerca de 1.800 millones de dólares.

Perez Companc es considerado el grupo más sólido y más honesto de todos los que operan en la Argentina menemista.

La primera condición es indiscutible.

La segunda se pondrá en tela de juicio ya mismo.

3. Con pecado concebida

La Compañía Naviera Perez Companc tiene fama de pura, inmaculada y transparente.

Pero el mito de la eterna pureza se desvanece al investigar el origen y desarrollo de algunos de sus negocios.

La primera sospecha sobre el grupo apareció el 26 de setiembre de 1968. Fue ese día cuando el Inspector General de Justicia, Enrique Zaldívar, acusó a Carlos Perez Companc de utilizar la Fundación para evadir impuestos por 20 millones de pesos de entonces.

La información sobre semejante escándalo nunca fue publicada: hasta este momento permaneció guardada en los polvorientos archivos de la Inspección General de Justicia (IGJ).

Esta es la historia completa:

El 27 de setiembre Zaldívar comunicó a Perez Companc que tenía indicios para probar algo ilegal: que parte de los fondos de su Fundación no se usaban para ayudar a la gente sino en provecho propio y de la Compañía Naviera. Zaldívar exigió una respuesta instantánea. Pero Carlos Perez Companc se tomó dos semanas para preparar su defensa; recién entonces puso los balances de la Fundación y la Naviera a disposición de la IGJ. Cuatro meses después, el 4 de enero de 1969, el responsable de la División Contable de la IGJ, Roberto Ramos, presentó las siguientes conclusiones:

* que la Fundación no utilizaba para la caridad la diferencia de dinero entre lo que ingresaba y lo que se gastaba

* que esa diferencia no iba a parar a los pobres y necesitados sino a la caja de la Naviera Perez Companc

* que los fondos de la Fundación retenidos indebidamente por la Naviera eran restituidos de a poco, y sin los intereses correspondientes

* que de la comparación entre el dinero que entraba y el que salía por el alquiler de un edificio de Perez Companc en Comodoro Rivadavia surgía una elusión impositiva de cerca de 20 millones de dólares.

* que por todo lo anterior la Fundación no cumplió con lo que prometió en su acta fundacional.

Carlos Perez Companc respondió a la IGJ con vehemencia y grandilocuencia, según surge del apasionante expediente. El explicó que ganaba tanto dinero con la Naviera, que parecía estúpido querer sacar provecho de la Fundación.

—*Los fondos retenidos de la Fundación no llegan ni al 1 por ciento de lo que factura la Naviera* —ilustró.

Adujo que si la suya no fuera una empresa seria Onganía no le habría dado a Perez Companc la concesión para la explotación petrolera en el área denominada Tres Lomas.

Argumentó que la Naviera retenía los fondos de la Fundación para que no perdieran su valor.

Los sabuesos de la Inspección General de Justicia no le creyeron una palabra y llegaron a pensar en quitarle la personería. Pero después del escándalo Perez Companc entró en razones y empezó a reconocer a la Fundación intereses del 15 por ciento sobre el dinero que la Naviera le tomaba prestado. Así evitó una sanción que se caía de madura.

La segunda sospecha sobre manejos irregulares del grupo llevó a Carlos Perez Companc hasta los tribunales.

La denuncia la inició en 1970 el señor Próspero Germán Fernández Alvariño, más conocido entonces por el apodo de Capitán Gandhi. Fernández Alvariño acusó a Carlos de negociaciones incompatibles con la función pública al haber aprobado como presidente de un banco oficial un crédito destinado a su empresa privada, la Naviera Perez Companc.

Esta es la pura verdad:

El 7 de julio de 1969 la Naviera pidió al Banco Industrial de la República Argentina (BIRA), un crédito de 800 millones de pesos moneda nacional. El suculento pedido de la Naviera era para pagar una deuda a los proveedores extranjeros.

Una semana después del pedido, Carlos Perez Companc fue designado presidente del BIRA, por obra y gracia del decreto presidencial firmado por su amigo, Juan Carlos Onganía. Y un día después del nombramiento, Carlos Perez Companc renunció a Perez Companc.

Pero dos meses más tarde, el 4 de setiembre del mismo año, el BIRA aprobó el pedido de crédito de Perez Companc. Carlos Perez Companc no fue ajeno a la maniobra: él presidió la mesa de directorio que autorizó el crédito. Sin embargo, cuando fue citado por el juez, argumentó que si bien encabezaba el comité de decisión, se había privado de votar.

El 10 de febrero de 1971 el juez federal Jorge Aguirre sobreseyó la causa. Aguirre, en los fundamentos del fallo, sostuvo que no se pudo probar el delito formal. El magistrado también anunció que se reservaría la opinión sobre la actitud ética de Perez Companc.

Seis años después de aquel episodio, Perez Companc se empezó a beneficiar con los famosos contratos petroleros de 1977, cuando reinaba la Junta de Comandantes, pero gobernaba el superministro José Martínez de Hoz.

Los contratos petroleros de la dictadura pasarán a la historia como uno de los negocios más oscuros de la Argentina.

Estas son sólo algunas de las evidencias que prueban lo afirmado y que involucran al grupo en cuestión:

En julio de 1977 Perez Companc, Bridas, Astra y Petrolera San Jorge fueron premiadas con la adjudicación de las seis más grandes áreas de YPF. Se entregó una superficie de un cuarto de millón de hectáreas que contenían 2.170 pozos no vírgenes sino ya perforados por YPF y en plena producción. Perez Companc se quedó con uno de los yacimientos menos vírgenes y más productivos: el Yacimiento 25 de Mayo Medanito. En el momento de la concesión, ese yacimiento de YPF producía más de un millón de metros cúbicos de petróleo por año. Contratistas como Perez Companc cobraban de YPF, por metro cúbico extraído, más dinero del que costaba sacar petróleo del Mar del Norte, uno de los yacimientos más caros del mundo. Las contratistas como Perez Companc no asumieron el riesgo minero: entre 1977 y 1981, YPF realizó 484 pozos de exploración y las petroleras privadas sólo 16 pozos. Las petroleras no cumplieron con las inversiones comprometidas. Y Pérez Companc fue una de las que menos cumplió.

Las pruebas:

Pérez Companc se había comprometido a entregar a YPF un total de casi 8.200.000 metros cúbicos entre 1977 y 1982 sólo por el Area 25 de Mayo Medanito. Sin embargo, solamente entregó 5.600.000 metros cúbicos.

En 1982 las petroleras exigieron y obtuvieron una renegociación de los convenios. Después de idas y venidas, la renegociación fue aprobada por el presidente de facto Reynaldo Benito Bignone, en junio de 1983. Bignone ignoró la recomendación de no hacerlo que le presentó la Sindicatura de Empresas Públicas (SIGEP).

La renegociación de los contratos aprobada por Bignone produjo excesivas ganancias para las empresas y grandes pérdidas para YPF. Las petroleras consiguieron reducir el volumen de producción comprometida en los contratos de Martínez de Hoz. También obtuvieron un precio del crudo superior al que les habían impuesto en 1977. Y, como si eso fuera poco, lograron que YPF les perdonara las multas por no producir lo que habían prometido.

El Centro de Estudios General Mosconi calculó que con esta transacción el Tesoro perdió cerca de ¡400 millones de dólares!

El 14 de enero de 1983, el propio presidente de la multinacional Exxon dio la pauta del gran negocio de las petroleras. El precio del barril era de 29 dólares y el directivo dijo:

—*Si tuviera un mercado de petróleo libre, el precio del barril podría bajar hasta 10 dólares.*

Por esa época, el diputado nacional David Lescano denunció que en los primeros once meses de 1983 las petroleras privadas se habían comprometido a producir 3,1 millones de metros cúbicos de petróleo, pero que sólo habían producido 2,5 millones. Lescano se preguntó cuánto dinero hubiese ahorrado el Estado si sacaba la misma cantidad de petróleo que extrajeron las contratistas, pero al precio de YPF.

Se respondió:

—*Nos habríamos ahorrado exactamente 272 millones de dólares por año.*

En 1985 el gobierno de Raúl Alfonsín renegoció una vez más los contratos petroleros. Pérez Companc no fue el que menos ganó con esta nueva transacción. El grupo tenía el 54 por ciento de la facturación total de los 17 contratos que más dinero producían. Entre 1983 y 1988 las diecisiete petroleras que renegociaron contrato ganaron casi 400 millones de dólares. Pérez Companc y sus socios lograron una ganancia pura de más de 200 millones de dólares.

No hay duda de que los contratos petroleros le generaron a Perez Companc una renta espectacular.

Oscar Vicente calculó que desde que se firmó el primer contrato en 1977, hasta 1983, Perez Companc aumentó su facturación de 100 millones a 400 millones de dólares. Vicente reconoció además que luego de renegociar los contratos petroleros en 1985 pasaron a facturar el doble: 800 millones de dólares anuales.

Pero la denuncia más espectacular que jamás alguien haya presentado contra una empresa de Perez Companc la hizo otro empresario, el cordobés Francisco Javier Llorens, y no fue por los contratos petroleros.

Llorens acusó a la constructora SADE de truchar licitaciones, cobrar enormes sobreprecios y coimear a otras empresas y varios funcionarios para quedarse con la parte del león en millonarios contratos de obras públicas.

Llorens tiene 50 años, es casado, cría a dos hijos y un nieto y es coprotagonista de una historia increíble.

—*Ese señor es un extorsionador* —descerrajó Vicente cuando se le pidió un descargo sobre las denuncias.

El propio Llorens reconoció ante el autor de este libro que sus denuncias siempre fueron seguidas por intentos de negociación para obtener dinero de SADE. También admitió que el preparador de las denuncias fue nada menos que Juan José Velazco, un ex miembro de los servicios de inteligencia que fue sentenciado por extorsión en el caso del Sanatorio Güemes, la misma causa por la que estuvo preso el ex juez Remigio González Moreno. Velazco abandonó la investigación a mitad de camino después de múltiples reuniones con la gente de SADE y, de un día para el otro, se compró varias propiedades en Catamarca y elevó su nivel de vida hasta límites impensados.

La acusación de extorsionador de Vicente contra Llorens se basaría en algunos datos de la realidad. Pero la gravísima denuncia de Llorens contra SADE tampoco es una fantasía.

Llorens era copropietario de TEMA, una constructora pequeña con sede en Córdoba que, en su momento de esplendor, hacia 1978, facturó seis millones de dólares anuales y empleó a 200 personas. Llorens se dio cuenta de que pasaba algo raro cuando empezó a perder licitaciones a manos de SADE, la constructora de Perez Companc.

—*Pronto comprendí que SADE presentaba precios ridículamente bajos para expulsar del mercado a empresas chicas como la mía. Empresas que no pueden darse el lujo de trabajar a pérdida porque quiebran* —explicó después del almuerzo, en abril de 1994.

Llorens afirmó que SADE consiguió su cometido en Córdoba porque desde 1978 hasta ahora las constructoras pequeñas fueron exterminadas o absorbidas como subcontratistas de Perez Companc. Entre las segundas identificó a IATE, CAREM, ITEM Y POEL.

Llorens se tomó el asunto como una guerra personal y en 1980 salió a pelearle a SADE una licitación en la Patagonia, la cuna de los Perez Companc.

TEMA ganó así el negocio de la construcción de un aeroducto en Santa Cruz, a 9 kilómetros de Catriel y Plaza Huincul.

TEMA ganó el contrato porque ofreció un precio aun más bajo que el de SADE, y ahí empezaron los problemas, a saber:
* se le sublevaron operarios que hasta entonces parecian amigos
* se le empezaron a descomponer todas las máquinas
* le saquearon el depósito donde guardaba los materiales.

Llorens jura que todo esto sucedió después de la extraña visita del apoderado de SADE, Fernando Urribarri, quien se le puso enfrente y le preguntó:

—*¿No le parece más conveniente renunciar a los contratos y dejar que haga el trabajo SADE?*

Como Llorens dijo que no, alguien sugirió la destrucción de Llorens.

Pero lo más increíble ocurrió en 1980 cuando se llamó a licitación para una obra conjunta de obras de Agua y Energía y la Empresa Provincial de Energía de Córdoba (EPEC).

Había 5 millones de dólares en juego y la mayoría de las empresas chicas habían sido captadas por SADE para compartir las sobras del negocio.

La única empresa que podía competir con SADE era TEMA, de Llorens. Pero Llorens fue llamado de inmediato por un hombre de CAREM, para hacerle una "oferta interesante".

La oferta contenía tres alternativas:

Alternativa uno: TEMA podía llevarse el uno por ciento del contrato sin mover un dedo y sólo con presentarse a la licitación en calidad de "comprapliego". Los comprapliegos son aquellos que compran pliegos de obras por orden del que la va a ganar para simular que la licitación es competitiva.

Alternativa dos: TEMA podía cobrar el uno por ciento del negocio sólo con no presentarse. Si aceptaba, recibía un cheque a 60 días, y todos quedaban amigos.

Alternativa tres: TEMA podía trabajar como subcontratista y quedarse con las "migajas" del proyecto, por una cifra equivalente a casi el uno por ciento del negocio.

Pero Llorens no aceptó ninguna de las tres ofertas.

Y no lo hizo por un problema de moral, sino de economía: le estaban ofreciendo soluciones de 50 mil a 150 mil dólares y él necesitaba por lo menos 400 mil dólares para tapar el agujero de la aventura de Santa Cruz. Llorens quiso sacar más ventaja y se dirigió a la sede de SADE para negociar. Allí lo recibieron el gerente general de la empresa, Acuña, el apoderado Urribarri y un tal Belverruna. Llorens jura que les dijo lo siguiente:

—*Su ofrecimiento no es aceptable. Vengo golpeado por lo que ustedes me hicieron en Catriel y en Plaza Huincul.* —Y que enseguida agregó:

—*Además, me niego a ir de comprapliegos porque tengo máquinas y gente paradas y necesito trabajar.*

Llorens dice que entonces Acuña le subió el margen del uno al tres por ciento y que le ofrecieron trabajar como subcontratista en una de las obras junto con empresas llamadas Cantor e Hidrocons. Agrega que finalmente Acuña le dijo:

—*No se habla más: el tres por ciento es para usted, personalmente, al margen de su empresa.*

Llorens dice que puso cara de circunstancia hasta que se dio cuenta de que lo estaban grabando para acusarlo de extorsión, algo que Oscar Vicente denuncia en el capítulo siguiente.

SADE y Llorens no llegaron a un arreglo y en mayo de 1981 TEMA se presentó a la licitación de la que querían apartarla. Era un contrato para ensamblar cables en una obra de la localidad de Alto Alberdi, en la provincia de Córdoba. TEMA hizo una oferta similar al presupuesto oficial de obra. Pero SADE presentó precios mucho más bajos que los de TEMA, y ganó la licitación.

Llorens comprendió así que SADE era invulnerable y que la única manera de combatirla era con denuncias.

Se presentó primero ante las autoridades cordobesas y después ante la Comisión Nacional de Defensa de la Competencia, con sede en Capital Federal. En Córdoba denunció irregularidades en el paquete de obras de EPEC, y en Capital atacó un paquete de licitaciones de 150 millones de dólares a cargo de Agua y Energía, del que participaron, en presunta connivencia con SADE, empresas como Techint, Benito Roggio y Sideco, de los Macri. Llorens aportó pruebas de las irregularidades llenas de sentido común. Son las siguientes:

* *Los precios de las ofertas estaban arreglados de antemano entre los supuestos competidores*: Cuando una licitación no está arreglada y la competencia es abierta, los precios siguen un comportamiento anárquico, por encima y por debajo del precio promedio representado por el presupuesto oficial. Pero Llorens acreditó que en las licitaciones de EPEC en las que participó SADE se producía un fenónemo curioso: los precios de las distintas empresas no tenían demasiada diferencia uno de otro, parecían estar en un perfecto escalonamiento, y siempre se encontraban muy por encima del presupuesto oficial. Llorens ofreció una prueba de costos. Así demostró que cada vez que TEMA no participaba en una licitación SADE la ganaba con un precio mayor al del presupuesto oficial. Y probó que cada vez que participaba TEMA, SADE ganaba la licitación pero con un precio más bajo que el del presupuesto oficial.

* *Los precios estaban arreglados de antemano por medio de un sistema matemático que revelaba su falta de espontaneidad*: Llorens explicó que los precios de las licitaciones de EPEC tenían "cierta estudiada anarquía". Pero además denunció que en las obras de Agua y Energía Eléctrica de la Nación que ganaron SADE y su comparsa habían simulado los precios de una manera grosera, por medio de un algoritmo. Algoritmo es un procedimiento de cálculo que permite llegar a una cifra previamente determinada. Llorens demostró que a cada participante de ese paquete de obras alguien le había asignado un precio determinado. Probó que a cada precio se llegaba por una cuenta que tenía siempre una misma lógica. El ejemplo que dio fue claro: el Precio Uno era el equivalente a $2,5 \times 1$, el Precio Dos, el equivalente a $2,5 \times 2$, el Precio Tres el equivalente a $2,5 \times 3$ y así sucesivamente.

Después de presentar la denuncia por el paquete de licitaciones de EPEC, su titular, el ingeniero Samuelle, llamó a Llorens y le dijo:

—*No voy a impugnar la licitación que ganó SADE.*

Llorens se sorprendió por la evidente parcialidad del funcionario y por supuesto sintió el impacto de la amenaza. El tiene diez hermanos y seis de ellos formaron parte de la facción armada del Ejército Revolucionario del Pueblo (ERP). De esos seis, uno estaba muerto, otro exiliado y otro desaparecido. Era 1981 y él temía que los grupos de tarea lo confundieran con uno de sus hermanos. Pero su mayor miedo era que la gente de SADE o de EPEC utilizara sus contactos en las Fuerzas Armadas para amedrentarlo.

—*Me quisieron asustar y lo consiguieron* —aclara—. *Me balearon la puerta de mi casa, me vino a visitar un Falcon verde e irrumpieron brutalmente en la casa mi vecina de al lado.*

La denuncia de Llorens contra el cartel de grupos que se quedaron con el negocio de Agua y Energía en todo el país entró a la Comisión Nacional de Defensa de la Competencia en marzo de 1981.

La denuncia contra la EPEC fue tomada por la misma Comisión Nacional en marzo de 1982, cuando empezaba el desastre de Malvinas. Estaba a punto de comenzar la guerra cuando Llorens viajó a Buenos Aires para negociar con los capos de SADE su silencio a cambio de dinero.

Fue en el sexto piso de la sede central de la empresa, en la calle Diagonal Norte. Lo recibió el gerente general, Federico Argento, junto a una especie de maestro de ceremonias, el ingeniero Jofré. Lo que se transcribe a continuación, igual que todo lo anterior, figura en expedientes que están en manos de la justicia.

Dice Llorens que ni bien se sentó, sentenció:

—*Si ustedes manejan la obra pública así yo me fundo. Les propongo que me compren la empresa para liberarme de mis pasivos y compensar a mis socios.*

—*¿Cuánto vale su empresa?* —preguntó Argento.

—*Apenas un millón de dólares* —respondió Llorens.

—*¿Un millón de dólares?...¿y no le parecería mejor trabajar como gerente de informática en la compañía?* —contraofertó Argento.

La transacción no se concretó.

Llorens asegura que el arreglo no se hizo porque su socio, el ex agente de la SIDE, Juan José Velazco, abandonó el caso después de conversar largo y tendido con la gente de SADE.

En 1983 la Comisión de Defensa de la Competencia empezó a analizar el asunto del paquete de licitaciones de EPEC. La Comisión, en vez de comprobar si lo que denunciaba Llorens era cierto, llamó a declarar a los directivos de Trans Electric y les preguntó si SADE era inocente o culpable. La gente de Trans Electric dijo que era inocente y no era para menos: esa empresa de tubos fue comprada por SADE en 4 millones y medio de dólares pocos meses después del descargo.

—*La gente de Trans Electric consiguió lo que yo no: que le compraran la empresa a cambio de silencio* —ilustra Llorens.

En 1984, la Comisión de Defensa de la Competencia pidió pruebas a EPEC. La Comisión quería ver la estructura de costos de las licitaciones. Sin embargo EPEC no le mandó un solo papel.

Llorens protestó y pidió permiso para presentar sus propios papeles. En el ínterin un avispado empleado de TEMA solicitó y consiguió la quiebra fraudulenta de la empresa de Llorens por una deuda que no terminaba de cobrar. Entonces SADE exigió que se apartara de la causa a la empresa denunciante, ya que acababa de quebrar.

La justicia aceptó esa exigencia.

Y Llorens presentó en junio de 1984 pruebas y casetes que condenaban sin duda a SADE. Pero en julio los síndicos de la quiebra sostuvieron que la presentación de pruebas era tardía. Y poco después, en 1985, la Comisión de Defensa de la Competencia aplicó el principio de la duda a favor del reo representado por SADE.

—*Si la justicia dice que somos inocentes... ¿por qué no respetar el fallo de la justicia?* —se preguntó Oscar Vicente ante el autor.

Los manejos de SADE no pertenecen sólo a la imaginación de Llorens.

También se hicieron patentes en la pelea por la ampliación de la planta de etileno de Petroquímica Bahía Blanca (PBB), bajo el proyecto denominado NEXPRO.

El ex ministro del Interior José Manzano está siendo investigado por la supuesta recepción de una comisión ilegal de 14 millones de dólares por entregar el negocio al consorcio Lummus Techint.

Pero el consorcio que pugnó contra Lummus Techint estaba formado por Linde y Mac Kee-SADE, y también habría hecho de las suyas para quedarse con un negocio de 250 millones de dólares.

En noviembre de 1989 las presiones sobre quienes debían decidir a quién adjudicar la ampliación de PBB se hicieron insoportables. Uno de los funcionarios a quien más se presionó fue Mario Truffat, presidente de la Sindicatura General de Empresas Públicas (SIGEP). Cuando llegó sobre él la presión más contundente, se estaba por realizar una crucial asamblea de accionistas de PBB. Era la asamblea en la que se decidiría a quién se adjudicaría el negocio.

Entonces se instaló en el despacho de Truffat el subgerente general de SADE, Andrés Berutto. Lo que pasó allí fue relatado por fuentes muy seguras que se mostraron dispuestas a repetirlo en los tribunales. Este es el relato:

Berutto habría dicho:

—*Necesitamos postergar la Junta de Accionistas. Necesitamos acomodar algunos números y hacer una presentación más prolija, para ganarle a Techint.*

Y Truffat habría respondido:
—*La voy a postergar por una semana.*

En ese momento llamó Federico Argento desde los Estados Unidos y pidió a Truffat que tratara a Berutto con mucha delicadeza. Berutto, al escuchar que Truffat accedió a su pedido, habría señalado el maletín que había traído y dejado en el piso y dijo:
—*Aquí tiene uno.*

Truffat creyó entender que se trataba de un millón de dólares y explicó:
—*Yo a la Junta la voy a postergar no porque a usted se le antoje, sino porque me parece una locura que decida mañana sobre una cuestión tan compleja.*

Berutto continuó en silencio y Truffat insistió:
—*Lléveselo.*

Truffat sostiene que no maltrató a Berutto porque no era ni la primera ni la última vez que le pasó algo parecido.

Y afirmó ante un grupo de amigos:
—*Yo soy educado. No le falto el respeto a nadie. ¿Cómo no me iban a ofrecer plata si desde la SIGEP uno tenía la llave de todos los negocios de las empresas públicas?*

Para aumentar la riqueza del imperio Perez Companc, SADE no sólo aprovechó el oscuro negocio de la obra pública. También se metió en ENTel, mucho antes de que se privatizara.

Entre los argumentos que presentaron los comunicadores de la privatización para desprenderse de la empresa pública, hubo uno demoledor: la evidencia de que los teléfonos no funcionaban.

Lo que no mencionaron jamás es que una buena parte de la responsabilidad por el mal funcionamiento la tuvieron las contratistas privadas que, como SADE, desde 1977 se hicieron cargo de las obras del Plantel Exterior con resultado adverso.

El Plantel Exterior es el área que va de la central telefónica hasta la puerta de la casa del cliente. Y es también el tramo donde se produce entre el 60 y el 80 por ciento de las fallas de los teléfonos. Cuatro empresas manejaron el 91 por ciento de esas obras. Tres de ellas son Techint, Pirelli y Dycasa. Pero la que más trabajos acaparó fue SADE, la constructora de Vittorio Orsi y Perez Companc. La comisión técnica de la Federación de Obreros y Empleados Telefónicos de la República Argentina (FOETRA), filial Buenos Aires, calculó que a pesar de lo mal que trabajaron, SADE, Techint, Pirelli y DYCASA habrían embolsado más de 200 millones de dólares desde 1977 hasta 1988.

Pero esto no es todo. Porque FOETRA denunció que los contratistas pagaban a sus obreros salarios inferiores a los de convenio, eludían las cargas sociales y producían menos que los empleados de ENTel.

En 1979 ENTel demoraba menos de 50 horas hombre por abonado para instalar una línea nueva. Pero al asumir Alfonsín las contratistas tardaban 124 horas. El periodista Horacio Verbitsky informó que si las contratistas hubieran mantenido la productividad alcanzada por los empleados de ENTel, la empresa pública habría ganado entre 1979 y 1985 casi medio millón de abonados más que los que realmente incorporó.

SADE ahora forma parte de Telecom porque es accionista de la Naviera Perez Companc, que a su vez posee más del 25 por ciento de Nortel, el consorcio que maneja el 60 por ciento de esta telefónica. Y Perez Companc participa además de Telefónica a través de su banco, el Río, que posee casi el 15 por ciento de Cointel, que a su vez tiene el 60 por ciento de toda la compañía.

Las telefónicas se convirtieron en privadas en noviembre de 1990.

Lo que sigue es una radiografía completa de su gestión, más allá del bombardeo publicitario con el que amplifican los logros y disimulan los errores:

Oscar Vicente reconoció que después de casi cuatro años de servicio, todavía no funcionan como las telefónicas de los países del Primer Mundo.

—*Se necesitan 5 mil millones de dólares y más de cinco años para que el tono se oiga como en los Estados Unidos o Alemania* —se atajó.

Desde que se hicieron cargo hasta mediados de 1993, Telefónica y Telecom invirtieron más de 3 mil millones de dólares, incorporaron casi un millón de nuevas líneas y disminuyeron el tiempo de reparación ostensiblemente, aunque nadie puede asegurar cuánto. También se encargaron de producir impactos publicitarios que en algunos casos convencieron a la gente y en otros produjeron el efecto contrario. Entre los segundos, se debe citar el aviso de Telefónica con el gaucho de Clemente Onelli, quien llama a su madre en la Quiaca y le pregunta:

—*¿A que no sabei deadonde te estoy hablando?*

Y la respuesta espontánea del conductor de Videomacht, Marcelo Tinelli, quien declaró en vivo y en directo:

—*Tengo la solución para que el público se pueda comunicar con nosotros: vamos a hacer el programa desde Clemente Onelli, porque aquí los teléfonos no funcionan ni de casualidad.*

Otro de los hallazgos de la política de comunicación de las telefónicas es la atención inmediata de abonados VIP, como los periodistas. Cuando un periodista reclama al responsable de Relaciones Públicas porque el teléfono particular o de trabajo no funciona, Telefónica y Telecom movilizan a quien sea para repararlo con urgencia. La atención inmediata a los VIP tiene por objeto evitar la amplificación del mensaje negativo. Pero también es un boomerang, porque hay muchos periodistas serios que alientan a la gente a reclamar a través del diario, la radio y la tevé aun cuando se los atienda con especial dedicación.

Las telefónicas de Perez Companc entraron al negocio con una ganancia desmesurada y asegurada.

El especialista en costos y tarifas, Alberto Abate, dio una clase magistral sobre el asunto. Estos son los puntos principales:

* "Desde el momento en que María Julia ocupó la intervención hasta que las privatizadas tomaron el negocio, la tarifa aumentó un 1.183 por ciento, mientras que el costo de vida solo trepó hasta el 349 por ciento. Por eso, cuando los nuevos dueños empezaron a facturar, lo hicieron con una ganancia adicional de 50 millones de dólares mensuales".

Con semejante tarifa ni ENTel ni ninguna telefónica pública o privada del mundo puede perder plata."

* "El sistema de medición de las telefónicas es muy poco transparente. Los usuarios no pueden controlar lo que le facturan porque no hay medidores individuales sino colectivos. Y el hecho de que la tarifa sea por pulso hace más difícil llevar el control. Sólo las compañías tienen el monopolio de la medición de los pulsos que gastan los usuarios."

"En 1993 descubrieron que la confitería Open Plaza hacía una cantidad impresionante de llamadas nacionales e internacionales pero que sus dueños no pagaban casi nada. La investigación se profundizó y se descubrió que había un empleado de la Central de Las Heras y Aguero que "restaba" pulsos a la boleta del Open Plaza a través de su computadora. Telecom echó a su empleado, pero no cambió el sistema. Y si el sistema permite bajar pulsos también debe permitir que suban sin ningún control".

* "Telefónica y Telecom están violando sistemáticamente el artículo 13 de la ley 19.511. Ese artículo sostiene que los instrumentos de medición deben estar ubicados en un lugar y una forma en la que se permita a los clientes controlar las mediciones y facturaciones. Pero los medidores no están a la vista del cliente sino en la oficina comercial de la empresa."

Lo que sigue es una lista incompleta de los pecados que cometieron las telefónicas en las que participa Perez Companc desde que se hicieron cargo del servicio hasta junio de 1994.

Se trata de los vicios típicos de empresas monopólicas que no están amenazadas por otra competidora:

Caso uno:

El 15 de diciembre de 1993 la Auditoría General de la Nación (AGN) acusó a Telefónica y Telecom de quedarse con 15 millones de dólares ajenos, al cobrar indebidamente servicios extras que ni siquiera aparecieron en las facturas. Los extras que cobraban eran la inclusión del abonado en la guía, el bloqueo del discado directo o el mantenimiento de la línea.

El desbarajuste político que armó este asunto fue descomunal.

Héctor Masnatta, presidente de la AGN, exigió al ente regulador que cobrara las multas correspondientes y que devolviera la plata a los abonados estafados. El ministro de Economía Domingo Cavallo se indignó:

—*Parece que la nueva forma de oponerse a las privatizaciones es decir que los entes reguladores andan mal*

Uno de los asesores de la AGN, Gustavo Callejas, le respondió al ministro:

—*Me parece que Cavallo quiere parar las investigaciones.*

Pero Cavallo no se amilanó y acusó a Masnatta de desempolvar viejos estudios que ya habían realizado los entes. Entonces el radical Héctor Rodríguez, segundo de Masnatta, le contestó:

—*Se puede discutir si el cadáver tiene horas o meses. Lo que no se puede negar es el que muerto existe.*

Caso dos:

Telefónica y Telecom aplicaron al principio la política del "quéjese todo lo que quiera, pero pague" hasta marzo de 1991, cuando se conoció el caso de la maestra Edith Zas. A ella le había llegado una boleta de 170 millones de australes. Zas vive en un departamento de dos ambientes con su madre y no habría podido gastar esa cifra aunque hubiera estado llamando 24 horas seguidas.

Después del episodio, Telefónica despidió a 45 empleados que robaban líneas de teléfono y los acusó de sobrefacturación.

Caso tres:

El ex fiscal Luis Moreno Ocampo probó que la corrupción no es privativa de las empresas públicas. El demostró que un gerente de primera línea de Telecom le cobraba coima a los proveedores. El gerente era muy eficiente. Telecom mantuvo en secreto el operativo y el nombre del directivo corrupto.

Caso cuatro:

Ni Telefónica ni Telecom aceptaron la libre competencia al exigir a la Comisión Nacional de Telecomunicaciones que prohibiera el uso del sistema call back o retrollamada.

El sistema consiste en llamar a una central en Estados Unidos para que facturen el servicio con la tarifa de ese país. El mecanismo abarataba las llamadas al exterior entre un 30 y un 50 por ciento. Pero además ponía en evidencia que la tarifa en Argentina es una de las más caras del mundo.

Caso cinco:

El 18 de marzo de 1993, miembros de la Unión de Obreros y Empleados de la Construcción de la República Argentina (UO-CRA) denunciaron que el 80 por ciento de los empleados que trabajaban para las contratistas de Telefónica y Telecom eran paraguayos y bolivianos sin papeles en regla. Los dirigentes de UOCRA también denunciaron que se se les pagaba menos que lo que marca el convenio y que ni siquiera se les daba recibo de sueldo. Estos datos no fueron inventados. Surgieron de inspecciones de la Policía del Trabajo y de la Secretaría de Ingresos Públicos. Los inspectores comprobaron que algunos operarios trabajaban más de doce horas y que cobraban apenas 350 dólares por mes.

Caso seis:

Durante el año 1993 Telefónica salió segunda en el ranking de empresas rompedoras de veredas con 1.973 actas. Por su parte Telecom obtuvo el tercer puesto con 1.683 infracciones. Al dar a conocer este mal procedimiento, el intendente Saúl Bouer dijo:

—*El 80 por ciento de los pozos son obras de estas compañías.*

Telefónica, Telecom (pero también Edesur, Aguas Argentinas y Metrogas) cometieron las siguientes faltas:

Trabajaron sin permiso o con permiso vencido / Ocuparon indebidamente la calzada / Obstruyeron las cunetas con tierras y escombros / No pusieron vallas de protección / No señalizaron las zanjas y los pozos / Abandonaron los trabajos sin reparar las veredas o las calles.

A Perez Companc se lo vincula con las telefónicas pero nunca se lo asoció con el escándalo del llamado Shopping Recoleta, una de las causas por las que se acusa al ex intendente Carlos Grosso de defraudar a la municipalidad. Lo que sigue es la historia de cuánto tuvo que ver el grupo con esto.

En 1990 Grosso llamó a concurso para ampliar y remodelar una parte del Centro Cultural Recoleta, y usufructuar los bienes durante 25 años. Es nada más y nada menos que un espectacular shopping libre de impuestos y con plaza propia.

El 26 de noviembre del mismo año se le adjudicó el contrato a Alto Palermo Sociedad Anónima.

No hay duda que Alto Palermo SA pertenece al grupo Perez Companc: se trata de una sociedad formada por la Compañía Naviera Perez Companc, SADE Constructora e Invershop SA.

La primera irregularidad del asunto fue detectada por los concejales Guillermo Francos y Aníbal Ibarra. Ellos descubrieron que, a pesar de que fue Alto Palermo SA la ganadora de la licitación, el negocio se lo adjudicaron a una nueva persona jurídica denominada Emprendimientos Recoleta SA.

La pregunta es por qué se hizo esta maniobra. Y la respuesta la dio otra vez Ibarra:

—*Fue para simular. Para diluir la imagen y la responsabilidad social de Alto Palermo SA en este escandaloso contrato. Todo el mundo sabe que Alto Palermo es de Perez Companc. Pero nadie relaciona a Emprendimientos Recoleta con ese poderoso grupo. Sabían que el contrato los iba a exponer demasiado ante la sociedad.*

Emprendimientos Recoleta no existía cuando se llamó a concurso. Se inventó en enero de 1991, un mes antes de la adjudicación. La marca Emprendimientos Recoleta SA no se puede asociar fácilmente con el grupo Perez Companc. Pero eso es hasta que alguien va a la Inspección General de Justicia y se fija. Porque allí se acredita que Emprendimientos está formada por Alto Palermo SA con un 50 por ciento de las acciones y por la Compañia de Mandatos y Comisiones (COMACO) con otro 50 por ciento.

La marca COMACO tampoco está asociada a Perez Companc. Pero eso es hasta que se revisa el directorio, cuya presidencia es ocupada por Eduardo Adolfo Casabal, el número dos del grupo Perez Companc y la mano derecha de Goyo Bazán o Perez Companc.

En los países serios esto se llama simulación de marca y habría bastado para llamar a una nueva licitación. Pero en la Capital Federal esto es considerado un detalle inofensivo al lado de las irregularidades que contiene el contrato de concesión firmado en 1993. Aquí van algunas:

* Emprendimientos Recoleta, la empresa de Perez Companc, quedó eximida de pagar cualquier impuesto durante los primeros 20 años. Entre los impuestos que no pagará se encuentran: contribución territorial; pavimentos y aceras; uso y ocupación de la superficie y colocación de mesas y sillas en la vía pública.

* La ganancia que obtendrá la empresa de Pérez Companc cuando termine el contrato es desmedida en relación a la inversión. Emprendimientos Recoleta paga a la municipalidad sólo 1.200 dólares mensuales en efectivo en concepto de canon y recibe a cambio, en el mismo lapso, cerca de un millón y medio de dólares por el alquiler de locales y cocheras.

* La empresa de Perez Companc consiguió que la municipalidad se comprometiera a pagar absurdas indemnizaciones. Entre las más absurdas se encuentran el pago por daños y perjuicios provocados por actos públicos políticos, una bomba o una tormenta.

El shopping perteneciente a la empresa de Perez Companc fue inaugurado en octubre de 1993 bajo el nombre de Shopping Design. El contrato decía que para ese entonces debía estar listo el Centro de Convenciones.

Sin embargo, en su lugar, había una obra en construcción.

Ibarra y Francos pidieron al intendente Bouer la anulación del contrato del Shopping Recoleta. Pero Bouer les respondió:

—*Si lo suspendo, la empresa me hace juicio por incumplimiento de contrato y derechos adquiridos y me refunde.*

Resignados, Francos e Ibarra agregaron:

—*La empresa nos empezó a refundir a todos el día en que se firmó ese contrato leonino.*

Perez Companc no hizo ningún contrato leonino con la Bolsa de Comercio de Buenos Aires, pero tuvo que soportar el tirón de orejas de la Comisión Nacional de Valores, cuyo titular Martín Redrado acusó a la compañía de ser poco transparente en la presentación de sus balances.

Fue en noviembre de 1992.

Los sabuesos de Redrado analizaron con detenimiento el balance de Telecom. Así encontraron que Perez Companc había computado su participación en Nortel, el consorcio de Telecom, a valores más bajos que los reales.

—*Era una utilidad demasiado pobre para un holding tan poderoso* —explicó un miembro de la Comisión.

Y un periodista del diario *Wall Street Journal* interpretó:

—*Algunas empresas ocultan sus ganancias a la autoridad impositiva y a los accionistas minoritarios.*

Hay dos maneras de valuar tenencias accionarias de una empresa dentro de otra. Una es con el sistema de Costo Histórico Ajustado. La otra es con el sistema de Valuación Patrimonial Proporcional.

El primero responde a un cálculo más conservador y ya casi no se usa. El segundo muestra con más exactitud el verdadero patrimonio de la compañía.

Perez Companc eligió el primero y así presentó un resultado de 26 millones de dólares menos. Redrado lo consideró irregular y mezquino e invitó a Goyo Perez Companc, a través de una carta, a corregir la liquidación, "en favor de los accionistas minoritarios". Perez Companc respondió a través de su empleado Eduardo Casabal con sobriedad e intransigencia. Casabal explicó que el balance siempre lo habían hecho así. Informó que estaba dentro de las reglas. Y agregó que en el futuro lo harían de la misma manera.

Redrado consideró a esa réplica una injusticia. Sus técnicos le dijeron que Perez Companc no podía presentar su balance de una forma tan conservadora, como si fuera un accionista minoritario. Ellos descubrieron, entre otras cosas, que en el estatuto de la Naviera tenía derecho a veto, voz, voto y capacidad para elegir los gerentes más importantes de Telecom.

El domingo 20 de diciembre de 1992 Redrado avanzó y anunció a un periodista del matutino *La Nación* que la DGI podría tomar cartas en el asunto. El lunes 21 los capos de la compañía consultaron en la Casa Rosada si esto era un ataque avalado por el presidente Menem. El martes 22 la firma Pérez Companc intimó a Redrado a rectificar sus dichos. El miércoles 23 el segundo de Redrado, Francisco Susmel, aclaró que la Comisión de Valores no era la DGI, y todo quedó como si no hubiera pasado nada. Y un año y medio después un miembro de la Comisión de Valores ensayó una explicación psicoanalítica:

—*No lo hicieron para evadir impuestos. Lo hicieron para neutralizar a los accionistas minoritarios pero activos. Lo hicieron, en el fondo, porque les molesta ser ricos, y quieren ocultarlo.*

Perez Companc no sólo habría ocultado sus verdaderas ganancias. También habría hecho un esfuerzo para ocultar el desgraciado accidente que sufrieron dos operarios de Edesur, la empresa eléctrica de la que participa con el 32,5 por ciento de las acciones.

Es una historia no escrita y es terrible.

El martes 26 de octubre de 1993, a las tres menos veinte de la tarde, Osvaldo Daniel Rodríguez y César Oscar Hernández, ambos operarios de Edesur, se carbonizaron después de recibir una descarga eléctrica brutal, calculada en 13 mil voltios.

Llegaron a las 10 en punto a su lugar de trabajo. Se sacaron la ropa de civil y se pusieron el uniforme de trabajo, incluidas las botas especiales capaces de soportar descargas eléctricas.

Ese trágico 26 de octubre, a las dos y veinte de la tarde, Hernández y Rodríguez empezaron a instalar un equipo reparado en la subestación telecomandada de Temperley. No alcanzaron a levantarlo cuando recibieron el primer llamado de la cabecera de zona, la subestación Escalada.

—*Rodríguez: verifiquen la tensión de retorno del equipo.*

Hernández y Rodríguez verificaron que todo estaba en orden. Después llamaron a sus jefes de Escalada y recibieron la orden de no continuar hasta que sus superiores terminaran de controlar la tensión de todas las terminales de Edesur. Casi a las 2 y media la subestación Escalada les dio la orden de seguir adelante. Y exactamente 10 minutos después, mientras ambos reinsertaban el interruptor de la celda, Hernández y Rodríguez recibieron una descarga de 13 mil voltios.

El terrible impacto despidió a los dos hacia atrás. Parecían dos misiles envueltos en llamas. La descarga fue tan fuerte que todo el barrio de Lomas de Zamora quedó sin luz.

Los miembros de Mantenimiento que acudieron en auxilio de ambos en un primer momento se quedaron paralizados al ver a Rodríguez en el piso, lleno de fuego. Y se impresionaron fuertemente al ver a Hernández con menos llamas pero absolutamente atontado.

A Rodríguez le tiraron un balde y lo apagaron. A Hernández lo llevaron al vestuario y lo metieron abajo de una ducha hasta que llegó la ambulancia del Hospital Gandulfo de Lomas de Zamora.

Llegaron al hospital cerca de las 3 y media. Recibieron los primeros auxilios y los trasladaron hasta la clínica Dussaut, en Independencia y Tacuarí, Capital Federal. A medianoche sus parientes supieron que Hernández tenía el 80 por ciento del cuerpo quemado y que las esperanzas eran muy remotas y que Rodríguez tenía sólo un 10 por ciento de su cuerpo en condiciones, y que su muerte no debería tardar en llegar. Victoria de Hernández y Alba de Rodríguez no dejaron de llorar desde el momento en que lo supieron, y las dos se confundieron en un interminable grito de dolor en los primeros minutos del 27 de octubre, cuando la voz impersonal de un médico confirmó que Osvaldo Rodríguez había pasado al otro mundo, porque el achicharramiento de su cuerpo era insoportable. Alba de Rodríguez no había terminado de enterrar a su marido cuando el 2 de noviembre recibió la noticia de que César Hernández había sufrido el primer y el último paro cardiorrespiratorio de su vida.

El día en que se electrocutó, César Hernández iba camino a cumplir 53 años. Había ingresado a Luz y Fuerza el 27 de marzo de 1972 cuando cargaba sólo con 17 años. En sus 35 años de servicio recogió la experiencia necesaria como para que ningún imprevisto le amargara el día de trabajo. Fue versátil: pasó por varios puestos. En 1978 fue ayudante en la subestación Bosques, ascendió a ayudante de Guardia Móvil en 1983 y en enero de 1992 se lo nombró operador de Guardia Móvil de las subestaciones telecomandadas.

El currículum de Osvaldo Daniel Rodríguez, de 46 años, no era menos importante que el de su compañero. Ingresó al área de Operaciones de Luz y Fuerza el 9 de abril de 1974. Entre 1980 y 1982 se desempeñó como ayudante en las subestaciones Escalada, Kaiser y Gutiérrez. Entre 1985 y 1988 fue operador de la subestaciones Kaiser y Sobral. En abril de 1993 lo designaron ayudante de Guardia Móvil de las subestaciones telecomandadas.

Hernández y Rodríguez no eran perezosos ni atolondrados. Sus compañeros les decían "los bomberos". Allí donde había un desperfecto, ellos eran enviados para preparar las máquinas antes de la reparación. Los dos y también el resto sabían que no era prudente que una Guardia Móvil como la que integraban saliera sin supervisor.

El responsable del Departamento de Higiene y Seguridad del Trabajo de la empresa Edesur, Guillermo Kauman, determinó que la culpa la habían tenido los muertos. Kauman concluyó que los electrocutados Hernández y Rodríguez se mataron ellos mismos al dejar donde no debían una barreta de hierro, el instrumento causante de la descarga de 13 mil voltios. Los peritos del personal superior de la subestación Temperley también se mostraron muy interesados en deslindar responsabilidades. Y por eso dijeron que vieron lo mismo que acreditó Kauman.

Edesur cotizó cada una de las vidas en 55 mil dólares.

Las viudas de Hernández y Rodríguez tuvieron y tienen miedo de hablar con la prensa. Temen que si hablan Edesur pueda echar a sus hijos, quienes fueron tomados después de la desgracia. Ambas fueron convenientemente asesoradas por la empresa: así supieron que un juicio por negligencia empresaria con indemnizaciones por medio millón de dólares sería muy difícil de ganar, y especialmente pondría de muy mal humor a los gerentes.

El responsable del departamento de Higiene y Seguridad del Sindicato de Luz y Fuerza piensa todo lo contrario y alimenta grandes sospechas. Sus argumentos son los siguientes:

* "¿Por qué no nos dejaron hacer nuestro propio peritaje o no nos informaron de las conclusiones del peritaje encargado por Edesur?"

* "El reglamento pero también el sentido común indican que Rodríguez y Hernández no debían hacer ese trabajo solos. Debían estar acompañados por un supervisor, el verdadero responsable de hacer la tarea que les encomendaron a Rodríguez y Hernández".

* "La sugerencia de que Hernández y Rodríguez se comportaron con torpeza es absolutamente descartable. Hernández era un hombre de mucha experiencia y llegó a dictar cursos de Seguridad e Higiene del Trabajo."

Luz y Fuerza siempre denunció que los retiros voluntarios de Edesur no respondían a un criterio de eficiencia, sino a una mera diferencia de caja. Más de 2 mil operarios aceptaron la dulce propuesta. Pero el servicio de Edesur se desequilibró, ya que no se reemplazaron los encargados de la seguridad de quienes trabajan. Y así fue como los grupos de reparaciones empezaron a hacer trabajos sin un supervisor responsable.

Edesur sigue trabajando con ventaja, como la tuvo desde el día en que se hizo cargo del servicio el primero de setiembre de 1992.

Los directivos de Edesur convencieron al gobierno y entraron a la empresa con aumentos que treparon desde el 10 al 20 por ciento. Así consiguieron romper la quietud de las tarifas públicas, uno de los principios supuestamente inamovibles de la ley de convertibilidad. Ya se habían beneficiado con un incremento del 25 por ciento de la recaudación al eliminar el subsidio general que había implementado Segba. Y siguieron ganando el 30 de abril de 1994 al conseguir un aumento del 21 por ciento para las facturas correspondientes a casas de familias que consumen menos de 300 kilowats.

El contrato que Edesur firmó con el Estado es sumamente ventajoso para la compañía y ciertamente desventajoso para los usuarios.

Edesur, por ejemplo, no comparte con el cliente la responsabilidad si una factura no llega a destino: lo obliga a pedir una fotocopia si ésta no llega a destino cinco días antes de su vencimiento.

Edesur pena con el 10 por ciento del monto de la factura tanto a los morosos que pagan horas después del vencimiento como a los que tardan cuarenta días. Como la inmensa mayoría paga inmediatamente después del plazo, los beneficios financieros que obtiene Edesur son muy jugosos.

Edesur violó varias veces el pliego al cobrar, además de la pena del 10 por ciento, un recargo por intereses antes de los veintidós días posteriores al vencimiento. Se trata de una diferencia financiera de nueve días, y no fue inventada para beneficiar al cliente.

Edesur transfirió a muchas intendencias de la provincia de Buenos Aires su responsabilidad de cobrar la energía. La única obligación que se impuso la empresa de Perez Companc es colocar a la entrada de las villas un medidor colectivo. Edesur tiene un doble beneficio: no sólo se ahorra el costo de cobrar, también el de instalar medidores individuales.

Edesur es una compañía privilegiada.

Todas las industrias privadas del mundo deben absorber sus propios costos. Y si alguna pretende trasladarlos a los precios es desplazada por su competidora. En cambio Edesur puede trasladar sus costos a las tarifas gracias a una cláusula del pliego.

La cláusula dice que a Edesur nada le impide subir el precio de su tarifa en febrero, abril, mayo, agosto y noviembre de cada año, aplicando, indistintamente:

* la suba de la venta de energía al por mayor
* el índice de precios mayoristas o minoristas de los Estados Unidos
* la cotización del dólar en Argentina
* la suba del precio de la luz de las distribuidoras de energía.

Perez Companc no sólo participa en la distribuidora de luz Edesur. También maneja parte de la generadora de energía

Central Costanera. Además controla una porción de Transener, la compañía que transporta esa misma energía. Y, como si esto fuera poco, es dueña de Elenet, una firma dedicada a leer medidores de luz, controlar el consumo y detectar robos de energía.

Es decir: controla toda la cadena de precios.

También se llama Perez Companc la compañía que maneja el 17,5 por ciento de Metrogas.

Metrogas es la distribuidora de gas natural en la Capital Federal y nueve partidos de la zona sur de la provincia de Buenos Aires. Sirve a 6.200.000 personas, el 20 por ciento de todo el país.

Metrogas fue acusada por la Auditoría General de la Nación (AGN) de una presunta sobrefacturación de 36 millones de dólares.

Metrogas fue inspeccionada por los sabuesos de Energas (Ente Nacional de Energía y Gas Natural) entre el 21 de julio y el 24 de setiembre de 1993. Ellos detectaron 30 mil casos de sobrefacturación con un exceso promedio de 60 pesos cada uno.

Metrogas fue investigada más tarde por los sabuesos de la Auditoría General de la Nación (AGN); ellos detectaron sobrefacturación en el 40 por ciento de las boletas inspeccionadas. La AGN multiplicó entonces a 600 mil consumidores —el 40 por ciento del total— por 60 pesos de sobrefacturación. Esa es la cuenta que le dio 36 millones de dólares y provocó la ira de las autoridades de Metrogas.

Metrogas pagó una multa de 300 mil dólares en julio de 1993 después de la inspección realizada por Energas. Pero la Auditoría recomendó al ente la aplicación de multas de medio millón de pesos diarios y la intimación a devolver el dinero de los usuarios.

Metrogas publicó una solicitada en la que echó la culpa de la sobrefacturación "a los lamentables sistemas heredados para facturar". Metrogas aclaró que nunca exigió pago de facturas que hayan sido objeto de reclamos y que era la única empresa que permite pagar según lectura del medidor realizada por el propio cliente. Agregó que instrumentó un sistema sencillo de facilidades de pago.

El ministro Cavallo de nuevo se puso del lado de los entes reguladores y las privatizadas. Y el asesor de la AGN, Gustavo Callejas, lo sacudió:

—Sería importante que el ministro explicara por qué regaló un año de aumento en base a un índice industrial de los EEUU a los nuevos concesionarios.

Callejas puso blanco sobre negro lo que fue una constante en cada privatización: las adjudicatarias tomaron el servicio con tarifas altamente rentables. La tarifa del gas para casas de familia aumentó el 124 por ciento desde marzo de 1991, fecha de inicio del Plan de Convertibilidad, hasta diciembre de 1992, el día en que se hizo cargo del negocio Metrogas.

Metrogas también se beneficia desmesuradamente gracias al contrato que hizo con el Estado chirle y cuyos detalles tampoco fueron publicados jamás en el Boletín Oficial.

Estos contratos fueron definidos por el experto Abate como una obra maestra del terror, por las siguientes razones:

Metrogas puede presentar 10 excusas distintas para que el gobierno le autorice un aumento de tarifas, a saber:

1) La variación del precio del gas en boca de pozo. Lo que se traslada al cliente es la diferencia entre el nuevo precio del gas en boca de pozo y el contrato en los períodos sucesivos y no la variación propiamente dicha. El usuario paga de esta manera el costo de producción, una carga que debería soportar la empresa y liquidarla dentro del rubro inversión.

—*Mi cálculo es que los consumidores de gas subsidiamos los costos de las privadas a razón de 12 millones de dólares por mes o 140 millones de dólares por año* —sentenció Abate.

2) La variación en la cotización del dólar.

3) La variación del índice de precios mayoristas en los Estados Unidos.

4) La variación del costo del transporte de gas desde la boca del pozo hasta la distribuidora.

5) La variación de costos de la distribuidora en los últimos cinco años.

6) El costo de Metrogas por extender una cañería de distribución a un domicilio particular. Se trata de otro costo operativo que no financia la empresa, como debe ser en un capitalismo sano, sino el cliente.

7) Por circunstancias objetivas y justificadas que debe resolver el Ente Regulador de Gas.

8) Por cambios en los impuestos.

9) Por factor de eficiencia y

10) Por factor de inversión.

Metrogas cuenta con otra cláusula valor oro. Consiste en un eventual no pago de impuestos a cambio de no subir las tarifas en los casos que el aumento provoque impactos en la economía del país. Los economistas serios saben que esto es un subsidio de toda la sociedad a la empresa de Perez Companc. Y también saben que, tarde o temprano, el mecanismo genera inflación, porque produce un mayor gasto público.

Metrogas tiene una ganancia asegurada que no tenía Gas del Estado: el pago de un consumo mínimo por mes, aunque no se consuma nada. Para que no le interrumpan el servicio un comercio tiene que pagar mil metros cúbicos por mes, aunque no los gaste. Y un gran consumidor 10.000 metros cúbicos. El ítem se llama no interrumpibilidad del servicio.

Metrogas maneja una estructura de tarifas elitista e injusta. Se puede definir como un subsidio de los usuarios de casas de familia hacia las grandes industrias. Metrogas empezó a funcionar con un aumento del 124 por ciento para casas de familia, 53 por ciento para comercios, 2 por ciento para Pequeñas y Medianas Empresas y 7 por ciento para Grandes Consumidores. El gobierno aduce que hay que cobrar menos a las grandes industrias para que éstas no trasladen sus costos a los precios, generando inflación.

—Pero a las grandes industrias no se les bajan los precios con subsidios, sino con competencia —opinó Abate, con cierta ironía.

Metrogas cortó el servicio a clientes de Gas del Estado que no pagaron y se cobró parte del dinero proveniente de deudores de muchos años atrás. Este derecho de la empresa de Perez Companc, por supuesto, figura en el contrato. Pero nadie en el gobierno puede explicar con sentido común por qué la plata que le corresponde al Estado va a parar a la caja de Metrogas.

Metrogas es inflexible y ciertamente avara con los morosos. Los que se olvidan de pagar en fecha deben pagar una tasa dos veces y media más alta que la correspondiente para depósitos a 30 días.

Metrogas distribuye uno de los gases naturales más caros del mundo, a pesar de que Argentina produce y no importa el combustible. Para desmentir este razonamiento, los funcionarios siempre comparan el precio del gas argentino con el de Alemania, Italia, Brasil y Gran Bretaña. Sin embargo, no aclaran que no se trata de países productores de gas sino de importadores. Los países productores de gas como Canadá, Venezuela, Kuwait tienen una tarifa mucho más baja que Argentina.

Metrogas no tuvo que ver con el escándalo de las aves empetroladas que mueren asfixiadas en los pozos de la provincia de Santa Cruz. Pero esto también invulocra a Perez Companc, porque la Naviera opera en la provincia cuatro yacimientos de los más productivos.

El empetrolamiento de las aves en el sur tiene casi 40 años de antigüedad pero irrumpió con toda espectacularidad cuando aparecieron las imágenes de los animales en Telenoche y su conductora, Mónica Cahen D'Anvers, dijo con lágrimas en los ojos:

—Me gustaría que los dueños de las petroleras vieran estas imágenes. Me gustaría que por un segundo experimentaran lo que siente un ave que cae en las piletas de petróleo y queda empantanada hasta que se le acaba el aire. Me gustaría que

*probaran taparse la nariz hasta que no puedan más, sólo para
ver cómo se sienten...*

A su voz quebrada la acompañaba la imagen de un ave
agonizante. El pájaro estaba embadurnado de petróleo crudo y
pegajoso, tratando de respirar por algún lado, desesperado.

El problema es muy complejo. Y los pájaros no se tiran
porque se les da la gana. Las aves se tiran a las piletas de
petróleo porque las confunden con espejos de agua. Las piletas
son tanques enormes donde las empresas depositan los desechos después de perforar el pozo de petróleo. Las piletas quedan abiertas para recibir derrames o purgas de los caños cuando hay bloqueos en la exploración. Las piletas tienen la
superficie llena de petróleo porque es el combustible que pesa
menos.

En Santa Cruz existen 10.500 pozos de petróleo y cada
uno de éstos equivale a una pileta mortal.

Todas las víctimas de las piletas son aves migratorias que
en los meses de agosto y setiembre van hacia el sur en un vuelo
nupcial para procrear. Se trata de flamencos, cauquenes, cisnes
de cuello negro, bandurrias y patos. Muchas viajan en grupos
de cien.

El choque de una es el suicidio de un centenar.

Juan Heupel, presidente de CADACE (Centro de Actividades Deportivas, Apoyo a la Ciencia y la Ecología), dice que en
los últimos años murieron cerca de 80 mil aves que confundieron las piletas de desechos con manantiales paradisíacos. El
CADACE trabaja en la recuperación de aves empetroladas que
son rescatadas de los piletones aún con vida. Un ave tarda 3
meses en recuperarse totalmente. Y el 20 por ciento de ellas
muere más allá de los cuidados.

La Secretaría de Energía de la Nación es la encargada de
exigir a las empresas que tapen las piletas o cambien el sistema
de purga. El ente detectó la existencia de 14 mil piletas con
distinto nivel de riesgo y emplazó a las empresas para que las
taparan.

Perez Companc fue la compañía que lo hizo más rápido y
mejor. Las piletas tienen cuatro niveles de riesgo, a saber:

1) de acción inmediata: son las más peligrosas. Debieron
ser tapadas antes del 31 de marzo de 1994

2) de alto riesgo: debieron ser tapadas antes del 31 de
agosto de 1994

3) de riesgo medio: deben estar tapadas antes de marzo de
1995

4) de riesgo nulo: deben estar limpias el último día de
1995.

Hasta el 20 de mayo de 1994, Pérez Companc tenía exactamente 2.892 piletas de las cuales 18 necesitaban acción inme-

diata para que no murieran más aves, 547 eran consideradas de alto riesgo, 803 de mediano riesgo y 1.540 de bajo riesgo.

El ingeniero Oscar Vicente fue el que motorizó la cura de las piletas. Tiene una posición ecológica polémica e interesante. Por un lado, apoya la concientización del hombre para combatir la contaminación. Por el otro dice, a propósito de las aves empetroladas:

—*La prensa le da manija a este asunto y no se ocupa de lo mal que vive la gente en las villas miseria.*

En el monólogo que da continuación a la historia de Perez Compan c, Vicente se muestra como nunca lo había hecho en toda su vida, revela aspectos desconocidos del grupo y responde todas las críticas.

4. Vicente:
confesiones del número uno

En tensas y apasionantes entrevistas que duraron en total más de tres horas, el hombre que maneja el grupo más poderoso y sólido de la Argentina, su vicepresidente segundo, Oscar Vicente, 56 años, ingeniero mecánico y petrolero, casado, un hijo, Documento Nacional de Identidad 4.913.440, nacido el 4 de julio de 1938, Cáncer en horóscopo occidental y Tigre en el chino, reveló más secretos sobre Perez Companc de los que jamás se hayan contado desde su fundación.

Vicente se preguntó qué importancia tiene que Goyo Perez Companc sea adoptado; reconoció que el grupo posee una mesa de dinero que maneja entre 5 y 10 millones de dólares mensuales; reveló que tuvo una fractura en la base del cráneo por la que estuvo a punto de morir mientras trabajaba en un pozo petrolero; informó que Perez Companc y sus vinculadas facturan 4 mil millones de dólares por año; contó que empezó el colegio secundario de casualidad; admitió que el holding pone dinero para las campañas políticas; recordó que de chico ordeñaba vacas, trabajaba de mozo y vendía diarios; testimonió que Goyo y su familia poseen la tercera parte de la Naviera y la abrumadora mayoría del Banco Río; negó que SADE haya participado en maniobras corruptas; recordó que entró a Perez Companc en 1970 por un espectacular sueldo de 1.100 dólares; opinó que una deuda de 600 millones de dólares no es peligrosa para el grupo; confesó que ahora gana menos de 30 mil dólares mensuales, calificó de pequeñeces el empetrolamiento de aves que emigran al sur y juró sobre el grabador del periodista que no tenía ni una sola acción de ninguna de las empresas del conglomerado.

Los encuentros con el ingeniero Vicente fueron dos y ambos se desarrollaron en su confortable oficina de veinte metros cuadrados con vista al puerto del piso 23 del edificio Perez Companc. Allí Vicente tiene dos grandes escritorios con una decena de líneas telefónicas. También posee un aparato por el que se comunica directamente con Goyo Perez Companc y además, entre otros, con el hombre más poderoso del gobierno después del presidente, su amigo, Eduardo Bauzá.

Vicente habla de la Compañía como si fuera suya y se viste con la austeridad y los colores de las principales figuras de Perez Companc. Sus trajes son grises, verdes o azules, y llevan en la solapa un escudito de la Naviera. El único signo de pudiente es un Rolex de acero, pero se trata del modelo más barato de todos los que ofrece la marca. Vicente vivió hasta hace poco con su esposa Perla y su hijo en la calle Yerbal, de Flores. Se mudó con su familia a la avenida Figueroa Alcorta después de la irrupción del menemismo. Por si todavía no quedó claro, se debe decir que este hombre decide sobre negocios de cientos de millones de dólares y no necesita para eso el okay de su jefe.

El reportaje está sintetizado. Los párrafos no tienen el orden en el que fueron expuestos. Los paréntesis y subrayados son responsabilidad del autor. Todos los cambios formales tienen como principal objetivo hacer más comprensible el monólogo. Es el que sigue:

¿Por qué me pregunta si (Goyo) Perez Companc es hijo adoptivo? ¿Importa que (Perez Companc) sea hijo adoptivo? ¡Hay tantos hijos adoptivos en este país! ¿Y qué? No voy a opinar. No voy a meterme en el tema.

Me acuerdo cuando le pusieron una guardia (periodística en la casa). Cuando le siguieron a los chicos. Me parece una barbaridad. Una bar-ba-ri-dad.

Y Goyo no fue a hacer ninguna denuncia. Ni dijo nada a nadie. ¡Dos semanas aguantó (el acoso)! ¿Algunos se pondrán a pensar el mal que le hacen, las molestias que le causan? Quizá algún periodista se quedará contento porque lo molesta. Pero no será un buen periodista. Será un tipo bastante perverso si hace semejante cosa.

¿Por qué Goyo no aparece ni hace declaraciones?

Perez Companc no hace declaraciones a los medios porque no quiere. Porque es así. No busque misterio donde no lo hay. ¿Por qué usted es hincha de River y yo hincha de Boca? Por nada. Porque se me antojó. Porque un día me regalaron la camiseta de Boca. El no aparece porque él tomó esa decisión y es su vida. Dígame: ¿por qué se casó con su mujer? ¿Por qué se decidió a escribir un libro? ¡Porque es así! Lo que pasa es que la gente quiere que (Perez Companc) sea como se le antoja a ella. Y él no tiene ninguna obligación de ser como los demás quieren.

Usted dice: Goyo no atiende a nadie, no da entrevistas a nadie. Usted se queja porque no lo atiende. Pero dígame una cosa: ¿No tiene derecho a hacer lo que se le canta? ¿No hay derechos y garantías en la Constitución? ¿Por qué carajo le quieren invadir su vida privada?

Por suerte, todavía, la privacidad, en este país, se garantiza. Será terrible para algunos periodistas, pero es así. Desgraciadamente la gente no quiere que se garantice la privacidad. Dice que quiere, pero después busca lo contrario.

El misterio de Perez Companc no está en su presidente (Gregorio Perez Companc) como usted cree.

Cuando yo asumí, Goyo ya estaba en la compañía. Estaba en la parte agropecuaria. ¿Si soy amigo de Goyo? Bueno. Tengo una muy buena relación. Nadie trabaja 24 horas con una persona si no se lleva bien. El único problema es que él es de River y yo soy de Boca.

¿Quiere que le responda cuál es la verdadera relación de Perez Companc con la Iglesia?

Ninguna. Las leyendas existen porque los Perez Companc son una familia de profunda raíz católica, apostólica y romana. Hay una fuerte vinculación filosófica entre Perez Companc y la Iglesia, pero ésta no es ninguna vinculación económica. Eso de que el grupo administró o administra los fondos de los salesianos es puro cuento. Una cosa es que Margarita, la mamá de Perez Companc, haya colaborado mucho con la iglesia, o que la empresa haya ayudado a los colegios católicos o que haya ayudado a fundar la Universidad Católica Argentina, o que se hayan tomado becarios de la UCA... y otra cosa muy distinta es la fantasía que tiene alguna gente.

Eso de que la inteligencia del Banco Río está sostenida por la UCA tampoco es verdad. Roque Maccarone no estudió en la UCA. Amadeo Vázquez es el único de los altos directivos del banco que salió de la UCA. Jorge Fernández, el gerente administrativo, tampoco vino de la UCA.

¿Cuánto puso Perez Companc para la última campaña presidencial?

Perez Companc no puso dinero.

Si quiere puede creerme, si no haga lo que quiera. ¿Quién dijo que pusimos? ¿Barrionuevo? Que venga y me lo diga a mí. ¿Me está hablando de la campaña de 1989? No. En esa campaña no. En las últimas campañas sí hemos puesto. ¿Cuánto dinero? No lo sé. No tengo el dato. Hemos colaborado en distintas cosas. ¿Si pasó el millón? No. No. Todo lo hemos aportado en blanco, y al Partido (Justicialista). Nosotros hacemos las cosas como lo marca la ley. Las contribuciones deben hacerse a los partidos, con recibos en blanco y no pueden ser colaboraciones de compañías vinculadas a los servicios públicos. Y además hay un artículo —creo que es el cuarto o el quinto— que exige la confidencialidad de los fondos que se aportan. El artículo dice exactamente: el que dona lo tiene que hacer en blanco, los recibos deben conservarse y el partido y la empresa deben respetar la confidencialidad. No sé si el tema de la confidencialidad hace el asunto menos o más transparente. Sé que se trata de una ley del congreso y las leyes están hechas para respetarse, no para que yo las objete.

Lo de que yo fui a la Rioja, antes de que Menem asumiera como presidente, con una valija (de dinero) es un bolazo total. Un bolazo que alguno inventó. Además, usted ya me lo preguntó, y ya le contesté que no fui con ningún portafolio a ningún lado.

Tampoco es cierto que me hayan ofrecido alguna vez un ministerio. Ministerio, nunca. En la época de Alfonsín él quería que yo manejara el holding de empresas públicas. Y es mentira que (Perez Companc) se haya reunido con Alfonsín porque no me "dejaba" aceptar la oferta del gobierno.

Mire: nosotros, en la compañía, tenemos mucha independencia.

Independencia con responsabilidad, que es lo importante.

Le aseguro también que SADE nunca le sobrefacturó a ENTel. ¿Usted dice si nos hicieron juicio por eso? ¡Nooo! ¿Sobrefacturación de horas trabajadas? ¡No! Hay una explicación de por qué en un día de trabajo figuraban en las facturas más de 24 horas. Se pueden facturar 36 horas en un día porque los trabajos son varios y simultáneos: 10 horas de una cosa, 20 de otra y así. ¿Qué problema hay en que tengamos 100 horas de trabajo por día si se trabaja en tres frentes? Tampoco nunca pagamos en negro a los que trabajaron en los planteles exteriores. La UOCRA nunca denunció eso. Además, ni siquiera conviene pagar en negro. Porque después te figura un exceso de ganancias y tenés que pagar el 30 por ciento de impuestos. O sea: es mejor, más económico, blanquear que pagar en negro.

¿Por qué se fue (Roque) Maccarone (del banco Río)? ¿Cómo por qué se fue? Se fue como nos vamos a ir todos, como me voy a ir yo cuando llegue a los 60 años.

Bueno: la verdad es que Maccarone se fue un año antes de que le venciera el retiro, a los 59 años. Todo el mundo se retira a los 60 años. Es una regla que tiene Perez Companc. No le voy a mentir: evidentemente, si adelantó en un año su retiro, fue porque no estaba cómodo o conforme con lo que estaba haciendo o lo que tenía por hacer.

Eso de los jóvenes turcos (lo voltearon) lo habrá inventado usted. No son ningunos jóvenes turcos y no voltearon a nadie.

Es el equipo que maneja el grupo de compañías familiares de (Goyo) Perez Companc, más allá de las empresas del grupo. Y lo hacen por una cuestión de independencia con respecto al grupo empresario que cotiza en Bolsa. Esas empresas no son de la Compañía Naviera. Son compañías de la familia, como Sudacia, Goyaike, la Fundación Perez Companc y el Instituto de

Investigaciones e Implantes (de ganado). Todo eso lo maneja (Carlos) Cupi con su gente.

Y ese equipo, en el Banco Río, le da apoyo a (Goyo) Perez Companc y a (su hijo) Jorge Perez Companc, que son los dueños.

Por otra parte, el Banco Río es 100 por ciento de la familia. Bueno: de la familia y la Fundación. Bueno: tampoco es 100 por cien...es 99 y pico.

Mire: no vea conspiraciones donde no las hay.

La venta de acciones de la Fundación (Perez Companc) a Sudacia no fue ningún golpe ni significó nada raro. Se hizo, más que nada, porque el Banco Río era cada vez más internacional. Y los bancos así necesitan presentar claramente a sus dueños. Por esa razón, los bancos que son propiedad de una fundación o de una entidad sin fines de lucro tienen más problemas para moverse en el mundo. Una fundación no tiene dueño. Tiene cierta restricción para invertir en rentas o en negocios. Y esto es una limitación para los negocios internacionales.

¿Usted acusa a Edesur, a Perez Companc, de ser responsable de la muerte de dos operarios mientras manipulaban energía? Mire: sobre esto es muy difícil contestar. Habría que analizar qué fue lo que ocurrió verdaderamente. Cuando se trabaja en cámaras como ésta, con energía de este tipo, los accidentes son habituales y no hay por qué culpar a la empresa. Ha habido accidentes gravísimos en el negocio petrolero. Yo mismo sufrí un accidente muy grande mientras trataba de apagar un pozo de petróleo incendiado.

Estuve tres días inconsciente, en coma.

Me explotó un caño en la cabeza con dos mil libras de presión.

Tuve fractura en la base del cráneo.

El golpe no me mató de casualidad. Fue en 1976, en Río Neuquén. Todos pensaron que no la contaba. Me trajeron en avión y ni bien aterrizó fui a parar al Instituto del Diagnóstico. Estuve tres días en coma. Pero el asunto es éste:

¿Cómo se debía plantear el caso? ¿Se me podía acusar a mí, entonces gerente de Operaciones, de negligente? ¿Le tenía que echar la culpa a la compañía?

No, la culpa fue mía. Porque la maniobra la decidí yo, y la ejecuté yo.

El pozo se había incendiado. Y a pesar de ser el jefe de Operaciones estaba como en esa foto que ve ahí: casco, mameluco y botines, operando una máquina. El pozo se descontroló porque se había acumulado gas en un acuífero a 500 metros de profundidad.

Nosotros lo perforamos pensando que no había nada. ¡Pum! Explotó el pozo. Se incendió todo. Salía petróleo, gas, agua. Había que controlarlo. Hicimos las instalaciones, pusimos todas las herramientas. Estuvimos más de diez días trabajando. Nos preparábamos para el ataque final cuando yo enderecé un caño. Un caño denominado escopeta que tiene un eyector. Ese eyector larga un chorro de agua y un producto químico que sirve para construir una atmósfera inerte.

No sé para qué se me habrá ocurrido enderezarlo. Estaba un poco torcido. Sólo quise apuntarlo más de lleno hacia el fuego. Estaba amarrado a un marco de acero con una grampa. Se cortó uno de los bulones que sostenía la grampa. Pero el caño era giratorio y tenía como dos mil libras de presión. La cuestión es que empezó a girar como una turbina y me pegó en el parietal derecho justo donde tenía el casco.

¿Qué sentí? ¡Qué voy a sentir! Es como si te pegara un fierro de dos pulgadas en la cabeza a 200 kilómetros por hora.

No me sacó la cabeza porque no me pegó de plano.

Los muchachos que trabajan conmigo dicen que me salvé porque me pegó en la cabeza:

—*En cualquier otro lugar que te hubiera pegado te mataba* —me cargaron.

¿Cómo qué hacía ahí siendo gerente? Anduve toda mi vida con el petróleo. Sí, es cierto: normalmente los que llegan a gerentes vienen de áreas administrativas y no del área de Operaciones. Los que llegan arriba jamás tocaron una máquina. Y los que trabajamos en Operaciones como yo no llegan a gerente porque son hombres "fuerza-bruta". Son operativos, más toscos, están más en contacto con la gente, putean a medio mundo. Son hombres de batalla. Llega uno entre miles y miles.

¿Ahora quiere que hablemos de los pájaros empetrolados en el sur?

¡Pero por favor! Esto viene ocurriendo hace 50 años, cuando los pozos no los manejaba Perez Companc sino YPF. No sé por qué todo el mundo viene ahora a rasgarse las vestiduras y pregunta... ¡Aahhhh! ¿Cómo puede pasar esto? Ahora ponen todos cara de boludos, como si fuera una cosa de otro planeta. Igual le voy a contestar:

Primero, los que hablan de lejos, mejor que se callen. Porque de lejos no van a arreglar nada. Van a hablar por el puro gusto de hablar. Segundo: nosotros estamos arreglando el problema. Y lo vamos a arreglar completamente. Esto es sólo cuestión de tiempo y de poner mucha plata para tapar los piletones de petróleo donde se lanzan los pájaros creyendo que es agua.

¿Por qué no lo hicimos antes? Porque los yacimientos no eran nuestros sino de YPF. Por ejemplo, Puesto Hernández lo agarramos recién hace un año y medio. ¡Por favor! ¡Es tan pequeño el tema este (de las aves empetroladas)! Me molesta que la gente haga barullo con cosas pequeñas como ésta. Aunque sé que si usted escribe esto algunos van a decir:

—*Miralo a este Vicente...No le importan los pájaros.*

Y la verdad es que lo que a mí me da bronca es que los tipos hablen de los pájaros como si se tratara de gente. Yo les pregunto: ¿Por qué no se movilizan, se quejan y arreglan el problema de las villas miseria?

No se preocupen: nosotros nos vamos a ocupar de tapar las piletas de petróleo. Pero tenga cuidado con lo que escribe: nosotros no empezamos a trabajar en esto ayer. En cada yacimiento que agarramos hicimos un trabajo ecológico profundo. Lo hicimos en silencio. Nadie lo "vendió". Tampoco a nadie se le ocurrió preguntarnos qué estábamos haciendo. Limpiamos yacimientos. Controlamos la mugre. No venteamos gas. Hicimos un trabajo espectacular en Koluel donde toda el agua que viene junto con el petróleo la inyectamos al yacimiento. Eso lo hicimos hace diez años y a nadie le interesaba nuestra inquietud ecológica.

—*¿A quién le importa inyectar agua?* —me decían.

El agua que viene junto con el petróleo y se separa tiene alta salinidad. Hay que impedir que se mezcle con agua dulce, porque se contamina. Hay dos posibilidades: evaporarla para que no se mezcle o inyectarla de vuelta al yacimiento y utilizarla para hacer recuperación secundaria. La última alternativa cuesta mucho dinero, pero tiene un destino muy útil. Y lo hicimos, sin importar el gasto, porque valía la pena. También hicimos algo parecido en Puesto Hernández, porque el agua salinada se iba al Río Colorado. Qué curioso: la gente de Río Colorado se empezó a quejar cuando llegó Perez Companc.

Durante los 22 años anteriores en que el agua del yacimiento se tiró al Río Colorado los vecinos de la zona no dijeron nada.

Después de eso nos hicieron dos inspecciones: una María Julia y otra la Secretaría de Energía. ¿Y sabe qué encontraron? Nada. Absolutamente nada. Limpieza total.

No sé por qué se hace tanto barullo con el tema ecológico. Porque la verdad es que el animal más contaminador y depredador que existe sobre la tierra es el hombre. No quiero decir con esto que somos todos unos animales. Pero en el tema de las piletas empetroladas sólo es cuestión de dedicar tiempo, máquinas y dinero al asunto. Es un tema que se arregla. Y una vez que se arregla, el problema se acabó, porque nadie va a volver a destapar una pileta. Pero tapar piletas no es gratis.

Hay piletas de 30 mil dólares y también de 8 mil dólares. Nosotros ya tapamos mil piletas de distintos niveles. A las más peligrosas, llamadas de acción inmediata, ya las tapamos todas. En este asunto ya nos gastamos 20 millones de dólares. Pero tapar todas las piletas de la Argentina cuesta 500 millones de dólares. Y el problema más grande no lo tiene Perez Companc, sino YPF.

No conozco en detalle las denuncias que involucran a SADE en irregularidades alrededor de licitaciones para obras públicas. Así que no puedo contestarle. De todos modos, de eso (de las denuncias de Llorens) hace muchísimo. Y ese señor (Francisco Javier Llorens) es un extorsionador: se dedicaba a hacer denuncias a todas las compañías que hicieron obra pública. Hizo montones de denuncias y no prosperó ninguna. ¿El dice que no prosperó porque estaba arreglada la justicia? Pero entonces ¿cómo es? ¿La justicia es buena sólo cuando le da la razón a uno?

A mí no me consta que (Federico) Argento le haya ofrecido dinero o trabajo en la compañía (para que no siguiera con la denuncia). Por favor: esa denuncia debe tener como 20 años. El denunció componendas y acuerdos. Pero nunca lo probó. Que lo pruebe en la justicia. Porque si no todo esto es así: "él me dijo, yo le dije...," y nadie prueba nada.

—Boca jugó mal —dice uno.

—Boca jugó bien —dice otro.

Y yo pregunto:

—¿Cómo salió? ¿Ganó o perdió? Ahhh ¿perdió uno a cero? Chau, listo, es lo único que vale.

Con la justicia pasa lo mismo. Si la justicia dice que soy inocente, ahí mismo se terminó el partido.

¿Quién le dijo a usted que en Argentina se pagan las tarifas públicas más altas del mundo?

No sé qué será alta o qué será baja para usted. La tarifa de Edesur es la tarifa más barata que hay en la Argentina junto con Edenor. Lo dice el secretario de Energía (Carlos Bastos) cada vez que sale en el diario. Lo dice en las provincias, para que otras compañías las bajen. Puedo aceptar que la luz en Brasil es más barata que aquí, pero la de Japón es mucho más cara. ¿Por qué? Por muchas razones. Es una ecuación tarifa-país. El país se siente más cómodo con determinada tarifa y chau. Además, estas tarifas fueron impuestas por el gobierno. La tarifa de Edesur y Edenor ha provocado la baja del precio de la luz en el resto del país. ¡Si la tarifa en Córdoba valía el doble!

¿Pero por qué me pregunta si quiero que el Estado subsidie a los colgados? ¿Qué quiere? ¿Que les regale la luz? Su pregunta implica que quiere que paguemos nosotros, Edesur, la luz que se roba la gente. ¡No me hable de inversión de riesgo! ¿El robo a la luz del día debe figurar en los balances como riesgo empresario? Lo de los colgados no es un asalto esporádico, por la calle, es un robo continuo. Y nosotros, ¿qué debemos hacer? ¿Dejar que nos sigan robando? ¿Cómo que no me enoje? ¿Qúe pretende, que me sigan robando?

Yo no le pido al Estado subsidio sino seguridad. A mí no me gusta poner un día un medidor y encontrarlo al otro día roto de un garrotazo. Si alguien no tiene medidor, la compañía se lo pone...y se lo cobra. Eso se llama derecho de conexión.

Son pícaros. No piden medidores. Y cuando los acusamos de robar, nos dicen que roban porque no les ponemos el medidor.

Por eso nos sentamos con el gobierno y les dijimos:

—*Nosotros no les podemos poner un medidor individual a los 200 mil tipos que andan robando. Sencillamente porque los rompen. Además, en las villas no hay urbanización, no hay cloacas, no hay calles. ¿Probaron alguna vez entrar en una villa miseria? Entonces les proponemos colocar un medidor comunitario en la entrada. Un medidor al que no se lo puede tocar porque está en alta tensión. Y a la luz la usan todos, indiscriminadamente.*

Nos preguntaron:

—*¿Y a quiénes les va a mandar la factura?*

Les respondimos:

—*A los jefes de las regionales de las villas.*

Se firma un contrato. Todos consienten voluntad de pagar. Y ahí termina el problema. ¿Cúal es el interés de la municipalidad? Que tengan corriente. Parece que lo consideran un derecho humano. ¿Cuál es el mío? Que me paguen la corriente. ¿Cómo termina todo esto? Las villas pagan 50, pero yo les di luz por 100. ¿Entonces? Entonces los otros 50 me los tiene que pagar el municipio.

¿Pero cómo se atreve a decir que con este esquema Edesur no pierde nunca? Yo estoy perdiendo todos los años el 20 por ciento de la facturación. ¿Y a quién se la estoy cobrando? Todavía a nadie.

Lo que planteé antes es una propuesta ideal que todavía no se implementó y se está discutiendo hace dos años. ¡El año pasado me costó 100 millones de dólares!

El gas argentino no es uno de los más caros del mundo: es uno de los más baratos del mundo. Es más barato que el de los Estados Unidos, donde el sistema es más transparente. Allí hay cuatro oferentes y plena competencia. El de Japón es carísimo. Y el de Europa ni le cuento. El millón de BTU en una casa de familia vale entre 720 y 730 dólares.

¿Por qué la gente ve a Perez Companc como algo grande y misterioso?

Qué sé yo: no puedo estar en la cabeza de la gente.

Tampoco sé por qué siempre sale Perez Companc como la compañía más prestigiosa del país detrás de IBM y Coca Cola.

¿Qué es el prestigio?, me preguntan. ¿Por qué sus colegas lo erigen en una posición tan importante detrás de una empresa de venta de tecnología al mundo y de divulgación masiva? ¿Por qué cree que Perez Companc está antes que la Shell, antes que YPF y antes que todas?, insisten. Y yo les digo:

—Porque todos saben que peleamos las licitaciones con fuerza y dureza, pero también saben que nunca hicimos una maniobra, una patraña, una cosa rara. Que ganamos porque tenemos la mejor oferta y el mejor precio, y nada más.

¿Usted quiere saber exactamente cuánto factura Perez Companc?

Para saber cuánto factura Pérez Companc hay que ver qué dato se toma. ¿Tomamos sólo las empresas controladas por nosotros? ¿También las vinculadas? ¿Sumamos todas las participaciones? Porque nosotros tenemos participaciones minoritarias en muchas compañías. En las de gas (Metrogas) y generación eléctrica (Edesur) tenemos minoría. En Central Costanera tenemos pequeña participación. Más o menos de un 7 por ciento.

Entonces:

Tomando todas las participaciones entre las controladas y las minoritarias se puede decir que Perez Companc factura entre 1.600 y 1.800 millones de dólares por año. Pero si sumamos la participación de las vinculadas podemos decir que tenemos una facturación global de 4 mil millones de dólares. Desgraciadamente toda esa venta no es sólo nuestra. Si yo tengo sólo el 7 por ciento en Central Costanera no voy a pretender facturar el 100 por ciento, ¿no?

A esta cuenta no tiene que incorporar el Banco Río.

El Banco Río no tiene facturación, sino depósitos. Y los depósitos son plata de la gente, no del banco. Los verdaderos negocios del Banco Río son las inversiones y préstamos. Pero no se puede mezclar la facturación de Perez Companc con el Banco. Tampoco se puede mirar la facturación global y compararla con la rentabilidad que presenta el balance.

El último balance de la compañía (corresponde a 1993) dice que Pérez Companc ganó aproximadamente 160 millones de dólares. Pero esos 160 millones son aplicables a la facturación de 1.800 millones de dólares y no a la de los 4 mil millones.

Para que se comprenda: la ganancia de Perez Companc representa un 8 por ciento de su facturación de 1.800 millones de dólares.

¿Si el 8 por ciento es una ganancia adecuada? Sí. Es correcta. Es razonable. Ni muy alta ni muy baja. Perez Companc nunca ha dado rentabilidades altas, pero sí muy parejas. No tengo la información a mano, pero debe ser muy difícil que la renta anual haya dado alguna vez por encima del 10 por ciento de la facturación.

La rentabilidad de los hidrocarburos, por ejemplo, depende mucho del precio del petróleo.

El año pasado el petróleo tuvo una tasa de rentabilidad de entre el 13 y el 14 por ciento. Este año (1994), bajó mucho el precio y es muy posible que cuando termine el balance las petroleras tengan mucha menos rentabilidad que, por ejemplo, Telecom.

Perez Companc tiene unos 20 mil empleados directos e indirectos. El Banco Río debe tener cerca de 5 mil. ¿Cuánto pagamos de impuestos? ¡Qué sé yo! Pagamos IVA, ingresos brutos e impuestos a las ganancias. Todo eso debe llegar, más o menos, al 30 por ciento de la facturación. El año pasado, el nivel de impuesto a las ganancias fue de 20 millones. Veintipico de millones. Pero todos estos números tiene que sacarlos del balance.

Los salarios que pagamos son razonables. ¿Qué salario quiere saber? ¿El que se mete en el bolsillo o el que le cuesta a la empresa? El que se mete en el bolsillo debe estar en un promedio de mil dólares. Y antes que me pregunte le digo que no tenemos el salario más alto ni tampoco el más bajo. Debemos estar en el medio.

¿Cuántas empresas tiene el grupo? ¡Qué sé yo! Tenemos empresas muy chiquititas que se forman, a lo mejor, para manejar un negocio puntual. Esas no las contamos. No tienen facturación. Sirven solamente para llevar adelante una gestión. ¿Un ejemplo? Cañadón Piedras. Se formó para hacer la gestión de la planta (de petróleo) de Tierra del Fuego. Cuando terminó la gestión terminó la empresa, aunque después los periodistas escriban o digan (se pone las manos en la boca, como si tuviera un megáfono): PEREZ COMPANC TIENE CAÑADON PIEDRAS.

La verdad es que Perez Companc no tiene más de 33 o 34 empresas. Lo que importa son las compañías que se consolidan y las que no se consolidan. Las que se incluyen en balances como resultados.

¿Por qué se sorprende tanto de que Perez Companc tenga una mesa de dinero?

Sí. La tiene. Claro que la tiene. Es la mesa de dinero de nuestra compañía. Es interna. Es para nosotros solos. ¿No entiende? La mesa maneja todo "el consolidado" de las necesidades de cada compañía. Un señor de una de nuestras empresas tiene un excedente de caja. Hizo una cobranza y tiene un excedente. ¿Qué hace con la plata esa? Se la da a la mesa de dinero que, a su vez, la coloca en el mercado y se la devuelve cuando la necesite. ¿Pero usted qué se imagina? ¿Que cada compañía que tiene un excedente se lo va a guardar en el bolsillo o en el colchón?

Esa mesa de dinero debe manejar, qué sé yo, 5 millones, 10 millones de dólares, no por día, sino por mes. Maneja la ganancia mensual que tiene la compañía.

Pero no de toda la compañía. De algunas empresas de la compañía. Depende.

Telecom no opera con nosotros (con nuestra mesa de dinero). Opera separado. La plata de Telecom no viene a Perez Companc. La de Edesur tampoco.

Perez Companc no tiene fondos de libre disponibilidad como usted dice que tienen otros grupos. Lo que sí tiene es capacidad de crédito. Yo no tengo fondos de libre disponibilidad. La verdad es que en vez de fondos, tengo deuda.

Bueno: la compañía está endeudada porque hizo muchas inversiones. Y...debe tener...500 o 600 millones de dólares de deuda.

¿Por qué piensa que es altísima una deuda de 500 o 600 millones para un grupo que factura 1.800 millones de dólares y tiene un patrimonio neto de más de 1.200 millones? No es una deuda altísima. Ni es peligrosa. Tampoco hay riesgo de que el día de mañana pueda ser transferida al Estado como dice usted. Estos no son los seguros de cambio. Sencillamente, no se puede transferir al Estado. Las deudas las tienen las empresas, y los avales o las garantías no son del Estado. No hay ni garantías ni seguros de cambios. Si quebramos, nos ejecutarán nuestros acreedores del exterior. Y es difícil que el gobierno salga a avalar a las empresas nacionales.

¿Cómo se divide el patrimonio de Perez Companc?

El patrimonio neto es de entre 1.100 y 1.200 millones de dólares y se divide más o menos en tres partes:

* una parte la tiene la familia (de Goyo) Perez Companc
* otra parte la Fundación Perez Companc
* el resto es de la gente: entre 45 mil y 100 mil accionistas que están en la calle.

Digámoslo así: el patrimonio total se divide en 400 millones de dólares por cabeza.

Pero tenga en cuenta que del tercio que tiene el público un 10 o 15 por ciento son fondos internacionales. Y esto muestra la confianza que le tienen los fondos de inversión a la compañía.

Esta pregunta es incorrecta.

No es cierto que Perez Companc presente en la bolsa balances restringidos ni demasiado conservadores. No es cierto que liquidamos con la fórmula más conservadora.

No es cierto que tengamos el complejo de ser ricos, como dice usted.

En todo caso somos responsables de nuestros resultados y tratamos de que nuestras compañías no corran riesgos. Quizá sea cierto que hay maneras de calcular más conservadoras y otras menos. Quizá seamos demasiado conservadores en usar una artimaña o artilugio para inflar un resultado superexcelente. Tampoco salimos a hacer propaganda de la plata que ganamos. No creamos expectativas que después no se cumplen.

Pero si usted quiere una prueba de nuestro comportamiento, vaya a la Bolsa y pregunte por nuestra acción.

La acción de Perez Companc no es una acción saltarina. No tiene grandes oscilaciones. Nuestra acción no se cae nunca de golpe y tampoco pega saltos espectaculares. Y la gente no especula con la acción porque no hay picos.

La controversia que tuvimos con la Comisión de Valores no significa que nosotros les estemos ocultando información a los accionistas minoritarios. La Comisión interpretó que hacíamos un cálculo incorrecto de nuestra participación en Telecom, pero el precio de la acción de Telecom o de Perez Companc en la Bolsa no vale por lo que yo digo. Vale por lo que la gente cree que vale la compañía.

Esta maniobra a la que se refiere usted la podrían hacer empresas que no están expuestas a auditorías nacionales e internacionales permanentemente. Pero Perez Companc no.

¿Usted cree que yo, en nombre de Perez Companc, podría engañar a mi accionista Fidelity? Si yo hiciera una maniobra como ésta, al otro día voy a pedir un crédito de 100 millones de dólares a Estados Unidos y me aparece un semáforo rojo que dice:

—Stop: guarda con este loquito.

¿Cuánto vale Perez Companc?

Depende. Tiene un precio si hay alguien dispuesto a comprarla. Pero es un error decir:

—Mi compañía vale tanto.

La Naviera tiene un patrimonio neto de 1.200 millones de dólares, pero si yo le digo que vale eso y no me la compran al otro día, viene otro atrás y me dice:

—¿Vio que no vale tanto? ¿Vio que nadie se la compra? Negociemos y démela por la mitad.

Usted también está equivocado en el tema de los contratos petroleros. Puede ser que entre 1977 y 1983 YPF haya cobrado menos por extraer petróleo que las empresas privadas nacionales como Perez Companc, pero en el promedio general eso no es así.

Pudo haber algún contrato marginal en el que YPF haya pagado más a las empresas. Pero nunca YPF en el promedio pagó más que el precio internacional. Y eso que dice usted debió haber sido en un momento muy concreto en el que había desdoblamiento del mercado: cuando el dólar controlado valía 50 y el negro 100.

¿Cuánto ganó Perez Companc desde 1977 con el negocio del petróleo?

¡Qué sé yo! Hay que agarrar los balances y hacer cuentas. La plata grande, Perez Companc la ganó en estos últimos años. La evolución de las ganancias de la compañía es clara.

En 1991 ganó 49 millones de dólares.

Un año después ganó 100 millones.

Y durante 1993 ganó 160 millones de dólares.

El crecimiento más grande de Perez Companc se dio desde 1991 en adelante.

Y los saltos de crecimiento de la compañía, a grandes rasgos, siempre se correspondieron con el incremento en la producción de petróleo y son los siguientes:

1958: Es cuando la compañía se decide a entrar en petróleo, alentada por la política de Frondizi. Fue un gran salto, también, para el país. Perez Companc, en ese momento, no facturaba más de 10 millones de dólares.

1967: Se triplicó la facturación al entrar en el negocio de la perforación de pozos y en la producción, cuando apareció el contrato Entre Lomas.

1976, 77 y 78: Es la época de la gran privatización, de los contratos petroleros, de cuando compramos Sade-General Electric. Nuestra facturación entonces pasaba largamente los 100 millones de dólares.

1981, 82 y 83: Sade estaba en pleno funcionamiento. Y facturábamos entre 300 y 400 millones de dólares.

1985: Renegociamos los contratos petroleros. Pasamos de tener contratos con YPF a contratos propios con precios vinculados al precio internacional. Fue la primera gran desregulación petrolera. Nuestra facturación superaba los 800 millones de dólares.

1990: El salto más grande de la compañía es el de Menem, no hay ninguna duda. Duplicamos la facturación: de 900 en 1987 y 1988 pasamos a 1.800 ahora. Porque tomamos Telecom, Edesur, TGS, Metrogas. ¡Invertimos casi mil millones de dólares en las privatizaciones! Y todavía no los recuperamos. Va a estar dura la mano. La recuperación de esa inversión llevará entre 8 y 9 años.

No sé si fui yo el que multiplicó los panes y los peces de la compañía. Quizá se lo puede entender así, porque soy uno de los que más participó y participa en la conducción de las Unidades de Negocio.

¿Qué quiere decir conducir Unidades de Negocio? Es saber qué es lo que pasa, día a día, en cada uno de los negocios. Y yo sé lo que pasa.

¿Su pregunta es por qué Perez Companc es tan grande?

Se puede decir que Perez Companc tiene una ventaja comparativa en el tema petróleo. Walter Schmalle, el responsable de la Unidad de Negocios Hidrocarburos, tiene 30 años en la misma especialidad. Yo debo tener 26 o 27 años trabajando en petróleo. Los años en el puesto no quieren decir nada, pero cuando están bien aprovechados quieren decir mucho. La compañia tiene una competencia distintiva en este asunto. Por eso ganamos licitaciones contra empresas internacionales de primera línea.

¿Para qué quiere que le cuente mi vida? ¿Qué importancia tiene?

No me gustaría que hiciera un uso desproporcionado de todo esto que le voy a contar. No quiero que se me muestre como un tipo sacrificado. Yo soy austero en este tema y prolijo en mi comportamiento. No me gustaría que alguna gente creyera que yo cuento estas cosas para mostrarme como un tipo demasiado humilde. Después alguno puede decir:

—¡De qué se las da este tipo si maneja una empresa que factura 2 mil millones de dólares!

Nací en Cañuelas pero viví siempre en Vicente Casares. La primaria la hice ahí, en una escuela que era importante, porque era la única que había y tenía más o menos 160 alumnos. Estuve en la escuelita hasta sexto grado y en la primaria no era lo que se dice un buen alumno.

¿(Si me gané una) medalla por buen compañero? No. En las escuelas rurales no se hacían ese tipo de cosas. En el secundario sí anduve bien.

Lo hice en la escuela industrial de Cañuelas. Soy la tercera promoción de ese colegio. Un muchacho italiano y yo somos los dos primeros ingenieros. De ahí salíamos técnicos mecánicos. Era una ENET como el Otto Krause de Buenos Aires. Yo, a partir de segundo año, fui el mejor alumno del colegio.

No. En primer año no. Pero después me agrandé y terminé el colegio como el mejor alumno.

Lo más importante que me acuerdo del colegio es el cambio que hice ni bien entré. Es que yo fui al colegio secundario de casualidad.

¡Si mis padres no sabían ni leer ni escribir!

Mi padre trabajaba en un tambo de los campos de La Martona.

¿Sabía que la localidad de Vicente Casares se llama así porque es el nombre y el apellido del dueño de la fábrica La Martona? La Martona tenía entonces 40 tambos concentrados en 8.500 hectáreas. La fábrica producía leche. Estaba conectada por Vicente Casares a la Capital, exactamente a Constitución, por el Ferrocarril Roca. En uno de los tambos trabajaba mi padre, Dionisio Vicente. Mi madre todavía vive, se llama Teolina Marraco y tiene un carácter fuerte.

No crea que me hago el humilde. Lo que le cuento es la realidad. Es la verdad de la milanesa. Y es fácil de comprobar. Vaya a Vicente Casares, pregunte por ahí. Agarre a la señora Porota García o a quien sea y pregúntele quién es Vicente. Después vaya a la estación de servicio y pregunte al gomero si iba al colegio con Vicente y qué clase de tipo era.

Le decía que fui al colegio de casualidad. Y que cuando terminé el colegio primario ni pensé en anotarme en el secundario. Yo atendía un kiosco de diarios. Era canillita: voceaba la *Crítica* y *La Razón*.

¿Si ordeñé vacas?... Es cierto: también ordeñé vacas, pero nunca fue mi oficio. Lo hice porque vivía en un tambo. Cualquier chico que vive en el campo ordeña vacas desde los 6 años. Y yo estuve en ese tambo hasta los 13 años. ¿Auto? ¡Qué auto! Andaba a caballo. Iba al colegio a caballo. Me acuerdo que hacía seis kilómetros de ida y seis de vuelta. La cuestión es que el último año de la primaria mis padres recibieron de mi abuelo paterno un boliche de ramos generales. Un bar. Un restaurant. Un bodegón. Llámelo como quiera. Decía en el cartel "bar y restaurant", pero no era más que una fonda donde se daba de comer y se jugaba al billar y al truco. Ese fue el lugar de mi infancia. Puedo decir que ahí mismo me crié yo. En esa fonda jugué días enteros al billar y le gané a mi gran contrincante, el turco Abraham Majul, que ahora trabaja en el Congreso.

De modo que yo hice de mozo en el boliche de mi padre y en algunos otros negocios como la confitería La Martona. Cuando terminé el sexto grado me fui trabajar de changarín al campo de La Martona.

Tenía 14 años.

En el campo sembraba, transportaba bolsas de cereales y semillas y las acopiaba en un galpón. También cuidaba el acoplamiento de las vacas, las semillas y hasta manejaba un tractorcito con el que iba de un lado para el otro. El encargado del galpón se llamaba Barcia. Barcia era muy amigo de mi padre. Un típico capataz de galpón de cereales: rústico y durísimo.

Y un día Barcia me preguntó, como al descuido.

—*Che, ¿terminaste sexto grado?*

—*Mmsí.*

—*¿Y no pensás seguir estudiando?*

La verdad es que a nadie de mi familia, incluido yo, se nos había ocurrido. Yo no le contesté ni que sí ni que no. Otro día Barcia volvió al ataque.

—*A vos te conviene ir a la industrial de Cañuelas. Te enseñan artes y oficios. Vas a aprender mecánica. Vas a salir tornero. Mi hijo te anota.*

Me embaló tanto que no tuve la fuerza suficiente como para decirle que no. Entonces Barcia fue al boliche a verlo a mi papá. Mi padre lo miró desconfiado. Mi viejo no sabía ni firmar, pero con una mirada sola ya te tumbaba. Mi viejo no le contestó. La fue a consultar a mi madre:

—¿Te parece que éste tiene que estudiar al industrial?

Me anotaron. Desde el primer día me agarró un susto y una decepción terribles. Yo tenía la ilusión de que ahí nomás, ni bien entrara, me dieran herramientas. Pero vino un profesor y dijo:

—Conmigo van a tener Castellano.

Llegó otro e informó:

—Conmigo van a tener Cultura Ciudadana.

Otro:

—Conmigo, Física.

Otro:

—Conmigo, Inglés.

Otro:

—Conmigo, Geografía.

Me puse malísimamente mal... ¿Dónde estoy?, me pregunté, pero compré los libros igual. Se los encargué al concesionario del kiosco de diarios, Don Medina. Don Medina los pidió a Kapelusz y los mandaron. Salían una fortuna. Mis padres ya los habían pagado. No abandoné por eso: mis ganas de largar todo a la mierda fueron superadas por el miedo que me producía mi papá amenazándome por el dinero que le hacía gastar en libros y manuales. Entonces pensé:

—No importa: me aguanto un año y me vuelvo a La Martona.

Los primeros días anduve como bola sin manija. ¡Todos los que estaban ahí habían hecho quinto y sexto grado en ese mismo colegio! Pero a mí me costaba mucho. No me entraba nada en la cabeza. Estaba muy mal preparado. Lo único que hacía era estudiar en los recreos para que no me agarraran muy desprevenido. Hasta que un día, en un recreo, me pasó algo que me cambió la vida.

Yo estaba en mi banco cuando se me acercó el profesor Julio Américo Romero. Era profesor de Castellano y Geografía. Me acuerdo que era joven, que tenía el físico trabajado y que jugaba bien al fútbol. Romero me preguntó:

—Vicente, ¿por qué no sale a jugar en los recreos? ¿No tiene amigos? ¿Es muy tímido? ¿No le gusta el fútbol? ¡Vaya al recreo!

—No puedo. Si voy me quedo sin tiempo para estudiar.

Le conté todo. Le dije que no entendía nada. Que me costaba terribles esfuerzos seguir el hilo de las clases. Fue lo mejor que me pudo haber pasado: a partir de ese momento y hasta fin de año los profesores me trataron con guantes de seda. No sé si lo hicieron con lástima. Lo único que sé es que con mi esfuerzo brutal y algunas manitos de los profesores me eximí en todas las materias.

Me acuerdo que terminé tan contento de haber aprobado las 13 materias que pedí en la biblioteca los libros de segundo año. Me los prestaron y durante esas vacaciones me la pasé estudiando como si tuviera exámenes. No me molestaba no haberme ido de vacaciones porque nunca lo hacía. En realidad, la primera vez que me fui de vacaciones fue cuando entré a Perez Companc...¡y tenía 30 años!

Sigo con lo de antes.

En el primer trimestre de segundo año me saqué cuatro 10 en el boletín. Pasé de ser uno de los últimos al primero absoluto. Mi memoria me ayudó. Me había leído todo. Levantaba la mano siempre. Siempre pasaba yo. De ahí para adelante siempre fui el mejor alumno de la división hasta quinto.

Me recibí como mejor alumno y me anoté en la Universidad de Ingeniería Mecánica de La Plata.

Aprobé el curso de ingreso. Entré. Trabajé de mozo los fines de semana. Viví en una pensión. Mis padres me ayudaron un poco. Aprobé todas las materias con un promedio de más de ocho. Nunca tuve un aplazo. Ni en la escuela, ni en el colegio ni en la universidad. No sé lo que es irme a diciembre o a marzo. Rendí las 30 materias de Ingeniería. Hice las 8 materias de Ingeniería en Petróleo aquí en Buenos Aires y sin aplazos.

Me recibí a los 25 años.

La gran satisfacción de la universidad es que en tercer año conseguí una beca. A los 10 primeros alumnos nos daban una beca de 4 mil pesos. Nos alcanzaba para pagar la cama de la pensión en una pieza para cuatro personas. Teníamos también el vale del comedor gratis. Y teníamos como obligación rendir por lo menos 4 materias por año con un promedio de 7.

Yo era feliz.

¿Qué más podía pedir? Con la cama y la comida me sentía un rey. Por eso, cuando me preguntan de dónde saqué tanta vocación, cómo llegué a ser lo que soy teniendo una mamá con segundo grado y un papá analfabeto, yo les digo:

—*La vocación se nutre de la necesidad. Los que pasamos necesidad sabemos de qué se trata. No necesitamos que nos expliquen nada. Lo que más le agradezco a la vida es haber tenido siempre que trabajar para comer. Los que no pasaron por ese show de la vida no lo llegan a entender. Yo la viví: no me lo contó nadie. No me preocupa, pero me enorgullezco de esto.*

Terminé la facultad en 1965 y en 1966 entré en YPF como aprendiz, y en Buenos Aires.

Lo primero que hizo la gente de YPF fue mandarme al yacimiento de Plaza Huincul, en Neuquén. Era la primera vez que veía un equipo petrolero. Más tarde me mandaron a Catriel, allí me quedé dos meses y después volví a Buenos Aires para hacer un curso de petróleo. Me recibí de ingeniero en explotación de petróleo en 1968 y enseguida me fui a Mendoza, donde viví mi experiencia más rica, ya que trabajé todo el tiempo arriba de los equipos.

Ese año me ascendieron de ingresante a ingeniero de perforación. En 1969 me trasladaron a Salta con un cargo mayor: jefe de operaciones de perforación. Me fui de YPF en el 70, cuando me vinieron a buscar de Perez Companc.

Mi ingreso a Perez Companc está lleno de leyendas. Pero yo le voy a contar la verdad.

Los gerentes de Perez Companc buscaban un ingeniero joven. Los iban a buscar a los yacimientos de YPF porque la estatal era la empresa que mejores técnicos tenía. Además era casi la única que hacía operaciones de perforación. Llegaron a hablar con 60 ingenieros. Y se quedaron solamente con 2 o 3.

A mí me rastrearon por todos lados.

Primero fueron a Salta y no me encontraron. Es que estaba de vacaciones en Vicente Casares, en la casa de mi madre, que quedaba al lado del boliche de mi padre. Recuerdo que me vino a ver el gerente general de aquella época: Martín Arce, con un colaborador. Me pidieron que viniese a conversar a Buenos Aires, en sus oficinas de Florida 234. Así conocí a Carlos Perez Companc. El comandaba el grupo de 4 o 5 personas que me ametrallaron a preguntas. Yo no estaba muy convencido de aceptar. Dudaba entre la oferta de Perez Companc y otra que a primera vista parecía más conveniente. Era la de una compañía americana llamada Drilling Well Control (DWC). La DWC había sido contratada por YPF para hacer un trabajo en el norte. Yo, como ingeniero, estaba deslumbrado por la técnica y los equipos de DWC. La verdad era que Perez Companc era mucho más chica y me ofrecía menos plata. La única razón por la que elegí a Perez Companc y no a la DWC fue que acababa de morir mi padre y no estaba dispuesto a dejar solas a mi madre y a mi hermana para ir a trabajar a Louisiana, Estados Unidos.

Decidí quedarme en Perez Companc sólo por tres meses.

Había pedido una licencia sin goce de sueldo en YPF por si las cosas no me salían demasiado bien. Estuve tres meses trabajando en el sur, en Neuquén: después de esa experiencia, no me quise ir más. Entré como superintendente, ganaba 1.100 dólares por mes y era dos veces y media lo que ganaba en YPF.

¿Cuánto gano ahora?

Qué le importa. No le voy a decir cuánto gano. Mi sueldo es menos de 30 mil dólares. Pero tengo premios y gratificaciones. Y nunca tuve una acción de Perez Companc. ¿Por qué? ¿Cómo por qué? Más que nada porque siempre estuve involucrado en las decisiones máximas. Y no quiero que cualquiera piense que

Vicente se entera 5 minutos antes de un negocio y va a comprar acciones. Eso sería utilizar información interna en provecho propio y eso para mí no es ético. Sí, sí, ya sé: otros lo hacen sin ninguna culpa. Es más: es una costumbre extendida.

¿Cómo la hicieron los Perez Companc?

Yo no conocí a Jorge Joaquín. Dicen que era un tipo brillante-brillante. Con una gran sabiduría y sereno. Carlos era más fogoso, con más fibra. Emprendedor y arriesgado. Ambos tenían una gran decisión, pero uno era el agua y el otro el fuego. Dicen que hacían un equipo excepcional.

Una anécdota linda que tengo con Carlos es cuando decidimos pasar de ser una compañía de servicios a otra de producción de petróleo. Sucedió en 1972, por la época en que Lannuse dijo que a Perón no le daba el cuero para volver a la Argentina. Pérez Companc había ganado una licitación para hacer recuperación secundaria. Sus socias eran la americana Texas International Petroleoum and Company y la compañía argentina San Jorge. Perez Companc tenía el 45 por ciento de las acciones, los americanos el 40 y San Jorge el 15. Los americanos estaban asustados por la inestabilidad política y la vuelta de Perón a la Argentina. Entonces, de buenas a primeras, decidieron abrirse.

Al principio no sabíamos qué hacer. Hubo una reunión en San Juan de Puerto Rico para decidir si comprábamos o no la parte de los americanos. Nos sentamos para negociar Arce, Carlos Perez Companc y Aguirre.

Carlos dudaba:

—¿Compramos o no compramos la parte de los americanos? —preguntó Carlos a todos. Yo le contesté:

—Si usted quiere hacer una compañía petrolera tiene que largarse a la producción. Las petroleras se miden por los barriles que tienen y no por los equipos o los fierros.

Carlos aceptó mi propuesta y entonces se recibió de petrolero. Salí a buscar geólogos e ingenieros: hombres de producción. Pagamos la parte de los americanos un millón de dólares y eso que facturábamos apenas 40 millones de dólares anuales. Me acuerdo que el barril de petróleo valía 2 dólares y ahora vale 15. ¿Fue o no fue una buena decisión?

Segunda parte

Santiago, el tapado

1. Santiago Querido

2. Dinastía

3. Vicios privados

4. Soldati: "Nunca vi un millón de dólares juntos"

1. Santiago Querido

Santiago Soldati, presidente del grupo económico argentino que más creció en los últimos cinco años, pudo haber sido un simple y respetable criador de pollos, si su padre no lo hubiera reprendido a tiempo.

Sucedió en abril de 1966: Santiago tenía exactamente 23 años.

Había regresado procedente de Suiza con el doctorado de Economía debajo del brazo. Estaba harto de los libros y los exámenes. Se había metido de cabeza en el criadero de pollos de la estancia La Elina, que la familia posee en la localidad de San Miguel del Monte. Se había entusiasmado demasiado.

Un buen día se dio cuenta de que nada le impedía vender y comprar pollos a precios inmejorables, y que además podía alimentarlos a bajo costo y con excelente rendimiento. Otro día descubrió que era dueño de 18 galpones de pollo: nada menos que un millón de animales por año de producción.

Santiago estaba sacando las cuentas de su bucólica prosperidad cuando su padre, Francisco Soldati, lo mandó llamar con urgencia a su escritorio. La entrevista fue muy corta. Soldati padre sólo dijo:

—*No te mandé a Suiza a estudiar Ciencias Económicas para que termines siendo un pollero...*

Francisco Soldati acababa de asumir la presidencia de la Compañía Italo Argentina de Electricidad después de una larga y compleja operación de divertículos que lo tenía a mal traer. Le habían extraído medio estómago. Le habían prohibido fumar sus Chesterfield de toda la vida. Su humor era peor que malo. Y para colmo había olido que Santiago estaba demasiado apegado al campo, porque hasta ayudaba a los empleados a construir los galpones para los pollos. Su hijo se estaba yendo con la cabeza gacha, cuando terminó de reprenderlo así:

—*...te mandé a estudiar para que un día te sientes en el sillón que ocupo yo.*

Santiago Soldati se despidió confundido. ¿Por qué se tenía que preparar para convertirse en un hombre de negocios si todavía era joven y le gustaba criar pollos?

¿Por qué tenía que pensar en la herencia de su padre si todo el mundo sabía que el verdadero sucesor era su hermano mayor, Pancho Soldati? ¿Por qué, por ejemplo, no podía seguir la carrera diplomática, para parecerse un poco a quien admiraba tanto, su tío Agostino Soldati, embajador suizo en París y canciller in pectore de la Confederación Helvética?

Santiago siempre supo que mientras existiera su hermano Pancho, no había un heredero mejor.

El era el tercer hijo varón y la verdad es que cuando nació, sus padres esperaban una nena.

El sintió durante mucho tiempo que había llegado tres años tarde a todos lados, y que no podía hacer nada para evitarlo.

Entró al internado de San Jorge, en Quilmes, tres años después que Pancho y dos años más tarde que su otro hermano, Alejandro. También aterrizó en la Universidad de Lousanne años después que sus hermanos mayores y recibió tardíamente instrucciones precisas sobre cómo tratar a las mujeres, de qué manera aprobar sin estudiar demasiado y cómo vivir en Suiza con 300 dólares al mes. Mientras Pancho y Alejandro habían llegado a tener 7 de hándicap en el polo, él había logrado apenas 6, y con un esfuerzo sobrehumano. Mientras Pancho fue considerado uno de los mejores alumnos de la primaria, la secundaria y la universidad, a Santiago siempre lo catalogaron como uno del montón. En tanto sus hermanos disfrutaron de las vacaciones sin exámenes, Santiago perdió dos veranos tratando de aprobar dibujo y música.

Santiago tenía tanta experiencia en presentar exámenes en diciembre y marzo, que dio el cuarto año libre en el Belgrano Day School sólo por la inercia del estudio veraniego.

Mientras Pancho y Alejandro parecían madurar a gran velocidad, Santiago progresaba a un ritmo "más tardío de lo normal", según confesó él mismo en el monólogo que cierra estos capítulos.

Todo eso y mucho más se le debió haber pasado por la cabeza, exactamente el 5 de mayo de 1991, cuando su mujer, la argentino-finlandesa Eva Thesleff, le anticipó por teléfono que su hermano Pancho había caído de una manera terrible de su caballo de polo, y que los médicos ya lo habían desahuciado.

Tenía 48 años y fue uno de los momentos más terribles de su vida.

Sólo comparable al que tuvo que vivir el día en que los Montoneros asesinaron a su padre.

Santiago estaba en Londres, era feriado, y no había ningún vuelo directo a Buenos Aires.

Se trepó a un avión de KLM que salió al otro día. La cabeza le daba vueltas. Le daba vueltas porque no lo podía creer: su hermano, el presidente de la Sociedad Comercial del Plata, no estaría más. La vaga profecía de su padre ("te mandé a estudiar para que un día te sientes en el lugar que ocupo yo") se había cumplido: él ocuparía el sillón del que manda, aun contra su inmediata voluntad.

No era que Santiago fuese un improvisado.

Se había quemado las pestañas con la presentación de su tesis de 200 páginas sobre el comercio en Latinoamérica. Había sido llevado de la mano de su padre hacia el interior del monstruo que es Compañía General de Combustibles —el corazón energético del grupo— cuando no cumplía los 20 años. Había trabajado como auditor-pinche en la consultora Deloitte Haskins & Sells, lo que le había dado una experiencia incomparable en administración y finanzas. Se había pasado casi un año en un banco de New York donde los tiburones financieros se comen crudas a las mojarritas ahorristas. Había sido nombrado vicepresidente de Arfina SA Compañía de Finanzas e Inversiones a los 26 años, y aquello no era moco de pavo. Había soportado estoicamente, desde los 33 años, las interminables reuniones de directorio de la expendedora de nafta PUMATEC. Había sido nombrado a los 35 años nada menos que director del Banco de Crédito Argentino, presidente de Acetogen Gas SA y hasta secretario de la Cámara de Comercio Suizo Argentina. Había sido designado director del holding familiar. Lo habían convertido en 1990 en director de la trading petrolera Interpetrol. Había llegado a manejar todos los negocios petroleros del grupo con responsabilidad y dedicación.

No: no era que Santiago fuese un improvisado.

Era que nadie esperaba que un hombre tan metódico, correcto, mesurado y delicado pudiera reemplazar a la locomotora de hacer negocios que personificaba Pancho.

Dentro del grupo Soldati el shock fue doble. La conmoción primera se produjo al constatar que el hombre simpático, bueno y talentoso acababa de morir. La segunda tuvo lugar al caer en la cuenta de que Santiago Soldati se aprestaría a asumir el cargo para el que jamás se había preparado.

Ahora los empleados jerárquicos del holding dicen que el recambio fue natural y previsible. Sin embargo no dicen que nunca nadie, ni siquiera el propio Santiago, pensaba en otro presidente que no fuera Pancho por los años de los años, y mucho más allá del 2000.

A Santiago Soldati no le resultó fácil reemplazarlo.

Tardó un buen tiempo en ocupar las oficinas de su hermano Pancho.

Quiso usarlas desde el primer día y de un solo tirón, pero se sintió raro y decidió volver a su habitual escritorio de la Compañía General de Combustibles.

Después, revoloteó alrededor de ese sillón unas cuantas semanas. Pero un día se instaló definitivamente y despertó el superhombre de negocios que nadie había registrado hasta entonces.

El jefe de un grupo económico que:

* factura 2.300 millones de dólares con tendencia hacia los 2.600 y da trabajo directamente a 10 mil familias e indirectamente a 30 mil.

* tributa 137 millones de dólares por año en impuestos directos como Ganancias y Activos, e indirectos como Valor Agregado e Ingresos Brutos.

* paga al personal fuera de convenio un salario promedio de 2 mil dólares en la mano y al personal jornalizado casi mil, lo que constituye uno de los sueldos más altos de la plaza.

* tiene como principales negocios los de mayor y más rápida rentabilidad, como la energía, las construcciones, los servicios públicos y las comunicaciones.

* invirtió 300 millones de dólares en una decena de negocios de privatización.

* ganó en 1988 4 millones y medio de dólares, en 1989 casi 10 millones de dólares, en 1990 4.600.000 dólares, en 1991 12 millones de dólares, en 1992 21 millones de dólares y en 1993 casi 47 millones de dólares.

* distribuye y cobra el agua a 8 millones de argentinos.

* produce gas por 75 billones de pies cúbicos, transporta el 38 por ciento del total de ese combustible que se consume en el país y distribuye gas a un millón de habitantes de la provincia de Buenos Aires.

* transporta energía a lo largo de 6.900 kilómetros.

* explora, explota, refina, fracciona, distribuye y vende petróleo, y como si esto fuera poco, exporta los excedentes que tiene el país.

* embolsó 118 millones de dólares en efectivo por la venta de sus acciones de Telefónica de España sólo después de dos años de entrar en el negocio.

* tiene 20 millones de dólares de fondos de libre disponibilidad, que puede tomar en 24 horas si una emergencia así lo requiere.

* tiene el 16 por ciento de las acciones en *Telefé*, el canal argentino de televisión abierta que más factura y que mayor rating tuvo desde la privatización hasta el cierre de este trabajo.

* posee la misma cantidad de acciones en *Continental*, una de las radios líderes de audiencia y una de las pocas que no pierde dinero para salir al aire.

* tiene amigos en el gobierno de la importancia del secretario general de la presidencia, Eduardo Bauzá, y el secretario Legal y Técnico Carlos Corach, funcionarios a los que se considera muy apropiados para destrabar todo tipo de negocios.

* maneja Interpetrol, una compañía que exporta los excedentes de petróleo y factura cerca de 2 mil millones de dólares con una ganancia aproximada de 60 millones de dólares.

* tuvo y tiene en su directorio más ex ministros y ex secretarios de Estado que cualquier otro grupo económico que opera en Argentina.

* tuvo hasta 1976 15 empresas, hasta 1983 35 y terminó en 1993 con 60 compañías, lo que constituye una multiplicación de negocios tan impresionante como la de Perez Companc, el grupo más poderoso de la Argentina.

* utilizó la ventaja de la deuda externa que fue transferida a toda la sociedad por un monto cercano a los 55 millones de dólares.

* usufructuó los beneficios de la promoción industrial por un monto aproximado de 6 millones de dólares.

* se sumó al beneficio de la capitalización de la deuda por un monto de 10 millones de dólares.

* tiene como socios a los más poderosos grupos económicos de la Argentina como Perez Companc, Techint, Meller, Ledesma, Pluspetrol y el Banco de Galicia.

* participa con menos del 25 por ciento en cada una de las empresas que acaba de comprar, pero en todas ellas controla la gerencia general, o la comercial, o la financiera, o la administrativa, o varias de ellas a la vez.

Pero el grupo Soldati no se inventó de un día para el otro.

En 1907, el padre de Francisco, Pío Soldati, vino al país junto a su esposa María Bali, y empezó a trabajar para Columbus AG, la empresa que poco después se quedaría con la mayoría de la Italo.

En 1916 el propio Pío creó la Droguería Suizo Argentina.

En 1919, cofundó la Compañía General de Combustibles (CGC) con la exclusiva intención de vender carbón para la Italo.

En 1927 se formó la Sociedad Comercial del Plata (SCP) para agrupar los intereses y el dinero de los accionistas suizos en Argentina.

En 1931 SCP empezó a cotizar en la Bolsa de Buenos Aires con la intención de obtener capitales nacionales y extranjeros y diversificar los negocios.

En 1939, después de su casamiento, Francisco Soldati padre fue designado director de la Droguería Suizo Argentina.

En 1940 fue incorporado al directorio de la Compañía Italo Argentina de Electricidad.

En 1945, después de la Segunda Guerra Mundial, SCP empezó a cotizar en la Bolsa de Zurich, Suiza. Lo hizo para que los dueños de la Italo se sintieran más cerca de sus acciones.

Desde 1945 hasta 1956 la Sociedad Comercial del Plata se quedó quieta y en silencio. Sus autoridades temían que Juan Perón les expropiara sus bienes y sus riquezas.

En 1956 los Soldati fundaron Gesiemes SA, una constructora destinada a ganar contratos de obras civiles privadas y públicas. Gesiemes tiene ahora ventas por casi 6 millones de dólares, ganó en el último año más de un cuarto de millón de dólares y da empleo a 140 personas.

En 1964, la CGC compró Argengas SA, dedicada al fraccionamiento y distribución de gas butano en garrafas y de gas propano en cilindros y a granel.

A principios de la década del 60 la CGC (Compañía General de Combustibles) instaló una red de estaciones de servicio marca Puma.

En 1966 los suizos le ofrecieron a Francisco Soldati la presidencia de la Italo y parte del paquete accionario de Sociedad Comercial del Plata.

En 1967 los Soldati crearon Agar Cross, una compañía destinada a vender pesticidas, fertilizantes y semillas. Agar compró en 1982 una planta de silos en Casilda, Santa Fe y, en 1987, se asoció con Dupont, de los Estados Unidos. Actualmente vende casi 44 millones de dólares por año y tiene una utilidad de más de 8 millones de dólares.

A principios de los años 70 fue inventada la Compañía Suizo Argentina de Construcciones Civiles (COSARCO), empresa que debió reconvertirse para ingresar a las privatizaciones. Según el último balance, COSARCO facturó casi 11 millones de dólares pero ganó apenas 150 mil dólares.

En 1974 SCP compró a YPF la Destilería Argentina de Petróleo (DAPSA). En 1980 aumentó su participación en DAPSA hasta más de la mitad. Hoy DAPSA presenta ventas por 56 millones de dólares y utilidades por 378 mil dólares.

En 1976 Francisco Soldati padre se quedó con más del 50 por ciento de la Sociedad Comercial del Plata y produjo así el primer gran salto en los negocios de la familia.

El mismo año Soldati fundó Comercial del Plata Construcciones.

Era la época de la plata dulce y de las grandes obras públicas. Gracias a eso, Comercial del Plata Construcciones levantó barrios de viviendas en La Patagonia y el Gran Buenos Aires, armó parte de El Chocón, participó en la construcción del río subterráneo Paitoví-Floresta, de Petroquímica General Mosconi, y de las destilerías para Shell y Esso.

Ahora Comercial del Plata Construcciones tiene como proyectos el reciclaje de Puerto Madero, la Ciudad Judicial y el Tren de la Costa. Esta compañía factura hoy más de 31 millones de dólares, se queda en el bolsillo con casi 4 millones y ofrece empleo a 200 personas.

En 1978 CGC compró la red de expendedoras Cítex y las unificó bajo el nombre de Puma.

Puma se acaba de integrar con sus colegas Isaura y Astra bajo el nombre de EG3 para competir de igual a igual con monstruos como YPF, Shell y ESSO, los que se dividen la abrumadora mayoría del mercado.

También durante 1978 SCP constituyó Durlock SA, empresa dedicada a la fabricación de placas de yeso. En 1988 Durlock incorporó a la empresa Eternit Argentina. En 1993 la compañía fue vendida por casi 5 millones de dólares, y ahora Santiago Soldati la calificó como un hijo bobo.

El 23 de mayo de 1979 los suizos vendieron la Italo al Estado. Se trató de una transacción escandalosa que será contada en detalle un poco más adelante.

En 1991 Soldati inventó a la contratista Simet.

Simet se ocupó de remodelar hospitales municipales y cortar el pasto cerca de la General Paz. El denunciante profesional Eduardo Varela Cid sugirió, en un pedido de informes, que los directivos de Simet dieron coimas a funcionarios municipales a cambio de la concesión. Varela Cid no se pudo explicar cómo es que para limpiar unos pocos espacios verdes cobraran 180 mil dólares por mes. Las concesiones fueron anuladas por el intendente Saúl Bouer.

Santiago Soldati desmintió terminantemente las acusaciones de Varela. Y en enero de 1993 responsables de Simet denunciaron que la comuna porteña les debía más de 5 millones de dólares.

También en 1991 los Soldati obtuvieron, junto a Techint y Perez Companc, la concesión de Ferroexpreso Pampeano, un tren de cargas que les está dando pérdidas millonarias y del que no se pueden retirar sin romper el contrato.

En enero de 1992 Soldati empezó a operar el área petrolera central denominada Santa Cruz I.

Se trata de cinco yacimientos muy productivos.

Uno de sus socios en este negocio es el empresario belga Marc Rich, quien está buscado por la Interpol acusado de defraudar al Tesoro de los Estados Unidos.

El 30 de setiembre de 1992 a Soldati le entregaron el 25 por ciento del paquete de la Central Térmica Güemes, una empresa que genera energía desde la provincia de Salta con una potencia de 245 Megawats. Central Térmica Güemes factura casi 40 millones de dólares por año y gana más de 3 millones y medio de dólares con un personal de apenas 176 personas.

En noviembre del mismo año la CGC se adjudicó, en consorcios con empresas argentinas y extranjeras, las áreas centrales petroleras de Palmar Largo y Aguaragüe, en Salta y Formosa.

El 9 de diciembre de 1992 el grupo ganó la concesión de Obras Sanitarias por 30 años.

Lo hizo bajo el nombre de Aguas Argentinas.

Se trata de una empresa que distribuye y cobra el agua de 6 millones de argentinos de la Capital Federal y once partidos del Gran Buenos Aires. Soldati tiene sólo el 20,7 por ciento del paquete accionario junto a las empresas francesas Lyonnaise des Eaux Dumez, que posee el 28 por ciento, y Compagnie Générale de Eux, con casi el 9 por ciento, la española Aguas de Barcelona, con el 14 por ciento y la inglesa Anglian Water, con el 5 por ciento.

Sin embargo, el que maneja la empresa es un hombre de Soldati: el ingeniero Carlos Tramutula.

Aguas Argentinas cuenta con 3.700 empleados, vende por año 163 millones de dólares y gana poco más de 23 millones de dólares.

El 28 de diciembre de 1992 la Compañía General de Combustibles consiguió el 20 por ciento de Gas Natural BAN, la distribuidora de gas que tiene casi un millón de clientes en la provincia de Buenos Aires. Gas Natural es un negocio redondo: factura 335 millones de dólares, presenta una utilidad de más de 50 millones de dólares y da trabajo a 865 personas.

El mismo día que ganó BAN, Soldati se adjudicó el 17.8 por ciento del paquete de la Transportadora de Gas del Norte (TGN), una compañía que transporta el 38 por ciento del gas que se consume en el país y que facturó durante 1993 114 millones de dólares y obtuvo en el mismo lapso una ganancia espectacular: casi 39 millones de dólares.

En febrero de 1993 SCP se quedó con el llamado Tren de la Costa o ramal Delta Borges.

Fue el único oferente y lo consiguió gracias al decreto 204 del Poder Ejecutivo firmado por Menem. El Tren de la Costa no funcionaba desde 1961. Cruza Vicente López, San Fernando, San Isidro y Tigre. Se trata de zonas muy pobladas y de alto poder de compra. El proyecto de los Soldati es construir 15 mil metros cuadrados de edificios recreativos y comerciales. Lo podrá hacer Gesiemes, Comercial del Plata Construcciones o Mc Kee del Plata. Se trata de una inversión de cerca de 80 millones de dólares.

En julio de 1993, el grupo Soldati vendió sus acciones en Telefónica, y abandonó su participación en los canales de cable de Chile, Brasil y La Plata y también en Philco. Lo hizo porque necesitaba dinero para bancar todo lo que compró en 1992. Se juntó así con cerca de 125 millones de dólares.

En enero de 1993 Solfina, la sociedad familiar de los Soldati, adquirió la mayoría de Interpetrol, una trading que compra y vende petróleo y sus derivados en el mercado internacional y que ahora factura 373 millones de dólares y obtiene una ganancia de más de 7 millones de dólares con apenas 30 empleados. Solfina compró el 51 por ciento de Interpetrol que poseía YPF y se quedó con la mayoría absoluta. Los competidores de Soldati se quejaron. Se preguntaron por qué, en vez de hacer una licitación pública por Interpetrol, YPF se valió de una controvertida cláusula que les daba prioridad de compra a los Soldati. La absorción de Interpetrol le permitió a Soldati manejar desde el principio hasta el final todo el negocio petrolero: la producción, la refinación, la compra y venta de nafta y gas y la comercialización de lo que sobra del crudo hacia el exterior.

Se trata del negocio más redituable del futuro: se calcula que en los próximos 5 años, Argentina tendrá un excedente de petróleo exportable de más del 20 por ciento de la producción total. Y el único que lo podrá comercializar será Interpetrol.

¿Es Santiago Soldati el gran impulsor del boom del grupo Comercial del Plata?

Analistas económicos y financieros aseguran que Santiago Soldati sólo recogió los frutos de lo que sembró su hermano Pancho hasta 1991. Ellos miran los balances y las tendencias e ignoran al hombre.

Se trata de alguien joven y bien educado.

Una mezcla de suizo y criollo que mantiene la alcurnia familiar pero no la ostenta.

Un tímido seductor que pide las cosas con tal educación y en voz tan baja que resulta casi imposible negarse a sus requerimientos.

Un jefe que deja con la boca abierta a sus empleados con pequeños detalles como el regalo de un bombón a cada uno en el día de su cumpleaños.

Se levanta todos los días a las 6 y media de la mañana.

Lee primero el matutino *La Nación*, después repasa el *Buenos Aires Herald* y finalmente hojea *El Cronista*.

Toma clases de gimnasia dos veces por semana, a las siete en punto, en el living de su propia casa, donde tiene montado un pequeño gimnasio cuyos únicos aparatos son un par de pesas, manuales y de diez kilogramos.

Dice que hace gimnasia clásica, a la antigua, sólo para que se le mueva un poco el corazón y los músculos no se le entumezcan.

Se hace dar masajes una vez por semana para aliviar su antigua discopatía.

Se levanta en silencio para no despertar a su mujer y desayuna con sus tres hijos, Vanessa, de 14 años, Santiago, de 12 años, y Sofía, de 9, antes de que se vayan al colegio. Desayuna un té negro y lo acompaña con una galletita cubierta de miel natural. Toma su píldora contra el colesterol y también un poco de fibra sintética.

Su casa tiene dos plantas y una terraza. Una planta mide exactamente 176 metros cuadrados. La otra abarca exactamente 122 metros cuadrados.

Se trata del mismo departamento en el que vivió toda la familia durante muchísimos años y que Santiago ocupa luego de la muerte de sus padres y después de haber comprado la parte correspondiente a sus cuatro hermanos.

Una amiga de la familia que además es decoradora definió la casa de Soldati de la siguiente manera:

* "Si fueran a hacer fotos los cronistas de la revista *Caras*, se retirarían decepcionados: la casa de Santiago y Eva es exactamente opuesta a la de Amalita Fortabat".

* "Si hay algo que caracteriza a esa casa es que se nota que está vivida".

* "Santiago no colecciona nada. No es amante del arte decorativo. Lo único que le preocupa, especialmente, es la biblioteca."

* "Cuando uno entra, no tiene la sensación de que ingresó a la casa de un Dueño de la Argentina, aunque sí al hogar de un hombre de mucho dinero".

* "La elegancia de la casa está en lo que no se ve: es un conjunto de cosas puestas de una manera armónica."

Santiago llega a su despacho entre las 8 y las 8 y media de la mañana, recibe informes periódicos de los responsables de las grandes áreas en las que se divide el grupo, llama al gerente si le interesa algún negocio en particular y deposita su tiempo en la agenda que con excesiva prolijidad le organiza su secretaria, la eficientísima Nelly del Retiro, quien hiciera lo mismo con su padre y con su hermano Pancho.

Santiago trata de volver temprano a su casa, para cenar y rezar con sus hijos antes de acostarse.

La costumbre de la oración la heredó de su niñera irlandesa, Miss Word, quien hacía rezar a los hermanos un rosario completo todas las tardes de su infancia.

Soldati va a misa todos los domingos, pero se confiesa sólo tres veces por año: en Resurrección, en Pascua y en Navidad.

Santiago es muy familiero, pero no podría ser considerado el típico padre padrone que exige a su esposa quedarse en la casa como una gallina cuidando a sus pollitos. De hecho, desde 1982, Eva de Soldati dirige, junto a María Tezanos Pintos, el Foro Empresario, una entidad que, entre otras cosas, se dedica a organizar charlas o seminarios protagonizados por figuras rutilantes como Jeffrey Sachs o Domingo Cavallo. Estas reuniones constituyen un ámbito apropiado para que los hombres de negocios ejerciten su lobby ante los funcionarios. Las entradas a pagar no tienen un precio apto para todo público.

Santiago es austero, elegante y clásico.

Usa desde 1969 el reloj que le regaló su madre cuando se recibió. Se trata de un Vacheron Constantin y es una máquina de precisión considerada más delicada que el Rolex.

Los suizos exquisitos dicen que es más exclusivo ponerse en la muñeca un Constantin que un Rolex, pero que es todavía más exclusivo no usar reloj.

Soldati parece rozar las pautas de la superexclusividad los fines de semana, al cambiar su Constantin por el deportivo Wacht, que para un hombre de sus recursos es casi como no ponerse nada. El se viste en el sastre que atiende al lado de su casa, porque es barato y de confianza.

A Santiago no le gusta que le digan tacaño y sostiene que gasta en lo que le gusta gastar. Revisa personalmente las cuentas del supermercado y cambió su Peugeot 504 modelo 1988 en 1993, después de que parientes y amigos le dijeron que conservarlo era perder plata, porque los usados se estaban desvalorizando a toda velocidad.

No tiene barco, ni lancha, ni avión, ni helicóptero y pertenece al grupo de hombres acaudalados que sostienen que no hay que tener muchas propiedades, sino contratar servicios.

Por eso, entre otras razones, no veranea en balnearios-vidriera como Punta del Este o Pinamar, sino que alquila, desde hace diez años, una casa en Cachagua, muy cerca de Viña del Mar, Chile.

La casa de Cachagua no tiene teléfono y él nunca se lo quiso colocar. Tampoco tiene televisión y para llegar hasta ella hay que andar por un camino de tierra. La goza la mayoría de los sábados y los domingos que tiene el verano, porque durante el resto de la semana su adicción al trabajo es más fuerte que su necesidad de descanso.

Como su padre, apaga la luz cuando el ambiente se puede iluminar abriendo una ventana.

Igual que su padre, nunca vuela en primera sino en bussines y también en clase turista, especialmente en los viajes cortos a países limítrofes.

Como su padre, prefiere un buen plato de ñoquis o de milanesas con papas fritas acompañado por tinto Comte Valmont a cualquier otra comida estrafalaria y cara, aunque sea suiza.

Santiago llama al exterior o recibe comunicaciones desde afuera sólo cuando es imprescindible, porque le quedó fija la idea de que ese tipo de llamadas son prohibitivas, como cuando él estudiaba en Suiza y sus padres le enviaban cartas para no gastar en teléfono.

Santiago, cuando viaja a Nueva York, no para en el Waldorf Astoria ni en el Pierre, como lo hacen los nuevos y los viejos ricos. El se aloja en el Regency y lo explica de la siguiente manera:

—Prefiero gastarme una buena cantidad de dólares en un buen género para un traje que usaré durante cinco o seis años y no en la cama de un hotel donde apenas estoy de paso.

Es cierto: Soldati no usa los trajes una sola vez, como los empresarios top del mundo. Hay uno, gris, príncipe de gales, que fue gastado por él por lo menos tres veces en el lapso de cuarenta días, aunque lo combinó con distintas corbatas y camisas, seguramente por consejo de su elegante mujer.

Santiago ama el fútbol y se desvivió por conseguir entradas para ver el partido Argentina versus Australia, el encuentro que decidió la participación del seleccionado nacional en el Mundial de 1994. El fue uno de los pocos privilegiados que consiguió una platea para toda la familia.

Santiago se puso la camiseta del seleccionado argentino con el logo de *Radio Continental* y gritó los cuatro goles de la victoria frente a Grecia junto al presidente Carlos Menem, cuando ambos estaban en Canadá, buscando negocios para la Argentina.

Santiago es un hombre demasiado sencillo, y por eso quizá nunca se psicoanalizó:

—He trabajado muy poco para conocerme —se excusó—. Prefiero vivir en vez de analizar cómo vivo.

Entre las cosas que analizó demasiado poco, se encuentra su secuestro.

Fue el 29 de abril de 1973, después del mediodía.

Gobernaba el presidente de facto Alejandro Agustín Lanusse.

Héctor Cámpora asumiría en menos de un mes.

Los Soldati eran catalogados por los Montoneros no sólo como ricos sino también como colaboradores del dictador Juan Carlos Onganía, ya que Pancho había sido nombrado director de Finanzas del Ministerio de Economía. Santiago Soldati fue secuestrado por siete personas dentro de su estancia La Elina. Los detalles más minuciosos fueron relatados por él mismo en el monólogo que completa esta parte.

Se lo llevaron después de que los raptores mantuvieron un tiroteo con la custodia de la estancia. Se apoderaron del automóvil que ingresaba al campo y que era manejado por el señor Tomás Justiciano Estrada, tío de Santiago.

El rescate pedido fue de un millón 800 mil pesos del año 1973, aproximadamente 173 mil dólares de los de entonces. La constancia de que el dinero fue desembolsado figura en el libro de actas que fuera secuestrado por la Comisión Especial Investigadora del caso Italo. El hombre que aparece firmando y avalando el rescate es nada menos que José Alfredo Martínez de Hoz, miembro del directorio de la Italo. Soldati fue liberado cinco días después de su rapto, gracias a que el ministro del Interior de la época, Arturo Mor Roig, se plantó ante la Policía y exigió su aparición con vida.

Los secuestradores de Santiago Soldati fueron condenados, en mayo de 1984, a diez años de prisión. Se llaman Guillermo Torterola, Carlos Ramón Palacios y Antonio Félix Cruz Robles. Otra acusada, Cándida Miranda, fue absuelta por falta de méritos.

Todos ellos están hoy en libertad.

Los secuestradores consiguieron franquear el portón, andar cerca de 400 metros, cruzar un jardín y una caballeriza. Los Soldati almorzaban tranquilamente cuando entraron los hombres. De inmediato se dirigieron a Santiago Soldati.

Apenas tenía 30 años.

Lo encañonaron. Y mientras lo sacaban, su padre, Francisco, salió desesperado y gritó:

—*Se equivocaron: al que buscan es a mí.*

Las máximas autoridades del grupo Soldati se enteraron de la mala nueva a las 8 de la noche del mismo domingo y enseguida armaron un gabinete de crisis en la casa de Francisco Soldati padre, en el centro de la Capital Federal.

Al gabinete de crisis se sumaron dos de los comisarios más duros de todos los tiempos: Villar y Colotto. Los comisarios no fueron originales pero sí efectivos. Ante el caos general, ordenaron dejar el teléfono libre, comunicarse con el ministro del Interior a través de una línea "limpia" y designar un negociador y pagador del rescate prudente y valiente.

Fue entonces cuando Alejandro Soldati, el segundo de los hermanos, se ofreció voluntariamente con el siguiente argumento, lleno de sentido común:

—*Soy el único soltero, no tengo hijos y no tengo miedo.*

Era la medianoche y todavía no se había recibido ninguna comunicación. Desesperado, Francisco Soldati padre rastreó al ministro Arturo Mor Roig, lo encontró en una casa de fin de semana y le advirtió:

—*Acaban de secuestrar a mi hijo Santiago. Haga lo que quiera, pero no convierta esto en un escándalo que haga atemorizar a los secuestradores. No quiero que maten a mi hijo.*

Apenas Soldati terminó de hablar con el ministro del Interior, llamaron los raptores. Los atendió Alejandro sin mostrar nerviosismo y acordó las pautas de la entrega del rescate. Cinco días más tarde los secuestradores fueron atrapados por miembros de la Policía Federal.

A Santiago Soldati, quien es incapaz de matar un insecto, el shock del secuestro y el breve cautiverio le costaron tres meses de inactividad y un viaje obligado a Suiza para recuperar el ánimo y el sentido de la realidad.

El nunca volvió a hablar con nadie de su secuestro, y ni sus familiares ni sus amigos se lo volvieron a preguntar. Sólo lo hizo, a regañadientes, para el monólogo que corona esta parte del libro.

También habló a regañadientes del único gran escándalo en que se vio envuelto el grupo empresario.

El móvil del crimen de su padre y quizá de su secuestro.

El asunto que manchó el apellido de la familia y la puso por un momento en boca de todos: El caso Italo.

Francisco Soldati, presidente de la Italo desde 1966 hasta el día en que murió, en el año 1979, fue acusado en 1985 por la Comisión Especial Investigadora de la Cámara de Diputados de los siguientes cargos:

* vender al Estado maquinarias y equipos obsoletos de la Italo.

* cobrar por ellos 364 millones de dólares, cuando el Estado no tendría por qué haber pagado, ya que expiraba la concesión.

* utilizar para sus propósitos al ministro de Economía José Martínez de Hoz, quien fue, desde 1969 hasta un día antes de asumir, miembro del directorio de la Compañía Italo Argentina de Electricidad.

* participar indirectamente de negocios oscuros generados alrededor del traspaso, como la compra de acciones de la empresa a un precio de bicoca y su venta posterior a valores millonarios.

La Comisión se expidió en 1985 y nueve años después Santiago Soldati y su mano derecha, Italo Arturo, negaron ante el autor de este libro, uno por uno, todos los cargos:

* explicaron que algunas maquinarias que la Italo transfirió al Estado, lejos de ser obsoletas, todavía se usan para dar luz a la Capital Federal.

* aclararon que no los Soldati, sino los verdaderos dueños de la Italo, no cobraron 364 millones de dólares sino 122 millones de dólares, y que los terminaron de embolsar, en cómodas cuotas y los más bajos intereses de plaza, recién en 1987.

* desmintieron terminantemente su participación en cualquier negocio oscuro generado alrededor de la transferencia de la Italo al Estado.

Pero en el medio de las acusaciones y las defensas, hay una apasionante historia para contar. Esta es su trama secreta:

En 1885 Walter Boveri fundó en su país, Suiza, la compañía Motor AG, para explotar, diseñar e instalar compañías eléctricas en todo el planeta. Lo hizo en la época de desarrollo llamada "exportación de capitales". Los países centrales invertían en los subdesarrollados y fundaban empresas como ferrocarriles, puertos y de electricidad.

En 1907 la municipalidad dio a una empresa alemana la concesión para prestar servicios eléctricos en la ciudad de Buenos Aires. Así nació CATE, que más tarde se conocería como CHADE.

En 1908 un grupo de suizos radicados en Argentina y capitaneados por Juan Caroscio pergeñaron la idea de formar una compañía privada de electricidad para competir con la alemana CHADE. Ellos sostuvieron ante las autoridades de entonces:

—*La competencia hará bajar los precios y beneficiará a los usuarios.*

Caroscio y sus hombres necesitaban mucho dinero para poner en marcha la compañía y fueron a buscarlo al cantón de Ticino, una pequeña provincia de Suiza que se podría comparar con Tucumán. Consiguieron nada menos que 5 millones de francos suizos, cerca de un millón y medio de dólares de entonces.

Para tener una idea de cuánto dinero consiguió Caroscio, es necesario aclarar que entonces un Ford T, nuevo, flamante, costaba 400 dólares. Y que un departamento de tres ambientes en la calle Alvear, lo más caro de Buenos Aires, costaba 3 mil dólares.

Italo Arturo explicó:

—*Con un millón y medio de dólares se podían montar varias industrias. Y ni siquiera Alpargatas, que en ese entonces era una de las industrias más importantes, tenía un capital de esa envergadura.*

Caroscio y sus hombres convencieron a tres bancos suizos (el Credit Suisse, la Unión de Bancos Suizos y la Société Générale) y los gerentes del banco convencieron a su vez a 200 accionistas de lo conveniente y rentable que era instalar una empresa eléctrica en Buenos Aires. En ese momento, Argentina era el país más importante y más poderoso de América Latina y se encontraba entre las primeras diez naciones del mundo. Gobernaba el conservador y autonomista cordobés José Figueroa Alcorta. Había un importante superávit fiscal. El país estaba recibiendo una enorme masa de inmigrantes que venían escapados de la guerra y el hambre en Europa. Se trataba de una Nación acreedora del mundo, y no deudora. Entre sus deudores más conspicuos se encontraba, por ejemplo, Gran Bretaña.

El 11 de setiembre de 1912 se fundó la Compañía Italo Argentina de Electricidad.

Asumió como presidente Juan Caroscio. Caroscio se mantuvo en ese cargo hasta 1966, en que lo reemplazó Francisco Soldati padre.

El 4 de octubre de 1912 el intendente Joaquín de Anchorena firmó con la Italo un contrato directo para distribuir la electricidad por medio siglo, hasta 1962.

Anchorena fue muy bien recompensado: cinco años después de dejar la intendencia fue incorporado al directorio de la
Italo, y aceptó complacido. También fue muy bien recompensado su secretario de Obras y Servicios Públicos, ingeniero civil
Atanasio Iturbe. Iturbe fue el redactor de la concesión a la Italo
y fue también el principal defensor de la transacción ante el
Concejo Deliberante.

Una vez que el contrato se puso en marcha, Iturbe pasó a
ser miembro del directorio de la compañía de capitales suizos.

El contrato suscripto entre la municipalidad y la Italo tenía
los siguientes puntos principales:

* los bienes de la Italo debían volver a la municipalidad al
expirar el acuerdo.

* las tarifas no podían ser aumentadas sin previa autorización de la municipalidad.

* la compañía estaba obligada a formar un fondo de previ-
sión para renovar y reparar instalaciones.

* la municipalidad debía embolsar un 6 por ciento sobre el
ingreso bruto de la Italo.

La Columbus, de Suiza, controló desde el principio el 75,5
por ciento del capital accionario de la Italo. En 1923 se fusionó
con Motor AG y se convirtió en Motor Columbus AG.

Motor Columbus AG es la empresa suiza que mantuvo hasta la transferencia en 1979 la mayoría de las acciones de la Italo, aun cuando pasara formalmente a convertirse en minoritaria.

Desde 1914 y hasta 1932, el negocio de la Italo consistió
en aplicar altas tarifas y definir las zonas de distribución de
electricidad. Pero desde 1936 y hasta 1979, el negocio consistió
en valorizar más de lo debido las inversiones para vender a
buen precio la empresa al gobierno militar. Las inversiones con-
sistían en compras de equipos. Y los equipos eran comprados a
Motor Columbus.

No se sabe si el acuerdo entre Anchorena y Caroscio fue
bueno para los porteños. Pero se sabe fehacientemente que
para la compañía fue un negoción.

El incremento de su capital fue incesante:

En 1912 la Italo presentó un capital de 5 millones de pesos, correspondientes a 50 mil acciones.

En 1919 ya lo había duplicado.

En 1921 pasó a 20 millones de pesos.

En 1924 presentó un capital de 35 millones.

En 1926 pasó a 45 millones de pesos.

Y en 1930 a 65 millones.

Como si eso fuera poco, la Italo expandió sus servicios a
las ricas zonas de Avellaneda, Lomas de Zamora y Quilmes.

Entre 1912 y 1930 la Italo cambió su forma de hacer negocios. Los accionistas suizos retiraron una buena parte de dinero

en efectivo que habían puesto en la empresa y lo destinaron a sobrevivir a la Segunda Guerra Mundial. Discutieron dos salidas.

La primera: retirarse definitivamente de la Argentina.

La segunda: modificar el contrato e imponer cláusulas que significaran más ganancia, imputar los gastos en el rubro inversión y disminuir la participación accionaria, sin resignar el control de la compañía.

La historia demuestra que eligieron la segunda salida. Estas son las pruebas:

En 1913 Motor Columbus tenía el 75 por ciento de la Italo.

En 1926 bajó al 64 por ciento.

En 1931 se quedó sólo con el 10 por ciento de las acciones.

En 1953 mantuvo ese paquete.

Pero en 1965 bajó de nuevo al 8 por ciento de las acciones.

Finalmente, en 1977, Motor Columbus poseía el 5 por ciento del paquete accionario de la Italo.

En 1927 fue creada la Sociedad Comercial del Plata. Se fundó con el objeto de unir todos los capitales suizos invertidos en la Argentina. Entre ellos, el de los dueños de la Italo.

En 1936 el Concejo Deliberante, por medio de una escandalosa ordenanza a la que se considera uno de los primeros y más espectaculares actos de corrupción de la Argentina, hizo modificaciones en el contrato firmado en 1914, a saber:

* amplió la concesión hasta el 31 de diciembre de 1977, con opción a 25 años más. Es decir: hasta el 2002.

* dio luz verde a la Italo para aumentar las tarifas a su antojo.

* obligó a la municipalidad a pagar a la Italo un precio por sus bienes cuando terminara el contrato. El precio lo determinarían "peritos independientes".

* perdonó a la Italo el impuesto a pagar por la venta bruta de energía.

* eliminó cualquier cláusula de protección para los bienes del Estado.

En 1940 Francisco Soldati padre fue designado miembro del directorio de la Italo. En ese momento adquirió cien acciones simbólicas de la compañía, por lo que se lo empezó a confundir con uno de sus dueños.

Soldati asumió la presidencia de la Italo en 1966, y siguió portando la misma cantidad de acciones. No fue dueño sino delegado personal de los accionistas suizos. No fue propietario de una de las más grandes empresas de la Argentina sino "testaferro" de sus propietarios.

—*Esa confusión de roles motivó que lo asesinaran en 1979* —repitieron Santiago Soldati e Italo Arturo.

El 6 de agosto de 1943 el gobierno de Juan Ramírez designó una Comisión Investigadora para analizar la famosa y escandalosa ordenanza de 1936. La integraron el coronel retirado Matías Rodríguez Conde, el ingeniero Juan Sábato y Juan Pablo Oliver. El 12 de febrero de 1945, la Comisión presentó su informe final de 1012 fojas, 18 apéndices con 274 hojas y 41 reproducciones fotográficas.

La Comisión concluyó que la Italo:

—...ha contribuido a prostituir en propio beneficio a partidos políticos y poderes del Estado, siendo por ello no sólo un foco de explotación pública sino también de corrupción política y administrativa.

Rodríguez Conde definió el asunto con una frase que debe ser incluida en los anales de la corrupción en Argentina:

—Esto es una montaña de ilicitud.

Las conclusiones de Rodríguez Conde fueron misteriosamente escondidas hasta 1957. Ese año, las tomó el entonces procurador Marcelo Risolía y las utilizó para justificar la anulación de la ordenanza de 1936.

La Italo apeló inmediatamente a la anulación de sus privilegios. La justicia entonces dictaminó que se debía volver al contrato de 1912. Pero en 1962, el presidente Arturo Frondizi y su ministro de Economía, Roberto Teodoro Alemann, firmaron un nuevo contrato que le otorgó a la Italo mayores ventajas que las logradas en 1936, a saber:

* una prórroga para seguir con el servicio 16 años más.
* la garantía de que los bienes no se le devolverían al Estado a cambio de nada, sino a cambio de dinero contante y sonante.
* una cláusula que le permitía a Italo vender sus instalaciones al Estado cuando se le antojara.
* otra cláusula que obligaba al Estado a comprar la Italo en el momento que quisiera la compañía.
* la posibilidad para la Italo de elegir en qué momento y por qué monto aumentar la tarifa.
* la garantía de un beneficio mínimo del 8 por ciento sobre sus inversiones.
* la exención de impuestos si la Italo no obtenía ese beneficio del 8 por ciento.
* la supervalorización de las inversiones de la Italo mediante una curiosa cláusula.

Como consecuencia de esa supervalorización, el capital de la Italo pasó de ser de 500 millones de pesos en 1960 a 6.500 millones de pesos en 1961.

La firma de este contrato constituyó otro gran negocio.

En 1961, un director de la Italo que participó en la firma del acuerdo le escribió a un accionista de la empresa que vivía en Italia:

—Hemos obtenido (para la Italo) una cláusula de valor similar al oro.

Y en 1985, la Comisión Investigadora que analizó la transferencia de la Italo al Estado calificó el contrato auspiciado por Alemann como "el más escandaloso de nuestra historia". Igual que Anchorena e Iturbe en 1912, Roberto Teodoro Alemann fue bien recompensado por los accionistas suizos en agradecimiento a los servicios prestados.

Exactamente el 9 de noviembre de 1964, después de abandonar el Ministerio de Economía, Alemann fue designado representante de uno de los accionistas principales de la Italo: la Unión de Bancos Suizos. Y, como si eso fuera poco, el 31 de marzo de 1967, Alemann se incorporó al directorio de la más importante empresa de la Sociedad Comercial del Plata: la Compañía General de Combustibles (CGC). La CGC siempre estuvo vinculada a la Italo y también contó entre los miembros de su directorio al ex canciller Nicanor Costa Méndez.

En 1963 asumió Arturo Illia y en vez de beneficiar a la Italo privilegió el equipamiento de Segba, la compañía eléctrica del Estado. Segba fue a pedir plata al Banco Mundial y al BID. Entonces las empresas suizas hicieron un fuerte lobby para bloquear esos créditos.

En 1964 Illia firmó un decreto para coordinar los servicios de la Italo o de Segba. Los dueños de la Italo lo interpretaron correctamente como un primer intento para nacionalizar la compañía. Entonces le presentaron al presidente que ganó con el peronismo proscripto un pedido para aumentar las tarifas y dinero del Estado para comprar equipos nuevos.

Illia les respondió que los equipos nuevos los debían comprar con la ganancia conseguida. Banqueros y funcionarios suizos presionaron a Illia hasta que el golpe de Estado liderado por el general Juan Onganía lo derrocó.

La irrupción de Juan Onganía en 1966 fue beneficiosa para la Italo y también para los Soldati. Estas son las razones que explican la afirmación:

* Onganía anuló el decreto de Illia que beneficiaba a Segba y perjudicaba a la Italo.

* Onganía avaló todos los pedidos de la compañía de mayoría suiza, sus planes de inversiones, y puso al Estado como garantía para sus pedidos de créditos.

* Onganía rubricó los nuevos convenios que autorizó el secretario de Energía Luis María Gotelli. Más tarde se descubrió que los convenios no eran más que una copia de los borradores presentados al funcionario por la Motor Columbus.

* Onganía aprobó la designación de Francisco Soldati hijo como director de Finanzas, el organismo que poseía la llave para pedir y avalar créditos desde la Argentina.

* Francisco Soldati padre fue designado presidente de la Italo y los accionistas suizos le encargaron sanear la empresa.

Para eso incorporó a dos figuras de primer nivel, el contraalmirante Francisco Castro y José Alfredo Martínez de Hoz.

Castro había sido nada menos que delegado argentino en el BID, y aparecía como el hombre clave para destrabar los créditos de ese banco.

Martínez de Hoz era sobrino de Narciso Martínez de Hoz, el hombre que había sido testigo del casamiento por civil de Francisco Soldati padre con Elvira Laínez. Para entonces, ya había sido ministro de Economía en 1963 y ministro de Economía, Finanzas y Obras Públicas de la intervención federal en Salta, en 1956.

Tanto Santiago Soldati como Italo Arturo aseguraron que la Italo nunca se sirvió del cargo de Pancho Soldati para conseguir créditos y prebendas. Ambos afirmaron además que Martínez de Hoz nunca fue una pieza clave en el directorio de la Italo. Arturo, para probar su hipótesis, reveló que el ex ministro de Economía siempre llegaba tarde a las reuniones de directorio, y que frecuentemente se quedaba dormido antes de su culminación.

—¿*Entonces por qué Soldati lo incluyó en el directorio?* —se le preguntó.

—*Por su manía de tener gente inteligente en el staff de la empresa* —respondió.

—¿*Y qué era exactamente lo que hacía Martínez de Hoz?*

—*Era un típico representante de directorio que venía una vez por mes y no tenía funciones ejecutivas.*

—¿*Qué tipo de misiones cumplió Martínez de Hoz para la Italo?*

—*Martínez de Hoz no cumplió ninguna misión concreta para la Italo. Lo que menos le importaba era la Italo. Su energía no la tenía puesta en la compañía. Era vicepresidente ejecutivo de Acindar, presidente de FIEL y vicepresidente del Consejo Empresario Argentino.*

Sin embargo, la Comisión Investigadora de la Transferencia de la Italo creada en 1984 probó que Martínez de Hoz había empezado a negociar con el presidente de facto general Alejandro Lanusse en 1972 y con el ministro de Economía del gobierno de Isabel Perón, José Ber Gelbard, el eventual traspaso de la Italo al Estado.

El 17 de octubre de 1974 Isabelita anunció "la argentinización de la Italo". Los sindicalistas de Luz y Fuerza, liderados por Juan José Taccone, Carlos Alderete y Oscar Lescano, organizaron una manifestación en apoyo de la medida. Taccone, Alderete y Lescano defendieron siempre los mismos intereses que las autoridades de la Italo. Y las autoridades de la Italo empezaron a prepararse para la transferencia.

El 19 de marzo de 1975 el gobierno le encomendó al procurador del Tesoro, Edgar Sá, un análisis detallado del contrato firmado entre Alemann y la Italo en 1961. El 30 de diciembre del mismo año, Sá emitió un lapidario informe de 16 partes en el que dictaminó que:

* el contrato no tenía legalidad, vigencia ni exigibilidad si no era aprobado por el Congreso.

* el contrato tenía "cláusulas exorbitantes inversas" destinadas a asegurar "el predominio de los intereses privados de la concesionaria" en detrimento del "equilibrio necesario de los derechos de ambas partes en un contrato público".

* el Poder Ejecutivo debía iniciar acciones judiciales para conseguir su nulidad definitiva.

El 19 de febrero de 1976 Isabelita suspendió los efectos del contrato Alemann, designó un interventor y manifestó la intención de trasladar la Italo al Estado sin que éste pagara un solo peso. El 24 de marzo de ese año se produjo el golpe más sangriento de la historia de la Argentina y la idea del Estado de quedarse con la Italo gratis se abandonó en medio de la violencia.

El primero de abril de 1976 Martínez de Hoz renunció al directorio de la Italo y al día siguiente asumió como ministro de Economía.

Enseguida pronunció un discurso en el que dijo:

—*Los conflictos del Estado con empresas extranjeras serán solucionados de acuerdo a la tradición jurídica argentina.*

Cuarenta y ocho horas después, un periodista del diario suizo *Neue Zurich Zeitung* interpretó la definición así:

—*Martínez de Hoz trajo tranquilidad a los atribulados accionistas de la Compañía Italo.*

El 28 de abril de 1976 se aceptó la excusación de Martínez de Hoz de involucrarse en el caso Italo. Pero el 3 de julio de 1976, contrariando la excusación, el ministro llamó a su despacho a los integrantes de la Comisión Asesora para la transferencia de la Italo al Estado.

Martínez de Hoz no se mantuvo al margen y sugirió a los miembros de la Comisión que la transformaran de "Asesora" a "Negociadora" para llegar a una rápida solución.

Poco más tarde, el secretario de Energía dependiente de Martínez de Hoz convocó a los miembros de la Comisión Asesora, les puso enfrente a un alto directivo de la Italo y los emplazó para finiquitar el negocio del traslado.

El 2 de junio de 1978 se firmó un preacuerdo para la operación y se valuó la venta de la Italo al Estado en cerca de 160 millones de dólares. Un mes más tarde el preacuerdo fue auditado y aprobado por un funcionario de la Contaduría General de la Nación, Roberto Santángelo. Santángelo había sido designado por el secretario de Hacienda Juan Alemann. Juan Alemann es hermano de Roberto Alemann. Y Roberto Alemann fue el que suscribió el cuestionado contrato de 1961, representó a la Unión de Bancos Suizos y fue director de la Compañía General de Combustibles.

El 31 de octubre de 1978 se firmó el acuerdo definitivo entre la Italo y el Estado.

La Comisión Investigadora de la Transferencia creada en 1984 aseguró que la suma definitiva de la transacción fue de 364.100.000 dólares. En cambio, Italo Arturo, director de la Italo desde 1966 hasta 1979, juró:

—*Por la Italo el Estado pagó un precio inferior al que le correspondía según el contrato de concesión. El contrato decía que el patrimonio de la Italo era de 170 millones de dólares. Eso era lo que tenía que pagar el Estado si quería comprarla. Pero el Estado no pagó más de 300 millones de dólares, como dice usted, sino 122 millones. Y no fueron cash. Sólo 30 millones fueron cash. Y estaban en la caja fuerte de la Italo. Eran de su disponibilidad. O sea: el Estado no pagó un mango. Y el resto, se le dio un crédito al Estado para pagarlo en 8 años con 3 de gracia. La Italo se terminó de pagar en el año 1987. Con un interés del 4 y medio por ciento. Era el más bajo de los intereses que bancos suizos jamás otorgaron.*

El 25 de mayo de 1979 se publicaron los detalles del negocio en el Boletín Oficial.

Enseguida se instrumentó la forma de pago a la Italo.

El que aprobó con su firma la forma de pago fue el mismo hombre que se había excusado de participar en la negociación: José Alfredo Martínez de Hoz.

El 29 mayo de 1979 el Estado tomó posesión definitiva de la Italo. En junio del mismo año el radical Carlos Emérito González denunció irregularidades en la transacción. El martes 13 de noviembre de 1979 a las 10 y 33 minutos de la mañana asesinaron brutalmente a Francisco Soldati padre y su familia siempre consideró que el móvil había sido el escándalo alrededor de la Italo.

El 25 de abril de 1983 comenzó a funcionar la Comisión Especial Investigadora de la Cámara de Diputados. Su presidente fue Guillermo Tello Rosas, su vicepresidente Julio César Aráoz y su secretario Miguel Srur.

La Comisión investigó siete grandes irregularidades, a saber:

* Por qué se estatizó la Italo, cuando la estrategia era privatizar las empresas públicas.

* Por qué el Estado aceptó el precio de transferencia reclamado por la Italo y no sugirió otro.

* Descontrol de los fondos públicos y licuación de responsabilidades de los funcionarios.

* Encubrimiento de los propósitos reales detrás de la venta de la Italo.

* Interés del gobierno por los accionistas extranjeros por encima del Estado Nacional.

* Verdadera responsabilidad de Martínez de Hoz.

* Por qué un negocio público fue sometido a secreto de Estado.

La investigación fue realizada en base a testimonios de más de 100 testigos que pasaron por la Cámara de Diputados a declarar espontánea u obligatoriamente.

La respuesta a por qué estatizó la Italo un gobierno tan decididamente liberal en lo económico y privatista no es sencilla. La estatización de la Italo fue la más grande de la historia del siglo. Al contrario de la de los Ferrocarriles, que se hizo en el marco de una política de nacionalización, la de la Italo se hizo cuando la estrategia era la contraria.

Un asesor miembro de las Fuerzas Armadas dijo a la Comisión Especial:

—*Nos parecía a contrapelo nacionalizar una empresa... en ese momento la política oficial era privatizar lo más posible.*

A otro testigo se le preguntó:

—*¿No le llamó la atención que en esos momentos en que la política era privatizar se actuara en forma contraria?*

Y el testigo respondió:

—*A mí no me extrañaba que Martínez de Hoz hubiera sido miembro del directorio de la Italo. Casi toda la gente que accedía al gobierno venía de distintas empresas.*

Esto dijo un ministro del gobierno militar:

—*Esta estatización podía parecer un poco paradojal en un gobierno que por lo menos predicaba la privatización.*

Y esto agregó el presidente de facto, general Jorge Videla:

—*No fue una estatización voluntaria, sino que fue un poco forzada por las circunstancias, aun contra la voluntad de estatización.*

El precio de la transferencia fue de más de 364 millones de dólares, según los miembros de la Comisión, o de 122 millones de dólares, según los responsables de la Italo. De cualquier modo, no fue el resultado de una valuación de bienes calculada por el Estado. Fue el resultado de una cuenta realizada unilateralmente por la Italo. Esa cuenta no fue sometida a ninguna clase de verificación pública. Y su modo de pago fue aceptado con su firma por Martínez de Hoz.

En la agenda personal de un testigo y directivo de la Italo incautada por la comisión hay una anotación en el día 6 de abril de 1978. Es sugestiva. Dice:

—*He esperado esta reunión como un niño espera Navidad.*

Y también dice en esa agenda:

—*Enderlin declaró al Tages Anzriger, el 18 de marzo de 1976, que la Italo se conformaba con 140 millones de dólares. El autor del reportaje dice, por su parte, que 80 millones sería razonable.*

Un diputado preguntó a un asesor miembro de las Fuerzas Armadas:

—*¿El peritaje (de los equipos para evaluar su precio) no se realizó nunca?*

—*Nunca. Con la empresa a lo único que llegamos fue a ...esos 100 millones de dólares de negociación.*

Otro diputado preguntó a otro testigo:

—*¿No le llamó la atención el hecho de que de repente se pasara a francos suizos si la moneda de negociación era el dólar? ¿No sabía que en ese momento el franco suizo tenía un precio mayor al del dólar?*

El testigo respondió:

—*Pensé que como la empresa era de origen suizo, había que hacerlo en esa moneda. Evidentemente, en este caso resultó mal.*

Nadie, ni siquiera los tres comandantes, pudieron explicar cómo y quién fijó el precio. Mejor dicho: por qué la Italo fijó el precio de venta. Todos los testigos incurrieron en diferencias sobre el precio definitivo.

Un diputado preguntó a Martínez de Hoz.

—*Hay 30 millones de diferencia. Quisiera saber si usted analizó esto personalmente.*

Y el ex ministro respondió:

—*En ningún momento pude imaginar que el Estado pagaba más de lo que valía.*

Y esto es parte de otro sabroso diálogo que un diputado mantuvo con el general Videla.

Diputado: *¿No le llamó la atención que se pagaran intereses desde la fecha de celebración del contrato y no a partir de la toma de posesión de la empresa (por parte del Estado)?*

Videla: *Honestamente no recuerdo. Ese detalle no lo tengo presente.*

Diputado: *...¿sabe que el Estado tenía un crédito importante contra la empresa?...Estas sumas devengarían a favor del Estado. ¿Sabe usted por qué se condonaron esos intereses, en beneficio de la Italo?*

Videla: *No...Yo no reparé en ese detalle.*

Para patentizar el descontrol de fondos públicos y destacar la licuación de responsabilidades de altos funcionarios, la comisión reprodujo el diálogo mantenido entre un diputado y Martínez de Hoz.

Diputado: *¿Recuerda algún extravío de expedientes (del caso Italo) durante su gestión?*

Martínez de Hoz: *No.*

Diputado: *Menos recuerda si se inició algún sumario.*

Martínez: *Exactamente. Le diría que la memoria es frágil.*

Diputado: *Pero usted, ¿no analizó que el equipo Compatibilizador Interfuerzas (ECI) se había apartado de lo aconsejado por la Comisión Asesora Número 6 y la posterior Comisión Negociadora?*

Martínez: *Mi memoria empieza a fallar un poco más.*

Diputado: *¿Pero analizó eso en su momento?*

Martínez: *Ahora mi memoria empieza a flaquear y me empiezo a sentir un poco fatigado.*

Para probar el encubrimiento de los propósitos reales de la transferencia, se destacó el siguiente diálogo entre un diputado y un alto funcionario de la Junta Militar:

Esto fue lo que dijo el alto funcionario:

—*Nosotros al tema (de la Italo) lo recibimos cocinado...En aquel momento tuve la impresión de que la Comisión fue un pretexto formal. Nosotros simplemente cumplimos una función escenográfica.*

Para demostrar el mayor interés del gobierno en los suizos que en los fondos del Estado, la Comisión reprodujo otro diálogo mantenido con el testigo Videla:

Videla: *El arreglo al que se llegara con la Italo...estaba gravitando en la relación política con Suiza y en la entrada al mercado de capitales suizos.*

Diputado: *¿Podría indicar si se ha concretado (gracias al arreglo con la Italo) algún préstamo (de Suiza o internacional), algún aporte importante para el país?*

Videla: *No puedo puntualizar un ejemplo.*

Varios diálogos entre diputados y testigos revelan en qué medida el ex ministro Martínez de Hoz participó de las negociaciones a pesar de su excusación.

Dijo un asesor miembro de las Fuerzas Armadas:

—*Lo que esperaba ...Martínez de Hoz era que la Comisión Asesora se convirtiera en negociadora. Se le planteó al ministro (que no podía ser) por la falta de capacidad técnica de la comisión...*

Y éste es el diálogo entre un diputado y un funcionario superior del gobierno militar, según figura en el informe Italo.

—*A pesar de la excusación formal (de Martínez de Hoz) hay en todo una presencia viva, es decir, se siente a Martínez de Hoz.*

—*No podría ser de otra manera. En la primera reunión también vino el doctor Soldati y creo que el hijo de él era el vicepresidente del Banco Central. Cuando estuve investigando las asambleas de la Italo entre quienes eran representantes de los bancos suizos aparece Roberto Alemann (hermano del entonces secretario de Hacienda, Juan Alemann)...Era una negociación que estaba en el riñón de la conducción económica.*

Y éste es el diálogo de un diputado con el almirante Emilio Eduardo Massera.

Massera: *Martínez de Hoz llevó al desastre al país...en cuanto a lo de la Italo, Martínez de Hoz se excusó...se pueden haber cometido errores pero no ha sido (la del ministro) una presión directa.*

Diputado: *¿Había una presión indirecta?*

Massera: *...Yo no creo en brujas, pero que las hay, las hay.*

Diputado: *¿Usted conoce el interés directo que tenía Martínez de Hoz en ese asunto en trámite?*

Massera: *¿Conoce en qué sentido?*

Diputado: *Que estaba excusado y que había sido director de la Italo.*

Massera: *Tenía desconfianza...sí.*

Y éste es otro diálogo con Videla:

Diputado: *¿Sabe que el decreto 223/76 que nombró estas comisiones (asesoras) fue refrendado por Martínez de Hoz cuando él ya estaba excusado por esa misma incompatibilidad denunciada?*

Videla: *No.*

La prueba más acabada de que nadie tenía intención de hacer pública y transparente la transacción es que el precio definitivo de la estatización de la Italo fue acordado mediante un acta secreta de la Junta Militar. El 8 de noviembre de 1984 la Comisión tomó declaración por primera vez a Martínez de Hoz. Apenas terminó su alegato, los miembros de la Comisión formularon denuncia penal en su contra. Lo acusaron del delito de negociaciones incompatibles con la función pública, cometido en forma reiterada y en concurso real, haciendo reserva sobre el delito de fraude al Estado.

La Comisión sacó las siguientes conclusiones:

* que la mayoría de las autoridades no conocían o conocían poco los antecedentes económicos, políticos y administrativos de la Italo.

* que se incumplieron normas vigentes sin medir las consecuencias.

* que se burocratizó la negociación a través de la formación de distintas comisiones que no hacían más que ratificar las duras posiciones de los negociadores extranjeros.

* que se violó el principio de publicidad.

* que no hubo claridad en el contrato.

* que hubo desconocimiento de la Junta Militar.

* que se entrecruzaron intereses de funcionarios que fueron al mismo tiempo juez y parte. En este sentido, citaron un viaje a Suiza en el que participaron Martínez de Hoz y Francisco Soldati hijo, director del Banco Central. Martínez de Hoz y Soldati participaron de una reunión en la que se discutió el tema de la Italo.

* que hubo falta de ética de los declarantes que fueron trasladando la responsabilidad a otros, sin asumirla ninguno.

Martínez de Hoz fue procesado primero y sometido a prisión preventiva después al habérselo encontrado culpable del delito de incompatibilidad. El ex ministro llegó a estar preso un día en la Unidad 22 dependiente de la Cámara Federal.

La detención de Martínez se interrumpió el sábado 17 de noviembre de 1984. El 14 de setiembre de 1990 el ex ministro fue absuelto por otro juez. La absolución fue apelada por el entonces fiscal Luis Moreno Ocampo. La causa pasó a la Cámara Federal y ésta volvió a fallar en contra de Martínez de Hoz, a quien le decretó la preventiva excarcelable.

El ex director de la Italo elevó entonces un recurso de queja ante la Corte adicta al presidente Menem. Y finalmente la Corte, en fallo dividido, lo liberó de culpa y cargo.

Fue un 29 de marzo de 1993.

El fallo absolutorio fue comunicado a los diarios por Martínez de Hoz antes de que se conociera la sentencia del tribunal.

—*El fallo pone punto final a un asunto en que las pasiones políticas pusieron en peligro la serenidad e imparcialidad que deben presidir toda investigación* —declaró Martínez de Hoz, aliviado.

En su libro *Hacer la Corte*, Horacio Verbitsky reveló que Martínez de Hoz fue liberado de culpa y cargo a través de una trampa legal perpetrada por cinco miembros de la Corte.

El periodista explicó que la Corte debería haber rechazado la apelación de Martínez de Hoz porque no le correspondía tomar el caso, ya que la prisión preventiva del ex funcionario no era firme.

Los que votaron a favor del ex ministro fueron:

Mariano Cavagna Martínez

Rodolfo Barra

Augusto Boggiano

Eduardo Moliné O' Connors

y Gustavo Petracchi.

Se trata de los jueces que más cerca estuvieron del gobierno de Menem en distintas oportunidades.

Soldati y Arturo no dejan de lamentarse por los perjuicios que Martínez de Hoz causó a la imagen del grupo. Ambos, en el momento en que Martínez de Hoz fue designado ministro de Economía de Videla, pensaron que ese hecho iba a dar brillo a la empresa.

—*Sin embargo lo único que nos trajo fueron gravísimos problemas* —reconoció Italo Arturo.

Ellos también pensaron que Martínez de Hoz daría a la Italo lo que necesita cualquier empresa privada que maneja servicios públicos: una puerta abierta al gobierno para negociar contratos y operaciones.

—*Sin embargo Martínez de Hoz se excusó de tratar temas de la Italo y tuvimos que negociar con el ministro de Justicia, que de empresas eléctricas no sabía nada de nada* —remató de nuevo Arturo.

Directores y accionistas del Grupo Soldati desafiaron al autor a investigar otros pecados de negocios que no fueran el zarandeado escándalo denominado caso Italo.

—*Es lo único que nos pueden enrostrar, se trató de un caso teñido de política y sucedió hace más de 15 años.*

En el capítulo tres se encuentra la historia completa de sus pecados más recientes.

Ahora importa saber cómo la hicieron.

2. Dinastía

Los Soldati son dueños de uno de los cinco grupos más poderosos de la Argentina, pero no son unos advenedizos que llegaron muertos de hambre a hacer la América.

Se trata de una familia de patricios, artistas, jueces, industriales y filántropos que aparecieron en Neggio, Suiza, ex Italia, hace casi 450 años.

Soldati significa soldados. El origen del nombre se remonta a la época en la que el pueblo debía formar tropas para defender al duque de Milán.

El primer miembro de la familia del que se tiene memoria se llamaba, en realidad, Antonio Del Soldato y murió el primero de enero de 1558. La última registrada en el árbol genealógico oficial se llama Sofía y nació en 1985. El padre de Sofía es nada menos que Santiago Soldati, el hombre que maneja el imperio económico desde mayo de 1991.

Los Soldati eran nobles y se hacían notar en Neggio, un pequeño pueblo que entonces formaba parte del norte de Italia. Los Soldati desde siempre poseyeron una tira de colinas de cuatrocientos metros de altura "cultivadas con viñedos, muy ricas, muy pobladas, con plantas de tallo alto y donde en otro tiempo se criaban gusanos de seda". Los notarios destacaron que también es de los Soldati el antiguo castillo de San Jorge. La familia se lo compró a los Beroldingen en 1923.

Los que escribieron sobre el origen de la familia no lo dicen, pero éstas eran sus principales características:

* Siempre tuvieron para vivir sin apremios.

* Sin embargo, no eran máquinas de hacer dinero, como algunos italianos del sur.

* Se educaron en las mejores escuelas de la época y, a pesar de ser provincianos, tenían tanto estilo como los suizos confederados.

* En general, estaban entre el límite de la austeridad y la tacañería, como se nota entre los parientes que aún viven.

El dibujo con el Dragón de San Jorge es además el escudo de la familia.

Cuatro Soldati incorporaron su apellido a la historia de la pintura y la escultura suizas en los siglos XVII y XVIII. Se llamaban Giovanni Battista, Sebastiano, Antonio y Agostino.

Agostino, hijo del stuccatore Antonio, es el más conocido y el más recordado. Nació en 1791 y murió en 1831. Se casó con Ana Teresa Trezzini de Astano, miembro de una famosa familia malcantonesa de constructores emigrados a Rusia, donde sobresalió Domingo Trezzini, arquitecto e ingeniero al cual Pedro el Grande confió la reconstrucción de Pietroburgo. Agostino se fue de Neggio a los 16 años, para instalarse en Bérgamo, la cuna de la escultura y la pintura. Como pintor era un seguidor de la corriente romántica pero como grabador era muy raro, fino y sensible. Regresó a su tierra en 1823 y entonces abandonó el arte para dedicarse a la agricultura.

El tercer hijo del pintor Agostino fue Antonio María Soldati, un médico que nació en Neggio el 27 de noviembre de 1828 y murió el 15 de marzo de 1883. Antonio fue tan querido y respetado, que sus vecinos del Valle lo designaron para integrar el Consejo de la República. Antonio renunció a la fortuna que lo esperaba en Argentina para completar la obra humanitaria que había comenzado como médico en Neggio. Antonio fue padre de trece hijos pero cuatro de ellos fueron muy importantes.

Se llamaban Agostino, Silvio, Giuseppe y Pío.

Agostino, el primero, nació el 2 de febrero de 1857 y murió el 2 de noviembre de 1893. Fue abogado y juez del Tribunal Federal de Neggio. Y también fue el político más destacado y controvertido de la familia. Abandonó el Partido Conservador y organizó un ala más progresista. Fundó el periódico *Corriere del Ticino*, vocero de quienes repudiaban el complejo de superioridad y la soberbia de los habitantes de los estados federados y reivindicaban la sencillez de los habitantes del Ticino.

Silvio, el segundo, nació el 25 de agosto de 1862 y murió el 25 de mayo de 1923. Se trata del primer Soldati que pisó Buenos Aires. En el árbol genealógico figura como "dottore in medicina" pero también fue filántropo y emprendedor, porque convenció a dos de sus hermanos para que se lanzaran con él a la aventura de conquistar la Argentina. Silvio fue aconsejado y protegido por su pariente Antonio De Marchi. Su nombre se encuentra en las actas de la Sociedad Filantrópica Suiza, de la que se hizo socio en 1889.

En una de esas actas, se dice:

—*El doctor (Silvio) Soldati renunció a su crédito por honorarios debidos y se ofreció a prestar sus servicios gratuitamente también en el futuro.*

Regresó de Buenos Aires a Suiza después de plantar la banderilla del pionero.

Giuseppe, el tercero, nació el 30 de mayo de 1864 y murió el 20 de enero de 1913. Giuseppe Soldati fue el primer gran emprendedor que tuvo la familia Soldati. Villa Lugano y Villa Soldati se llaman así sólo porque un día a él se le ocurrió tomar el barco para conocer Buenos Aires. Vale la pena detenerse en su vida.

Hizo la primaria en la Escuela Pública de Ticino y la secundaria en la Escuela Técnica de la misma zona. En 1885 se fue a los Estados Unidos a probar suerte. Volvió a los tres años y enseguida se tomó un barco con su hermano Silvio para intentar fortuna en Buenos Aires. Ni bien llegó, lo tomaron como empleado "de confianza" de la Sociedad Obras del Riachuelo, y la familia De Marchi, con la que estaba emparentado, le dejó en custodia nada menos que sus bienes. A los pocos años, Giuseppe fundó su propia Sociedad Comercial llamada Soldati, Craveri, Taglliabue, Parodi y Cía. En 1910 Giuseppe cofundó la sociedad anónima Droguería de la Estrella y se quedó con la mayoría de las acciones. Este Soldati también tuvo la mayoría de las acciones del Nuevo Banco Italiano y compró algunos campos en La Pampa. Pero su gran obra fue la construcción de dos barrios en los suburbios de la Capital Federal.

El 18 de octubre de 1908 fundó Villa Lugano. El domingo 7 de noviembre de 1909, a las dos de la tarde, puso en venta 700 lotes en 80 mensualidades sin interés.

Durante muchos años vivió en uno de ellos El Intocable, Lorenzo Miguel. Los terrenos que vendió Soldati rodean todavía la estación Lugano.

Los volantes que tiraba el mismo Giuseppe para vender los terrenos decían:

—... *dentro de la Capital es el punto más alto, los terrenos más indicados para la construcción de casas y quintas económicas por su limitado precio y sus facilidades de pago...*

En *Historiando Lugano*, una revista que editaron los vecinos para el 70 aniversario de la fundación del barrio, se escribió que Giuseppe Soldati gritaba por las calles:

—*Compren terrenos. Edifiquen. Yo les daré ladrillos gratis. No crean en la crisis ni en la bancarrota de nuestro país...Cualquier pueblo de Europa, cansado por los siglos, podrá hundirse bajo las catástrofes, pero la República Argentina tiene vigor suficiente para comprar esas catástrofes y hacer pedregullo para alfombrar nuestros jardines. La prosperidad de las naciones ha dependido siempre —como dijo el general Roca— "de los puñados de oro arrojados al viento". Lo que hoy entre nosotros vale diez mañana valdrá treinta".*

El mismo Giuseppe construyó las primeras casas en Lugano. El fundó una sociedad vecinal e integró una cuadrilla de saneamiento a la que encargó la construcción de algunos puentes, alcantarillas y caminos. El primer remate de tierra lo convocó el mismo día en que se fundó el barrio: el 18 de octubre de 1908. Este Soldati hizo construir la estación Villa Lugano y, por espacio de dos años, costeó los sueldos del personal de la misma. Giuseppe levantó escuelas y en 1912 consiguió afincar en Lugano a cuarenta familias. Entregó medallas de oro "a modo de incentivo" para que le compraran sus pedazos de tierra. Giuseppe retornó definitivamente a Italia en 1909, donde promovió empresas públicas como el ferrocarril Lugano-Ponte Tressa. También creó la Fundación José Soldati para obras de Beneficencia y Educación en Malcantone y donó para eso una suma de 150 mil francos suizos.

Giuseppe murió en Suiza los 49 años.

Su hermano, el cuarto, Pío Soldati, nació el 18 de mayo de 1871 y murió el 10 de noviembre de 1935. Pío Natale Arturo Soldati era nada menos que el padre de Francisco Agostino Silvio Soldati (padre de Santiago), el hombre que durante más tiempo contribuyó a que Sociedad Comercial del Plata se convirtiera en lo que es ahora: uno de los seis grupos económicos más poderosos de la Argentina.

Pío aterrizó en Argentina poco después de la llegada de sus hermanos Silvio y Giuseppe. Fue empleado de Giuseppe en la Droguería de la Estrella primero y en la Droguería del Indio después, sucursal de la primera. Promovió la industria química en general y la producción farmacéutica en particular. Tomó el barco rumbo a Suiza en 1912 pero la crisis provocada por la Segunda Guerra Mundial lo obligó a volver a la Argentina. Entonces fundó, en 1916, completamente separado de la Estrella, la Droguería Suizo Argentina, dedicada a la importación de remedios.

Los parientes capciosos dicen que la separación de la Estrella y la Droguería Suizo Argentina fue el primer cisma que se produjo en la familia Soldati de la rama de Buenos Aires. Los descendientes de Giuseppe tienen tanto dinero como los de Pío, pero son mucho menos conocidos, aunque figuraron en la lista dorada de la DGI de los primeros mil pagadores de los Bienes Personales en 1992.

Pío se casó con María Pía Balli el 19 de mayo de 1901.

Pío y María Pía tuvieron seis hijos y dos de ellos pasaron por la vida dejando su marca. Se llamaban Agostino y Francisco. Agostino Jorge Alessandro nació el 17 de noviembre de 1910 en Buenos Aires y murió el 11 de diciembre de 1966 en Ginebra, de una hepatitis mal curada. Cuando pasó al otro mundo, era embajador de Suiza en París y estaba a punto de ser candidateado para canciller. Su sobrino, Santiago Soldati, el hombre que maneja hoy el imperio en Argentina, lo admiraba profundamente y lo lloró amargamente cuando lo perdió.

Agostino se doctoró en Derecho en la Universidad de Viena. En 1938 se incorporó al servicio del Departamento Político Federal de Suiza y ocupó cargos en Roma, Berlín y Lisboa. En 1947 dirigió la delegación suiza de la Organización Europea para la Cooperación Económica en París y fue ascendido en 1951 a consejero diplomático. En 1950 lo designaron colaborador de la embajada de Suiza en París. En 1953 fue presidente de la Fundación para el *Corriere del Ticino* y en 1959 lo nombraron jefe de la Misión Suiza dependiente de la Comunidad Económica Europea y de la Comunidad Europea de la Energía Atómica. En 1961 se convirtió en embajador de Suiza en París.

Los que lo conocieron dicen que dejó de existir por negarse a descansar lo suficiente para curar así una fuerte hepatitis que lo tuvo a mal traer. En esa época no se conocía la adicción al trabajo, pero sus amigos aseguraron que puede haber muerto de eso. Ellos juraron que hasta el general Charles de Gaulle lloró cuando se despidió de este mundo.

Su hermano Francisco Soldati padre es uno de los protagonistas estelares de esta historia.

Francisco Soldati padre, Cédula de Identidad 337.123, Libreta de Enrolamiento 575.429, nacionalidad suizo-argentina, nacido el primero de mayo de 1908 en Capital Federal, Tauro en el horóscopo occidental y mono en el zodíaco chino, es el hombre que puso la semilla para que sus hijos empezaran a cosechar una inmensa fortuna y sus nietos disfrutaran de sus dividendos.

Francisco partió a los dos años de edad con su familia rumbo a Suiza, pero tuvo que volver al poco tiempo, para no morir en la Primera Guerra Mundial. El barco que lo trajo de vuelta a la Argentina fue torpedeado por los alemanes... al regresar otra vez a Europa. Francisco volvió a Suiza con su familia y terminó así sus estudios secundarios y universitarios. Primero se doctoró en Derecho en Lausana, y después terminó en Friburgo su doctorado en Ciencias Económicas y finalmente se la pasó dando cursos de química y prácticas industriales en Alemania.

A los 25 años se instaló definitivamente en la Argentina.

Volvió para trabajar como secretario del directorio de la Droguería Suizo Argentina. Pero volvió también para fundar Galeno Química, el embrión de lo que luego sería el laboratorio Lepetit, y para ocupar un lugar en los directorios de sociedades de capitales suizos como el Nuevo Banco Italiano, Columbia, Astra, Ipako y Nestlé.

En ese entonces, no era un hombre de fortuna.

Se trataba de un profesional que hacía las veces de testaferro de los capitales suizos en Argentina.

Testaferro viene del italiano, significa cabeza de hierro, y se lo define como la persona que presta su nombre a un asunto ajeno. En este capítulo se probará cómo la familia patricia Soldati, rama de Buenos Aires, recién supo lo que era la plata grande en 1976, cuando los suizos le vendieron a precio de oferta la Sociedad Comercial del Plata.

Francisco Soldati se casó a los 31 años.

Pero no se casó con cualquiera.

Se casó con María Elvira Laínez Peralta Alvear y convalidó así uno de los matrimonios de mayor linaje y brillo de la sociedad argentina de la época.

Así como los Soldati no son ningunos advenedizos, los Laínez tampoco aterrizaron en el mundo ayer y por la puerta de atrás.

El primer Laínez registrado en documentos oficiales se llamó Juan Laínez. Juan Laínez nació en Villa de la Rota, Cádiz, Andalucía, España. Se casó con Josefa Pacheco y ambos tuvieron un hijo llamado Juan León Laínez Pacheco.

Este Juan León Laínez Pacheco se unió a Cristobala García Roca y ambos criaron a su hijo llamado José María Laínez García. José María Laínez García nació en Navidad, el 24 de diciembre de 1778 y entró a la Argentina por el Río de la Plata en 1803. José María Laínez se las rebuscó como pudo en el comercio y también tiró aceite desde los balcones a los ingleses durante las Invasiones Inglesas.

Pero ése no fue su gran logro.

Su verdadero mérito fue haberse casado con María Manuela de Ocampo Godoy. María Manuela era hija de Miguel de Ocampo, español, gran recaudador de los Reales Derechos de Alcabala de Buenos Aires en 1810, y de Francisca de Godoy, porteña y nacida en cuna de oro. José María Laínez y María Manuela de Ocampo Godoy tuvieron siete hijos, pero el más importante fue el primogénito: Pedro Martín Laínez Ocampo.

Pedro Laínez Ocampo se casó con Bernabela Cané Andrade, hija de Vicente Cané de la Rosa y de Bernabela María Catalina de Andrade y Farías. Pedro y Bernabela tuvieron dos hijos: Manuel y Bernabé Antonio Laínez Cané.

Manuel Laínez Cané no es otro que el abuelo de Elvira Laínez, la esposa de Francisco Soldati.

Fue periodista, director fundador de *El Diario*, diputado nacional en 1884, senador nacional en 1904, autor de la ley Laínez de escuelas, embajador extraordinario en Francia e Italia, Gran Cruz de San Mauricio y San Lázaro y Gran Oficial de la Legión de Honor de Francia y de la Corona de Italia.

Manuel Laínez Cané se casó con una mujer noble y rica.

Se llamaba Elvira Adriana de la Riestra Agrelo, hija de Norberto De la Riestra Martínez, banquero, financista, abogado, vicegobernador de la provincia de Buenos Aires, canciller y hasta ministro de Hacienda.

De la unión de Manuel y Elvira nació Norberto Laínez de la Riestra. Este Noberto fue abogado y periodista, subsecretario de

Culto, director de *El Diario*, director general de la editorial Manuel Laínez Limitada, miembro de la Academia Americana de Historia y la Academia Hispano Americana de Ciencias y Artes, comendador de la Legión de Honor, comendador de la Corona de Italia, oficial de la Corona de Bélgica, oficial de mérito agrícola y Medalla de Oro de Ultramar de España, autor de *La imprenta y el periodismo en la época colonial*, socio del Jockey Club, del Círculo de Armas, del Buenos Aires Rowing Club, del Círculo Belga y el Club Francés.

Norberto Laínez de la Riestra también se casó bien: lo hizo con María Elina Peralta Alvear Videla Dorna. María Elina era hija del vicegobernador de Buenos Aires Vicente Peralta Alvear y de una señora con más apellidos que nombres: Elina Rosario Videla Dorna Muñoz Cabrera.

Norberto Laínez y Elina tuvieron cuatro hijos.

Se llamaban Manuel Vicente, María Elina, Elvira Bernabela y Carlota Laínez.

Manuel Vicente Laínez se casó con Susana Vela. Ellos tuvieron dos hijos: Manuel Laínez y Diego Laínez.

Este Diego Laínez es el primero que inició la serie de muertes familiares absurdas con la caída de un caballo de polo que lo desnucó en el acto.

María Elina Laínez se casó con el conde Gilberto Cahen D'Anvers, teniente general de la Primera Brigada del 11 Regimiento de Coraceros Francés.

Gilberto y María Elina tuvieron, entre otros hijos, a Mónica Cahen D'Anvers, la prestigiosa periodista que hoy conduce, junto a César Mascetti ,Telenoche, el noticiero de Canal 13.

Carlota se casó con Tomás Estrada Lynch. Tomás era uno de los tíos más queridos de Santiago Soldati. El segundo nombre del actual presidente de Sociedad Comercial del Plata, es, por supuesto, Tomás.

Y Elvira Bernabela Laínez se casó, enamoradísima, con Francisco Soldati padre, uno de los protagonistas de nuestra historia. Fue el lunes 8 de mayo de 1939, a las siete de la tarde, en la Iglesia Nuestra Señora de la Merced, donde luego lo harían todos sus hijos.

Fue una boda que hizo mucho ruido.

La cubrió la revista *Atlántida*, una especie de *Gente* contemporánea, y no lo hizo porque lo tenía previsto. Lo hizo porque el jefe de relaciones públicas de la Droguería Suiza le pidió que se ocuparan de tan importante asunto.

La cartita del empleado de Soldati decía:

—*Siendo éste un acontecimiento de la alta sociedad, suponemos que les ha de interesar a Uds. Nosotros apreciaríamos desde luego si ustedes pudieran mandar un fotógrafo y publicar una nota en su revista.*

Elvira Laínez estaba deslumbrante. Lució traje de satén con una cola de más de tres metros y velo de encaje punto a la aguja. El velo estaba sujeto al peinado por una guía de botones de azahares. Y la gente se daba vuelta para mirarla.

Elvira Laínez era considerada una de las mujeres más lindas de su generación. Tan linda era que los publicitarios de entonces la contrataron para hacer la propaganda del dentífrico Odol.

(La hizo cuatro años antes de casarse, porque después su marido no se lo habría permitido). El 12 de setiembre de 1935 la publicidad apareció en todas las revistas de actualidad. Consistió en una foto o un dibujo de la señorita Elvira sonriendo con su estupenda dentadura y declarando:

—Confío sin miedo a "Odol" la blancura y la perfección de mis dientes.

También hizo otra promoción posando en un auto y jugando al tenis para apoyar el siguiente texto:

—Un verdadero tesoro de encanto y de belleza son los dientes blancos y perfectos. Por eso las mujeres más bonitas del mundo han confiado a Odol el cuidado de su dentadura. No es una pasta cualquiera. Odol es el resultado de medio siglo de superación ¡Hay que ver cómo blanquea los dientes y qué deliciosa sensación vigorizante de frescor y limpieza deja en la boca!...Compre un tubo hoy mismo y pronto notará la admiración que provocará la blancura de sus dientes.

La admiración que provocó Elvira en su boda sólo es comparable con la que generaron la pinta y el estilo del novio, Francisco Soldati. Alto, distinguido, con un clavel blanco en la solapa y peinado a la gomina, Soldati usó jacqué y lo acompañó con unos pantalones grises a rayas que hicieron furor en aquellos años.

Los padrinos de la boda fueron:

Anlo Soldati: Primo del novio, hijo de Giuseppe —el fundador de Lugano y Soldati—. Anlo tuvo que oficiar de padrino porque Pío, el padre de Francisco, había muerto cuatro años atrás.

Baronesa Segunda Roca de De Marchi: Tía de Francisco, tuvo que oficiar de madrina porque su madre, María Pía Balli, se había ido a vivir a Milán apenas murió su marido.

Norberto Laínez: padre de Elvira

María Elina Peralta Alvear de Laínez: madre de la novia.

Los testigos del civil fueron:

Por Elvira, Magdalena de Ulibelarrea de Frías, Manuel Vicente Laínez y Tomás de Estrada. Es decir: una amiga, el hermano y su cuñado.

Por Francisco, los señores Alejandro Roca, Enrique Seré y Narciso Martínez de Hoz. Es decir: un pariente y dos amigos.

Narciso Martínez de Hoz merece un párrafo aparte.

Se trata del tío de José Alfredo Martínez de Hoz, a quien los Soldati jamás olvidarán, ya que su inclusión en el directorio de la Italo los involucró en el escándalo más terrible de la historia de la familia, cuyos detalles fueron narrados en el capítulo anterior.

Entre la lista de invitados a la ceremonia casi no había personas con un solo apellido. Figuraron apellidos de próceres, ministros, estancieros, banqueros e incipientes industriales.

Esta es la nómina incompleta:

Laura Herrera Vegas; Sara Barreda; Rosa Urquiza de Zamborain; Edelmira de Lanusse; Magdalena de Frías; Elisa Ulibelarrea de Lynch; Hortensia Quirno de Moreno Hueyo; María Teresa Lamarque; Otilia de González Moreno; Susana Rodríguez Alcorta de Ortiz Basualdo; Susana O'Farrel de Uribelarrea; Marta Acevedo de Uribelarrea; Estela Landívar Elía y José Evaristo Uriburu; Josefina Díaz Vélez de Madariaga y María Carolina de Urquiza Anchorena; Florencia Lezica de Tomkinson y Ramón Castillo; Sara Barreda y Raúl Frías Ayerza; María Teresa Frías Ayerza; Lila Barreda; Dora Seeber de Mayer Pellegrini y Carlos Alberto Acevedo; Julia Oliveira César de Urquiza Anchorena y Ricardo M Aldao; Ricardo Quirno Lavalle y Carmen Sánchez Elía.

El centenario matutino *La Nación* también se ocupó de tan destacado asunto y lo incluyó en su página de sociales, en una crónica exquisita. Así, los lectores se pudieron enterar de que Elvira entró por la puerta grande de la Iglesia de la Merced al compás de los acordes de la marcha de Lohengrin, que fue conducida hasta el altar por su padre, que el novio llegó puntual y que bendijo la unión el obispo de Temnos, monseñor Miguel de Andrea.

Cuando Francisco y Elvira unieron sus destinos, también juntaron sus cuentas bancarias. La de él no era tan abultada, pero su carencia de billetes era compensada por el estilo. Alquilaba un amplio departamento en la calle Copérnico 2372, iba a la Droguería Suiza en colectivo pero ya empezaba a acumular acciones de algunas de las compañías familiares. La cuenta de ella era en realidad producto de la riqueza de sus padres, quienes, entre otras propiedades, le dejaron las 300 hectáreas correspondientes a un cuarto de la Estancia La Elina, donde todavía hoy sus nietos corretean, se zambullen en la pileta o juegan al polo. De cualquier manera, para tener una idea exacta de cómo vivían, se debe dejar constancia de que Francisco y Elvira viajaban a Europa dos veces por año.

La Elina no es sólo una estancia, un pedazo de tierra. Representa, entre otras cosas, el símbolo de la alcurnia y de la unión familiar de los Soldati y los Laínez.

La puerta de La Elina fue abierta por primera vez al gran público en abril de 1942, cuando apareció, en todo su esplendor, en las páginas de la revista *El Hogar*, la antecesora directa de la actual *Caras*. Así los miembros de la alta sociedad y también quienes aspiraban a integrarla se enteraron de que:

* La Elina estaba ubicada en San Miguel del Monte, provincia de Buenos Aires.

* Había formado parte de los campos de Antonio Dorna, tatarabuelo de Elvira Laínez.

* Tenía cuatro "casas para week-end" dentro de la misma estancia.

* Allí iban a pasar el fin de semana Elvira Laínez con Francisco Soldati y su hijo de dos años Pancho; María Elina Laínez con su esposo Gilberto Cahen D'Anvers y sus hijos Mónica y Juan Luis y Manuel Vicente Laínez con su esposa Susana Vela y sus hijos Manuel y Diego.

* La casa de los Soldati Laínez estaba construida "en medio de un añoso bosque" pero tenía "la suntuosidad y el confort de las residencias metropolitanas".

La cronista de *El Hogar* informó que Francisco y Elvira habían instalado su hogar "con sencillez y elegancia". Mostró el escritorio "directoire de caoba" junto a sillones del mismo estilo y un sofá Luis XVI. Opinó que el color de la tapicería del comedor era acorde con el resto del ambiente (rojo). Un ambiente que tenía como adorno un cuadro de David de Coninck (1636-1699). Destacó en ese ambiente la mesa Shereton, con sus sillas Luis XVI y su "dressoir" veneciano. Detectó piezas de plata inglesa labrada sobre otro "dressoir" Shereton. Detectó también, como al descuido, un cuadro de James Aumonier. Finalmente se metió en el dormitorio y notó que allí predominaban "los tonos crema, que aumentan la luminosidad del ambiente", y fotografió la "cama Luis XIV y el 'chiffonnier' firmado por N. Pelet".

¿Cómo era verdaderamente Francisco Soldati padre?

Era el hombre ideal para defender los intereses y las riquezas de los capitalistas suizos en un país caótico e imprevisible como la Argentina: muy culto, elegante, inflexible, duro y tierno con sus hijos, enamoradísimo de su mujer, previsible, excesivamente cuidadoso con el gasto, meticuloso, de mal carácter, adicto al trabajo y con muchos amigos en el poder.

Soldati habló y escribió con soltura y sin faltas de ortografía en seis idiomas: español, inglés, francés, italiano, alemán y portugués. Soldati tuvo siempre las uñas limpias y los zapatos impecables. Usó trajes a medida, sombrero clásico, y mantuvo a distancia a las mujeres que lo persiguieron en una época donde todavía no se había inventado el acoso sexual contra varones.

Tuvo la manía de corregir todos los textos institucionales y de propaganda de sus compañías.

—¡*Si hasta llegó a corregir un párrafo textual de la Constitución que había reproducido un gerente con la intención de darle más fuerza a una idea!* —recuerda Italo Arturo, el hombre más importante de Sociedad Comercial del Plata después de Santiago Soldati y uno de los empleados de Francisco que lo conoció más.

Francisco Soldati estuvo por despedir a un empleado nuevo que osó escribir Soldati con doble te, confundiéndolo con un apellido italiano cualunque.

Soldati llamó la atención y dio directivas a sus hijos cuando ellos ya estaban bastante grandecitos.

Dos anécdotas ilustran esta afirmación.

Retó con energía a su Francisco, Pancho, cuando un amigo le contó que había aparecido por Canal 9 bailando el tango con su flamante esposa egipcia Ariene.

—*Un Soldati no puede hacer esos papelones* —le dijo por teléfono.

—*Pero papá* —se habría justificado Pancho—. *Romay nos invitó y no podíamos parecer descorteses.*

—*Un Soldati no puede hacer lo que usted hizo* —le repitió, y dio por terminada la conversación.

Francisco Soldati también dio una directiva clave a Santiago, cuando lo vio demasiado entusiasmado con la crianza de pollos y demasiado apartado de los negocios de la compañía.

—*Yo no mandé a estudiar a mi hijo para que sea pollero. Lo mandé a estudiar para que un día se siente donde estoy yo* —le aclaró, y Santiago recibió así el primer golpe interno que más tarde lo convertiría en el hombre que preside uno de los más poderosos grupos económicos de la Argentina.

Pero también fue tierno y atento con sus chicos, a los que educó a distancia sin interrupciones. Lo hizo todos los viernes, desde las dos a las seis de la tarde, al encerrarse para escribir cartas a Suiza para sus hijos Francisco Alejandro y Santiago, quienes no pudieron volver sin los doctorados debajo del brazo.

Amó a su mujer locamente.

La prueba más cotundente es la profunda depresión que lo atacó cuando ella murió de cáncer, depresión de la que sólo lo curó su propia muerte, un asesinato que quizá haya sido el más cruel de todos los que tuvieron como víctimas a empresarios argentinos y cuyos detalles se conocerán enseguida.

Apenas Elvira pasó al otro mundo, Santiago llevó a su padre a Suiza para que no lo atacaran los malos pensamientos. Pero él pasó buena parte del viaje buscando un gemelo que le había regalado su mujer, y entrando a las parroquias a rezar para que Dios lo ayudara a encontrar ese objeto de amor.

Fue un codito de oro.

Hay numerosas anécdotas que lo prueban.

Una es el hecho de ir al trabajo en colectivo teniendo auto y cuando el tránsito en Buenos Aires no servía como excusa para dejarlo en el garaje. La segunda prueba de su espíritu superahorrativo es la rendición de cuentas que les exigía a sus hijos mientras estudiaban en Suiza.

—*Debíamos hacer magia para llegar a fin de mes* —confesó con orgullo su hijo Santiago Soldati.

Y la tercera es una anécdota contada por su mano derecha, Italo Arturo, cuando Francisco Soldati fue nombrado presidente de la Italo y pretendió dar vuelta a la compañía como un guante.

Soldati le dijo a Arturo:

—*Le voy a confiar una misión muy delicada: racionalizar, de veras, a la compañía.* —Arturo era subgerente de Administración de Finanzas.

—*Para achicar gastos le daré poder sin límites* —insistió.

Arturo le preguntó:

—*¿Pero por dónde empiezo?*

Y Soldati lo avivó:

—*No empiece por las grandes economías, porque son las más fáciles de detectar. Empiece por los centenares de miles de pequeñas economías: son las que forman la gran economía que no se encuentra nunca.*

Arturo entendió rápido. Y se dispuso a perseguir a quienes gastaban más lápices, fotocopiadoras, lamparitas, máquinas de escribir y los neumáticos de los camiones de la flota de transporte. Soldati se puso tan contento de lo bien que lo había interpretado que enseguida designó a Aturo vicedirector y luego director.

Pero el gran ahorro lo hizo entre 1967 y 1970, cuando el plantel de la Italo pasó de 7 mil operarios a 3.500.

—*Lo hicimos en total acuerdo con Luz y Fuerza* —explicó Arturo, y aclaró así por qué tanto Juan José Taccone como Oscar Smith y Oscar Lescano fueron calificados por muchos de sus representados como propatronales y burócratas sindicales.

Francisco Soldati trabajó 12 horas por día.

No consideró necesario saber de luz para manejar la Italo.

—*Un buen empresario debe vender muchos remedios en Lepetit, muchos chocolates en Nestlé y mucha electricidad en la Italo* —repitió más de una vez, como una máxima.

Fue amigo de todos los ministros de Economía de Suiza, pero especialmente del que trabajó durante 1966, Hans Schaffiner. Tuvo una excelente relación con la máxima autoridad de la Iglesia de turno. En cada gobierno siempre tuvo un amigo, como lo prueba la lista de funcionarios que pasaron por la Italo primero y por otras empresas como la Compañía General de Combustibles (CGC) después. En sus primeros dos años de gestión hizo que la Italo duplicara su capacidad de producción y rebajara la tarifa, lo que provocó una crisis en sus competidoras. Entre 1964 y 1966 hizo aumentar en un 500 por ciento el volumen de venta de la Droguería Suiza. Entre 1967 y 1968 hizo subir de 27.000 a 40.000 la cantidad de metros cuadrados construidos por la entonces inmobiliaria Sociedad Comercial del Plata.

Tuvo la calidad y el buen gusto metidos bien adentro.

Por eso se negó siempre a construir edificios berretas y populares y eligió levantar pisos caros, pero de categoría.

Una de las razones por las que lo asesinaron los Montoneros (o arrepentidos de la ESMA disfrazados de Montoneros) fue porque lo creyeron accionista mayoritario de la Italo, Dueño de la Argentina y altísimo exponente del capitalismo suizo.

Esta es la información exclusiva de la fortuna y el poder de Soldati cuando lo mataron, un martes 13 de 1979:

* Cien acciones simbólicas de la Italo: Era la cantidad mínima de acciones que debía poseer alguien para integrar el directorio.

* La mayoría de acciones del Laboratorio Lepetit. Esta compañía tenía una facturación de 3 millones de dólares.

* Entre el 60 y el 70 por ciento del control de la Droguería Suiza. La droguería vendía productos por más de un millón de dólares.

* Sólo el 12 por ciento del Nuevo Banco Italiano. Se trataba de una entidad que manejaba depósitos por 20 millones de dólares.

* Cero acciones en Astra e Ipako, donde era director profesional.

* La presidencia y más del 50,2 por ciento de las acciones de Sociedad Comercial del Plata (SCP).

SCP nació en 1927.

Fue una sociedad inventada por los suizos para reunir todos los capitales de empresas de esa nacionalidad en Argentina. Durante un tiempo su principal actividad fue inmobiliaria. Pero después retomó su carácter organizativo y financiero.

Los suizos le empezaron a vender a Francisco pequeños paquetes de acciones hasta que en 1974, hartos de la situación política, la inestabilidad y la guerrilla, y el anuncio de la argentinización de la Italo realizado por Isabel Martínez el 17 de octubre de 1974, le cedieron a Soldati la parte del león, a precio de bicoca.

Los hombres que se ocupan de estudiar cómo se amasaron las fortunas en el país comparan este golpe de suerte de Soldati con el que tuvo Franciso Macri en 1982, cuando Giovanni Agnelli le regaló la mayor parte de FIAT Argentina, pensando que la compañía se fundiría.

Cuando Soldati compró Sociedad Comercial del Plata a los banqueros suizos el grupo valía 2 millones y medio de dólares.

Pero en 1976 pasó a costar 12 millones de dólares.

Ahora tiene un valor libro de 700 millones, pero si hubiera alguien dispuesto a venderla lo haría por cerca de 1.400 millones de dólares.

Al morir, Francisco Soldati les dejó a sus cinco hijos, Francisco, Alejandro, Santiago, María Pía y Verónica, un patrimonio empresario valuado en 7 millones y medio de dólares y propiedades familiares como La Elina, con un valor aproximado de 700 mil dólares.

A Francisco Soldati lo asesinaron el martes 13 de noviembre de 1979 a las 10 horas 33 minutos de la mañana.

Tenía 71 años.

Lo asesinaron en Arenales y Cerrito, frente a su oficina.

Su hijo Santiago Soldati estaba trabajando en su oficina, a menos de 150 metros, cuando escuchó la explosión y dijo:

—*Esto debe ser una masacre tremenda.*

Francisco Soldati padre salió de su casa de Cerrito al 1.700, como todos los días, a las 9 y 10 de la mañana. Lo vinieron a buscar el chofer, el cabo primero Ricardo Manuel Durán y sus custodios en un Torino provisto por el Banco de Crédito Argentino. Su custodio le abrió la puerta trasera del lado derecho y el chofer arrancó. Tomó Cerrito hasta Arenales. Debía ir por esa calle hasta el Bajo.

Nunca llegó.

Los interceptó una Ford F-100 patente Capital 383.874, color gris. Sus seis ocupantes empezaron a disparar y los custodios de Soldati también. Uno de los atacantes apuntó un fusil lanzagranadas contra el Torino y disparó un proyectil.

Soldati y su chofer murieron en el acto cuando la granada atravesó el vidrio de una de las ventanillas y estalló en el interior del coche, provocando un incendio tremendo.

Un patrullero que pasaba por el lugar empezó a perseguir a los guerrilleros. Enseguida voló en pedazos la parte trasera de la camioneta. La razón: uno de los extremistas intentó lanzar otra granada, falló, y el artefacto explotó junto con otras bombas, lo que produjo una reacción en cadena.

Cinco años después del brutal atentado, el primero de noviembre de 1984, la justicia condenó a Mario Firmenich como responsable intelectual del hecho.

Pero... ¿lo hicieron los montoneros de Firmenich o fueron los montoneros arrepentidos y captados para la Marina de la Escuela de Mecánica de la Armada (ESMA) los que ejecutaron y planificaron el atentado?

Los terroristas muertos fueron: Enrique Horacio Firelli, desertor del Ejército y denunciado como desaparecido como su padre en 1976; Remigio Elpidio González, quien había utilizado la opción de salir del país y viajado a Perú, y María Selmira Videla.

En su libro *Montoneros, soldados de Perón*, el inglés Ricardo Gillespie aventuró que el atentado contra Soldati fue parte de una campaña de los Montoneros para aniquilar al equipo económico de la Junta Militar que comandaba Martínez de Hoz. Las estadísticas parecen darle la razón:

El 11 de abril de 1978 un grupo comando asesinó a Miguel Tobías Padilla, subsecretario de Coordinación del Ministerio de Economía, cuando iba en auto a su despacho. Lo mataron a 2 cuadras de su casa, en Martínez, de cuatro balazos calibre 45, a quemarropa.

Tenía 38 años.

El 20 de junio de 1978, mientras jugaban la semifinal del Mundial Argentina y Perú, un explosivo estalló en la ventana de la casa del secretario de Hacienda, Juan Alemann, en la calle Amenábar, en Belgrano, y alcanzó a herir a su mujer en la cabeza.

A sus guardaespaldas los asesinaron a balazos.

El 7 de noviembre de 1979, un grupo armado que viajaba en una pick up atacó de nuevo a Alemann con balas de alto calibre usadas por comandos palestinos y con proyectiles con bazooka.

Alemann se salvó, pero su auto recibió 59 perforaciones de bala.

El 27 de setiembre de 1979, a las 7 y media de la mañana, la casa del secretario de Programación Guillermo Walter Klein fue arrancada de cuajo por una bomba que la convirtió en escombros. El, su mujer y sus tres hijos fueron rescatados después de varias horas. A sus custodios los mataron a balazos.

El último atentado fue reivindicado por el comandante del Partido Montonero Raúl Clemente Yaguer, quien fue asesinado después por comandos militares.

A Francisco Soldati padre lo velaron frente a la Iglesia de San Miguel del Monte. Santiago, el principal encargado de recibir los pésames, consoló a la gente:

—*No debemos llorar. A papá no le hubiera gustado.*

A la misa de cuerpo presente asistieron 700 personas entre familiares, amigos, estancieros y peones de la zona. Su hijo, Pancho, era en ese momento uno de los directores del Banco Central. Por eso nunca dejó de pensar que el muerto tendría que haber sido él, y no su padre. Pancho fue también el encargado de identificar su cadáver en la morgue.

Fue la peor experiencia de su vida.

Francisco Soldati estaba achicharrado: su transformación era brutal. Fue terrible para el hijo ver cómo el hombre que midió más de un metro ochenta estaba convertido en otro de un metro, y completamente desfigurado. Fue una de las pocas veces en su vida en que se descontroló:

—¡Hijos de puta! —gritó—. ¡Hijos de mil putas...! ¡Miren lo que han hecho con mi padre!

De haberlos tenido a tiro, los habría matado con sus propias manos.

La muerte del padre y guía de negocios descalabró por un buen tiempo todos los asuntos del grupo. Pancho debió hacerse cargo de todo el paquete de buenas a primeras, y Santiago pasó a desempeñarse como el responsable absoluto de la Compañía General de Combustibles (CGC) y manejar así la mayoría de los negocios del petróleo y el gas.

Pero la de Francisco Agostino Pío Soldati fue sólo otra más de la serie de muertes trágicas o absurdas que sufrió la familia Soldati Laínez desde su feliz unión.

La primera de la serie trágica fue Diego Laínez, segundo hijo de Miguel Laínez y Susana Vela.

Diego fue uno de los primos más queridos de Santiago. Murió el 16 de abril de 1969 estúpidamente, cuando cayó del caballo de polo que montaba en el Club de Polo de San Miguel del Monte.

Se desnucó.

La segunda de la serie fue la madre de Diego, Susana Vela. A ella la mató un tren en Maldonado, Punta del Este, mientras paseaba tranquilamente por la ciudad.

La tercera fue Elvira Laínez, la esposa de Francisco Soldati padre. Sucedió en setiembre de 1976. Esta vez la causa fue un fulminante cáncer de hígado y vesícula.

El cuarto fue su esposo, Francisco Soldati. No se trató de una muerte natural sino de un crimen, como ya se vio.

El quinto fue Miguel Angel Pando, esposo de María Pía Elvira Bernabela Soldati, cuarta hija de Elvira Laínez y Francisco Soldati.

Fue en el año 1986.

Se trató de un crimen de lo más extraño. Lo acribillaron en la puerta de La Elina, cuando volvía de comprar comida para los peones de la estancia. Un auto encerró al suyo y Pando arrancó, para evitar lo que habría considerado un secuestro. Le dispararon a quemarropa y murió. Durante mucho tiempo se ignoró cual había sido la razón. Pero un buen día descubrieron que la responsable del asesinato había sido su secretaria, Alicia. Pando tuvo siempre como principal negocio su estancia en General Belgrano. Su oficina de Buenos Aires estaba integrada sólo por él y su secretaria. Después del asesinato, María Pía revisó los papeles de Miguel y descubrió que su secretaria le había falsificado la firma a su marido. Más tarde descubrió que Alicia tomaba la plata que le daba su jefe, la colocaba en una mesa de dinero, se llevaba la diferencia y la devolvía a la cuenta de Pando justo cuando éste la necesitaba.

Alicia mandó matar a su jefe cuando, en medio de una bicicleta financiera, los miembros de la mesa de dinero desaparecieron con el capital y los intereses de Pando.

Santiago Soldati recordó:

—*Mi cuñado no supo nada hasta días antes de su muerte. Sus deudas, hasta ese momento, no aparecían en el extracto bancario. Un cheque era cubierto con otro y daba a sus cuentas apariencia de normalidad. La hipótesis de nuestra familia es que la secretaria lo quería secuestrar para pagar con el dinero del rescate la bicicleta (financiera) en que se había metido.*

Los asesinos de Miguel Pando fueron a su vez asesinados por Alicia y su marido.

Alicia y su marido estuvieron a punto de ser atrapados por la policía, hasta que se escaparon a Colombia.

Los familiares dicen que María Pía, viuda de Miguel, no se desmoronó de inmediato sólo porque guardó sus energías para sostener a sus cinco hijos, Miguel, Rafael, María Pía, Santiago y Diego. Santiago Pando es el preferido de Santiago Soldati, y también su ahijado.

La séptima y última tragedia increíble que debió soportar la familia tuvo como víctima a Natalie. Natalie era la segunda hija de los cuatro que tuvieron Verónica María Julia Soldati y Jacques Louis de Montalembert.

Tenía 21 años cuando le pasó lo que le pasó.

Estudiaba hotelería en una escuela especializada de Lausana, Suiza.

Había ido con sus instructores y sus compañeros a viajar en kayak, una embarcación de dos personas que sirve para bajar ríos rápidos. El kayak se dio vuelta, su compañera zafó, pero Natalie quedó enganchada y golpeó la cabeza contra una roca, por lo que murió en el acto.

Sucedió el 30 de mayo de 1993.

El único consuelo de Santiago Soldati fue que pudo demostrarle cuánto amaba a su sobrina antes de que se muriera. Se lo demostró el 11 de febrero del mismo 1993, un día antes de que él cumpliera sus 50 años.

Santiago estaba en otra parte de Europa y voló a buscar a Natalie a Suiza, para pasear un rato. De repente Soldati entró a Iberia y le sacó a su sobrina un pasaje hacia Buenos Aires para que pudiera estar con su familia el 18 de febrero, día en que ella cumplía los 21 años.

Santiago Soldati regresó a Buenos Aires y festejó sus 50 años con toda la familia, en La Elina, pero a la vez obsequió a su hermana Verónica y a su cuñado Jacques Louis un regalo impagable: Natalie apareció de incógnito, junto con la lluvia, y sus padres corrieron a abrazarla con lágrimas en los ojos.

—*Ella fue el regalo más lindo de mis 50 años* —relató Santiago, a quien la vida lo tiene acostumbrado a las tragedias inexplicables.

Pero aún falta relatar la sexta y anteúltima muerte estúpida de la serie.

La desgracia más sentida y también la que más consecuencias produjo en los negocios.

Fue la de Francisco Pancho Soldati.

El dejó de existir en la mañana del lunes 6 de mayo de 1991.

Todo comenzó después del almuerzo el domingo 5 de mayo, día de su cumpleaños número 51. Dicen que Francisco comió y bebió más de lo habitual y que después tomó una decisión que fue la que desencadenó la tragedia: jugar al polo con chicos de 14 años que no pesaban más de 50 kilogramos y llevaban un ritmo alocado, más rápido del que puede sostener un hombre mayor con un peso de 80 kilogramos.

Francisco no era un improvisado del polo y jugaba cada partido como si fuera la final del mundo.

Había llegado a tener 7 de hándicap y se aprestaba a formar un throwing cuando su montado corcoveó, se paró en dos patas y lo tiró de cabeza al suelo.

Cayó terriblemente mal.

Su casco se le incrustó en el cráneo, le fracturó la nariz e inmediatamente quedó cuadripléjico, al desarticularse sus brazos y sus piernas del resto del sistema nervioso.

Si hubiera quedado vivo, se habría convertido en un vegetal.

El que primero se acercó a él cuando cayó fue su hermano Alejandro. Enseguida se dio cuenta de que no había nada que hacer. El había tenido una caída parecida pero menos desgraciada, porque había estado cuatro días en coma, pero luego se había recuperado, gracias a los primeros auxilios que de inmediato le prestó su hermano Francisco.

Lo levantaron como pudieron del piso.

Lo metieron en una ambulancia que lo llevó hasta el Instituto del Diagnóstico.

Por la noche los médicos diagnosticaron que, si no moría, quedaría cuadripléjico.

A las 9 y cuarto de la mañana los mismos médicos confirmaron que perdería la vida.

Su esposa Ariene y su empleado y amigo Italo Arturo pidieron verlo por última vez. Entraron, uno por vez, a la sala de terapia intensiva.

Arturo le tomó la mano y le dijo quién era. Arturo dice que entonces sintió que Francisco se la apretaba muy fuerte:

—*No sé si fue así o si era mi deseo* —confesó el propio Arturo al autor de este libro.

Francisco Pancho Soldati fue enterrado el martes 7 de mayo a las 4 de la tarde en el cementerio de Monte. Dejó a una viuda y a cuatro hijos llamados Sabrina, Francisquito, Victoria y Yazmina.

No pasó por la vida sin pena ni gloria.

Alto, flaco, simpático, culto, hablador de cinco idiomas y ostensiblemente seductor, Pancho nació el 5 de mayo de 1941 bajo el signo de Tauro en el horóscopo occidental y el de Serpiente en el chino. Fue uno de los mejores alumnos del internado del colegio San Jorge. Empezó a jugar al polo por indicación de su padre, para vencer la timidez. Se doctoró en Economía en Loussane, Suiza, con una tesis titulada *América Latina frente al Mercado Común Europeo.* Fue el elegido de su padre desde siempre para manejar el grupo. Tuvo su primer cargo público en 1967 como asesor de la Dirección de Política Económica y Financiera del Ministerio de Economía que manejó Adalbert Krieger Vasena. Fue ascendido a director de Finanzas en 1969. Se convirtió en uno de los cerebros de la política económica del Proceso como miembro del directorio del Banco Central desde mayo de 1976 hasta el 31 de marzo de 1981.

La máxima autoridad de la actual Sociedad Comercial del Plata desmintió que Francisco aprovechara su cargo para beneficiar los negocios de la familia:

—*Francisco nunca abandonó el manejo personal del campo en Monte ni de su tambo, pero renunció al directorio del Banco de Crédito Argentino cuando lo designaron en el Banco Central.*

Un ex funcionario que lo conoció bien aseguró que Pancho no se quedó con plata del Estado pero sí aprovechó las relaciones conquistadas para hacer luego negocios privados. Francisco Soldati hijo piloteó personalmente los pedidos de créditos al exterior con que las empresas públicas se endeudaron sin crecer. Soldati operó en el siguiente contexto:

Entre 1979 y 1980 se produjo la segunda gran caída del precio internacional del petróleo que provocó el desequilibrio de la balanza de pagos del mundo.

Todos los países compradores de petróleo como Estados Unidos, Japón y Brasil pasaron a tener déficit y necesitaban dinero contante y sonante.

El FMI se dedicó a dar apoyo a los países más necesitados. Y los bancos comerciales tomaron depósitos de los países árabes para dar créditos a las naciones golpeadas por el crack petrolero.

Estos créditos se llamaron préstamos sindicados. Y los riesgos los corrieron los bancos comerciales que salieron de garantes de cada operación.

Cuando los bancos internacionales localizaban un negocio de este tipo en cualquier país cobraban los intereses más la comisión como intermediarios.

Entre los negocios más redituables se encontraron los préstamos a las empresas públicas argentinas.

Y Francisco Soldati fue el encargado de bajar o subir el pulgar en la elección de los bancos comerciales intermediarios.

Los créditos para las empresas públicas llegaron a 10 mil millones de dólares. Y la comisión en concepto de intermediación fue de 75 millones de dólares.

Pancho trabajó más allá del reglamento mientras fue director del Banco Central. Un amigo lo encontró una noche en el aeropuerto de Río de Janeiro tratando de hablar por teléfono con una decena de funcionarios del Fondo Monetario Internacional para aprovechar el cambio de horario.

Pancho era más conocido en el exterior que sus jefes Esteban Reynal o Adolfo Diz. Por su puesto, además, era la estrella de los cócteles de negocios. Las razones:

Hablaba inglés, francés, italiano y todos con la misma habilidad. Tenía la facultad de acordarse de los nombres y apellidos de cónsules, secretarios de primera y también de segunda de cualquier embajada de cada país. Se las arreglaba para estar en los 14 cócteles simultáneos que hacían los bancos en Washington cada vez que se reunía el Fondo Monetario Internacional, y no desentonaba. Se quedaba 15 minutos en cada uno, tomaba una copa, saludaba a las figuras clave y partía para otro cóctel. Además lo hacía sin la ansiedad propia del tipo que se tiene que ir volando. De ese modo dejaba la sensación de que, como Dios, estaba en todas partes. Las relaciones ganadas así las utilizó para sus negocios posteriores y todavía hoy su hermano Santiago recoge los frutos.

Pancho fue un hombre del Proceso pero coqueteó con el gobierno de Alfonsín y fue uno de los primeros empresarios que apostó ciegamente a la revolución menemista.

Pancho llegó al corazón de Raúl Querido a través de su ex empleado, el entonces ministro Rodolfo Terragno. Terragno fue el ministro que convenció a Soldati de que las privatizaciones en la Argentina empezarían tarde o temprano. Pancho se deslumbró con Carlos Menem después de integrar el Grupo Tutti Frutti de empresarios y sindicalistas menemistas y especialmente luego de escuchar pacientemente a sus amigos Eduardo Menem y Eduardo Bauzá. Se metió de cabeza en el club de privatizadores contra la opinión de muchos de sus gerentes:

   * Compró el 17 por ciento de las acciones del consorcio que hoy maneja el *Canal 11* y *Radio Continental* a través de Produfé. Juntó las cabezas del ex ministro Avelino Porto y de la familia Vigil para ganar la licitación y quedarse con el negocio.

   * Se asoció con Techint y Perez Companc para explotar Ferroexpreso Pampeano, el tren de carga que pintaba como un gran negocio y hoy parece una pesadilla.

   * Compró junto a Benito Roggio el área petrolera secundaria de El Chivil en Formosa más otra en Salta y dos en Neuquén.

   * Adquirió una pequeña parte de las acciones del consorcio que ganó Telefónica. (Santiago, su sucesor, salió luego del negocio pero se llevó a cambio...¡118 millones de dólares en efectivo!)

   Cuando Pancho se hizo cargo de Comercial del Plata, inmediatamente después de la muerte de su padre, en 1979, el grupo tenía un patrimonio neto de casi 42 millones de dólares, el valor de la Sociedad no pasaba los 23 millones de dólares y cada acción de la Bolsa se cotizaba a 3.20 dólares.

   Pero doce años después, y en el año de su muerte, Sociedad Comercial del Plata presentaba un patrimonio de casi 129 millones de dólares, un valor empresario de 414 millones de dólares, y cada una de sus acciones se cotizaba a 58 dólares.

   Es decir:

   Bajo la batuta de Francisco Soldati hijo el holding triplicó su patrimonio y las sociedades mutiplicaron por 18 su valor en el mercado.

   Su sorpresiva muerte produjo un profundo pero breve shock en los negocios de la familia. Nadie terminaba de acostumbrarse a su desaparición física y su heredero, Santiago, tardó varios días en sentarse en el sillón del despacho que él ocupaba. Comercial del Plata estaba a mitad de camino entre su conducción personalísima y la profesionalización inevitable que se necesita después de crecer tan de golpe, y los gerentes comenzaron a mover sus fichas de un lado para el otro, buscando un lugar debajo del sol. Su viuda, Ariene Zananiri, empezó poco a poco a reclamar un lugar en los negocios y eso generó cortocircuitos familiares que complicaron un poco el desarrollo de la empresa.

   Ariene y el resto de la familia se manejan con estudios jurídicos y contables separados. El grupo trabaja con el estudio que preside uno de los miembros del directorio, Alfonso Laferrefe. Pero la viuda de Pancho puso sus intereses en manos de los abogados Jorge Pérez Alati, "Marinín" Grondona (hijo del conductor de Hora Clave) y "Josecito" Martínez de Hoz, hijo del superministro de Economía más criticado de la Argentina. Entre las pretensiones de Ariane se encuentra la de incorporar a su hija Sabrina a algunas de las empresas que posee Comercial del Plata.

Sabrina Soldati terminó la facultad y tiene 24 años. Sus hermanos Francisquito, de 22, Victoria, de 19, y Yazmina, de 15, todavía no tendrían decidido qué irán a hacer de sus vidas.

Los cuatro hermanos de Pancho Soldati acusaron fuerte impacto cuando se enteraron de que su cuñada Ariene tendría pensado contraer segundas nupcias con el archimillonario egipcio Karim Kank Aga Khan. Karim fue uno de los íntimos amigos de Pancho y estudió junto a él en Suiza. El padre de este hombre se casó con la actriz Rita Hayworth.

Pancho tuvo amigos exóticos, famosos y muy queridos, a saber:

El rey Juan Carlos

Los hijos de David Niven, uno de los más grandes actores de todos los tiempos.

Los hijos del príncipe italiano de Chataboia.

Patricia Miccio, conductora de Utilísima.

La princesa alemana Gunilla von Bismarck.

Gunilla nació en una cuna de oro que estaba dentro de un castillo en Hamburgo. Es rubia y de ojos azules. A los 14 se fue a París. Años después entró a la Sorbona, donde se graduó en Ciencias Políticas e Historia. Luego pasó a Marsella, donde se casó con Luis Ortiz Moreno y juntos pusieron un restaurant. Al separarse, se compró un brazalete de oro de 100 mil dólares, para olvidar las penas. A Gunilla todavía se la puede encontrar animando las noches de Marbella o haciendo topless en alguna playa de Punta del Este. De cualquier manera, Ariene y sus hijos poseen una quinta parte de los aproximadamente 300 millones en que se pueden valuar los bienes de toda la familia.

Esta es la radiografía completa del patrimonio familiar:

Ariene, Alejandro, Santiago, María Pía y Verónica Soldati forman una sociedad familiar llamada Solfina.

Ariene, como se dijo, es la viuda y heredera de Pancho Soldati.

Alejandro Soldati es soltero y mayor que Santiago y trabaja en el área de energía de la compañía.

María Pía, viuda de Miguel Pando, tiene cinco hijos: Miguel, Rafael, Diego, María Pía y Santiago. El mayor tiene 28 años y el menor 19.

Verónica está casada con Jack de Montalenver. (La madre de Jack es una Bemberg y tiene, como corresponde, parte de la fortuna del grupo Bemberg).

Verónica y Jack tienen tres hijos: María, Sebastián y Malena. La primera, Natalie, es la que murió en el trágico accidente.

La empresa familiar Solfina tuvo, hasta 1992, el 50,2 por ciento de la Sociedad Comercial del Plata (SCP).

Pero en 1993 Solfina abrió su capital y vendió una parte, para quedarse con el 44,6 por ciento de SCP. Lo hizo para apuntalar la inversión de 300 millones de dólares que hizo en el negocio de las privatizaciones argentinas.

El resto de las acciones de SCP las tienen diferentes bancos, empresas suizas y americanas y fondos de inversión, además de casi 10 mil personas y entidades argentinas que compraron pequeñísimas cantidades en la Bolsa.

Sociedad Comercial del Plata tiene un valor empresario de 700 millones de dólares.

De manera que a Solfina le corresponden un poco más de 300 millones de dólares.

Y a cada uno de los miembros de la familia le toca entonces unos 60 millones de dólares.

Todos los Soldati aparecieron en el tope del ranking de la Lista Dorada de los Pagadores de Impuestos a los Bienes Personales publicada en octubre de 1992, para desgracia de quienes pretenden no hacer barullo.

El primero de la nómina familiar fue Santiago Tomás Soldati, con bienes por 2.730.500 dólares, dos escalones más arriba Mauricio Macri, el heredero del grupo que más factura en Argentina.

La segunda es la viuda de Pancho Soldati, Ariene Zananiri, con bienes personales valuados en 1.738.100 dólares.

La tercera es hermana de Santiago, María Pía Soldati, viuda de Pando, con 1.129.700 dólares.

La cuarta es la otra hermana, Verónica Soldati de Montalenver, con bienes por 760.000 dólares.

El quinto fue su primo, Juan Alejo Soldati, con bienes valuados en 632.000 dólares.

El sexto, el hermano mayor de Santiago, Alejandro, con 612.000 dólares.

La Lista Dorada no incluyó los pecados de negocios: éstos no son oficiales, pero se conocerán de inmediato.

3. Vicios privados

Los pecados de las empresas del grupo Soldati no son mortales si se los compara con las irregularidades de otros grupos económicos; sin embargo existen, y no hay razón para ignorarlos.

Uno de los pecados más curiosos fue descubierto por el diputado nacional Eduardo Varela Cid, en 1992.

Varela Cid denunció que una de las compañías más pequeñas del grupo Soldati, denominada Simet, habría dado coimas a funcionarios de la municipalidad de Buenos Aires a cambio de un negocio formidable. El negocio de Simet, según Varela, consistió en cortar el césped de la ciudad a razón de casi 2 mil dólares el metro cuadrado por mes, cuando el servicio no cuesta más de mil dólares en cualquier parte de la Argentina. Varela Cid fue calificado por fuentes muy cercanas a Sociedad Comercial del Plata (SCP) como un denunciador profesional, y funcionarios vinculados a Grosso explicaron que el legislador "no es serio". Por otra parte, Varela Cid está acusado por los delitos de falsa denuncia, falso testimonio y defraudación contra la administración pública. La justicia lo investiga por haber ordenado a un empleado suyo el giro a su cuenta bancaria de pensiones graciables que no son para Varela Cid sino para ayudar a la gente pobre y necesitada.

El mensajero Varela Cid no es prestigioso. Pero la acusación de Varela Cid contra Simet parece contundente.

El escándalo Simet tuvo su prólogo en febrero de 1990, cuando el intendente Carlos Grosso reunió de urgencia a todo su gabinete y advirtió:

—Si no embellecemos las plazas ya, el presidente (Menem) me mata.

Las plazas de la Capital eran basurales. Los espacios verdes parecían verdaderos matorrales. El cuidado de las plazas, las plazoletas y el pastito eran responsabilidad de los empleados de la Dirección de Parques y Paseos. El desorden y la burocratización de esa dirección hacían que el servicio fuera verdaderamente caro y definitivamente malo.

De manera que Grosso decidió llamar a licitación para el mantenimiento de 999 hectáreas de espacios verdes. El intendente transó entonces con las basureras Manliba, de Francisco Macri, y Cliba, de Aldo Roggio, dos condiciones:

* la entrega de las mejores zonas para Manliba y Cliba.

* el convite de un pedazo de la torta a empresas como Simet, sólo para que los porteños no tuvieran la sospecha de que Grosso dividía los negocios de la ciudad entre Macri y Roggio.

El 2 de julio de 1991 la municipalidad repartió las adjudicaciones y dividió el negocio en cinco zonas geográficas, a saber:

* Zona 3, de 94 hectáreas, para la Unión de Empleados de Parques y Paseos.

* Zona 4 para Manliba.

* Zona 5 para Cliba.

* Y la zona 1 y 2, que comprende un radio de 311 hectáreas, fue concedida a la empresa Calcaterra SA.

Como se verá, la empresa Simet, del grupo Soldati, no se presentó a ninguna licitación. Sin embargo, apareció en el negocio cuando Calcaterra, después de ganar el concurso, le ofreció a Soldati armar una Unión Transitoria de Empresas (UTE) y compartir así la mitad de los beneficios de la adjudicación.

A principios de 1992 Varela Cid presentó en Diputados un pedido de informes lapidario: Varela consideró elevadísima la tarifa de casi dos mil dólares por hectárea y por mes que Simet cobró a la municipalidad por cortar el pasto de la zona cercana a la General Paz.

El denunciante exigió que se revisaran los términos del contrato para analizar el margen de ganancia y los costos. Escribió que de esa tarifa se podría deducir "el monto o porcentaje de coima" presuntamente cobrado por los funcionarios. Recordó que el intendente Saúl Bouer había denunciado sobreprecios de entre un 15 y un 20 por ciento en las contrataciones de servicios como los de Simet, realizadas por Grosso.

Y concluyó:

—...estamos en presencia de una asociación ilícita conformada por funcionarios municipales, concejales de diferentes extracciones políticas y empresarios inescrupulosos.

Varela Cid se empezó a interesar en el asunto cuando un señor despechado, llamado José Corasamiti, lo visitó en su despacho y le contó, durante horas, cuál era la verdadera crema del negocio. Corasamiti se presentó como el dueño de Cafi Agropecuaria, una empresa dedicada al mantenimiento de las calles y al corte de césped en las zonas de Avellaneda y Florencio Varela. Corasamiti le confesó al legislador:

—La gente de Simet es un poco cara. Mi empresa, para cortar el pasto, cobra 400 dólares la hectárea y por mes. Y ellos cobran casi 2 mil dólares.

Varela Cid preguntó entonces:

—¿Por qué quiere denunciar a Simet?

Y Corasamiti contestó:

—Porque Simet y Calcaterra subcontrataron a mi empresa Cafi para cortar el pasto, prometieron pagarme 800 dólares la hectárea y ahora me deben medio año de aportes sindicales y sociales.

Corasamiti contó a Varela que, cuando le ofrecieron semejante tajada, estaba tan contento que preguntó:

—¿Y qué tengo que hacer además de cortar el pasto?

Y agregó que los hombres de Calcaterra le respondieron:

—Tiene que pintar de nuevo la camioneta: donde dice Cafi póngale "Simet".

En poco tiempo el legislador se hizo experto en el negocio de los espacios verdes y en noviembre de 1992 presentó ante el juez federal Armando Chamot una denuncia por asociación ilícita entre los empresarios y los funcionarios de Grosso que llamaron a licitación y rubricaron el contrato.

Varela denunció las siguientes irregularidades:

* El altísimo precio del servicio: Varela certificó que Simet embolsaba 596.103 dólares por mes y 7.153.236 dólares por año. Demostró que la tarifa por hectárea y por mes ascendía a 1.916 dólares. El diputado comparó la tarifa de Simet con otras y sostuvo que el precio promedio por hectárea difícilmente podía superar los 800 dólares.

* El sospechoso prearmado de la licitación: la municipalidad puso como condición para presentarse a concurso que las empresas tuvieran un capital de trabajo no menor a 65 millones de dólares. Varela consideró esa cláusula discriminatoria hacia las pequeñas empresas de corte de césped. Mejor dicho: sugirió que la licitación se armó para que la ganaran empresas de envergadura como Manliba, Cliba y Calcaterra.

* La adjudicación del negocio a una empresa distinta a la que lo había ganado: la UTE Simet presentó sus credenciales a la Inspección General de Justicia catorce horas después de que el intendente entregara las zonas 1 y 2 no a Simet sino a Calcaterra SA.

* La incorporación en la facturación de servicios que no estaban especificados en el contrato: La UTE Simet recibió 205 dólares por cada árbol podado y 4 dólares por cada alcantarilla destapada, aunque no tenía por qué hacerlo y tampoco derecho a cobrarlo.

* La deuda de Simet con la contratista Cafi: Se trató de la deuda por aportes sindicales y sociales que los trabajadores luego pelearon y ganaron en sede laboral.

Las autoridades del grupo Soldati consultadas para este libro declararon que:

* Simet acordó la rescisión del contrato, entre otras cosas, porque la municipalidad se demoraba en pagar, debido a sus problemas financieros.

* Los precios unitarios de Simet fueron inferiores a otras empresas que cotizaron y que prestaron servicios en otras áreas.

* El contrato no era sólo por el corte de pasto, sino por la limpieza de un área de más de 300 hectáreas.

* La formación de la UTE después de la adjudicación a la empresa Calcaterra y la subcontratación de otras cortadoras de césped estaban contempladas en el pliego de contratación.

Y uno de los ex secretarios de Estado de Grosso que se encuentra procesado por el delito de administración fraudulenta e incumplimiento de los deberes de funcionario público en el caso Simet se defendió así:

* "La tarifa de Simet no fue cara. Resultó más barata que cuando lo hacía la municipalidad. La empresa cortaba y regaba tres veces por mes el pasto. Sus empleados trabajaban de verdad: existen cartas de más de 100 vecinos felicitando a la UTE por su servicio".

* "Hicimos bien en no dejar entrar a empresitas que facturaran menos de 65 millones de dólares anuales. Lo hicimos para que no se presentaran firmitas que no pudieran resistir tres meses sin que les pagara la municipalidad. Es de uso que en diciembre, febrero y marzo la muni no paga porque recauda poco. Las empresas grandes lo saben y se las aguantan. Las chicas no pueden bancar esa mora".

* "Me sorprende que Varela Cid no haya involucrado en su denuncia a Cliba y Manliba, porque las empresas de Roggio y Macri cobraban por su servicio un 30 por ciento más que Simet. Cliba y Manliba facturaban 2.500 dólares por mes y por hectárea."

Los directivos del grupo Soldati compartieron la sorpresa del funcionario y utilizaron la comparación de precios de los Macri y los Roggio como el argumento más fuerte para sostener su inocencia.

El juez Armando Chamot recibió la denuncia de Varela Cid, pero se excusó de proseguirla, argumentando exceso de trabajo.

El expediente cayó entonces en manos de Rawson Paz, quien cambió la carátula de Asociación Ilícita por la de Incumplimiento de los Deberes de Funcionario Público y Fraude al Estado Municipal.

El juicio sigue su curso.

Pero Santiago Soldati informó que el grupo se desprendió de Simet para concentrarse en otros negocios más importantes y redituables.

Tampoco parece un negocio tan importante ni tan redituable para el grupo la construcción de una torre de 40 pisos en la Calle Ortiz de Ocampo 2673 al 99, entre las avenidas Las Heras y Libertador, en el corazón refinado de la Capital Federal.

Sin embargo, una de las empresas de Sociedad Comercial del Plata se lanzó a explotarlo y ahora está sufriendo las consecuencias de esa decisión.

Se trata de una historia pequeña y sabrosa. El caso Torre Ocampo explotó a principios de 1993 cuando los vecinos de la zona, indignados, se dieron cuenta de que el edificio que estaba construyendo la compañía de Soldati era producto de una excepción al Código de Planeamiento Urbano (CPU) aprobada entre gallos y medianoche por miembros del Concejo Deliberante en 1989.

Las excepciones al CPU de la ciudad de Buenos Aires son permisos especiales que da el Concejo para construir más metros cuadrados donde está prohibido hacerlo. Las excepciones al CPU son sinónimo de coima y corrupción.

Al presentar un proyecto de ley para derogarlas, el diputado nacional Carlos Chacho Alvarez, aseguró:

—*Detrás de cada excepción al Código de Planeamiento Urbano hay un curro.*

Los que conocen el negocio sostienen que los concejales que aprobaron excepciones al CPU se llevaron hasta un 30 por ciento del total del negocio. Las excepciones al CPU proliferaron en barrios donde el metro de construcción es más caro y el negocio más grande, como Belgrano, Barrio Norte, Recoleta y Palermo Chico.

Las excepciones al CPU son el motivo por el cual están siendo investigados los patrimonios de más de doscientos concejales que levantaron la mano para darles curso. En la madrugada del 30 de diciembre de 1990, el Honorable Concejo Deliberante aprobó sin discusión y a libro cerrado 23 excepciones al Código de Planeamiento Urbano. El concejal socialista Norberto Laporta fue, junto con Guillermo Francos y Facundo Suárez Lastra, uno de los que se negó a autorizarlas. Laporta calificó esa madrugada como la noche del fraude y la corrupción en el Concejo.

Entre las 23 excepciones aprobadas se encontró la de la Escuela Shopping. Escuela Shopping es el escándalo por la construcción de 25 locales comerciales alrededor de una escuela pública ubicada en la esquina de Pueyrredón y Sarmiento, en el barrio de Once.

Pero la excepción al CPU que autorizó a la empresa de Soldati a construir la Torre Ocampo no formó parte de las 23 excepciones del infierno. El principal argumento de Soldati para asegurar que su empresa no hizo nada malo es que él no tramitó la excepción en el Concejo, sino que compró el terreno con excepción incluida.

Pero Facundo Suárez Lastra afirma que hombres de negocios como Santiago Soldati no pueden ignorar que, al comprar un terreno con excepción incluida, también compran un problema. Y asesores del concejal del Frente Grande Eduardo Jozami explican que el terreno de la Torre Ocampo sin excepción cuesta 2 millones de dólares, pero con excepción vale cerca de 10 millones de dólares.

La excepción se empezó a gestionar el 23 de noviembre de 1989, cuando un señor se presentó ante el Concejo en representación de Financiera Buenos Aires para que le aprobaran un proyecto de edificación alternativo en Ocampo 2673 al 2699.

El señor declaró que se trataba de un predio de 3.432 metros cuadrados con 69 metros de frente y 50 de fondo, sobre Ortiz de Ocampo entre las avenidas Las Heras y Libertador y las calles Billinghurst y Ortiz de Ocampo. El Código de Planeamiento Urbano (CPU) determina que en ese predio no se pueden construir más de 10 mil metros cuadrados. Sin embargo el señor pidió una excepción para construir casi 33 mil metros cuadrados. Es decir: una torre de 140 metros de altura y 40 pisos espectaculares que sobrepasarían la línea del frente interno individual del pulmón de manzana. Fuentes muy seguras dijeron que el señor sólo pretendía construir 30 pisos pero que aceptó construir 40 pisos, atendiendo un pedido de un grupo de concejales, quienes habrían argumentado:

—*Con 10 pisos más el negocio se agranda y se hace más redituable para todos.*

El señor consiguió lo que quería en tiempo récord.

Veamos:

La Comisión de Vivienda del Concejo dio curso al pedido del señor el 30 de noviembre de 1989, sólo una semana después de haberlo presentado. Los ediles de esta comisión argumentaron su rápido despacho con la excusa de que se debían atender "los reales valores económicos de la plaza inmobiliaria". Y los concejales de la Comisión de Ecología y Planeamiento Urbano tardaron menos de tres horas en dar la razón a los miembros de la Comisión de Vivienda.

Eduardo Jozami, uno de los ediles del Frente Grande que investiga el caso de la Torre Ocampo, sentenció:

—*Es técnicamente imposible que en cinco días hábiles los miembros de ambas comisiones hayan podido estudiar el impacto ambiental y la infraestructura de servicios de semejante proyecto.*

Los integrantes de la Comisión de Vivienda que dieron curso urgente a la excepción fueron:

Juan Carlos Suardi, justicialista, José Santa María, justicialista, Juan Carlos Villalba, Partido Intransigente, Francisco

Martini, radical, Jorge Benedetti, radical, Miguel Herschberg, radical, Ernesto Giacomine, Partido Social Demócrata, y Adelina Dalessio de Viola, entonces de la UCeDé.

Juan Carlos Suardi está procesado porque habría hecho mal uso de los fondos públicos al tomar para sí el sueldo de sus asesores. Herschberg está acusado de haber sido pagado con locales a cambio de autorizar la construcción de la Escuela Shopping. A la señora Adelina la investiga el fiscal de la Cámara de Casación, Raúl Pleé, para comprobar si se enriqueció ilícitamente y con qué dinero compró una casa con pileta en un country valuada en 300 mil dólares.

Los miembros de la Comisión de Ecología, Medio Ambiente y Planeamiento Urbano que justificaron la excepción para la Torre Ocampo con velocidad inusitada fueron:

Roberto Maratea, radical, Tomás Bres, radical, Rubén Ale, justicialista, Gabriel García, radical, Francisco Martini, radical, Mario Maini, justicialista, Carlos Maslatón, UCeDé.

El misterioso señor ingresó su pedido de excepción el 23 de noviembre, las comisiones de Vivienda y Ecología lo aprobaron el 30 de noviembre y, el 1º de diciembre de 1989, la mayoría del Concejo Deliberante, por medio de la ordenanza 44.075, autorizó la construcción de la torre de 40 pisos. Nadie puede acusar a los ediles de vagancia: entre el primero y el último trámite, mediaron solamente siete días.

Los concejales que votaron la excepción fueron 55. En el Libro de Sesiones consta que 53 lo hicieron a favor, y sólo 2 en contra. Los que se negaron a convalidar la construcción de la megatorre fueron Guillermo Francos, del Partido Demócrata, y Antonio Sersócimo, de la UCeDé.

Votaron 57.

Esta es la lista de los concejales justicialistas que dijeron sí a la torre de 40 pisos:

Rubén Ale, Jorge Argüello, Ricardo Bermúdez, Salvador Corraro, María Hesain de Parra, Mario Maini, Víctor Pandolfi, José Picco, Raúl Ravitti, Edelmiro Rodríguez, Domingo Sandá, José Santa María, Juan Carlos Suardi, Carlos Vilgrela Madrid, Augusto Ypas.

Esta es la lista de ediles que dieron el sí por la UCR:

Osvaldo Bello, Jorge Benedetti, Alfredo Bruno, Tomás Bres, Horacio Calzón Flores, Alberto Campos, José Carballo, Gustavo Costa, Héctor Costanzo, Gabriel García, Juan García Montiel, Ofelia Gorla, Miguel Herschberg, Roberto Larrosa, Enrique López, Rubén López Santos, Roberto Maratea, Ricardo Marcos, Francisco Martini, Heraldo Morán, Miguel Padula, José Pereiro, Pedro Querido, Antonio Scatarella, Carlos Suppa, César Torres, Roberto Vázquez, José Yoghaurdkjian.

Roberto Larrosa estuvo preso por homicidio. Lo acusaron de matar a un militante de la Juventd Radical que respondía a Raúl Alfonsín. López Santos fue involucrado en una causa de consumo y tráfico de estupefacientes y debió renunciar a la presidencia del bloque radical, en abril de 1994. Calzón Flores, Herschberg y Costanzo están siendo investigados por el caso de la Escuela Shopping.

Por la UCeDé lo hicieron:

Julio Crespo Campos, Javier López, Jorge Pirra, Carlos Maslatón, Francisco Siracusano.

Pirra está procesado por el delito de enriquecimiento ilícito.

Convalidaron la excepción de la Torre Ocampo por el Partido Socialista Democrático:

Ernesto Giacomine, Juan Carlos Villalba y Héctor Renovales. Dio el sí por el Partido Demócrata Federico Pinedo y aceptó por el Partido Blanco de los Jubilados Enrique Rojas.

Dieciocho días después de la votación, exactamente el 19 de diciembre de 1989, el intendente Carlos Grosso y su secretario Raúl Kalinsky promulgaron la ordenanza que aprobó la excepción al CPU.

Y dos años después el misterioso señor de Financiera Buenos Aires vendió el predio a Condominios Buenos Aires, una de las empresas del grupo Soldati. Condominios Buenos Aires es una constructora cuyo máximo responsable es Mario Guaragna, ex secretario de Servicios Públicos en la época de José Dromi. Condominios Buenos Aires empezó la construcción de la torre a principios de 1993. Los vecinos preguntaron a los obreros hasta dónde llegaría el edificio. Los albañiles replicaron:

—Pregúntele al capataz.

Pero el capataz parecía ciego, sordo y mudo.

Entonces los vecinos se agruparon y, cuando supieron lo peor, concluyeron que el proyecto con excepción:

* afectaría seriamente la provisión de agua corriente, luz y servicios cloacales;

* les taparía la luz, el sol y el cielo;

* dañaría su calidad de vida y su patrimonio, por la desvalorización de su propiedad.

Los vecinos reclamaron la nulidad de la excepción ante el intendente Saúl Bouer y el Defensor del Pueblo Antonio Cartañá. Cartañá estudió el caso con detenimiento y emitió un dictamen polémico en el que dio la razón a los vecinos y precisó que:

* la construcción afectará las normas ambientales de iluminación, ventilación, asoleamiento, acústica, privacidad y vista;

* perjudicará la armonía del área; un área donde no hay torres y los edificios no pasan ni de 9 pisos ni de 27 metros de altura;

* la construcción no tiene en cuenta el interés público de la gente, sino el privado de una constructora.

En junio de 1993 los vecinos volvieron a pedirle la nulidad de la ordenanza a Bouer. El 2 de agosto del mismo año el entonces concejal Guillermo Francos presentó un proyecto de ordenanza en el que exigió la derogación de la excepción por inconstitucional e ilegítima.

El 2 de setiembre de 1993 el presidente de Condominios Buenos Aires, Mario Guaragna, envió una carta a Bouer.

La carta contenía dos advertencias temerarias.

Una: sostenía que si se les daba la razón a los vecinos la empresa iniciaría un millonario juicio a la municipalidad alegando "derechos adquiridos". Dos: alertaba que, si se paraba la obra, los continuos trabajos de excavación previos podrían originar deslizamientos del terreno.

El 10 de setiembre el abogado y vecino de la futura Torre Ocampo, Pedro Aberastury, envió otra extensa carta al intendente Bouer. Aberastury aseguró representar a 836 familias damnificadas y no se anduvo con chiquitas:

* anunció una catarata de juicios contra la municipalidad si no se derogaba la excepción.

* opinó que la falta de estudios en las Comisiones de Vivienda y Ecología del Concejo hacía ilegítima la excepción.

* sugirió que los efectos de la ordenanza para anular el permiso especial fuesen retroactivos a la venta del terreno a Condominios Buenos Aires, para permitir a Soldati hacer juicio no a la municipalidad sino a quien le vendió el predio.

El asunto empezaba a quemar.

Faltaba sólo un mes para las elecciones del 3 de octubre de 1993 y Bouer decidió entonces suspender la obra durante 30 días. Pero en enero de 1994 la empresa de Soldati puso a los albañiles a trabajar, incluso de madrugada. Y los vecinos volvieron a recurrir a los medios de prensa para denunciar tanta falta de sentido común.

El 2 de mayo de 1994 Bouer envió al Concejo un proyecto para derogar la excepción y al mismo tiempo presentó otro proyecto alternativo para construir una torre que no pasara los 90 metros y los 30 pisos, en vez de los 120 metros y 40 pisos que permite la excepción.

Inmediatamente el concejal socialista Norberto Laporta denunció que el proyecto alternativo formaba parte de un acuerdo secreto de negocios entre Bouer y Soldati.

En la sesión del Concejo en la que se discutió si se debía derogar la ordenanza que permitió la excepción al CPU, el radical Facundo Suárez Lastra tuvo una intervención que irritó a Santiago Soldati.

Soldati, después de leerla, llamó al padre de Facundito, Facundo Suárez, y le dijo:

—*No entiendo por qué su hijo mezcló el caso de Torre Ocampo con el de la Italo. Por qué hizo una intervención ideológica en vez de técnica.*

Suárez Lastra había presentado al grupo como un pulpo de negocios; había recordado su intervención en la Italo y lo había acusado de pedir normas especiales para la Torre Ocampo.

Los responsables de la compañía del grupo Soldati Condominios Buenos Aires se declararon inocentes y agregaron que:

* La empresa compró un terreno con una ordenanza vigente. Una ordenanza que le permite construir una torre de 40 pisos y 32 mil metros cuadrados de superficie total.

* Sería el colmo de la inseguridad jurídica que se impida a Condominios Buenos Aires construir un edificio de esas condiciones.

* Condominios Buenos Aires no tuvo nada que ver con la tramitación de la ordenanza que autorizó la excepción. Más bien, es una víctima de las circunstancias y obró de buena fe.

Condominios compró el terreno a un poco menos de 10 millones de dólares. Sus directivos pensaban invertir, en el proyecto original, 40 millones de dólares entre la construcción propiamente dicha, los honorarios y el pago de impuestos. Y calculaban vender todos los departamentos a cambio de 55 millones de dólares.

La Torre Ocampo sigue vivita y coleando: todo indica que alcanzará los 90 metros de altura correspondientes a los 30 pisos que autorizó Bouer.

Pero tan grande como la Torre Ocampo es la indignación que le cruza la cara a Santiago Soldati cuando se le menciona su vínculo con el empresario Marc Rich, un hombre acusado por la justicia americana de evasión impositiva, fraude, extorsión y comercio con el enemigo.

Marc Rich es un judío nacido en Bruselas, Bélgica, hace más de 60 años. En 1939 fue trasladado por su familia hasta Bolivia, para salvarle la vida. Rich estudió en un colegio americano de La Paz y no le fue mal: hasta hace muy poco era dueño absoluto de uno de los imperios económicos más poderosos de Europa. Rich fundó su compañía madre Marc Rich & Co Ag en Zug, una aldea suiza de 25 mil habitantes. Hoy esta sociedad es una de las más importantes del mundo en el negocio de los granos, el petróleo y los metales. El imperio Rich emplea a 1.300 personas en 48 países de este planeta y factura 30 mil millones de dólares, 15 veces más que Perez Companc, el grupo más sólido y poderoso de la Argentina.

Rich vive en Suiza y tiene nacionalidad española. Todos los hombres de negocios saben que permanece en ese pequeño y poderoso país porque allí los acusados de fraude impositivo como él no pueden ser extraditados ni expulsados.

Rich huyó de los Estados Unidos a Suiza en 1983.

La Interpol lo busca por haber quebrado el bloqueo cerealero iniciado en 1980 contra la Unión Soviética. También lo persigue bajo los cargos de burlar el embargo petrolero con Sudáfrica e Irán.

La vida de Rich, a veces, es un calvario.

En setiembre de 1991, el hombre de negocios volaba tranquilamente en su avión particular desde Suiza hasta Helsinki. Sin embargo debió regresar cuando a mitad de camino le avisaron que agentes del FBI lo estaban esperando en el aeropuerto de Finlandia.

En diciembre de 1993, perseguido por la justicia y la policía, Rich cedió su participación mayoritaria en el imperio. De tener la presidencia y el control absoluto de Marc Rich & Co, con el 51 por ciento de las acciones, pasó a quedarse con el 27.5 por ciento y un relativo poder de veto. Rich fue desplazado por Willy Strothotte, uno de los gerentes que aprovechó los problemas con la justicia para aumentar su influencia.

En abril de 1994, Rich desairó a los reyes de España Juan Carlos y Sofía al no viajar a Madrid para asistir a la inauguración de la Universidad Carlos III de España. Se suponía que Rich debía estar ahí ya que se lo presentaba como el Titular de Cátedra de Economía, no teórica sino aplicada.

Una revista de negocios española informó que Rich faltó a la cita porque sus sabuesos privados hicieron inteligencia y le anticiparon que los muchachos de la Interpol lo estaban esperando en la puerta de esa casa de altos estudios.

Una parte importante de los negocios de Marc Rich transcurren en la Argentina. Rich, a través de su subsidiaria llamada Richo, es considerado el mayor comercializador de granos y algodón de este país. Richo vendió al exterior más de un millón de toneladas durante el primer semestre de 1993. La mayoría se la vendió a Brasil. No fue casualidad: Richo había logrado en aquel país exenciones impositivas consideradas insuperables.

En 1988, cuando todavía gobernaba Raúl Alfonsín, Rich puso cerca de 150 millones de dólares para la construcción del gasoducto Neuba II. Fuentes seguras dijeron que el empresario belga entró al negocio de Neuba de la mano de Pablo Corman, uno de los socios de Interpetrol, la trading petrolera de la familia Soldati.

En 1991, bajo el gobierno de Carlos Menem, una empresa de Rich se asoció directamente con el Grupo Soldati. Lo hizo para participar, junto a la Compañía General de Combustibles

(CGC) y la norteamericana Quintana Petroleum en la explotación del Area Central Santa Cruz I, donde en mayo de 1992 se encontró un pozo de petróleo para sorpresa de todos.

Rich invirtió en Santa Cruz I 27 millones de dólares, y reveló que esperaba recuperarlos en cinco años.

En junio de 1993 Rich se encontró con el presidente Carlos Menem en Davos, Suiza, gracias a una gestión especial de Santiago Soldati. El encuentro había sido confirmado en Argentina por el periodista Rogelio García Lupo, en una ilustrativa nota publicada por el matutino *Clarín*, en la que además informó sobre los asuntos tratados.

Menem desmintió la cita y agregó que ni siquiera conocía a ese tal Rich. Sin embargo Santiago Soldati, quien no miente, confirmó ante el autor de este trabajo la realización de esa cumbre, la consideró meramente protocolar y recordó que asistieron, además de él mismo, el Canciller Guido Di Tella, el entonces funcionario de la cancillería Alieto Guadagni y el secretario de Programación Económica, Juan Llach.

Fuentes cercanas al gobierno dijeron que Menem no estaba al tanto de la situación judicial de Rich cuando se hizo el encuentro.

En cambio Santiago Soldati opinó que no creía que Rich fuera un hombre al margen de la ley.

Pero en el momento en que se concretó la cumbre, en las paredes de Davos aparecieron carteles alusivos a Rich pagados y firmados por el sindicato siderúrgico de los Estados Unidos. En los carteles se escribió que sobre la cabeza de Rich pesaban sesenta y cinco causas judiciales relacionadas con el fraude impositivo. Se recordó que seguía vigente la recompensa de 750 mil dólares para quienes ayudaran a atraparlo fuera de Suiza. Y se calculó que los pedidos de condena sumaban ¡325 años a la sombra!

Rich, Menem y Soldati se encontraron porque el primero quería saber qué ventajas impositivas podía conseguir a cambio de invertir dinero para activar los yacimientos mineros de La Rioja y Catamarca.

García Lupo afirmó que los funcionarios argentinos le prometieron una serie de facilidades una vez que se aprobaran los proyectos de ley para el sector minero, a saber:

* no pago del impuesto a los activos,
* estabilidad tributaria por 30 años,
* importación de máquinas sin pagar el arancel correspondiente,
* no pago de la tasa de estadística para la importación temporaria de maquinarias,
* cesión de superficies mineras más extensas de las que permite el viejo código minero.

Rich no sólo tiene problemas en Estados Unidos sino también en la Argentina: un grupo de trabajadores le está haciendo juicio bajo la acusación de intentar vaciar Las Pirquitas, el yacimiento minero de la provincia de Catamarca.

El descargo de Santiago Soldati sobre el caso Rich aparece, textual, en el monólogo que cierra esta parte del libro. Sus argumentos principales son:

* No soy amigo de Rich. Sólo hago negocios con empresas de las que él participa.

* Los negocios se hacen con las compañías, y no con los hombres.

* El Estado francés hace negocios con las empresas de Rich. ¿Usted se atrevería calificar de delincuentes a los funcionarios franceses que aprueban esos proyectos?

Infinitamente menos incómodas que las de Rich son las vicisitudes de Soldati y sus socios alrededor de Aguas Argentinas, la empresa del grupo que da agua a seis millones de argentinos y de la que Sociedad Comercial del Plata participa con un 23 por ciento de acciones.

Los conflictos públicos que debió soportar fueron alrededor de la facturación, la rotura de calles y veredas en la ciudad de Buenos Aires, la imagen de sus socios franceses, la muerte de 7 personas en Avellaneda y el polémico aumento de la tarifa el 2 de julio de 1994.

Una serie de hechos curiosos sucedieron alrededor del aumento promedio del 13 por ciento para el precio del agua:

La decisión de incrementar la tarifa se produjo 15 días después de que Santiago Soldati viajara junto al presidente Carlos Menem a Canadá, en gira de negocios. Menem y Soldati miraron el primer partido que Argentina ganó en el Mundial de 1994 frente a Grecia por 4 goles a 0. ¿Es posible que no hayan tocado el tema del incremento de tarifas para el agua?

La suba se aprobó dos meses y medio después de que el Ente Tripartito de Obras y Servicios Sanitarios (ETOSS) le negara el mismo pedido de aumento apelando al sentido común.

En ese momento, Aguas Argentinas argumentó que necesitaba ajustar la tarifa para actualizar el deficiente padrón de usuarios, renovar las cañerías y mejorar el funcionamiento de la red de aguas y cloacas, que habían sido recibidas en estado de colapso. El ETOSS respondió que por eso mismo se había privatizado Obras Sanitarias. Y agregó que Aguas Argentinas había ganado la licitación precisamente porque había sido el consorcio que presentó la estructura tarifaria más baja, con el 27 por ciento menos del precio que cobró Obras Sanitarias hasta que pasó a manos privadas.

La noticia del aumento fue publicada en los diarios un sábado, el día de menos lectura y menos repercusión en radio y televisión. Fue publicada cuatro días después de conocida la sanción de la FIFA contra Diego Maradona en pleno Mundial, que conmocionó a todo el país e impidió que sus habitantes hablaran de otra cosa.

Para justificar la aprobación del aumento de tarifa, un vocero del ETOSS argumentó que con el incremento Aguas Argentinas recaudaría 125 millones de dólares destinados a adelantar inversiones que estaban pautadas para los años 1998 y 2000. También explicó que esas obras se debían anticipar porque los usuarios que no tienen agua potable la estaban demandando insistentemente.

Lo que no explicó el hombre del ETOSS es por qué autorizó un aumento por una causa que no figura en el pliego de la licitación. Y tampoco explicó por qué a las inversiones de riesgo las tienen que financiar los clientes de su bolsillo y no las compañías privadas, como indica el Manual del Buen Capitalista en todas partes del mundo.

Aguas Argentinas no sólo puede ser criticada por el precio de la factura, sino también por cómo pasa la factura.

El escándalo alrededor del modo de facturar de Aguas Argentinas explotó una mañana de enero de 1994, cuando Juan Carlos Nemetanus, operario, recibió una boleta por consumo de agua de ¡14 mil dólares! a nombre del Barrio Comandante Espora.

Nemetanus pronto se dio cuenta de que los 14 mil dólares no correspondían sólo a su pequeña unidad, sino a los 816 departamentos que componen el complejo habitacional. Juan Carlos no entendía nada, hasta que fue a ver a uno de sus vecinos más ilustrados. El lo aclaró todo:

—Aguas Argentinas te facturó a vos el abono de todos los departamentos del barrio.

Algo muy parecido le sucedió, del otro lado de la ciudad, a Alberto Rodríguez, vocal del Partido Justicialista de la Capital Federal y secretario del Centro de Acción Comunitaria Eva Perón, circunscripción 15, ubicado en la avenida San Martín al 1800, barrio La Paternal.

A Rodríguez le llegó una factura que lo designaba titular del consorcio de toda la manzana y lo responsabilizaba por el pago del servicio de más de 200 casas.

Los casos de Rodríguez y Nemetanus llegaron hasta la oficina 1105 del diputado Jorge Argüello, presidente de la Comisión de Asuntos Municipales de la Cámara Baja. Argüello presentó primero un pedido de informes. Después se reunió con el titular del ETOSS Eduardo Cevallo. Argüello atacó el artículo 5 del régimen tarifario convenido entre Aguas Argentinas y ETOSS. Un artículo que permite a Aguas Argentinas facturar el agua "con cargo al consorcio de propietarios, a quien se instruye como responsable del pago" para los departamentos sujetos al sistema de propiedad horizontal. El gerente económico del ETOSS, Luis Poggi, defendió el convenio argumentando que no es nuevo.

—*La facturación colectiva ya había sido establecida por decretos que datan de 1949 y 1971* —aclaró

Sin embargo Poggi reconoció que, cobrando así, Aguas Argentinas se ahorraría mucho de gastos de correo. Y también admitió que de esta manera se transfiere la responsabilidad de la empresa a los consorcios.

—*La empresa se saca de encima el problema de los morosos* —remató.

Argüello consideró que la facturación colectiva implica un perjuicio para los usuarios al mismo tiempo que genera mayores ganancias para Aguas Argentinas. El dio en su despacho de diputado una clase magistral de las ventajas que le genera a Aguas Argentinas el cobro a consorcios.

Estos fueron los puntos principales:

* *Simplifica y abarata la facturación*: No es lo mismo ni tiene el mismo costo cobrar a entre 60 mil y 80 mil consumidores colectivos que hacerlo con 2 millones de propietarios.

* *Reduce los gastos de correo*: Por cada millón de facturas que no se envían, Aguas se ahorra unos 200 mil dólares. El cálculo se hizo a un costo de 0.20 centavos por factura y equivale a un ahorro anual de 2 millones de dólares.

* *Elimina los usuarios morosos*: Con este sistema, los vecinos deben cubrir al usuario que no paga para no correr el riesgo de que les corten el agua a todos. De manera que los vecinos pagadores son garantes de los no pagadores y el riesgo lo corren ellos, y no la empresa.

* *Suprime el beneficio de los jubilados*: La facturación global desconoce el subsidio individual de los jubilados, por lo que les hace perder el beneficio reconocido en el convenio.

Aguas Argentinas definió los casos de Rodríguez y Nemetanus como "errores involuntarios" y anunció que seguirá facturando en forma global porque así está escrito en el pliego.

Lo que no está escrito en el pliego es que rompan las calles y veredas de la Capital Federal y después no las arreglen.

Así lo entendió el intendente Bouer, quien acusó a Aguas Argentinas, junto a otras cinco compañías, de provocar el 80 por ciento de los baches que hubo en la ciudad durante 1993. La Dirección de Obras Públicas de la municipalidad informó que Aguas Argentinas había incurrido en 936 faltas y la acusó, junto a las otras privatizadas, de cometer inconductas como:

* trabajar sin permiso o con permiso vencido
* ocupar indebidamente la calzada y la acera
* obstruir las cunetas con tierra y escombros

* no poner vallados de protección
* no señalizar las zanjas y los pozos
* abandonar el trabajo a medio hacer
* dejar la tierra y el escombro sin encajonar
* cerrar provisionalmente las aceras y calzadas sin pedir permiso a nadie.

Pero Aguas Argentinas, en el descargo preparado especialmente para ser incluido en este trabajo, sostuvo que no recibió 936 multas de la municipalidad, sino una sola sanción que fue apelada.

La Sociedad Comercial del Plata de Soldati sólo maneja el 20.70 por ciento de Aguas Argentinas. Por eso Santiago Soldati dice que no es ni el Dueño de la Argentina ni el Dueño del Agua sino que apenas comparte el paquete con las empresas nacionales Meller y Banco de Galicia, la española Aguas de Barcelona, la británica Anglian Water y las francesas Lyonnaise des Eaux-Dumez y Compagnie Générale des Eaux.

Lyonnaise controla más del 28 por ciento del paquete y Compagnie Générale domina casi el 9 por ciento de Aguas Argentinas. En junio de 1994 ambas fueron acusadas de "provocar el 80 por ciento de la corrupción política" en su país de origen.

Todo comenzó cuando el juez Thierry Jean Pierre reveló al periódico *Le Monde*, sin dar nombres, que eran dos grandes grupos económicos los máximos responsables de corromper funcionarios públicos.

Le Monde reprodujo parte de la obra del juez, titulada *El Libro Negro de la Corrupción*. El matutino les puso nombre a los grupos: Lyonnaise...y Compagnie Générale... La trama continuó exactamente el jueves 9 de junio de 1994 cuando el semanario *L'Evenement du Jeudi* consideró a la Compagnie como la "gran corruptora", pagadora de "intendentes comprensivos" y de diputados usados como "conejillos de Indias".

La noticia no causó gran impacto en Argentina, pero sí una gran preocupación en el grupo Soldati.

Los expertos en finanzas sostienen que la mayoría de los pecados cometidos por Aguas Argentinas responden a la necesidad de dejar de perder plata.

Durante 1993, la compañía facturó más de 300 millones de dólares, pero soportó una pérdida de 13 millones de dólares y ese rojo no estaba en los planes de nadie.

Tampoco estaba en los planes de Soldati, ni en los de Techint ni en los del Banco Río, la pérdida de varios millones de dólares que les viene ocasionando el tren de carga Ferroexpreso Pampeano (FEP), del que se hicieron cargo en 1991 pensando que estaban haciendo un excelente negocio.

Techint es el líder de FEP y posee casi el 48 por ciento de las acciones.

Banco Río, de Goyo Perez Companc, tiene el 10 por ciento del negocio.

Los americanos de Iowa el 1.6 por ciento.

Y Sociedad Comercial del Plata, del grupo Soldati, el 16.48 por ciento del poder.

Tanto las empresas como el gobierno descontaban que el tren de carga en la pampa húmeda debía dar mucha ganancia y que eso debía ser rápido. Pero en abril de 1994, después de dos años y medio de trabajo, Ferroexpreso Pampeano se había con‑vertido en una Aerolíneas Argentinas en miniatura.

Estos son los datos que justifican la comparación:

FEP soportaría una pérdida real de por lo menos 20 millo-nes de dólares más allá de lo que muestra su balance.

FEP rompió su compromiso de invertir 246 millones de dólares durante los primeros 15 años.

En octubre de 1993 la Secretaría de Transporte accedió a las súplicas de FEP de no invertir tanto, pero en marzo de 1994 el consorcio pidió una nueva rebajita: de 175 a 127 millones de dólares.

FEP exigió más de una vez a su único socio estatal, Ferro-carriles Argentinos, que hiciera un aporte de capital para evitar el cierre de la compañía.

Ferrocarriles tiene el 16 por ciento de FEP. En el pliego hay una cláusula que impide a los socios privados exigir a su socio público que ponga más dinero.

Lo mismo exigieron los capos de Iberia al Estado argentino representado por Aerolíneas.

FEP desea renegociar todo el contrato.

FEP pretende devolver al Estado dos mil kilómetros de vías que no usa porque los clientes nunca aparecieron y encima están inundadas o en pésimo estado.

FEP pide postergar el pago del canon al Estado por los siguientes cuatro años.

FEP quiere que no los multen por invertir durante el primer año 20 millones menos del dinero que habían prome-tido.

FEP necesita que no los multen por no pagar desde que se hicieron cargo hasta ahora el canon que la Secretaría de Trans-porte había estipulado.

FEP no es un tren de carga, sino una máquina de tirar la manga del Estado. Durante 1992 FEP quiso amortiguar sus pérdidas al pretender cobrar 5 millones de dólares por supues-tas deficiencias en la atención de la Junta Nacional de Granos y del funcionamiento de otros trenes.

FEP no es un tren de carga, sino una máquina de deslin-dar responsabilidades. FEP no echa la culpa de sus pérdidas al plan excesivamente optimista que tenían sus gerentes antes de tomar el servicio. Tampoco al desmanejo de la compañía y su falta de eficiencia y su escasa inversión.

FEP responsabiliza del desastre a los siguientes fenómenos exógenos:

Las lluvias;

la rebaja de tarifas de su principal competidor, el camión de carga;

la desintegración de la Unión Soviética y

la baja del precio internacional de los granos.

Las lluvias inundaron varios kilómetros de vías y las inutilizaron, pero no es de empresarios serios hacer pagar el precio de la catástrofe natural al resto de los argentinos. La rebaja de la tarifa del camión se produjo, entre otras razones, por la importación masiva de estos vehículos. Pero si Ferroexpreso Pampeano arreglara las vías para que sus trenes pudiesen andar a más de 50 kilómetros por hora los vendedores de granos abandonarían el camión y se treparían a la locomotora del consorcio sin dudar un instante.

La desesperación por dejar de perder dinero hizo caer a los hombres de FEP en actitudes curiosas. Una muy curiosa fue figurar como moroso en el pago de la cuota semestral para la Asociación Latinoamericana de Ferrocarriles (ALF).

La cuota valía 5 mil pesos y FEP se olvidó de abonar tres.

ALF primero lo intimó, después lo sacó de la lista de socios y en junio de 1994 todavía luchaba para cobrarle los 15 mil dólares adeudados.

Otra muy curiosa fue la desaprensión mostrada en el cuidado de un tramo de vías de la provincia de Buenos Aires, lo que hizo que General Villegas se quedara sin tren desde el 15 hasta el 30 de noviembre de 1993.

La tercera actitud curiosa de los hombres de FEP fue dibujar subterfugios contables para excluir del rubro pérdidas 8 millones de dólares y hacer aparecer como propias máquinas y bienes cedidos por FA sólo mientras dure la concesión y no para siempre.

Esta es la réplica oficial del grupo Soldati sobre el caso Ferroexpreso Pampeano:

* El consorcio no pidió más plata al Estado. Sólo evaluó la posibilidad de que todos los accionistas contribuyeran con un nuevo aporte de capital proporcional a sus participaciones accionarias.

* El consorcio reconoce que ha pedido la flexibilización y adecuación de cláusulas vinculadas a la inversión prometida.

* El consorcio justifica ese pedido de cambios porque el negocio del transporte de cargas no guarda relación con el pedido de inversión que figura en el pliego.

* Los malos resultados no son culpa de la administración sino de razones de fuerza mayor ajenas al consorcio.

* Desde 1991, los accionistas hicimos un aporte de capital de 17 millones y medio de dólares y garantizamos un préstamo de la Corporación Financiera Internacional por 33 millones de dólares.

El grupo Soldati también fue acusado por delitos o pecados que nunca se terminaron de probar.

Uno de ellos es la presunta violación de su empresa DAPSA a la Ley de Residuos Peligrosos por haber utilizado sustancias contaminantes que superarían los límites de lo permitido. DAPSA significa Destilería Argentina de Petróleo Sociedad Anónima. DAPSA es propiedad del grupo Soldati en un 50 por ciento, a través de la Compañía General de Combustibles. DAPSA elabora y vende al país y al exterior solventes, aguarrás, combustibles, aceites específicos y destilados especiales.

DAPSA empezó a ser investigada en julio de 1992 por Severo Clavijo, 55 años, casado, 3 hijos y 5 nietos. Clavijo se empezó a ocupar obsesivamente no sólo de DAPSA, sino de todas las empresas petroleras y químicas que operaban en Dock Sud. Clavijo asegura tener pruebas de cómo las empresas lanzan contaminantes al río y el aire y buscó el apoyo de los vecinos para formular la correspondiente denuncia. El 6 de enero de 1993 Clavijo envió a la secretaria de Medio Ambiente, María Julia Alsogaray, un escrito con la denuncia. En la denuncia involucró a las empresas Shell, Molinos Río de la Plata y Compañía Química Argentina. También involucró a DAPSA, del grupo Soldati, a la que acusó de violación a la Ley de Residuos Peligrosos por:

* depositar en terrenos del Puerto Dock Sud barros industriales sin tratamiento previo; según Clavijo, DAPSA utiliza petróleo crudo, aceite base, gas isobutano, ácido graso y aditivos para elaborar solventes, grasas, aceites lubricantes, insecticidas y fluidos desinfectantes;

* arrojar al Arroyo Sarandí y el Río de la Plata 40 metros cúbicos de líquidos cloacales y 12 mil metros cúbicos de líquidos industriales por día sin suficiente tratamiento descontaminante;

* lanzar el humo que emana de sus chimeneas con partículas y gases que podrían ir a la zona más cercana e incluso al centro de la ciudad de Buenos Aires;

* quemar desechos sólidos dentro de la empresa, produciendo así densas nubes que, de acuerdo a los vientos, afectan las costas argentinas o se trasladan río adentro.

Clavijo le prestó su denuncia al diputado nacional mandato cumplido Federico Zamora, de la UCeDé. Zamora la copió textual y la presentó ante el juez federal Mario Blanco. Zamora pidió que se consideraran violadores de la Ley de Residuos Peligrosos a Shell, Victorio de Benardi, Compañía Química Argentina, Ciaba, Molinos Río de la Plata Dock Oil y DAPSA.

El juez Blanco puso manos a la obra el 14 de julio de 1992. Hizo investigar a muchas de las empresas denunciadas. Analizó las conclusiones del fiscal y las objeciones de los defensores de las compañías. Se hizo cargo sólo de las denuncias por contaminación atmosférica, ya que las hídricas no corresponderían a su jurisdicción. El 22 de abril de 1994 Blanco dictaminó que no se puede aplicar la Ley 24.051 de Residuos Peligrosos porque no hay forma de saber fehacientemente si el humo de las fábricas va hacia la provincia de Buenos Aires, donde él tiene jurisdicción.

Y el 10 de mayo el mismo juez aclaró, en conversación con el autor:

—*Esto no implica una absolución. Tampoco implica que la empresa no haya contaminado la zona. Sólo implica que el Código Penal no contiene normas que repriman contaminaciones atmosféricas como las denunciadas.*

Otra contaminación más grave se produjo en Avellaneda.

Fue la del gas tóxico que mató a seis personas en un santiamén y que colocó de nuevo a Aguas Argentinas en el centro de las miradas de la gente.

Sucedió el lunes 26 de setiembre de 1993 en una casa de la calle 25 de Mayo 316.

Cuatro integrantes de la familia Nuin murieron al inhalar un gas tóxico que venía de sus desagües cloacales. También murieron el conductor de la ambulancia y el enfermero que iba dentro de ella para tratar de salvar a los intoxicados.

Los tres entes presuntamente responsables de controlar que esto no ocurriera se echaron la culpa entre sí y todavía no se sabe quién debe cargar con la cruz, además de un tal Juan Ernesto García, el dueño del camión cisterna que tiró desechos químicos por la zona donde se produjo el desastre.

El intendente de Avellaneda, Baldomero Alvarez de Olivera, declaró:

—*El control de la red cloacal, por donde habría entrado el gas letal, es responsabilidad de Aguas Argentinas, mientras que los líquidos que vuelcan las empresas habilitadas al sistema cloacal deben ser controlados por la Secretaría de Recursos y Medio Ambiente Humano.*

La secretaria de Recursos Humanos y Medio Ambiente, María Julia Alsogaray, explicó:

—*No es más que un acto criminal concretado a través de una actividad clandestina que no fue objeto del control municipal correspondiente.*

Y el gerente de Relaciones Públicas de Aguas Argentinas, Gregorio Díaz Lucero, agregó:

—*Nosotros tomamos algunas muestras en distintos puntos de la red cloacal de Avellaneda, pero la responsabilidad de los controles es del poder público.*

Veinte días después del accidente mortal, Aguas Argentinas creyó necesario aclarar que:

* la compañía cubre los servicios de agua potable y desagües cloacales, pero no se ocupa de los sistemas de desagües pluviales;

* no tiene a su cargo el control de la contaminación ni preservación de los recursos hídricos que han sido expresamente excluidos de la concesión;

* no tiene poder de policía para controlar y/o sancionar a quienes vuelcan efluentes industriales en los desagües cloacales;

* el poder de policía lo tiene el gobierno nacional.

Santiago Soldati negó enfáticamente la versión de que desde Sociedad Comercial del Plata se hayan enviado memorandos a los noticieros de Telefé y Radio Continental para que no hablaran del asunto del gas tóxico.

Soldati posee el 14 por ciento de ambos medios.

Y no hay que ser experto en comunicación para saber que ni siquiera el *Washington Post* publica información que perjudique los intereses del diario o de sus compañías vinculadas.

Lo último que se le puede achacar al grupo Soldati no es exactamente un pecado.

Es la vocación de haber incorporado al grupo a personas que también ocuparon altos cargos en los lugares claves del Estado.

Esta es una lista incompleta:

Francisco Soldati hijo: Fue asesor de la Dirección de Política Económica y Financiera entre 1967 y 1969. Lo ascendieron a Director de Finanzas, puesto donde permaneció desde 1969 hasta 1971. Fue director del Banco Central durante la gestión de José Alfredo Martínez de Hoz. Tomó el control del grupo desde 1979, cuando asesinaron a su padre. Fue su presidente hasta el día en que murió, el 5 de mayo de 1991.

Roberto Alemann: Subsecretario de Economía en 1959, ministro de Economía en 1961, embajador en Washington en 1962, representante de la Unión de Bancos Suizos en la Argentina, fue designado director de la Compañía General de Combustibles en 1967. Alemann firmó un decreto de aprobación de un nuevo y polémico contrato de la Italo con el Estado en 1961.

José Alfredo Martínez de Hoz: ministro de Economía, Finanzas y Obras Públicas de la Intervención de Salta en 1956, presidente de la Junta Nacional de Granos en 1957, secretario de Agricultura y Ganadería en 1962, ministro de Economía en

1963 y también desde 1976 hasta 1981, fue director de la Italo desde 1969 hasta un día antes de asumir como ministro de Jorge Videla.

Francisco Norberto Castro: Contraalmirante, director de la Obra Social de la Armada, director de Administración de la Armada y director de Astilleros y Fabricaciones Militares, fue vocal del directorio de la Italo desde 1972.

César Bunge: ministro de Comercio en 1955, secretario de Finanzas en 1959, fue director de la Italo en los años setenta.

Víctor Pesci: Trabajó en YPF antes de convertirse en el gerente general de la Compañía General de Combustibles, el brazo petrolero de la Sociedad Comercial del Plata.

Adolfo Sánchez Zinny: Fue uno de los directores de YPF durante el gobierno de Raúl Alfonsín. De allí pasó a Interpetrol, la trading petrolera del grupo Soldati.

Pedro Sebess: Fue la mano derecha del ministro de Economía en representación de Bunge & Born, Néstor Rapanelli. Pasó por Arcor raudamente y se fue casi espantado. Ahora es el hombre que maneja las finanzas de todo el holding de Soldati.

Nicanor Costa Méndez: Canciller de los presidentes de facto Juan Onganía y Leopoldo Galtieri, Costa Méndez fue presidente de la Compañía General de Combustibles.

Eduardo García del Solar: Fue interventor de Aerolíneas Argentinas durante el gobierno de Alfonsín. Ahora integra el directorio del grupo.

Jorge Wehbe: Ministro de Economía del presidente de facto Reynaldo Benito Bignone, trabajó en el grupo después de la muerte de Francisco Soldati padre.

Rodolfo Terragno: El ex ministro de Obras y Servicios Públicos de Alfonsín fue antes de eso el hacedor del house organ de la Compañía Italo Argentina de Electricidad. A Terragno se le atribuye haber convencido a Pancho Soldati para meter al grupo de cabeza en las privatizaciones.

Mario Guaragna: Es el responsable de la parte de construcciones del grupo que incluye Comercial del Plata Construcciones, Mac Kee del Plata, Gesiemes, Cosarco, Tren de la Costa y las UTES, inmobiliarias que se anotan en cualquier proyecto. Fue el segundo hombre de Dromi en el Ministerio de Obras y Servicios Públicos en la primera etapa del gobierno de Menem. Debió haber analizado y controlado los pliegos del ramal Rosario-Bahía Blanca que ganó Ferroexpreso Pampeano, donde tiene participación el grupo Soldati. También participó en la discusión sobre la tarifa telefónica con la que debían arrancar las empresas privatizadas. Una de esas empresas es Telefónica, en la que Soldati participó hasta que vendió su parte en 1993.

Guaragna es afiliado a la UCeDé, uno de los partidos a los que el grupo Soldati dona más dinero.

4. Soldati: "Nunca vi un millón de dólares juntos"

El dueño de uno de los seis grupos económicos más importantes de la Argentina, Santiago Tomás Soldati, 51 años, doctor en Economía, casado, tres hijos, Libreta de Enrolamiento 4.616.117, Cédula de Identidad 4.473.172, Acuario en el horóscopo occidental y Cabra en el chino, habló durante más de cuatro horas de asuntos que jamás había mencionado en público, según reconoció él mismo al terminar la sesión.

Soldati confesó que se descompuso durante su noche de bodas; negó una y mil veces que su padre haya sido accionista de la Compañía Italo Argentina de Electricidad; aseguró que nunca vio un millón de dólares juntos; reconoció que gasta cerca de 30 mil dólares por mes; admitió que su grupo puso no más de 300 mil dólares en la última campaña presidencial; precisó que no es amigo de un empresario prófugo de la justicia norteamericana y socio de una de sus empresas pero admitió que se lo presentó a Menem; adelantó que declinaría la oferta para ser ministro de Economía; reconoció que la presidencia del grupo le cayó por sorpresa, definió a Cavallo, Rodolfo Díaz, Carlos Corach y Conrado Storani como sus amigos políticos; sugirió que su padre fue asesinado por culpa del periodismo al suministrar información errónea; habló de la desgraciada muerte de su hermano y de su sobrina y narró con lujo de detalles su secuestro, al que le agregó dosis iguales de dramatismo y humor.

Soldati fue el más democrático de todos los hombres de negocios consultados para este libro. Recibió al autor sin apuro y contestó pacientemente sus preguntas, incluso las más incómodas. Puso a su disposición información pública y confidencial y movilizó para eso a todos sus gerentes. Demostró que tiene buen gusto al no interponer en ningún momento su condición de accionista de *Continental*, la radio donde trabaja quien esto escribe.

Los encuentros fueron dos.

El primero se realizó entre las 8.30 y las 11.30 del viernes 18 de marzo de 1994. El segundo se hizo entre la una y las cuatro de la tarde del viernes 26 de marzo del mismo año. Las entrevistas se concretaron en su oficina: exactamente en el que fuera el despacho de su hermano Francisco, absurdamente muerto en mayo de 1991 después de caer de un caballo mientras jugaba polo.

En ambas oportunidades usó un traje gris, príncipe de Gales. En la segunda cita se puso una camisa celeste con gemelos en los puños y una corbata azul y roja, discreta y de buena calidad. Durante el tiempo que duraron las conversaciones, sólo interrumpió para tomar agua mineral, almorzar un sándwich o ir al baño, en cuya repisa se encuentra su colonia preferida, Jean Marie Fariná.

La oficina tiene 12 metros cuadrados. Su escritorio es austero y está siempre lleno de papeles. Las paredes están empapeladas y su color es el borravino. El baño está empapelado con papel estilo búlgaro. Mientras hablábamos, sonaba Radio Clásica. En el momento en que narró cómo lo secuestraron, se oyó una ópera cantada por una soprano exquisita.

¿Es necesario que le cuente los detalles de mi secuestro?

Fue el 29 de abril de 1973, antes de que asumiera el gobierno de (Héctor) Cámpora. Estábamos todos por almorzar en La Elina, festejando el cumpleaños de mi padre y de mi madre, ya que los dos nacieron un primero de mayo. En eso, se acercaron los secuestradores. Pero nosotros no nos sorprendimos. Creímos, en un primer momento, que era gente del pueblo y andaba por ahí. Era cerca de la una de la tarde. Entonces dos de ellos se arrimaron y yo me acerqué para ver qué querían.

En ese momento salieron siete personas de atrás de los árboles y me secuestraron.

La verdad es que ellos estaban más nerviosos que yo, y me parece que me eligieron al voleo. No recuerdo bien si mi padre les gritó:

—¡Están equivocados: al que tienen que llevar es a mí!

De lo que me acuerdo es que la custodia que teníamos nosotros ni se dio cuenta. Es que no era muy aparatosa. Y mi padre nunca quiso que se hicieran notar. Daban la sensación de que no existían. En realidad, no existieron. Porque los custodios, mientras me secuestraban, comían tranquilamente en otra parte de la estancia.

Yo forcejeé un poco hasta que me encañonaron.

Me llevaron así hasta los autos, que estaban en la entrada del parque. Y los custodios se dieron cuenta de lo que pasaba cuando estaba llegando a la puerta.

Ahí empezaron a tirar.

Fue la primera y última vez que sentí tiros muy cerca de mi oreja, y no se lo recomiendo.

Me asusté mucho. Pararon sólo cuando grité, desesperado.

—¡No tiren, no tiren!

Justo había llegado en su auto mi tío Tomás de Estrada con su mujer, la hermana de mi mamá. Los secuestradores bajaron a mi tía y se llevaron a Tomás junto con su auto. Esto fue bastante gracioso, porque mi tío, que cuidaba los autos como si fueran bebés, le dijo al secuestrador que manejaba su Fiat Rural:

—Viejo: vaya despacio. Vaya despacio que es auto nuevo.

A mí me metieron en el piso de la parte trasera de un Chevy. Yo temblaba de miedo y rezaba. Tenía 30 años. Y el mío era el segundo o el tercer secuestro después del de (el presidente de la Fiat en Argentina, Oberdan) Salustro.

Me depositaron en un lugar. Allí se bajaron y me entregaron a otros. Me llevaron primero a una casa. Después me llevaron a varias casas distintas. Repito: ellos estaban más nerviosos que yo. ¿Si les vi la cara? Sí, les vi la cara. Y todavía recuerdo algunas.

¿Cómo fue el cautiverio?

Prácticamente no comí. Solamente tomé agua y mastiqué, creo, un poco de jamón. Ellos me hablaban de la Italo. Yo les explicaba que mi padre era el presidente pero que no tenía participación. Que era un delegado de los accionistas suizos.

Con el correr de las horas fuimos tomando confianza. Y uno de ellos me pidió que le enseñara a jugar bridge, un juego que acababa de aprender. Hay algo que recuerdo muy nítidamente: una radio que escuchaba de lejos, pasaban a cada rato *La Montaña*, el tema de Roberto Carlos.

Hace unos días, cuando viajé con Menem a Colombia, entré a una disquería, escuché otra vez ese disco, me emocioné y me lo compré.

Dios, lo del secuestro fue un shock fuerte.

Tuve que irme tres meses a Suiza para recuperarme. Después volví a Buenos Aires. Se me pasó. Salí del pozo solo, sin ningún psicoanalista. Por suerte para (mi esposa) Eva y para mí no teníamos chicos todavía.

¿Es necesario también que le cuente a qué hora nací y cuánto pesé?

No me acuerdo a qué hora nací, ni cuánto pesé. Sé que nací en el Sanatorio Anchorena y me parece que fue a la mañana. No creo que hubiera muchísima expectativa porque yo era el tercero. Ya habían nacido mis hermanos Francisco y Alejandro y seguramente mis padres esperaban a una mujer. Ahora peso entre 67 y 70 kilos y mido 1 metro 78 centímetros.

Mi infancia fue como la de todo el mundo.

La pasé jugando al fútbol con mis amigos y los hijos de los porteros en la cortada de la calle Copérnico (en Recoleta). Hasta los 17 años viví allí, con mi familia. Yo al fútbol jugaba de wing izquierdo. Pero no me atrevería a decir que soy muy zurdo. Pateo con la izquierda, tiro piedras y lanzo la jabalina con la misma mano, escribo y juego al tenis con la izquierda. También jugué un poco al rugby y no lo hice tan mal. Jugaba de medio scrum. Jugué en San Jorge, en el Belgrano Day School y después en Alumni, hasta que a los 17 años me fui a estudiar a Suiza.

La fiesta de la cortada se acabó cuando me mandaron al internado.

Al internado San Jorge, en Quilmes.

Vivíamos ahí. Podíamos salir cada tres meses. Y nuestros padres venían a vernos un sábado por mes, a la tarde.

¿Si se parecía a una cárcel? ¡No! Yo pasé mis mejores momentos en ese colegio. Aprendí a vivir solo. Me marcó. Me sirvió para cuando fui a estudiar a Europa a los 17 años. Es cierto que en el internado no estaba completamente solo: tenía la ayuda de mis hermanos. Ellos iban 3 o 4 años arriba mío.

Nunca me voy a olvidar que todos los domingos teníamos que escribir cartas a nuestros padres. Era algo muy interesante y profundo. No había teléfono. Y lo de las cartas de los domingos era un rito colectivo.

Era un colegio exigente. Era anglicano y había mucho deporte. Era de varones solos. Estuve allí desde los 9 a los 14. Y a los 15 volví, en tercer año, al Belgrano Day School, donde había estado desde jardín de infantes hasta tercer grado. Di cuarto año libre mientras cursaba tercero. Pero no di libre porque era un bocho. Lo di porque había adquirido una experiencia bárbara de tanto dar exámenes en diciembre y en marzo.

Al colegio íbamos en tranvía. Lo tomábamos de Ocampo para adelante. Porque desde allí la tarifa costaba...¡5 centavos menos! Y era justo lo que salía un Cremalín. De manera que llegábamos a la casa de la calle Copérnico con el Cremalín en la mano y superagitados, porque no queríamos contar a nuestros padres que caminábamos para comprarnos una golosina.

La casa de Copérnico nunca fue nuestra.

Mi padre la alquilaba. (Mi padre siempre alquiló). Recién se compró una casa en 1970. La casa donde ahora vivimos con mi familia. En Copérnico vivíamos los tres hermanos (Francisco, Alejandro y Santiago) en una habitación y las dos hermanas (Verónica y María Pía) en otra. El único lujo que teníamos era una niñera, que vivía, por supuesto, en un cuarto aparte.

Nunca vivimos de manera espectacular.

En el campo, por ejemplo, teníamos una casa muy chiquita y se iba agrandando a medida que nacíamos nosotros. Ahí también los hombres vivíamos en una habitación y las dos hermanas juntas en otra. Pero mi padre, aunque usted no lo crea, también construyó la casa de los peones. Y yo le aseguro que no tiene nada que envidiarle a la nuestra.

En la primaria nunca fui burro ni sobresaliente. Posiblemente yo haya madurado más tarde de lo normal. Pero hoy no me puedo quejar. En el secundario me perdí dos veranos completos. En tercer año me quedé con una o dos. Siempre eran las mismas: dibujo y música. Digamos que mi sensibilidad artística no era descomunal. En matemática era bueno pero nada sobresaliente. Me gustaban, sí, la geografía y la ciencia. En lo que era malo malo es en composición. No me salían por nada del mundo. Creo que me empezaron a salir bien después de varios veranos y con ayuda de profesores.

Mi padre y mi madre nos educaron de verdad. Nos enseñaron a vivir una vida austera y normal. Nunca veraneamos en Punta del Este. Siempre íbamos al campo. Y sólo una vez, cuando éramos muy chicos, nos fuimos a Mar del Plata.

Me acuerdo que mi abuelo Laínez tenía un departamento frente a la playa Bristol. Me acuerdo especialmente del viaje en tren. Cargábamos con valijas y baúles. A mí me parecía toda una aventura. Sin embargo, todas las vacaciones las pasábamos en el campo, en La Elina, con caballos, primos y mucho juego.

La verdad es que, hasta los 16 años, nunca veraneé fuera del campo.

Pero ni en esa época, ni nunca me sentí relegado ni abandonado por el hecho de ser el tercer hermano. Además, Francisco era muy metedor, muy capaz y muy responsable y nos abrió el camino a Alejandro y a mí. Por otra parte siempre fuimos muy pegados.

Cuando mi hermano Francisco murió (en mayo de 1991) yo no lo podía creer. Y a veces, todavía, me cuesta creerlo.

Yo estaba en Inglaterra. El cumplía 51 años. Lo estaba por llamar para decirle feliz cumpleaños. Pero reflexioné, y llamé primero a mi mujer, para que no se enojara.

Ella me dio la noticia del accidente. Yo le dije:

—*No es posible. No puede ser Francisco. Tiene que ser otro.*

Me parecía imposible. Me parecía mentira que él hubiese tenido un accidente así, jugando al polo. El se cuidaba. No arriesgaba nunca. Era medido. Jugaba con la cabeza (pensando). Se cuidaba especialmente de los accidentes. Incluso, cuatro años atrás, a mi hermano Alejandro le había pasado lo mismo: se había caído del caballo de polo, se había golpeado la cabeza contra la tierra con el casco puesto y había entrado en coma por cuatro días. ¿Sabe quién atendió a Alejandro de inmediato e evitó así que le pasara algo más grave? Francisco. Qué cosas tiene la vida: Francisco pudo salvar la vida de Alejandro, pero no pudo salvar la suya.

Colgué con mi mujer y se me vino el mundo encima. Fue un verdadero drama. La cabeza me daba vueltas. Estaba conmocionado. Tenía esperanzas de que se iba a salvar. ¿Cómo era posible que un golpe en la cabeza tan despacio, tan ridículo, tan absurdo matara a mi hermano?

No.

Lo que usted dice no es cierto. Mi hermano no murió porque comió demasiado ni tomó más de la cuenta. Ni Francisco ni Alejandro tomaron nunca mucho. Se puede decir que él (Francisco) se despidió de la vida la noche anterior, cuando sacó el 5 del 51 a las velas, dejó el 1, y dijo:

—*Tengo un año. Voy a empezar una nueva vida.*

Y verdaderamente la empezó.

Para mí fue un shock enorme.

Me desarmó. Pensé:

—*Es el momento de demostrarles a él (a Francisco) y a mis padres (ya muertos), que ya estaba listo como para poder hacerme cargo de nuestra empresa*

Por supuesto que para mí fue sorpresivo pasar de un día para el otro a presidir Comercial del Plata. Tan sorpresivo como la absurda muerte de mi hermano. Y no es que yo nunca pensé que me iba a hacer cargo (de la presidencia) tan rápido. La verdad es que nunca se me pasó por la cabeza que lo iba a reemplazar.

Fue un golpe muy duro. Pero no fue el primero: el primero y quizá más serio fue cuando murió papá.

Habíamos estado años bajo su conducción y le aseguro que no era nada fácil suplantarlo. Mi papá nunca presintió que lo iban a asesinar. El no tenía guardaespaldas. Nadie tuvo ni tiene guardaespaldas en la familia. A mí me secuestraron del mismo modo inexplicable que mataron a papá. Y todavía nos preguntamos por qué lo hicieron.

¿Por qué? Si nunca entramos en negocios para desplazar a nadie. Nunca anduvimos en algo sórdido o ideológico. Ellos lo asesinaron, pero yo no ejercería ninguna venganza hacia esa gente. ¿Perdonar?...yo no puedo perdonar. El único que puede perdonar es Dios.

Y yo no soy Dios.

Yo no puedo perdonar porque lo que han hecho con mi padre no tiene perdón. El no jorobó a nadie. No tuvo ninguna participación en nada raro.

Lo que mató a mi padre fue un error de información. Un grave error de información de algunos medios, de ciertas personas que han escrito que mi padre y mi familia fueron accionistas de la Italo.

Mi padre nunca fue accionista. Fue un director profesional. Como fue director de Nestlé o de la Compañía Braun Boveri en

Suiza. Lo secuestraron porque lo complicaron con ciertos supuestos negociados de la Italo.

Todo mentira y fantasia.

Pero lo mataron y yo tuve que asumir en CGC y Francisco en SCP.

Ese sí fue un gran shock.

Lo de mi hermano Francisco también lo fue. Sin embargo, yo, en vez de paralizarme, lo primero que hice fue algo que él tenía pensado: nombrar gente operativa y decidida en los cargos importantes. Así entraron (Jorge) Romero Vagni, (Augusto) Bonardi, (Pedro) Sebbes, (Mario) Guaragna, Morón y Fiocchi.

Para serle sincero, me costó mucho ocupar la oficina, el escritorio y la silla que correspondían a mi hermano. Algunas mañanas me acercaba tímidamente, abría la puerta y me gustaba pensar que estaba mi hermano.

Pero evidentemente no estaba. Y cuando me fui acomodando, tuve la extraña sensación de ocupar un lugar que no era mío.

No puedo decir que soy el único responsable del éxito del grupo. Puedo decir:

Desde que yo estoy al frente de Sociedad Comercial del Plata hemos tenido un gran crecimiento. Quizá el más importante de toda la historia. Pero mi hermano Francisco llevó muy bien la empresa. El fue el iniciador de este proceso de crecimiento. Pero tanto a mi hermano como a mí nos acompañó un equipo de gente. En estas cosas no hay un one man show.

Si tengo que elegir un año para señalar nuestro crecimiento, ése es 1989. Ahí se produjo el gran salto del grupo y el gran salto del país. Desde ese momento hasta ahora el Producto Bruto de la Argentina creció el 27 por ciento. Y nosotros acompañamos este clima.

Me sentí más fuerte cuando tomé conciencia de que no sólo estaba ocupando la presidencia. De que también tenía la responsabilidad de defender los intereses de la familia: hermanos, viudas, cuñados y cuñadas, hijos y sobrinos. Es bueno que ellos sepan que para trabajar en este grupo hay que estudiar mucho, recibirse, procurarse su propio sostén, vivir de nuestro propio trabajo y no de rentas.

Yo les digo siempre a mis sobrinos:

—Ustedes tienen que hacer su vida y no esperar todo de la compañía.

Ojalá algún día yo los pueda convocar para trabajar con nosotros no por ser parientes, sino por ser valiosos. Pero para demostrar que son buenos primero tendrán que ponerse a prueba afuera, y no en la propia empresa.

Lo mío fue distinto.

Mi padre era el único accionista y podía pedirnos que trabajemos o no. Pero ahora los accionistas somos muchos. Y yo no tendré derecho a poner a trabajar a mis tres hijos en la compañía y al mismo tiempo tendré derecho a decirle a mi sobrino:

—*Ustedes aquí no trabajan.*

Pero le puedo asegurar que no tenemos ningún problema familiar. Mantenemos reuniones trimestrales donde nos juntamos mis hermanos y mi cuñada, Ariene (la viuda de Francisco Soldati). Invitamos a los directores de la compañía para que cuenten cómo se están desarrollando los negocios. Y tratamos con sinceridad los temas familiares.

La muerte de (mi hermano) Francisco no dividió ni repercutió en la familia. El hecho de tratar con (su viuda) Ariene y no con Francisco tampoco genera conflicto.

Lógico: con Francisco era todo más fácil porque nos conocíamos mucho. Ariene conoce menos. La situación sería igual si yo me hubiera muerto y mi mujer se metiera acá. Mi mujer no sabe lo que pasa en la empresa.

¿Cuál es el patrimonio familiar?

Si usted quiere saber cuánto tiene la familia debe remitirse al valor de la Bolsa. Sociedad Comercial del Plata vale cerca de 700 millones de dólares pero la familia Soldati tiene un poco más del 40 por ciento de las acciones. El holding familiar se llama Solfina. Y Solfina tiene el 44,6 por ciento de las acciones de Sociedad Comercial del Plata (SCP). Antes teníamos un poco más del 50 pero nuestra participación se redujo por la ampliación de capital que hicimos el año pasado. Nos pareció bien que SCP tuviese más accionistas. La reducción de participación no nos hace perder el control. Además, el control no depende sólo de la cantidad de acciones sino de la calidad de gestión.

Solfina la integramos los cinco hermanos Soldati en partes iguales. (Alejandro, Santiago, María Pía, Verónica y, por Francisco, su viuda, Ariene, y sus cuatro hijos).

¿Por qué me tiene que parecer injusto que Solfina esté dividida en partes iguales?

Ese fue el deseo de mi padre...

¿Usted lo dice porque algunos trabajamos en el grupo y otros no? La diferencia entre los que trabajamos y los que no trabajan en el grupo es que cobramos un sueldo por hacerlo. Mis hermanas no cobran ningún sueldo. Cobran solamente de las utilidades. Y hace cuatro años que las empresas no dan utilidades. Pero este año (1994) sí: creo que daremos dividendos por 10 millones de dólares. Además: esos dividendos no los cobran mis hermanas sino Solfina. Y Solfina es una empresa con deudas y otros problemas. Le quiero decir: esas utilidades no van necesariamente derecho a mi bolsillo o al de mis hermanos.

¿Mi fortuna personal? No sé calcular a cuánto asciende mi fortuna personal. En todo caso son acciones. Y no tienen precio porque no las vendo.

Se lo juro; nunca vi un millón de dólares juntos.

¿Cúanto gano yo por mes? Es muy difícil decirlo. Yo soy director de sociedades y presidente de sociedades. El sueldo más importante viene por los honorarios a los directores o presidentes de las empresas. Ese monto se discute en las asambleas. Es muy difícil decir una cifra. No me gustaría decirlo. Tendría que buscarme una declaración porque no lo sé. ¿Aproximadamente? Qué sé yo: serán 30 mil dólares por mes. ¿Y cuánto gasto? Y...más o menos lo mismo. En el campo gasto mucho. Gran parte de lo que gano lo gasto.

Mi tarjeta es American Express. Mi última declaración de bienes personales es muy parecida a la de 1991: cerca de 2.700.000 pesos. Y el grupo familiar, como le dije, tiene poco más del 40 por ciento. Pero tener es una manera de decir. Lo que tenemos, en realidad, son papeles.

La única vez que vimos dinero contante y sonante fue cuando vendimos las acciones de Telefónica y nos pagaron cerca de 118 millones de dólares. Eso existió, y no eran papeles.

Los negocios nunca dividieron a la familia.

Somos una familia muy unida, pero no nos pegoteamos. No somos la típica familia italiana. Vivimos todos en el mismo edificio, pero a veces nos encontramos en el ascensor. En realidad nos vemos todos los fines de semana en el campo. ¿Clan? No. No es correcto llamarnos clan. Casi no nos vemos.

¿Este anillo que tengo? Es el anillo familiar que me lo dio mi padre a los 17, cuando me fui a estudiar a Europa. Mis hermanas lo recibieron un poco antes. El anillo está en la familia desde 1558. Es el anillo de una familia de la que me siento muy orgulloso de ser miembro. El símbolo es un San Jorge matando a un dragón.

¿Cúando tuve mi primera novia? Hay un dicho que reza:

—*El caballero no tiene memoria.*

De todos modos le voy a contar:

La primera novia que me impactó se llama Teresa Blaquier. Es una de las hermanas Blaquier: Dolores, Mercedes, Marina, Malena Agustina y Margarita Blaquier. Eran 9 hermanos. Todos eran altísimos y muy lindos. A nosotros, los Soldati, en cambio, nos llamaban los honguitos, porque éramos muy petisitos cuando éramos chicos...comparados con nuestros amiguitos. Es curioso: porque de grandes resultamos más altos que la mayoría de los que nos llamaban honguitos. Unos crecen más rápido que otros, ¿vio? Pero lo importante es crecer.

Los Blaquier y los Soldati éramos muy amigos. Un hermano mío salía con una prima de ellos. Otro primo salía con otra.

Lo mío con Teresa fue a los 13 o 14 años. Lo único que me acuerdo es que ella era más alta que yo y que me cargaba por eso. Claro: las mujeres se desarrollaban antes. Nuestra estatura era algo que preocupaba a mi padre, por eso nos daba Activitob.

Yo estaba enamorado de Teresa, aunque no sé si a ella le pasaba lo mismo conmigo.

Se puede decir que éramos novios de vacaciones, pero yo pensaba en ella todo el año.

También tuve otra novia en el pueblo, en Monte. Se llamaba Susana Blanco. Era hija de un señor que tenía una empresa de construcción. La Elina, nuestra estancia, estaba a 15 kilómetros del pueblo. Y yo iba en bicicleta solamente para verla. Daba vueltas a la manzana y cuando me cercioraba que ella andaba por ahí, iba a la heladería y le dejaba pago un helado para cuando a ella se le ocurriera tomarlo. Después daba más vueltas. Las necesarias hasta confirmar que ella entraba a la heladería a tomar el helado. El heladero, que era bastante canchero, le avisaba. Yo esperaba además desesperadamente el domingo después de misa para verla.

En Suiza, adonde tuve que ir a estudiar, tampoco me fue mal. Tuve una novia inglesa, que se llamaba Pamela, y una sueca, que se llamaba Charlotte.

Yo tenía solamente 18.

Llegué a Suiza y el primer año me instalé en una casa de familia. Era una familia de profesores. Hacía un par de años que estaban mis hermanos. Ellos ya vivían solos. Íbamos a la universidad. En esa época no tenía conciencia del dinero. En realidad, nunca tuve demasiada conciencia del dinero. ¿A qué le llama usted dinero? Nosotros nunca tuvimos propiedades o plata para decir ¡Uhhh, qué bárbaro!

Vivíamos en la Estancia La Elina que era de mi abuelo Laínez. Esa propiedad venía de varias generaciones anteriores. Vivíamos todos juntos con los primos Cahen D'Anvers y los primos Laínez. Un poco más lejos vivían nuestros primos Estrada. Ellos también tenían otro campo muy lindo en Carlos Casares. La verdad es que mi madre heredó sólo 340 hectáreas. Exactamente 1.200 hectáreas dividido por cuatro hermanos. A mi madre le tocó un poco más de parque y un poco menos de campo. Nada del otro mundo. Y además no son campos agrícola-ganaderos. No es que nadie se iba a llenar de plata con eso. Monte es una zona un poco baja.

Lo más lindo que tiene es que está muy cerca de Buenos Aires. Y lo más valioso es que fue y es la cuna de toda nuestra familia.

Recién después de 30 o 40 años de casado mi padre fue comprando de a poquitito lo que se vendía alrededor del campo de mi madre. Pero yo nunca, nunca, tuve conciencia del dinero. O mejor dicho: la tuvimos con mis hermanos, en Suiza, cuando mi padre nos mandaba 300 dólares por mes a cada uno. Eso nos alcanzaba, justo, para vivir. En realidad: nos tenía que alcanzar si o sí, porque no se multiplicaban.

Los 300 dólares eran de 1960. Y el franco suizo valía 428. Mis padres nos daban, en total, 1.200 francos suizos. Lo justo para pagarnos la pensión, la nafta del Wolksvagen escarabajo y otras cosas. Por supuesto, para que se estiraran teníamos que cocinarnos, lavar la ropa y también plancharla. Yo era el cocinero de la familia. Era experto en spaghettis, arroz y milanesas. Todo lo más barato y de mucho volumen. El pan, el huevo y el arroz estaban presentes en todas mis recetas.

Tengo que decirle la verdad. Nuestro mayor ahorro en Suiza provenía de las invitaciones que nos hacían amigos mayores que nosotros. Entre nuestros mejores amigos estaban Günter Sachs, antes de ponerse de novio con Brigitte Bardot, William Golen y los tres hijos de David Niven, a quienes todavía seguimos viendo. Nos hicimos también amigos de Vittorio, María Gabriela y María Beatriz Chetaboia, tres príncipes italianos muy simpáticos. La madre de ellos era muy amiga de mi padre y de mi tío. Veíamos muy seguido al príncipe Juan Carlos, ahora Rey de España, quien iba a Loussane a visitar a su abuela, la reina Victoria. Todos los invitaban a comer cuando venían sus padres. Entonces comíamos para toda la semana.

En Suiza andábamos todo el día con un escarabajo Wolksvagen que había comprado mi padre. Nos duró 5 años y lo vendimos cuando ya no daba más. Tenía varios accidentes y abolladuras. Mientras se gastaba éste, nos compramos otro igual. Andábamos siempre con la nafta justa. El tanque continuamente marcaba "reserva".

Mi padre siempre tenía algún recurso para ayudarnos a superar las trabas de la vida.

A mí, por ejemplo, me mandó por primera vez a Punta del Este un año antes de partir a Suiza. Y lo hizo para que aprendiera a viajar solo. Tenía 16 años. Me acuerdo que nos fuimos con mi amigo Nicolás Avellaneda, Nico, un muchacho bárbaro que murió años después del corazón.

Nos tomamos el famoso barco a Colonia sin inconvenientes. Tomamos el Onda hasta Montevideo. Recogimos un taxi que nos llevó hasta la estación de tren. Al taxi le pagué con un billete de 100 pesos oro y el chofer dijo:

—*Esperen que ya vuelvo con el cambio.*

Todavía lo estoy esperando.

Esa fue una lección que jamás olvidaré. Ahora voy a todos lados con cambio y no me bajo del taxi hasta que no me den el último centavo de vuelto.

La única manera de comunicarnos con nuestros padres desde Suiza era por carta.

La llamada de teléfono era carísima y era una locura pegarse al tubo. Mis padres nos escribían los fines de semana y nosotros les teníamos que contestar también cada siete días. Mi padre detectaba en seguida cuando nos atrasábamos con las cartas. Poníamos una fecha anterior. Pero el sello del correo nos delataba. Entonces él, en la próxima carta, nos lo hacía saber. Todavía tengo en la memoria muchas de sus cartas. Fue algo que me impactó mucho, porque habla de la conducta de mi padre.

¿Por qué insisto tanto con las cartas?

Para que se dé una idea: mi padre consiguió nada menos que encauzar nuestras vidas a través de esas cartas. Nosotros le contábamos nuestros problemas y él nos respondía con la solución o las alternativas a seguir.

Una de las advertencias que me había hecho mi padre era:

—*Si te llega a ir mal en un examen, te volvés a la Argentina.*

Sabía por qué me lo decía. El había estudiado también en Loussane. Y por lo tanto sabía que allí había demasiadas chicas. Tantas como para perturbar los estudios. Imagínese. 17 años. Viviendo solo. Mujeres. Clima universitario. ¡Eso sí que era vida!

Mi hermano Francisco fue nuestro guía.

Estudiaba bien. Jugaba a todo. Tenía éxito con las mujeres. Era inteligente y emprendedor. En Suiza, conoció a su mujer, Ariene, que es egipcia y también estudiaba allí. El se casó con Ariene en Suiza. Y yo también pensé en casarme con Charlotte, pero cuando llegué a la Argentina empecé a salir con otras chicas. Y, especialmente, conocí a Eva (Thesleff), la que hoy es mi mujer.

Fue un verdadero amor a primera vista. Sucedió en octubre de 1969. Un amigo americano de Francisco y mío, Harry Fitzgibbons, había venido a Buenos Aires a pasear. Yo, para distraerlo, le dije:

—*Te voy a llevar a una recepción donde vas a ver chicas muy lindas.*

Era en Belgrano. En la casa de la familia de mi amigo franco-argentino Michel de Ganay. Entramos. Cerca de la escalera, había una rubia hablando con un amigo mío. Yo fui el primero que dije:

—*¡Pero qué mona es!*

Harry también se sobresaltó:

—*¿La conocés?* —preguntó enseguida.

Yo no la conocía. Sin embargo, cuando me acerqué, ella me reconoció. Me reconoció porque yo había salido con una amiga de ella, la hija del embajador de Canadá, que también era muy mona. Pero Harry no perdió tiempo y la empezó a llamar todos los días. La invitaba al polo, a comer, a cualquier lado. A mí también me gustaba. Pero él había arrancado primero y nadie era dueño de ella.

Esperé pacientemente que Harry volviera a Boston. Entonces la llamé un día, a las 9 de la noche, para que me acompañara a la despedida de un amigo que se iba a Europa.

Ella me respondió:

—*Mirá: nosotros en los países nórdicos comemos a las 7 y media y a las 8 y media estamos durmiendo. Ahora mismo estoy en la cama.*

Era la hija del embajador de Finlandia y para ella era el equivalente de la medianoche. Yo me desalenté:

—*Bueno. Si no podés venir otra vez será.*

—*No, no. Me cambio y voy para allá* —me dijo enseguida.

De manera que yo le cambié las costumbres y ella, desde ese día, me cambió la vida.

La seguí hasta Punta del Este, donde había ido a veranear con su padre. En enero de 1970 nos pusimos oficialmente de novios. Fue en un restaurante del puerto. Pero pasó el tiempo y ella se empezó a impacientar porque yo no le proponía matrimonio. El problema era que Eva, el 5 de mayo, debía volver a Europa. Y yo, en junio, tenía que volver a Suiza para presentar la memoria de la tesis.

Esperé hasta último momento: exactamente hasta el 20 de abril de 1970.

Era de mañana y fui a ver a mi suegro, el embajador Alexandre Thesleff, que estaba con su esposa Vava. Mi pedido de mano fue complicadísimo. Quise parecer gracioso, y le hice una ensalada que no se podía entender. Le dije:

—*Hoy es 20 de abril. Y en Argentina todo el mundo paga los impuestos hoy, que es el día que vencen. Con su hija me pasa lo mismo. Vengo justo a último minuto a pedir algo tan importante como la mano de su hija.*

Mi suegro no entendió mucho lo de los impuestos ni la relación que tenía con el pedido de mano de su hija. Igual aceptó. Y el 3 de diciembre me casé, en la Iglesia de la Merced, sobre la calle Reconquista, donde lo hicieron mis padres y todos mis hermanos. La verdad es que estuvimos muy pocos días efectivos de novios. La recepción se hizo en la embajada de Finlandia, en la calle Olleros. Y la fiesta en el Hotel Lancaster, donde también la hicieron mis padres.

¿Si pasó algo durante la noche de bodas? Usted no lo va a poder creer: ....¡no pasó nada! Es que me agarró un dolor de cabeza terrible motivado por un ataque de hígado muy fuerte mezclado con los nervios. Había pavo pero yo no lo quise probar. A la mañana siguiente me levanté como pude y me subí al

Volkswagen viejito que me vendió mi suegro y nos fuimos en auto para Sierra de la Ventana.

Pasamos la luna de miel allí porque mis abuelos tenían una casa muy linda. Paseamos por Mar del Plata. Pasamos la Navidad con la familia. Y antes de volver a Nueva York para seguir trabajando nos tiramos unos días en Jamaica.

En Nueva York alquilamos un departamento muy chiquitito, en la Setenta y Dos y Lexington. Fui a aprender finanzas y a conocer Estados Unidos.

Para que usted se dé una idea de cómo vivíamos debe saber que hasta que me casé yo no tuve mi propio departamento. Sólo cuando me casé mi padre me regaló el departamento en el edificio donde vivíamos todos. Y el alquiler del departamento de Estados Unidos lo pagué con el alquiler de mi flamante departamento en Buenos Aires. Mi padre no nos dejó ninguna herencia. Todo lo que tenía, nos lo donó en vida. Mi padre nos dejó un departamento para cada uno, las acciones de la compañía y el departamento donde él vivía. Lo único que dividimos los hermanos fueron los muebles de la casa de mi padre. Mi madre había muerto dos años antes de un cáncer al hígado.

Mi padre se deprimió mucho con la muerte de mi madre. Fue terrible-terrible-terrible. Creo que él hubiese preferido mil veces morir con ella. Junto a ella. Se había vuelto completamente... místico. Recuerdo que después de la muerte de mi madre nos tomamos unas pequeñas vacaciones en el sur de Francia. Había perdido el gemelo de su camisa... y fue a la iglesia a hablarle a mi madre para que lo ayudara a encontrar el gemelo.

Lo encontró.

El sin ella se encontró perdido. Mi madre cuidaba de la familia, tenía mucha energía, y le aportaba el equilibrio necesario a la pareja. Mi padre nunca se resignó a vivir sin ella. Nunca, de veras, se recompuso. Mi madre y sus dos hermanas murieron de cáncer. Primero murió la mía, después la madre de Mónica (Cahen D'Anvers) y finalmente la madre de los Estrada. Las tres hermanas eran bellísimas. Y mi madre, de verdad, era fantástica. Recuerdo muy bien cuando a fin de año nos daba plata a escondidas de mi papá para que pagáramos nuestras deudas en Suiza. Nos daba 100 o 200 dólares a cada uno. Y para nosotros era un verdadero milagro.

¿Si mi padre era un poco amarrete?

No. Al contrario. Si hubiese sido amarrete no se habría gastado un montón de dinero en nuestros estudios.

¿Por qué la gente piensa que los Soldati nadamos en dinero? Es una buena pregunta. Pero yo no sé por qué. Cuando hablo con la gente les digo:

—*Están equivocados. Esto es lo que tengo. Estas son mis cuentas.*

Pero por alguna razón que ignoro no me creen. Quizá confundan la permanencia del apellido con la acumulación de dinero. Pero esto tampoco lo sé. Evidentemente en la Argentina hay gente que ha ganado mucho, pero mucho dinero. No está mal. Pero éste no es nuestro caso. Hay gente que en una sola generación ganó mucho, mucho, mucho. Y seguramente son mucho más ricos que yo.

Mi padre no nos dejó millones. Nos dejó el nombre. Nos enseñó cómo cuidar el nombre de la familia. Y nos dejó un testamento escrito a mano en donde no se hablaba de dinero o propiedades sino que todo giraba alrededor de la familia. Donde nos aconsejaba cómo debíamos criar a nuestros hijos.

¿Cómo vivo?

Es cierto que tengo chofer, pero viajo con él, adelante. Y la mayor parte del tiempo me manejo en taxi. No tengo barco, ni lancha, ni avión, ni helicóptero.

Cuando vuelo, viajo en business, no en exclusiva ni en primera. Es cómodo y no es ostentoso. Y cuando viajo a lugares cercanos viajo en clase turista, a Chile o Paraguay. No me importa ni me da envidia que la mayoría de mis amigos viajen en primera. Y mi padre siempre viajaba en turista, hasta que en la compañía lo convencieron para que viaje más cómodo.

¿Tacaño? ¿Otra vez con eso?

Le repito que no soy tacaño. Yo gasto en lo que me interesa gastar. No en lo que se supone que uno tiene que gastar. Soy capaz de gastar mucho en un buen mueble o una excelente pintura. Pero jamás pagaría esas cifras astronómicas que hay que pagar en algunos hoteles. Cuando viajo a Nueva York no voy al Waldorf Astoria ni al Pierre, sino a uno que se llama Regency. Prefiero ir a uno más modesto y gastarme la diferencia... en un buen género para hacerme un traje a medida. ¿Por qué? A la habitación del hotel la uso unas horas. Al traje sé que lo voy a usar 4, 5 y hasta 6 años.

Mis únicos berretines son ir todos los fines de semana al campo con mi familia, andar en bicicleta, pasarlo juntos y correr.

Voy a misa todos los domingos. Y rezo todas las noches. A veces, cuando llego temprano, agarro a mis chicos alrededor de la cama y rezamos todos juntos. Es una costumbre que me fijó desde muy chico mi niñera irlandesa. Se llamaba Miss Word. Nos hacía rezar el Rosario en el campo todas las tardes. Me siento bien cuando voy a misa. Me siento bien cuando rezo de noche. Es algo que me relaja mucho.

También me confieso. Es cierto: no tan seguido. Pero la verdad es que no tengo tantos pecados. Bah, creo que no tengo tantos. Por ahí tengo cualquier cantidad, ¿no? En serio: me confieso dos o tres veces por año. Hay que estar en paz con uno mismo en Pascua, en resurrección y en Navidad.

Mis hijos, por supuesto, son una de las cosas más importantes de mi vida.

La mayor es Vanessa y tiene 13 años. El segundo es Santiago, con 11. Y la tercera Sofía, que tiene 9. Esa foto que ve ahí es en Cerdeña, en la casa de unos primos italianos, en julio, hace dos años. Todos van al colegio. Vanessa empezó la secundaria. Yo quisiera darles a mis hijos la misma educación que nos dio mi padre. Pero mi mujer no. Como buena hija de embajador, ha vivido tantos años en tantos distintos países. Fue a 12 colegios en 12 años. Y ella se pone un poco nerviosa con este sistema tan estricto. Los mandamos a un colegio bilingüe. Es un colegio muy exigente. Por ahí... demasiado exigente.

Quizá a mis hijos les cueste (estudiar) como me costó a mí, y más adelante salgan sin problemas.

Voy siempre al mismo sastre. Especialmente porque vive debajo de mi casa. Se llama Cherveny. Es muy simpático y yo soy muy simple, así que nos llevamos bien.

Claro que uso gemelos. Me parecen un buen toque de elegancia. Algunos hombres, como yo, son muy aburridos para vestirse. Tampoco soy de estar cambiando ropa todo el tiempo. La uso hasta que ya no da más y recién después de que Eva me da la señal de alerta. Y entonces le doy la ropa a Caritas o a alguna otra institución. Los gemelos que más uso son los que me regaló mi madrina, una hermana de mi padre, Julia Soldati, cuando me recibí de bachiller. Y también uso mucho el reloj que me regaló mi madre cuando conseguí mi doctorado. Me preguntó:

—¿Querés un Rolex?

Y yo le dije:

—No, quiero éste.

Lo tengo desde 1965 y es un Vacheron Constantin. Es suizo, por supuesto. Y es un reloj insuperable. Pero los que más uso son los Watch de plástico para los fines de semana.

Si me ofrecieran ser ministro de Economía declinaría la oferta sin pensarlo dos veces. Yo conozco bien mis debilidades y mis defectos. Y no sería muy responsable de mi parte aceptar. Sé que hay irresponsables que aceptarían sólo por estar cerca del poder. Yo no. De cualquier manera me sentiría halagado. Pero...momento. Porque tampoco quiero que se interprete que me estoy ofreciendo. La verdad es que no me siento capacitado.

¿Me pregunta si acompañé la política del gobierno militar?

Sí. Y puedo decir también que toda la Argentina la acompañó. Que los militares no vinieron solos. Cuando los militares tomaron el poder la mayoría de la gente, incluyendo políticos, empresarios y el pueblo los estaban reclamando. Todos esperábamos un cambio.

Que después hayan llegado los excesos... Yo diría que los militares no fueron los que empezaron la guerra. Y tampoco sé si es justa la condena a las juntas militares. Digamos que la justicia ha actuado. Y si la justicia en ese caso consideró que cometieron excesos... bueno... yo creo en la justicia. Pienso que muchos de los excesos no han sido manejados de arriba. Fue una guerra. Y en esta clase de guerra, cuando uno (de los bandos) pierde el control, pasan cosas que de ninguna manera tendrían que haber pasado.

Pero nosotros no fuimos ideólogos de la política económica del Proceso Militar.

Martínez de Hoz fue director de una de nuestras empresas (la Italo). ¿Y qué?

El es mayor y está vacunado. Nicanor Costa Méndez también fue presidente de la Compañía General de Combustibles después de la muerte de mi padre hasta que asumió como canciller pero... también es mayor y vacunado. Fue canciller. Actuó como tenía que actuar. Y a nosotros no nos preguntó nada. Martínez de Hoz tampoco nos consultó (para asumir como ministro de Economía). ¡Por favor! Se trata de una persona mayor de edad. ¿Por qué nos tenía que haber pedido permiso?

Yo no conocí tanto a Martínez de Hoz. Lo conocía más mi hermano. Cuando asumió como ministro llevó a mi hermano Francisco, al que conocía más, al Banco Central, que conducía Adolfo Diz.

Yo no siento como un peso lo de Martínez de Hoz.

¿Mis amigos en el gobierno? ¿de qué gobierno? ¿de éste, de ahora? ¿amigo... qué clase de amigo? Bueno, yo nombraría a Cavallo... por un lado. También lo era (Rodolfo) Díaz. Y lo era (Jorge) Triaca, a quien yo conocía de los coloquios de IDEA, en Bariloche. María Julia... claro... bueno: no sé si es una amiga. Sí, es una amiga. No: toda esta gente... no es que somos amigos de llamarnos por teléfono. Los conozco, "hola qué tal", nos juntamos. No es que yo voy a su casa y ellos a la mía. ¿Corach? Lo conozco desde cuando fuimos con un grupo de justicialistas a los Estados Unidos para que conocieran todo el tema petrolero. Antes de que Menem le ganara la interna a Cafiero. Corach era el apoderado del Partido Justicialista. Pero no sólo fue él: fue también (José) Manzano, fue (Miguel Angel) Toma, fue (Antonio) Cassia y el senador (Juan Carlos) Romero y el gobernador Néstor Perl. También conocía de antes a (el jefe de la SIDE, Hugo) Anzorreguy, del polo. Sus hijos son amigos de mis hijos. Conozco bastante a (Raúl) Alfonsín, a (Rodolfo) Terragno. Conozco mucho a (el senador nacional) Conrado Storani. Y de eso sí me siento orgulloso. Porque antes de asumir el gobierno radical Storani habló ante los miembros de la Cámara de la Industria

del Petróleo y tuvo palabras muy sentidas sobre
que, a pesar de que no pensaban igual, tenía un g
una alta estima por mi padre. Contó que cuando
mi padre lo fue a saludar. Yo me sentí muy bien p
momento especial: nosotros parecíamos delincue
tema de la Italo y mi padre había fallecido no hacía n

¿Cuánto dinero puse para la campaña presid   .ar? La verdad que no recuerdo. Son las empresas las que le van... poniendo (plata) a la gente. Pero yo diría... no mucho dinero. Yo diría... menos de 300 mil dólares. Es difícil saber, porque por ahí le pide un diputado, por ahí le pide otro. A un candidato a diputado de la UCeDé lo ayudamos. Pero ayudamos a los parti-dos... o a fundaciones, pero a un diputado no. Puede ser la UCeDé, pero porque hay menos gente. No, mire, en estas cosas somos... (hace una señal de amarrete). Yo voté a Alfonsín en 1983, a Angeloz en 1989 y en las últimas (en octubre de 1993), y voté por el justicialismo en las legislativas de 1991. Yo voto en la provincia (de Buenos Aires). Voté a Pierri.

Me pregunta si soy amigo de Marc Rich y si sé que está prófugo de la justicia de los Estados Unidos.

Esto sí quiero aclararlo: yo sé que a Marc Rich lo busca la Interpol y es cierto que yo presenté a Marc Rich al presidente en Davos. Pero también es cierto que Marc Rich no es mi amigo. Ahora... eso de que piden 750 mil dólares por su cabeza... me extraña mucho. ¿Por qué no lo atrapan si es tan malo como dicen? Si ellos (el FBI) saben dónde vive.

De cualquier manera la empresa Rich factura 30 mil millo-nes (de dólares) por año. Es una de las mayores exportadoras de granos de la Argentina. En el mundo, por ejemplo, está asociada con la compañía francesa mixta Total. En Rusia hay dos empresas que se llaman Total & Marc Rich. Si Total es socia de Marc Rich y es parte del Estado francés...¿le parece que Rich puede ser tan malo? ¿Le parece que un Estado como Francia puede asociarse a un delincuente? Tampoco es cierto que Rich no pueda salir de Suiza. ¡Si estuvo en España y otros países de Europa!

Yo no voy a negar que somos socios. Hemos hecho nego-cios juntos durante muchos años. Y ahora que él vendió la mayoría de sus acciones en la empresa seguimos siendo socios de la empresa, pero no de Marc Rich. Y eso de que Rich es un delincuente se lo pregunté una vez a un embajador suizo en otro país. Y él me dijo:

—*Mire: para nosotros Rich es una persona honorable. Si no, no estaría viviendo en Suiza. Podrá tener algún problema con la justicia en Estados Unidos, pero no es un criminal.*

Yo no sé si el de Rich con la justicia es un problema impositivo. O si se trata de que su empresa vendió o compró a

Irán petróleo cuando estaba bloqueado. ¡Sabe la cantidad de empresas que hicieron lo mismo! ¿Cómo cree que vivieron países como Sudáfrica o la misma Rusia con el embargo cerealero? Quizá Rich sea un chivo expiatorio. Pero no es mi amigo. Yo a Marc Rich lo vi tres veces. Nosotros los negocios los hicimos con los funcionarios de su empresa, con los gerentes.

Yo presenté a Marc Rich al presidente Menem porque Rich tenía mucho interés en entrevistarse con él. Estaba interesado en analizar proyectos de minería y quería saber cómo lo afectaría la futura ley de minería para el ingreso de capitales. No fue una reunión secreta. Fue una reunión protocolar. Estaban el canciller (Guido Di tella) y también (el secretario de Programación del Ministerio de Economía, Juan) Llach. Hay algunos mal pensados que creen que cada vez que uno se reúne con el presidente es para hacer el gran negocio. Pero la realidad es otra.

Usted siga preguntando, y si no le molesta vayamos comiendo. Ah, este salero me lo regaló mi hija en Navidad. Me preguntó qué necesitaba y yo le dije:

—*Un regalo para mi oficina.*

Lo compró en el negocio del pueblo, en Monte. ¿Es lindo, no?

No. Usted está equivocado. No tengo dentro del grupo a "muchas" personas que antes trabajaron para empresas del Estado. ¿A ver, quiénes son? Bueno... De cualquier manera yo no lo considero una falta de ética. David Mulford, el secretario del Tesoro que se retiró junto con George Bush, a los 10 días pasó al Credit Suisse First Boston de presidente.

(Mario) Guaragna fue contratado por nosotros después de ser secretario de Obras y Servicios Públicos. Y en el gobierno se ocupó del tema del peaje. ¡Pero nosotros no tenemos ningún camino ni ningún peaje! Guaragna trabaja en el sector construcción. Y nosotros los negocios de la construcción no los hacemos con el Estado. Les vendemos a empresas privadas. Arreglamos refinerías. Trabajamos para la Shell o para la YPF.

En el caso Guaragna no hubo incompatibilidad.

¿Sebbes? ¿Pedro Sebbes? ¿Pero qué información privilegiada puede tener para darnos a nosotros si su paso por el Estado (por el Ministerio de Economía) no fue tan prolongado? Además, antes de venir al grupo trabajó para Arcor. Cuando un hombre deja de trabajar para el Estado, al día siguiente deja de tener información privilegiada del Estado. Sebbes estaba (en el gobierno) con (Néstor) Rapanelli. Y nosotros lo tomamos de la administración Cavallo.

(Adolfo) Sánchez Ziny trabaja con nosotros en Interpetrol. Pero fue vicepresidente ejecutivo de YPF en la época radical, no ahora. Y después se fue. Lo que yo no le entiendo es eso de la información privilegiada y de la falta de ética. Lo que sucedió con Mulford sucede en todas partes del mundo.

Pero, ahora respóndame usted. ¿Qué debería hacer la gente que se va o la despiden del gobierno? ¿Ponerse en penitencia por haber participado del gobierno? Usted dice que es prolijo tomarse un tiempo para entrar a una empresa privada. Bien. Y mientras tanto... ¿de qué vive?

No sé adónde apunta con su pregunta.

Pero puedo jurarle que nosotros nunca tuvimos que dar una coima a nadie para hacer un negocio y en las reuniones de directorio nunca se discutió si debíamos pagar a un funcionario para que destrabara determinado negocio. Ese problema lo pudieron haber tenido otras empresas. Quizá aquellas que debían ir a la Secretaría de Comercio para que les aprobaran el aumento de precios y tenían que negociar con el funcionario de turno. Tenían que negociar con una persona que les decía: (pongo este precio) porque me piace, porque no me piace. Y quizá, en algún caso, ante la gravedad que podía sufrir la empresa, hayan tenido que hacerlo (dar coima).

Yo no justifico dar coima en ningún caso. Pero tampoco juzgo.

Yo nunca di (dinero) a un funcionario a cambio de nada.

En el fondo uno cuando da, da a los partidos políticos y no a funcionarios... ¿no es cierto? El dinero no va a las campañas políticas sino directamente a los partidos. Lo sé, porque yo tengo los recibos de las fundaciones de los partidos.

Yo no considero mal (que la Fundación Mediterránea le pague a Cavallo un sueldo de 10 mil dólares). De ninguna manera. Creo que eso no lo obliga a tratar mejor o peor a las empresas de la Fundación Mediterránea. Le aclaro: Yo no soy socio de la Fundación Mediterránea. Y jamás el ministro Cavallo me ha pedido que me asocie para aportar a su sueldo.

Además, si usted sigue lo que pasa últimamente en los negocios, se va a dar cuenta de que el Ministerio de Economía ha sido muy duro con empresas que integran la Fundación.

La Mediterránea recibe el aporte de muchas empresas. Si fueran solamente tres, uno podría sospechar de algún favoritismo. Pero yo no creo que los montos mensuales a la Fundación le den derecho a una empresa a decirle al ministro que cambie tal ley o lo ayude en tal negocio.

No creo que por 500 o mil pesos mensuales alguien piense que tiene derecho a eso.

Ya no hay necesidad de que los empresarios sean cortesanos de los políticos. ¿Cortesanos de qué? Pongámosle que lo hayan sido en el pasado, con todos estos controles de precios. Pongámosle que en el pasado algún empresario lo haya necesitado para que le mejoren los precios. Pero hoy en día...¿quién lo necesita?

En el caso de (la construcción de) la Torre Ocampo nosotros no cometimos ninguna irregularidad.

Esto es claro como el agua. Y también ahí nosotros pedimos hablar con los hombres políticos: con los concejales y con las personas que se oponían a que levantáramos el edificio. Invité a la empresa al concejal Guillermo Francos, a (José) García Arecha, a concejales de la UCeDé y el justicialismo. ¿Y qué hay de malo en eso? Los invité para explicar con lujo de detalles cómo era el proyecto. Para informar que no fuimos nosotros los que tramitamos la excepción al Código de Planeamiento Urbano ante el Concejo, sino la empresa que nos vendió el terreno. Les dijimos por qué creíamos que los vecinos no tenían razón al pretender que se parara la obra. Queríamos que escucharan la campana de la empresa. De una empresa que había comprado un terreno de buena fe. ¿Qué pasó con Suárez Lastra? Ah, sí. Lo llamé al padre, Facundo Suárez, para decirle que no me parecía bien que hubiera mezclado en el recinto el tema de la Torre con cosas que no tenían nada que ver. ¿Qué tenía que ver la Italo con la Torre Ocampo? ¿Por qué mezclar todo? ¿Por qué decir cosas que, además, no son verdad?

¿Quiere saber si tener un medio de comunicación me hace más presionable por parte del gobierno y los demás políticos?

Es una buena pregunta. Estoy seguro de que ese problema lo pueden tener los hombres o mujeres que son dueños exclusivos de un medio, como (Alejandro) Romay, *Clarín*, (Eduardo) Eurnekian o (Jorge) Fontevecchia. Pero no en el caso de Telefé, donde las acciones están bien repartidas.

Desde el día en que Telefé se constituyó —que lo hizo mi hermano Francisco y no yo— se tomó la decisión de que no habría una mayoría absoluta. La idea es que los accionistas no deciden y dejan todo en manos de profesionales.

¡Yo nunca he ido a un programa de televisión en Telefé! No pedí ir. Tampoco nadie me pidió que fuera. He ido a otros canales: al 13, al 2, a Cable Visión, a ATC.

Y yo le puedo asegurar que a mí nadie me llama y me dice: —*Mirá: haceme una gauchada, mencioname en Telefé o en Radio Continental.*

O mejor:
—*No me mencionés.*

Le puedo asegurar que a mi ningún funcionario me llamó para pedirme nada o para presionarme. Todos tenemos el 14 por ciento y el 30 restante lo tienen los canales del interior. Funciona así y funciona muy bien. ¿Que yo mandé memorandos a Telefé o a Continental para evitar que se trataran temas que involucraran a empresas mías como el caso (del supuesto pedido de coima de) Pierri o el de Aguas Argentinas?

Yo lo invito a mirar los tapes: lo que se mostró en Telefé es lo mismo que se mostró en otros canales.

Lo único que hizo la empresa fue sacar una solicitada aclaratoria (en el caso Pierri y Gas Ban Natural). Las solicitadas se pagan. Y no fueron ninguna gauchada. Sería bueno que chequee los programas de esos días. Yo no sé si alguien mandó un memo (para evitar que se publicaran temas que afectan a las compañías de Soldati). Me gustaría saberlo. No estaría bien.

Porque si yo hago algo para evitar que perjudiquen a mis empresas...¿Qué van a decir mis otros socios del 86 por ciento del capital? ¿Que Soldati usa el canal para su propio beneficio? Pero no: ¡Ni en joda! ¡Ni en joda! ¡Y a Dios gracias que no es así! Agarre y fíjese los tapes de cuando (Avelino) Porto (otro accionista de Telefé) fue ministro de Bienestar Social cuánto salió (sobre su gestión) en el 13 y cuánto en Telefe. ¡Salió más en el 13 que en Telefé! En nuestro canal tenía menos cámara.

¿Qué salía en el programa de (Bernardo) Neustadt? Ah, bueno. Pero eso es Neustadt. No es Telefé. Neustadt maneja su producción. Neustadt es Neustadt. Y nadie le dice lo que tiene que hacer. Porto tenía un espacio todas las semanas en Nuevediario. Y nadie del directorio le prohibió nada.

Lo que nadie puede discutir es que al canal lo manejan profesionales.

¿Cuál es la razón por la que nos metimos en un medio de comunicación?

A mi hermano Francisco siempre le apasionó el negocio.

El era muy amigo de Pedro Simoncini. Vivían en el mismo edificio. Un día Simoncini le dijo que estaban estudiando seriamente entrar en un canal de televisión. Y nosotros ya habíamos decidido entrar en comunicaciones. Sospechamos que era algo apasionante y con mucho futuro como negocio. Y cuando entramos confirmamos nuestra sospecha. La producción de medios es apasionante.

Tomamos los medios por pasión, y no para tener más influencia. Es cierto que el de los medios no es para el grupo su más grande negocio. Pero en ese momento fue la primera privatización. Y los socios siempre nos llevamos muy bien. Por ejemplo, a Porto lo propuso mi hermano. Y los otros inmediatamente dijeron que sí.

No sé cuál es mi estilo de conducción. Yo sé que sigo todo.

Me fijo en los pequeños detalles. También en los grandes. Intervengo sólo cuando algo anda mal. Y trato de intervenir lo menos posible. Soy de aparecer por sorpresa en alguna obra en construcción o en las estaciones de servicio Puma.

Utilizo sus baños. Me siento a comer para ver qué clase de comida sirven y cómo atienden a la gente. Sin ir más lejos, el fin de semana pasado fui a recorrer el Tren de la Costa. Recorrí las estaciones. Pero no me aparezco para asustar a nadie. No soy ningún ogro.

Yo tengo aquí (se señala la cabeza) absolutamente todo lo que pasa en la empresa. Y lo tengo que tener a la fuerza porque cada vez que viajo al exterior, a Estados Unidos, Inglaterra, Escocia, Francia, para ver a la gente de los fondos de inversión, a la gente que ha invertido dinero en nuestra empresa, tengo que dar información muy precisa. Además me encuentro con los balances cada tres meses para presentarlos en la Bolsa. Pero una de las claves de la conducción es saber delegar. Y eso se consigue una vez que uno tiene "su" estructura, "su" organigrama y "su" gente. Eso no es fácil. Pero el punto óptimo se alcanza cuando puede confiar en su personal.

De todos los negocios que tengo... no sé cuál es el que me apasiona más. En el que estuve más cerca es el negocio petrolero. Llevo 22 años en la industria petrolera. Conozco los pozos petroleros. Amo el olor a petróleo. Me fascina estar ahí.

Los medios también me apasionan. Pero no les estoy encima. Prefiero dejarlos en manos de profesionales. No voy a cada rato a Telefé. Mis chicos habrán ido un par de veces a ver un programa de Tinelli, como mucho. Y también sigo muy de cerca el gran trabajo que se está haciendo en Aguas Argentinas. Estuve desde el principio ahí, desde que se armó la cosa. Además me consustancié mucho cuando largamos Gas Natural o con la Transportadora de Gas del Norte.

Quizá usted no me ve gritar o entusiasmarme porque no soy tan extravertido con estas cosas. No me enloquezco. Ni me considero un adicto al trabajo.

¿La pregunta es si seré el presidente del grupo de por vida?

Bueno: la respuesta es ...por lo menos mientras me dure la salud. Claro: me gustaría que hubiera alguien para la época en que yo... ¿Cómo decirlo? Mi padre, por ejemplo, siguió manejando la empresa hasta que lo mataron a los 71 años, ¿no?

Pero yo no pienso ser presidente de esta empresa hasta los 80 años, aunque creo que hasta los 70 uno la puede llevar muy bien, ¿no? Mire usted al Papa. Tiene sus buenos años y todavía lo hace muy bien, ¿no? Por supuesto me gustaría ir viendo una persona de la familia o no de la familia, profesional, que realmente pudiese... todos somos reemplazables, ¿no?

¿El nombre de mi sucesor?

No tengo idea. En serio: no tengo idea. No sé si tiene que haber eso que llaman la continuidad sanguínea. El apellido Soldati perdurará más allá de que mi sucesor se llame Soldati o tenga otro apellido. Si usted estudia nuestro árbol genealógico, verá que hay artistas, diplomáticos, jueces, y no sólo hombres de negocios.

También verá que no nos interesa el poder por el poder mismo. Verá que nunca nos interesó hacer dinero porque sí.

Se lo voy a aclarar todas las veces que sea necesario. Para que nadie ande diciendo por ahí que soy un Dueño de la Argentina.

Tercera parte

Aldo, el duro

1. Corazón de piedra

Aldo Benito Roggio, el dueño del grupo económico que le hizo la vida imposible a Francisco Macri, es un ingeniero cordobés con alma de albañil y corazón de piedra, a quien nunca se le hubiera ocurrido ser otra cosa distinta de lo que es hoy, sencillamente porque no mamó otra cosa.

Este monumental nieto de italianos del norte que mide 1.86 metros y pesa 105 kilogramos tuvo su primer contacto con la cal, la arena, el cemento y el fratacho prácticamente desde que nació. Mejor dicho: exactamente a los cinco años, cuando su padre, que es arquitecto, lo llevó a pasear por los andamios de las obras en construcción y le regaló una caja de carpintero que Roggio no conserva porque prefiere seguir adelante sin mirar atrás ni acordarse de nada.

Aldo Roggio llegó a este mundo el 17 de octubre de 1944 en su casa de Alta Córdoba, en el sexto piso de la calle Roque Sáenz Peña 1392. Nació en uno de los departamentos del edificio que construyó su abuelo, el fundador de la empresa, Benito Roggio. Al edificio todavía lo llaman La Colectiva: tenía un piso por cada uno de los hijos del fundador Benito Roggio y Rosa Londero. La propiedad fue puesta a nombre de una SRL denominada HIDRO. HIDRO no es más que una sigla formada por las iniciales de los cinco hijos de don Benito: Héctor Marcelo, Inés, Dino, Remo y Oscar.

Al nacer, Aldo fue atendido por la partera de la familia, doña Bruna, y criado con el estilo rígido y conservador de los inmigrantes. Su padre, Remo —actual presidente de la sociedad—, es un hombre duro y extremadamente anticuado: todavía protesta cuando ve en la sede de Benito Roggio de la provincia de Córdoba a alguna empleada con la pollera corta y la mirada cautivante. La madre, Elsa Verzini, tenía a su hijo Aldo zumbando, según admite él mismo, y apenas lo dejaba ir al gallinero y a la cancha de fútbol que se encontraban en la planta baja de La Colectiva, para deleite de todos los primos y los vecinitos del barrio.

La rigidez de su padre y de su madre fue la razón por la que Aldo resultó uno de los mejores alumnos de la escuela pública Sarmiento y por la que consiguió el primer lugar en el examen de ingreso al Liceo Militar Paz, de Córdoba, con 396 puntos sobre los 400 en juego.

Aldo dejó ser un nene de mamá y papá a los 12 años recién cumplidos, cuando el oficial de turno lo hizo correr descalzo por el campo todo el día, para templar los pies, el alma, y hacerse hombre, como Dios manda. Un compañero del Liceo lo recuerda como uno de los más disciplinados y mejor entrenados. El dijo:

—*Los superiores lo tenían como ejemplo para todos nosotros.*

Aldo se despidió del Liceo como abanderado, bachiller, subteniente de reserva y medalla de oro. El director del instituto, coronel Márquez, casi le suplicó que siguiera la carrera militar, porque le veía un futuro de teniente general asegurado.

Aldo no sólo rechazó la oferta del coronel porque quería estudiar ingeniería civil. La rechazó porque su padre le había sugerido una y otra vez que él sería el futuro conductor de Benito Roggio e Hijos SA, si nada se interponía entre su voluntad y el destino.

Dicen sus amigos que Aldo se desató al entrar a la Universidad de Córdoba, y agregan que aprovechó su estampa, sus ojos celestes y su posición social para conquistar a cuanta mujer se le cruzó por los pasillos de la facultad y también por los zaguanes de la vida.

—*Mientras nosotros vivíamos con pasión el Cordobazo y la militancia, Aldo se dedicaba a rendir materias y seducir mujeres* —recordó un ingeniero que cursaba con él y al que Aldo lo alcanzaba hasta la casa en una coupé italiana color celeste rabioso.

También dicen sus amigos que su espíritu de picaflor se desvaneció al conocer a una azafata de Austral de la que se enamoró perdidamente. Y agregan que no se casó con ella por la férrea oposición de sus padres, quienes pretendían para el primogénito una dama de buena posición social y de profesión ama de casa.

¿Habrá sido esa frustración juvenil lo que determinó que Aldo Roggio se uniera en matrimonio recién a sus 36 años con Inés María Díaz, miembro de una familia patricia de Córdoba? Inés, seis años menor que Aldo, se había casado en primeras nupcias con un hombre que luego se suicidó. Ese hombre le dio un hijo, llamado Rodolfo, al que Aldo quiere como si fuera propio. En los contados momentos en que su corazón de piedra se vuelve de azúcar, Aldo suele decir:

—*Ese chico va a ser un grande. Ese chico me podría sacar lo que quisiera con sólo pedírmelo.*

Por lo pronto Rodolfo ya tiene el apellido Roggio y estará en condiciones de suceder a su padre putativo cuando le toque su turno.

Nuestra figura estelar, Aldo Roggio, se recibió de ingeniero civil a los 24 años, exactamente el 23 de setiembre de 1968.

Al día siguiente de la entrega del diploma lo pusieron a trabajar como jefe de obra del edificio de Hipólito Irigoyen 67, ciudad de Córdoba, puesto que la empresa Sarachaga SA necesitaba ocupar con urgencia. En 1969 le encargaron la ampliación de la fábrica de cemento Corcemar, bajo la dirección técnica de la contratista y no de Benito Roggio e Hijos. Se trató de un trabajo de entrecasa, porque los accionistas de Corcemar son miembros de la familia Verzini, parientes de su madre y socios de Roggio en negocios inmobiliarios y financieros.

En 1970 lo designaron jefe de obra para pavimentar un barrio entero llamado Parque Horizonte y construir viviendas económicas pero de cemento.

En 1971 lo ascendieron a supervisor de obras caras e importantes. Aldo supervisó con éxito la construcción de la planta integrada de Papel Kraft, en Misiones. Y controló con prestancia la obra del Dique Compensador Piedras Moras encargada por una de las empresas públicas que más trabajo y millones le dio a Benito Roggio e Hijos SA: Agua y Energía Eléctrica de la Nación.

En 1972 Aldo casi se muere del susto al ser arrancado de la puerta de su casa y secuestrado durante 37 horas, ante la sorpresa y el pánico familiar.

Fue el 21 de setiembre, a las 8 y cuarto de la mañana.

Tenía 28 años y pesaba 20 kilos menos que ahora.

Se había levantado temprano, después de una parranda. Había ido hasta el garaje, para subirse a su Torino 380 W. Había terminado de saludar al portero de La Colectiva, Rodolfo Arias, cuando tres jóvenes se le acercaron, le tiraron una chalina en la cara y lo metieron en un Peugeot, rumbo al cautiverio. Arias fue llevado hasta el fondo del garaje y conminado a permanecer quieto, mirando la pared, durante cinco minutos. Arias recibió una carta con un pedido y una explicación. El pedido: 2 millones de pesos, de los cuales 500 mil debían ser dados en dólares a cambio de devolver al rehén con vida. La explicación: Aldo Roggio había sido secuestrado para hacer escarmentar a la empresa por el maltrato que había dado a los obreros.

A Roggio lo metieron en su propio coche y le vendaron los ojos con gasas negras. Más tarde lo subieron a la caja de una pick-up, lo pasearon unos kilómetros y lo hicieron entrar a una casa de dos plantas después de andar por un camino de tierra de 200 metros.

A las 10 de la mañana del mismo jueves 21 de setiembre de 1972, uno de los raptores, quien se identificó como "el arquitecto Ugarte", llamó a Remo, el padre de Aldo:

—¿Quién habla? —preguntó el secuestrador.

—Humberto Conti —mintió Remo.

—¿*Usted es el yerno del arquitecto Remo, no?*
—*Sí* —respondió Remo.
—¿*Sabe si el arquitecto recibió la carta?* —preguntó.
—*La recibió y están reuniendo el dinero* —alcanzó a decir el padre de Aldo antes de que le cortaran la comunicación.

Unos minutos después volvió a llamar Ugarte y fue atendido directamente por Remo, quien esta vez dio su propio nombre.

—¿*Leyó o no leyó la carta?* —preguntó el raptor y enseguida cortó.

Remo no avisó a la Policía Federal de Córdoba sino a los responsables del Tercer Cuerpo de Ejército, quienes le recomendaron pagar el rescate de inmediato, antes de que los muchachos se asustaran e intentaran matarlo. Los militares habían adivinado que se trataba de gente sin experiencia, novatos que se ponían nerviosos e inseguros ante la mínima contrariedad.

Aldo Roggio fue introducido a una fría habitación con piso de mosaico y recién por la noche le llevaron un plato de sopa y una taza de chocolate. Fue encarcelado y encadenado y no tuvo la mínima participación en las negociaciones que le salvaron la vida.

A las 8 de la mañana del viernes 22 de setiembre la familia ya tenía el dinero. A las 10 designaron al presidente de la Bolsa de Comercio José Tagle y a un empresario llamado Vicente Manzi para que depositaran la plata que pedían en el lugar indicado. Al mediodía Remo Roggio temió seriamente por la vida de su hijo porque los raptores daban indicaciones contradictorias sobre dónde y cómo depositar el dinero. A las cuatro de la tarde Tagle y Manzi dejaron una valija con 130 mil dólares y 500 mil pesos en una lápida del cementerio de San Jerónimo. Entre las seis y las siete de la tarde Aldo Roggio fue arrancado de la pieza o la celda, fue subido a la camioneta y paseado durante veinticinco minutos hasta un barrio cercano a las sierras, donde unos hermanos de apellido ·Martín lo encontraron todavía atado y con un miedo atroz.

El rapto de Aldo llevó a la familia a la tapa de los diarios y desde ese momento se instaló en la conciencia de los cordobeses la idea de que los Roggio son los Perez Companc de la provincia. Cuatro años después secuestraron a Elvira de Roggio, la esposa de Dino Roggio, otro de los hijos de Don Benito Roggio, el fundador de la compañía.

Eso sí que fue terrible: Elvira, que pasaba los setenta años, fue privada de su libertad durante más de dos meses y muchos de la familia la empezaron a dar por muerta.

Pero Aldo se recuperó de inmediato de su secuestro, volvió a trabajar como si nada y ratificó así ante sus mayores que un Roggio no se quiebra ni se amilana ante la adversidad. Quince años más tarde recibió el premio mayor: la vicepresidencia primera de Benito Roggio e Hijos SA y la suma del poder para llevar al grupo donde mejor le pareciera.

Su tío Héctor Marcelo y su padre Remo lo habían estado preparando para ese momento.

Héctor Marcelo se ocupaba de sumar un negocio a otro y de hablar con los funcionarios de turno para conseguir más y mejores obras. Remo cuidaba que los costos de las obras no se fueran al diablo.

Y Aldo fue mamando un poco de ambas aptitudes para llegar sin interferencias a la cúspide de un grupo económico que hasta hace poco era sinónimo de patria contratista y ahora se parece a un pulpo de negocios.

Un pulpo que:

* *factura 250 millones de dólares anuales pero facturará 500 millones de dólares en 1997.*

* *gana 25 millones de dólares anuales pero ganará cerca de 100 millones, en tres años más.*

* *tiene 10 mil empleados que cobran un salario promedio de bolsillo de más de mil dólares*: esto, sin contar la represa hidroeléctrica de Yaciretá, donde Roggio participa de un consorcio en el que trabajan cerca de 800 personas.

* *maneja el banco privado del interior más poderoso de la Argentina*: número 19 en el ránking de depósitos de todos los bancos del país, con 516 millones de dólares, el Banco del Suquía no es una entidad tan espectacular como el Río, pero es tan confiable como el Galicia o el Francés.

Igual que el Río —el Banco de Perez Companc—, el Suquía no fue escandalosamente utilizado para financiar los agujeros negros del grupo de empresas Roggio. Este cuidado fue lo que lo salvó de la hecatombe general que sufrieron entre 1975 y 1990 bancos como el de Italia, de Macri, el del Interior y Buenos Aires, de los Bulgheroni, y otros.

* *tendrá una venta de 150 millones de dólares en obras públicas y privadas, con una ganancia asegurada de 8 millones de dólares*: la construcción era el único negocio de Roggio hasta 1986, cuando Aldo se dio cuenta de que si la empresa no se metía en nuevos negocios se moría.

Ahora este rubro representa sólo el 40 por ciento de sus ventas y desde 1997 será todavía menos importante y representará el 20 por ciento, a medida que avancen los negocios de la telefonía, el peaje, el transporte y la basura.

* *facturará 50 millones de dólares recogiendo basura, y ganará por eso más de 4 millones de dólares anuales*: Roggio levanta la basura de 3 millones de argentinos, 2 millones de brasileños y casi 700 mil uruguayos. Sus gerentes se esfuerzan por bajar los costos y obtener más utilidad.

* *cobrará peaje por 80 millones de dólares, y embolsará cerca de 9 millones de dólares después de pagar impuestos*: a empresas de Roggio les fueron concedidos 2 mil kilómetros de caminos con casilla de peaje incluida. Se trata del 20 por ciento del paquete de rutas licitado por este gobierno.

Entre las rutas más apetecibles maneja la 2, que va de Buenos Aires a Mar del Plata; la 9, de Córdoba a Rosario; la 36, de la ciudad de Córdoba a Río Cuarto; la 38, de Carlos Paz a Cruz del Eje; la 34, de Rosario a La Banda, en Santiago del Estero, y la 34/9, de Santiago del Estero a San Pedro de Jujuy.

* *facturará 80 millones de dólares por su participación en el negocio de los teléfonos celulares en el interior, lo que le reportará una ganancia aproximada de 14 millones de dólares*: Sus principales socios en la Compañía de Teléfonos del Interior (CTI) son el grupo Clarín —el multimedio más poderoso de la Argentina—, las compañías americanas GTE Corporation y AT & T.

Roggio calcula que en sólo cuatro meses CTI recuperará la mitad de una inversión de 700 millones de dólares. Sus expertos en finanzas sostienen que el negocio de la telefonía celular en las provincias tendrá una tasa de retorno de....¡el 18 por ciento!

* *ingresará a sus arcas entre 20 y 25 millones de dólares por sus negocios de producción y explotación de petróleo y distribución de gas*: lo hará a través de los yacimientos ubicados en las áreas de El Chivil y Suburbí, en Formosa y Cañadón Pilar, Pico Salamanca y Mina Salamanca en Chubut. También por medio de la distribuidora de gas natural Emprigás que opera en Carlos Paz, Córdoba, y de la distribuidora de energía Edesal, que da luz a los habitantes de la provincia de San Luis.

* *embolsará entre 40 y 50 millones de dólares por organizar el catastro y facturar el impuesto inmobiliario en la ciudad de Buenos Aires*: lo hará con la ayuda del Banco Mundial y el sumo interés de la intendencia porteña, que necesita desesperadamente recaudar más para sanear sus finanzas.

* *cobrará 100 millones de dólares por transportar a unos 300 millones de personas al año*: Esto sucederá si opera con eficiencia y ayuda subsidiada del Estado tres líneas de ferrocarriles, el Premetro y las cinco líneas de subtes de la Capital Federal.

Benito Roggio e Hijos Sociedad Anónima se agrandó, pero ahora está sumida en una profunda crisis. Está en crisis su método de trabajo. Están en crisis los hombres que la conducen y están en crisis los principales accionistas, quienes además son los miembros de una misma familia.

Roggio soporta la crisis de haber saltado de ser una contratista de obras a una manejadora de negocios con ingresos millonarios.

Por ejemplo:

La constructora Benito Roggio es la madre de todas las cosas y es también la que soporta sobre sus espaldas los defectos y las pérdidas de más de 60 empresas que disimulan su ineficiencia colándose en el balance de la vieja todopoderosa.

No existe un organigrama serio sino un sistema solar.

—*Aldo Roggio es el sol y los gerentes tienen más poder cuanto más cerca estén de la estrella que calienta* —informó sin rencor un ex gerente de la compañía.

Roggio puso fichas en casi todos los casilleros del bingo de las privatizaciones.

Perdió en Obras Sanitarias y Gas del Estado. Pero ganó en muchos negocios. Negocios que necesitan de demasiada plata y de mucha gente calificada para ponerlos en marcha. Roggio tiene por eso una peligrosa deuda de 220 millones de dólares, cuando su patrimonio contable no pasa de 150 millones y sus necesidades de financiamiento son urgentes. La falta de dinero grande hizo que pusiera "en venta" parte del pulpo. Y colocó a sus posibles compradores en tres niveles, a saber:

Inversor global: comprará acciones de todo el grupo Roggio. Es decir: desde los negocios de la basura y los subtes hasta el petróleo y la telefonía celular.

Inversor calificado: comprará acciones por áreas de negocios. Comunicaciones será un área. Transporte, otra. Basura, otra distinta.

Inversor específico: pondrá plata sólo en una empresa determinada, como la Compañía de Teléfonos del Interior.

Roggio abrirá su capital y entornará así la puerta de su casa, pero seguirá manteniendo el control de la mayoría de las compañías en las que participa. Los Roggio no quieren que ningún extraño meta la mano en la torta familiar.

Los Roggio dicen:

—*Nunca vamos a abrir nuestra compañía a capitales que no sean de bolsa o inversores institucionales. Nunca vamos a ceder el control. No somos timberos: somos laburantes.*

Los miembros de la familia Roggio poseen hoy casi el 100 por ciento de las acciones de la compañía.

Benito Roggio e Hijos SA (BRH) tiene un precio real de 500 millones de dólares. Para comprender cómo se divide el poder familiar de los Roggio hay que contar una breve historia:

Durante los años cuarenta el fundador Benito Roggio delegó el mando en sus dos hijos más queridos y capaces: los arquitectos Héctor Marcelo y Remo.

Héctor Marcelo ayudó a parir tres hijos: Rubén, Sergio y Alejandro.

Y Remo dio la vida a dos: Aldo y Graciela.

El arquitecto Rubén Roggio es hijo de Héctor Marcelo con su primera mujer, Margarita Roselló.

Rubén abandonó la compañía en 1991 y les vendió su parte a sus dos hermanos a precio de morondanga y a pagar en cómodas cuotas, por razones que serán aclaradas a su debido tiempo.

El ingeniero Sergio y el arquitecto Alejandro son hijos de Marcelo con su segunda mujer, María Edeltrudes Vitorino Piano, una de las accionistas de la casa de cambios Piano.

Remo Roggio tiene más de 80 años y reina pero no gobierna: figura como presidente del grupo, del Banco del Suquía y trabaja en Córdoba, donde todavía permanece la sede central del grupo.

Héctor Marcelo Roggio, el hacedor de la empresa, murió hace poco, el 12 de junio de 1994, después de una larga convalecencia.

Y éste es el rompecabezas del poder familiar en BRH:

* Aldo Roggio tiene el 16.42 por ciento de las acciones y el 15.99 por ciento de los votos en las asambleas. Nadie discute su liderazgo.

* Su hermana, Graciela Roggio de Lejarza, tiene el 15.05 por ciento de las acciones y el 15.44 por ciento de los votos.

* Remo Roggio, padre de ambos, posee el 1.71 por ciento de las acciones y el 3.28 por ciento de los votos.

* Alejandro Roggio —hijo de Héctor Marcelo y primo de Aldo y Graciela— tiene el 15.89 por ciento de las acciones con el 16.45 por ciento de los votos.

* Sergio Roggio, hermano de Alejandro, tiene exactamente su mismo poder: el 15.89 por ciento de las acciones y el 16.45 por ciento de los votos.

* Fundación Benito Roggio posee el 7.84 por ciento de las acciones y el 7.21 por ciento de los votos.

* Angel Alberto Sargiotto es un ingeniero civil de más de 70 años que figura en el directorio como vicepresidente primero e ingresó a la compañía en 1951. El tiene el 2.31 por ciento de las acciones y el 2.03 por ciento de los votos.

* Por encima de todos ellos existe una Sociedad Anónima llamada Doya. Doya SA es la terminación de Bedoya, la calle de Córdoba donde el fundador, Benito Roggio, ubicó la primera sede de la compañía y tuvo también su primera casa. Doya SA es también una persona jurídica que posee el 23.15 por ciento de todo el grupo Roggio y el 21.60 de los votos en una asamblea. El paquete de acciones de Doya está dividido en cuatro partes iguales entre Aldo, Graciela, Alejandro y Sergio.

Esta es la radiografía que muestra el delicado equilibrio de dos ramas de una misma familia. Sin embargo, hay tres datos que inclinan la balanza a favor de los hijos de Remo, y son los siguientes:

Uno: La suma de las acciones y los votos de Remo, Aldo y Grace es levemente superior a la que componen los hermanos Alejandro y Sergio.

Dos: a la Fundación la maneja Grace. Y tres: Sargiotto es un incondicional de Remo y de su hijo Aldo.

Ni Remo, ni Aldo, ni Grace, ni Alejandro, ni Sergio, ni Sargiotto son personas consideradas flexibles, modernas y progresistas.

De manera que no se puede pensar que ellas decidieron hacer nuevos negocios para seguir el tren del mundo.

—*Nosotros decidimos hacer nuevos negocios no por gusto, sino para no desaparecer* —admitió uno de ellos mismos.

Los Roggio empezaron a sospechar que se fundirían en 1980, cuando la obra pública entró en crisis y el Estado dejó de contratarlos. Confirmaron su sospecha en 1982, cuando su primo en los negocios y enemigo natural, el grupo constructor Macri, dio un fuerte viraje y compró FIAT argentina con poca plata y mucha imaginación y se llenó de dinero en un santiamén.

Los Roggio se terminaron de despabilar cuando confirmaron que todas las constructoras del mundo tenían dos años de vacas gordas seguidos de cuatro o cinco de hambruna feroz, ciclo que las mataba lenta e inexorablemente.

Aldo es quizá el más duro, desconfiado, rígido y tosco de todos los Roggio. Pero es también quien pilotea el proceso de cambio.

Tiene ojos de actor de cine pero manos grandes de albañil. Cree religiosamente en las tradiciones familiares. Se viste en Glenmore con colores oscuros, como el gris y el marrón, y las mujeres no se darían vuelta para admirar su último traje o su nueva corbata. Usa, desde hace veinte años, Paco Rabanne, y ningún otro perfume. Tiene una voz nasal, conserva la tonada cordobesa y desconfía de los porteños, especialmente si son financistas o periodistas. Mantiene una distancia prudencial con sus empleados aunque sean de absoluta confianza. Su permanente cara de pocos amigos se debería a rabietas derivadas de sus constantes viajes en avión desde Córdoba a Buenos Aires, ya que vive en un lado y trabaja en el otro.

Es un adicto al trabajo.

Son contados los sábados y los domingos en los que no se ocupa del grupo. Llega a Buenos Aires los lunes o los martes, y se aloja en el Hotel Plaza. Es casi imposible comunicarse directamente con él a su habitación: tiene un código directo que sólo es conocido por su familia, su secretaria privada Nilda y alguno de sus gerentes.

Nilda es absolutamente indispensable. No se llega al jefe si ella no lo desea. Fue también la secretaria privada de Héctor

Marcelo y conoce cada uno de los secretos de los que mandan en Roggio. Sigue ahí porque tiene dos cualidades incomparables: es eficiente y es discreta.

Aldo se levanta a las 7 de la mañana, desayuna liviano, lee *Ambito Financiero* y *La Nación*, hace unos llamados de rutina y entre las 8 y las 8 y media de la mañana llega a su despacho, donde recibe las primeras novedades del día. Aldo anda en un Falcon con chofer y sólo le agrega un custodio cuando supone que el horno de la seguridad argentina no está para bollos.

La cara del número uno de Roggio se transforma para bien cuando está con su familia, o de vacaciones.

Vive en una casa de gran tamaño en Villa Allende, Córdoba, con jardín y amplias comodidades, cerca del Golf. Por allí pasaron más de una vez representantes del poder provisorio, como el gobernador de Córdoba, Eduardo César Angeloz, y el ministro de Economía de la provincia, Jorge Caminotti.

Aldo no tiene gustos extravagantes y uno de sus mayores placeres es hacer asado con cuero para los amigos. Tiene una debilidad deportiva que es el golf: dicen que es de los que se dejarían ganar por el presidente Carlos Menem. Es un golfista del montón para arriba. Tiene un hándicap de 12. (El mejor hándicap es 0 y el peor 36).

Se considera un padre ausente y tiene razón: hace años que no se toma unas vacaciones completas con su mujer y sus tres hijos y los conforma con fines de semana largos en Punta del Este, donde tienen un departamento común y silvestre.

Trata más o menos despectivamente a los empleados que no lo satisfacen o que no se ponen la camiseta de la empresa. Pero es capaz de escuchar y hasta de dar la razón a los gerentes que lo contradicen y le discuten su diagnóstico. Uno de ellos es el contador Roberto Macías, actual jefe de Metrovías, cordobés, como todos los cuadros de la compañía, y uno de los cerebros del grupo. Macías convive y sufre con la familia Roggio desde hace ocho años. Pero un buen día del año 1991 dio la espalda a los procedimientos burocráticos internos y les pidió a dos de sus colaboradores más brillantes, el ingeniero Rubén Urribarri y el contador Fernando Mirotti, que prepararan un nuevo organigrama sin prestar atención a los acomodados y parientes.

El resto del directorio lo consideró una traición.

Y todo el mundo pensó que Aldo Roggio no perdonaría a Macías semejante atrevimiento. Pero en lugar de eso Roggio lo felicitó, le dio más responsabilidades, y premió a Urribarri y Mirotti con un viaje a Europa para conocer a los socios de Metrovías y estudiar el sistema de tarjetas magnéticas para el cobro del viaje en subte.

Después de semejante reacción, todo el mundo pensó que Roggio asimilaría el nuevo organigrama de Macías y la compañía se pondría patas para arriba. Pero Aldo los sorprendió de nuevo, y cajoneó el proyecto para evitar una interna que habría dejado decenas de heridos.

Ex gerente de SADE, la constructora de Perez Companc, Urribarri fue el principal redactor del nuevo organigrama. Se trata de otro de los hombres rápidos e inteligentes con que se mueve Aldo Roggio.

Urribarri hizo en su momento algo "peor" que Macías: al notar que los cambios de equipo y estrategia no se producían, le envió una carta personal a Aldo Roggio, en la que le puso todo lo que pensaba, sin olvidarse de nada. Urribarri urdió una trama sutil: se autoexcluyó del nuevo staff que proponía.

—*Esta vez Aldo lo echa* —le apostó un director a otro.

Y perdió la apuesta.

Otro empleado calificado al que Aldo & familia respetan y escuchan es el contador Alberto Verra. También cordobés, brillante, 42 años, Verra cometió el pecado capital de pasarse al grupo Macri, el competidor más odiado de Roggio. Verra se pasó al bando del enemigo en 1988 y la mayoría de los que mandan en Roggio le hicieron la cruz. Sin embargo, sorpresivamente, en 1992 fue reincorporado con el aval de Aldo Roggio. Verra es el hombre que conoce todas las áreas de Benito Roggio e Hijos Sociedad Anónima como si fueran la palma de su mano. Es el cuadro que sabe quién sirve, quién no, cuánto ganará el grupo en el año 2000 y por qué hay que cambiar la organización de los pies a la cabeza. Es el que entusiasmó a la familia para meterse en el negocio de la basura en 1986, el primer paso de Roggio hacia la diversificación. Es el que convenció a Aldo sobre la necesidad de buscar financiamiento externo para hacer nuevos negocios y prestar menos atención al método de trabajo de viejos accionistas como los ingenieros Remo Roggio y Angel Sargiotto, quienes mamaron toda su vida los tejes y manejes de los mayores costos para la obra pública. Verra sabe tanto, y lo expone de una manera tan clara y con semejante potencia, que genera envidia y celos en la cúspide de la compañía. Dicen que Verra tiene comprada la mitad de la cabeza de Aldo Roggio y la mitad de la cabeza de Macías.

También dicen que una pequeña parte de la cabeza de ambos le corresponde al señor Enrique Rubén Bullejos.

Bullejos es el único de los miembros del directorio que no ostenta título universitario. Sin embargo tiene a su cargo el equipo de abogados y lobbistas que supieron hacer ganar a Roggio y compañía millones de dólares en el arte de discutir con el Estado y ganar siempre. Bullejos maneja las relaciones parainstitucionales con mano de cirujano y absoluta convicción: conoce los nombres, apellidos y gustos personales de los secretarios y ministros de cada área vinculada con los negocios de la empresa.

Aldo mamó de su padre y de su tío la presencia, la autoridad y el estilo paternalista que caracteriza a muchas de las empresas familiares.

Aldo llegó hasta el fondo su paternalismo con Fernando Mirotti, 32 años, recién casado, el otro redactor del famoso organigrama. Mirotti, prácticamente, se hizo hombre en Roggio. Fue el economista master que se encargó de afinar los números del grupo y armar nuevas empresas en tiempo récord. Su hermano, Mariano, es hoy gerente general de Metrovías. Mirotti era uno de los niños mimados de Aldo. Figuraba como adscripto en el directorio. Mirotti no tenía casa, pero un día Aldo lo llamó a su despacho y le ofreció un crédito de 40 mil dólares del Banco del Suquía a pagar en comodísimas cuotas y sin intereses. Mirotti tuvo que pagar la generosidad de Roggio con cinco años de absoluta lealtad, y a tiempo completo. Mirotti, cuando se fue, en 1991, ganaba 7 mil dólares y no tenía en la empresa incentivos profesionales.

Aldo Roggio nunca supo comprender ni asimilar el porqué de esa partida.

—¿Lo hemos tratado mal? ¿Hicimos algo que a usted lo lastimara? —le preguntó en la última reunión que mantuvieron para tratar de evitar que Mirotti se fuera como asesor a la Secretaría de Energía de la Nación que maneja el cordobés Carlos Bastos.

Son las preguntas que le hace un padre a un hijo cuando se va de la casa sólo porque se puso las alas y tiene ganas de volar.

Lo que nadie le puede discutir al jefe de los Roggio es su capacidad para conseguir resultados.

Cuando él asumió el poder en plenitud la compañía facturaba entre 30 y 40 millones de dólares y tenía un futuro incierto. Vivía del recuerdo de las grandes obras como el Sheraton, Argentina Televisora Color y el Edificio IBM.

Ahora Benito Roggio e Hijos vende casi 10 veces más y venderá casi 20 veces más cuando termine de acomodar las fichas de sus nuevos negocios.

Aldo hace un gesto adusto cuando se lo compara con su archienemigo Francisco Macri, el dueño de un grupo que empezó como los Roggio, pero factura ocho veces más.

Los Roggio y los Macri son distintos a los Montescos y los Capuletos, porque su inquina es interior y se expresa de la manera más insospechada. Para comprender por qué no se quieren hay que viajar en el tiempo y el espacio.

Los Roggio vienen de Meduna de Livenza, Venecia, Italia del Norte, próspera, pujante y ciertamente culta.

Benjamín Roggio, quien llegó a la Argentina en 1889 —padre de Benito, el fundador de la empresa—, no era culto pero sí muy despierto.

Los Macri, en cambio, vinieron de Reggio, Calabria, y Francisco Macri nació en Roma, la ciudad de las prostitutas, el Vaticano, la corrupción, los funcionarios públicos y el hablar a los gritos.

Los Roggio nunca lo van a decir públicamente, pero en el fondo ven a los Macri como un porteño miraría a un riojano que hizo la plata demasiado rápido. Si los Roggio tuvieran que elegir una palabra para definir al dueño del grupo que más factura en Argentina, elegirían la palabra advenedizo. Porque los Roggio se ven a sí mismos como una familia de constructores que pusieron un ladrillo sobre el otro, generación tras generación. Los Roggio dicen que inculcaron a sus hijos (y a los hijos de sus hijos y a los hijos de sus hijos de sus hijos) una idea inviolable: que las grandes fortunas se amasan con el tiempo, y no de un día para el otro.

Los Macri, en cambio, no tienen una visión acabada de sí mismos ni fueron moldeando su imperio con paciencia y dedicación. La fortuna que tiene Francisco Macri no es la continuación de la posición económica de su padre, Jorge. Además, todavía está por verse si su hijo y sucesor, Mauricio Macri, consolidará la riqueza o la despilfarrará como suele suceder con los herederos de los poderosos.

Cuando Aldo Roggio escucha el apellido Macri, no saca su arma y dispara.

Sólo pregunta, para diferenciarse con claridad:

—¿Sabe que Roggio lleva más de 85 años trabajando en la Argentina? ¿Sabe que tiene más antecedentes que Perez Companc, que Bridas, que Loma Negra, que Techint, y que sólo Bunge & Born la supera en antigüedad y en historia?

Roggio recalca que el año de fundación de Benito Roggio fue 1908 y no menciona el de los Macri, quienes armaron su primera constructora en 1955 pero empezaron a contar plata grande en 1982 cuando le compraron el 65 por ciento de las acciones de FIAT a Giovanni Agnelli. Aldo Roggio también tiene la respuesta a flor de piel cuando se le pregunta por qué no sale de noche ni aparece en las revistas de actualidad, como su colega ítalo-argentino:

Roggio dice a sus amigos:

—No soy un hombre que se divierte de noche: soy un hombre que trabaja de día.

Aldo Roggio no oculta que se recibió de ingeniero civil con calificaciones que lo ubicaron entre los diez primeros de su promoción. Tampoco oculta que su matrícula de ingeniero profesional es la número 8605 y que domina aceptablemente el inglés, que, como todo el mundo sabe, es el idioma de los negocios.

En cambio Macri lleva como una carga el no haber culminado la carrera de ingeniería y el hecho de hablar cocoliche en reemplazo del inglés y el español, que, como todo el mundo sabe, resulta simpático pero es muy poco útil.

Los antecedentes que alimentaron durante años la gran batalla de las dos familias son apasionantes.

Los Roggio dicen que la culpa de todo la tienen los Macri.

—*Ellos tiraron la primera piedra al dividir a la Cámara empresaria* —explican.

El episodio que citan como disparador es un supuesto golpe de Estado de los Macri contra la Cámara Argentina de la Construcción (CAC), que comandaba en su momento Héctor Marcelo Roggio.

Los Roggio siempre sospecharon que Franco Macri inventó la Unión Argentina de la Construcción (UAC) para disputar obras públicas a las empresas miembros de la CAC.

—*La CAC aglutinaba a todo el mundo: a cualquiera que tuviera un pico, una pala, un fratacho y tres carretillas. Pero Macri provocó su fractura e inventó la UAC con la intención de armar otro sello con capacidad de lobby para hacer obras públicas* —informó un gerente de Roggio.

Al salir de la CAC para formar la UAC Macri se llevó con él a su empresa Sideco y a otras grandes o importantes como SADE, de Perez Companc; Comercial del Plata Construcciones, de Soldati; Nisalco, de Alberto Shebar; Koukourek, de Estanislao Koucourek, y a la firma de Gregorio Chodos, quien a su vez es incondicional de Macri.

Ahora, cada vez que aparecen proyectos de mil millones de dólares, como la ciudad judicial que se levantará en Puerto Madero o la idea de construir más de 300 mil viviendas populares, las disputas entre la CAC y la UAC por quedarse con la parte del león son sangrientas, aunque no aparezcan en los diarios ni en los canales de televisión.

Pero hombres que trabajan para Macri sostienen que el asunto que encendió la mecha no fue la creación de la UAC, sino un suceso al que consideran de alta traición: el hecho de que Roggio haya "inventado" una empresa en 1986, en la ciudad de Córdoba, para reemplazar a otra de Macri en la recolección de basura.

La compañía de Macri se llama Aseo y juntó la basura de la ciudad de Córdoba durante los últimos años del proceso, después de un ventajoso contrato firmado por el intendente militar de entonces. Pero su sucesor, el intendente radical Ramón Mestre, no quiso continuar el contrato, por considerarlo poco transparente y demasiado beneficioso para Aseo. Mestre llamó trascartón a una sugestiva licitación que ganó Clima, la basurera de Roggio.

Los Macri piensan que lo de Roggio fue alta traición por las siguientes razones:

* *porque Clima no existía hasta que a Mestre se le ocurrió rescindir el contrato de la municipalidad con Aseo*: Clima se hizo en seis meses, entre gallos y medianoche, con la asistencia técnica de media docena de ingenieros chilenos que les fueron explicando a los Roggio la crema del negocio.

* *porque Roggio habría sido el principal sponsor de la campaña de Eduardo Angeloz para la gobernación de Córdoba y de Mestre para la intendencia*: La gente de Macri sostiene que el reemplazo de Aseo por Clima es un típico caso de retribución gubernamental a donaciones de campaña, algo en lo que ellos poseen mucha experiencia.

—*Roggio fue a Angeloz y Mestre lo que Macri fue a Grosso* —interpretó un ex empleado del grupo Macri.

El ex empleado no creyó necesario recordar que Macri salvó la vida al ex intendente Carlos Grosso al sacarlo en 1978 de las garras de los marinos que lo torturaban, que lo nombró gerente general del grupo en 1982 y que le financió buena parte de su campaña política cuando el peronista se imaginó candidato a presidente en 1983.

Los radicales cordobeses dicen que no le dieron el negocio a Roggio por interés, sino porque la basurera de Macri estaba expoliando a la municipalidad. Hasta que le rescindieron el contrato, Aseo, de Macri, cobraba por tonelada de basura levantada, y no un monto fijo por cuadra. Un chiste cordobés de la época decía:

—*Aseo es capaz de levantar a una vieja barriendo la vereda y cargarla en el camión, con tal de facturar más toneladas de basura.*

Otro chiste agregaba:

—*Aseo sólo recoge la basura los días de lluvia, cuando se moja y pesa más, para cobrar el doble.*

Ambas bromas fueron tomadas muy en serio por Mestre, quien las utilizó como argumento para llamar a una nueva licitación y adjudicar el negocio a Clima, de Roggio.

Pero Clima estuvo recogiendo la basura por cuadra hasta que Aldo Roggio se dio cuenta de que con ese sistema empezaba a perder millones de dólares.

—*No se puede facturar por cuadra porque cada día se generan más toneladas de basura y Clima necesita más gente para recogerla* —le planteó la gente de Roggio a Mestre.

Ahora Clima hace su trabajo con el mismo método con que lo hacía Aseo, y esto, para los Macri, es otra prueba de que aquí no hubo defensa del interés municipal, sino que hubo gato encerrado.

Clima factura hoy cerca de un millón y medio de dólares y pelea por seguir recogiendo las 30 mil toneladas de basura que 1.300.000 cordobeses acumulan mes a mes.

En el reportaje que sirve como broche de oro a la investigación sobre Roggio, Aldo reconoce que Mestre dio a su compañía la posibilidad de acceder a un nuevo negocio, pero aclara que la ganó de manera transparente, por medio de una licitación pública.

Las otras escenas de la telenovela de los Roggio vs los Macri tienen como escenario natural a la Capital Federal y como argumento principal negocios por millones de dólares. La telenovela cuenta con la participación de figuras estelares, como los ex intendentes Facundo Suárez Lastra, Carlos Grosso y Saúl Bouer, y el concejal mandato cumplido Roberto Azaretto.

Los directivos de Macri sostienen que la segunda gran traición de los Roggio consistió en su desembarco en la Capital Federal, donde ellos eran dueños y señores.

Sucedió en 1987.

Se licitó el servicio de recolección de basura para la zona Villas (Flores, Floresta, Devoto y Villa del Parque), donde habitan medio millón de argentinos.

Entre las principales competidoras se encontraban Cliba, de Roggio, y Solmet, una subsidiaria del grupo Macri. Cliba ganó el concurso por decisión final del intendente Suárez Lastra. Pero la gente de Macri siempre sostuvo que la oferta de Solmet era más barata que la de Cliba y técnicamente superior. Y además siempre sugirió que detrás de la decisión de Suárez Lastra estaba el mismo gato encerrado que metió la cola en la iniciativa de Mestre contra Aseo.

El entonces concejal Roberto Azaretto, Documento Nacional de Identidad 4.534.611, coincidió plenamente con la sospecha de la gente de Macri. Desde entonces Azaretto empezó una cruzada contra las empresas de Roggio y a favor de las de Macri. Una cruzada que podría ser recordada como el mayor hostigamiento de negocios en la historia de la Argentina.

Azaretto informó a quien correspondía que Solmet de Macri era más seria que Cliba de Roggio porque tenía mejores equipos, mejor tecnología, más experiencia en recoger basura, más capital para afrontar gastos y camiones recolectores de mayor calidad. También dijo que Solmet era más barata que Cliba en tres de los cuatro rubros en los que compitieron. Además calculó que la oferta de la basurera de Roggio era entre un 16 por ciento y un 22 por ciento más cara.

El intendente Suárez Lastra ignoró las quejas de Azaretto y le adjudicó el negocio a la empresa de Roggio.

Sin embargo, Azaretto no se amilanó y siguió disparando con pedidos de informes en el Concejo.

El edil denunció que:

* Cliba, después de la licitación, "infló" el porcentaje de su rubro más caro, denominado barrido, y así estafó a la municipali-

dad en miles de dólares: Azaretto sostuvo que el rubro barrido no supera el 12 por ciento del total de basura a recoger, ni aquí ni en todo el mundo. El concejal detectó que, en abril de 1991, el barrido había representado más del 60 por ciento del total de la facturación de Cliba. También aclaró que la recolectora, al presentarse a concurso, cotizaba el rubro "barrido" más caro que cualquiera de sus competidoras.

* *Cliba infló también la facturación del rubro escombros*: Azaretto precisó que Cliba facturaba siete veces más escombros que Manliba, cuando la primera trabajaba para medio millón de clientes y la segunda para 2 millones.

* *Cliba cometió pecado mortal al dejar de recoger la basura durante más de dos días*: la compañía no levantó la basura el 17, 18, 19 y 21 de setiembre de 1992. No lo hizo porque su personal concretó una huelga por falta de pago y mayores salarios. El concejal exigió entonces a las autoridades que cumplieran lo que dice el pliego y borraran a Cliba del Registro de Proveedores, le rescindieran el contrato, le impusieran las multas correspondientes y llamaran a licitación para reemplazarla.

* *Cliba estafó a la municipalidad al cobrar servicios que no prestaba*: Azaretto dijo que la evidencia del fraude está en que cuando la municipalidad se dedicó a inspeccionar los trabajos, consiguió una rebaja en la facturación del 30 por ciento. Azaretto calculó que Cliba había estafado a la municipalidad en unos 30 millones de dólares durante cinco años. Lo hizo tomando en cuenta que entre la boleta inspeccionada y la no controlada había una diferencia de medio millón de dólares mensuales.

* *Cliba alteró las taras de los camiones*: Azaretto denunció que la recolectora había manipulado la capacidad de peso de sus camiones y habría hecho figurar más basura de la que realmente recogió, con el objeto de facturar más.

* *Cliba se benefició con una prórroga de contrato que no estaba prevista ni se merecía*: Azaretto detectó que el intendente Carlos Grosso había concedido a la compañía, en 1992, una prórroga para seguir cargando basura durante otros tres años. Se preguntó si no era legítimo que interviniera el Concejo Deliberante en la decisión. Y también se preguntó si no era hora de quitarla del camino teniendo en cuenta que se estaba hablando de un negocio de más de 30 millones de dólares por año.

Voceros oficiales de Benito Roggio e Hijos SA respondieron en exclusiva a cada una de las acusaciones de Azaretto.

Esta es la reconstrucción del descargo:

* *Asunto rubro barrido*: Roggio jamás infló el rubro barrido en proporción al total de toneladas recogidas. El contrato dice que Roggio puede cargarle a ese rubro hasta el 32 por ciento de toda la facturación. Y Cliba nunca pasó de esa proporción.

* *Asunto sobrefacturación*: La reducción de facturación de Cliba no fue producto de un mayor control, sino de una baja estacional. La boleta que se esgrime como prueba de sobrefacturación es de setiembre. Se trata del mes del año en que la gente tira menos basura.

* *Asuntos escombros y taras de los camiones*: Los controles de pesaje de los camiones de Cliba se hacen cada seis meses. Nunca se produjeron inconvenientes dignos de mención.

* *Asunto abandono del servicio*: Es cierto que Azaretto pidió que se sacara a Cliba de los registros. Es cierto que las medidas de fuerza existieron. Lo que no es cierto es que se haya interrumpido la recolección de la basura. Se cumplió el servicio en forma provisional. Además, la interrupción fue ajena a la voluntad de Cliba.

* *Asunto prórroga indebida*: Cliba no participó de ninguna irregularidad. El intendente (Carlos) Grosso tenía facultades para dar la prórroga.

Los voceros oficiales de Roggio aportaron para su defensa el dictamen absolutorio que la Fiscalía Nacional de Investigaciones firmó el 4 de mayo de 1992, en respuesta a una denuncia presentada por Azaretto el 28 de agosto de 1990.

El dictamen es casi un calco de la posición de Roggio.

Azaretto siempre sospechó que la mayoría de las trampas de Cliba en la Capital eran el resultado de la connivencia entre la basurera de Roggio y la Dirección General de Saneamiento, el ente que debía controlarla. Por eso envió un proyecto para llamar a licitación a una nueva empresa que la controlara de verdad.

Las presiones de Azaretto hicieron que Grosso creara un ente controlador pequeño pero efectivo: se llamó Unidad Especial de Inspección (UEI).

La UEI fue comandada por el estudiante universitario Miguel Segura y supervisada por el subsecretario Juan Pablo Schiavi.

La UEI comprobó que:

* Había una fuerte connivencia entre Cliba y los capos del Sindicato de Obreros y Empleados Municipales (SOEM) para evitar el control de la recolección.

* Cliba hacía trampa con la basura que cargaba en sus camiones. Cliba llevaba camiones a dos zonas de descarga. En una zona facturaba por tonelada. En otra con costo fijo.

La Unidad Especial de Inspección comprobó que Cliba dejaba los camiones casi sin carga para la zona de costo fijo. Y le cargaba la basura de este último al camión donde facturaba por tonelada, para sacar más provecho.

* Cliba cargaba cascotes para que la basura pesara más y así cobrar más dinero. Las basureras tienen prohibido cargar cascotes. Cliba subió una gran cantidad especialmente en la

zona de Villa del Parque, donde la construcción de viviendas crece a ritmo vertiginoso.

* Cliba mojaba la basura, para hacer que pesara más.

Al detectar y corregir esas irregularidades, Schiavi y Segura hicieron rebajar la facturación mensual de Cliba de 2.600.000 dólares a 1.800.000 dólares.

Schiavi estaba convencido de que se podía haber bajado aún más la facturación. Pero Schiavi abandonó su puesto en julio de 1992. Se fue, entre otros motivos, porque recibió amenazas, apretadas y el lanzamiento de una bomba en su casa que por suerte no dejó heridos ni víctimas.

Azaretto también jura que fue presionado por amigos de Roggio. Y aclara que si bien no le pusieron una bomba, fue "apretado" políticamente, para que abandonara las denuncias contra Roggio.

Esta es una parte del diálogo mantenido con el ex concejal.

—¿*Cómo puede probar que Roggio lo presionó?*

—La primera presión fue en junio o julio de 1989, en plena campaña electoral (para presidente). Yo me venía ocupando del tema Cliba, entre otros. Fue entonces cuando mi colega, el concejal de la Ucedé, Fancisco Siracusano, me invitó a sus oficinas de la calle Lavalle. Allí me estaban esperando tres hombres de Roggio. Creo que estaban Aldo (Roggio), Alejandro (Roggio) y otro más. Me plantearon con amabilidad que yo estaba equivocado. Me llenaron de papeles sobre ambos temas. Qué paradoja: son los papeles que me sirvieron para hacer las denuncias.

—¿*Eso fue todo?*

—No. Después de eso, varias veces Siracusano me vino a ver a mi oficina del Concejo y me planteó el tema así: "¿No hay manera de conversar amigablemente sobre esto?". Roggio también utilizó para pararme a su amigo, el ingeniero (Alvaro) Alsogaray.

—¿*Qué significa "lo utilizó"?*

—Habían pasado sólo dos días de la denuncia que hice contra Roggio en la Fiscalía por irregularidades en Cliba, la ampliación del subte D y la autopista 9 de Julio. De repente recibí un llamado del ingeniero Alsogaray.

—¿*Podría reproducir el diálogo lo más fielmente posible?*

—Cómo no. El me dijo:

"—Esta gente me llamó. Están muy enojados con su denuncia. Necesito saber de qué se trata."

Y yo le dije algo así como:

"—Se lo puedo explicar en persona. Es grave y delicado."

A lo que él me comentó:

"—Son mis amigos y me pidieron que los ayudara. Por eso lo llamo. No obstante, si usted está convencido de lo que hace, proceda según le indique su conciencia."

En el reportaje que contiene esta parte, Aldo Roggio dijo que jamás vio en su vida a Roberto Azaretto.

El desembarco de Roggio en la Capital que tanto le dolió a Macri se completó en 1987 al presentarse y ganar la licitación para las obras de ampliación de la línea D de subterráneos. Roggio lideró un consorcio en el que participaban Sánchez Granel y Sitra.

Macri se presentó con un socio mexicano y perdió.

Hombres de Macri sospechan que también en esta adjudicación estuvo la poderosa mano del entonces intendente Facundo Suárez Lastra.

Las obras se iniciaron el 28 de setiembre de 1988 y todavía nadie sabe cuándo se terminarán.

Azaretto apuntó otra vez al corazón de ese contrato y opinó que la entrega estuvo plagada de irregularidades. A sus acusaciones no les faltó sentido común.

El ex edil denunció que:

* Suárez Lastra cometió una imprudencia, porque cedió el negocio sin saber cómo lo iba a financiar.

* Quienes cedieron el negocio al consorcio liderado por Roggio cajonearon un crítico informe que sobre su propuesta hiciera un ente oficial llamado CRISBA. Azaretto precisó que el informe se incorporó a las carpetas de la adjudicación...¡no antes sino después de darle la obra a Roggio!

* La oferta de Roggio & Cía recibió numerosas impugnaciones, que sospechosamente fueron ignoradas por las autoridades de Subterráneos de Buenos Aires.

* En los primeros once meses, Roggio y Cía no había construido prácticamente nada, y sin embargo había cobrado más del 15 por ciento del monto total de la obra: cerca de 10 millones de dólares.

* Roggio había recibido un pago del intendente Facundo Suárez Lastra veinte días antes de la fecha de vencimiento y 24 horas antes de ceder el poder a Carlos Grosso. Azaretto lo consideró sospechoso. Recordó que la municipalidad nunca paga antes del día de vencimiento de la factura. Además aclaró que no es serio pagar en el medio de la retirada del gobierno.

* El método constructivo de Roggio y Cía tenía una grave falencia técnica que podía ocasionar derrumbes y hacer peligrar vidas.

Desgraciadamente Azaretto sintió que sus sospechas se confirmaban el día en que se conoció la muerte de un obrero que trabajaba en la ampliación de la línea D.

Se llamaba Ricardo Julián.

Murió el 27 de octubre de 1990, a las 7 menos 20 de la mañana. Murió en el acto, porque se le cayeron encima desprendimientos de suelos mientras ayudaba en el encofrado para el hormigonado de una parte del túnel. Los médicos del consorcio no pudieron hacer nada.

Azaretto habló por todos los medios. Recordó que él lo había advertido. Consiguió que el Concejo Deliberante aprobara la creación de una Comisión Investigadora para analizar presuntas irregularidades en el otorgamiento del negocio a Roggio.

Pero todo quedó en la nada.

Esta es una síntesis de la réplica de los voceros oficiales de Roggio a los cargos de Azaretto alrededor de la licitación y las obras de ampliación de la línea D:

* *Asunto CRISBA*: Es cierto que el informe CRISBA fue incorporado al expediente de la licitación después de ser entregado el negocio. Pero también es cierto que hubo críticas para todos los oferentes y que ninguna fue lo suficientemente grave como para anular la adjudicación.

* *Asunto impugnaciones*: Las únicas impugnaciones que recibió la oferta del consorcio liderado por Roggio salieron de la competidora encabezada por Macri. Curiosamente, son idénticas a las que impulsa Azaretto.

* *Asunto cobro por ritmo de obra*: La obra se paró a los cuatro meses de comenzada, pero no por culpa de Roggio, sino porque la municipalidad no pagaba. El consorcio fue cobrando en forma directamente proporcional al avance de la obra.

* *Asunto pago anticipado de Suárez Lastra*: El pago recibido el 7 de julio de 1989 correspondió a un certificado de obra presentado el mes anterior. El pago se concretó dentro de las reglas del contrato. Es posible que lo hayan hecho antes del cambio de autoridades para evitar las demoras de la transición.

* *Asunto método constructivo*: El método constructivo de Roggio criticado por Azaretto es el mismo que se utilizó para construir en su momento los túneles de todas las líneas de subterráneos. Túneles que no presentaron ningún problema de derrumbe.

Las obras de ampliación del subte D siguen su curso lento y desesperante.

El tercer negocio de Roggio en la Capital Federal que desveló a los sabuesos de Macri y al denunciante Azaretto fue un contrato firmado en diciembre de 1988.

El contrato celebrado entre Suárez Lastra y la constructora de Roggio Covimet para reanudar los trabajos de la autopista 9 de Julio sector Norte.

Azaretto encontró aquí sabrosas curiosidades, a saber:

* que al mismo tiempo que se renegoció el contrato, uno de los socios de Roggio en Covimet, de apellido Aragón, vendió a Luis Cetrá, cerebro financiero de Enrique Nosiglia, las acciones que tenía en Radio Rivadavia. Azaretto piensa que Suárez Lastra tuvo que ver en esa operación triangular.

* que Roggio se había beneficiado porque la municipalidad no había determinado ni la traza ni el proyecto de la autopista. Esto significaba que Covimet no tenía necesidad de respetar ningún precio final.

* que Covimet no tenía obligación de certificar el avance de obra y eso era una barbaridad.

* que entonces a Covimet le convenía que las obras se demoraran o paralizaran para cobrar millonarios gastos improductivos.

* que Covimet estaba cobrando precios por unidad de medida que superaban en un 50 por ciento cualquier precio internacional.

* que con esta obra podía llegar a pasar lo mismo que pasó con otra también liderada por Roggio en el Hospital Argerich: el Argerich se terminó a un precio que superó tres veces el presupuesto original.

Azaretto presentó esta denuncia en la Fiscalía Nacional de Investigaciones, junto con la de Cliba y la obra de ampliación del subte D el 28 de agosto de 1990. Veinte meses después, miembros de la Fiscalía liberaron a Suárez Lastra y a los funcionarios municipales de culpa y cargo y recordaron que el contrato había sido aprobado por el Concejo Deliberante.

El presidente de la Fiscalía Nacional de Investigaciones que absolvió a Roggio y sus amigos de la municipalidad es Jorge Pinzón, el mismo que resolvió en el tiempo récord de menos de 24 horas que el titular de la Casa de la Moneda, Armando Gostanián, no había fabricado billetes truchos o dobles.

¿Cómo saber si Suárez Lastra, Angeloz y otros radicales beneficiaron con negocios a Roggio así como Carlos Grosso y Menem gratificaron con otros negocios a los Macri? La primera pista la aportaron Suárez Lastra y Azaretto, en un apasionado debate radial que sostuvieron bajo la mirada atenta del periodista Carlos Varela.

Suárez Lastra dijo:

—Lo que Azaretto define como irregularidades son canalladas suyas. El trabaja para Grosso y para Manliba (la basurera de Macri).

Y Azaretto le contestó:

—Usted trabaja para Roggio también.

Voceros extraoficiales de Roggio dicen que es evidente que Grosso benefició a Macri y citan las siguientes evidencias:

* La decisión del ex intendente que le posibilitó a Manliba, la basurera de Macri, el cobro de una supuesta deuda de más de 50 millones de dólares.

* El frustrado intento de Grosso de quitarle a Roggio el negocio de la ampliación de la línea de subtes D para dárselo a Macri.

* El hecho de haberle dado al grupo Macri los mejores y más grandes negocios de privatización de la ciudad.

El vocero extraoficial de Macri sostiene que, además de las evidencias de favoritismo que demuestran los negocios de Cliba, el Subte D y la autopista 9 de Julio Norte, existe un gran acuerdo entre Roggio y ex funcionarios o actuales funcionarios de la Unión Cívica Radical.

Un acuerdo que incluye los siguientes negocios:

* la continuidad de Clima en Córdoba.
* la recolección de basura en San Isidro, donde reina y gobierna el intendente Melchor Posse.
* la recolección de basura en Bahía Blanca, contrato que firmó el ex intendente radical Juan Carlos Cabirón.

Otros amigos de Macri afirman, además, que el reemplazo de Grosso por Bouer perjudicó la evolución de sus asuntos y favoreció el desarrollo de los asuntos de Roggio en la Capital.

Ellos aportaron datos que probarían la excelentísima relación que mantuvieron Bouer & Roggio:

* El primer contrato grande que renegoció Bouer al hacerse cargo de la intendencia fue el de Cliba, la basurera de Roggio. La renegociación incluyó un plan de pagos muy ventajoso para la empresa privada.
* Roggio, en señal de agradecimiento, fue la primera empresa que rescindió el contrato por los servicios de Mantenimiento Urbano. La empresa de Roggio se llama Presur. Dicen que Presur renunció a pedido de Bouer, para enviar una señal al resto de las compañías.
* Bouer negoció con el consorcio que lidera Roggio la reanudación de los trabajos de ampliación del subte D.
* Bouer entregó a Covimet, de Roggio, la construcción de tres mil viviendas populares. Se trata de un negocio de por lo menos 60 millones de dólares. Lo curioso del asunto es que, antes de negociar con los hombres de Bouer, Covimet estaba obligada a hacer las viviendas gratis, como parte del compromiso de obras para completar la autopista 9 de Julio Norte.

Aldo Roggio siempre se quejó ante sus amigos de negocios por la supuesta preferencia de Grosso hacia Macri. Sin embargo nunca contó a nadie cómo intentó equilibrar los tantos a través de hombres más poderosos que Grosso y ubicados más cerca de Dios.

Sucedió en febrero de 1990.

El ex intendente peronista estaba tratando de sacar a Roggio de las obras de ampliación de la línea D para dárselas a Macri & Asociados. Aldo Roggio fue entonces a hablar con el privadísimo de Menem, Miguel Angel Vicco. Así consiguió una reunión con los ex integrantes de la minicarpa: el propio Vicco, Blas Medina y el cuñado presidencial, Emir Yoma. Los integran-

tes de la minicarpa hablaron de inmediato con Carlos Menem.
El presidente aprovechó una reunión de gabinete para atajar a
Grosso y decirle:

—*Andá a hablar con Miguel (Vicco): es muy importante.*

Vicco citó a Grosso en el hotel Lancaster, de Córdoba y
Florida, sin decirle para qué. Sólo le pidió que fuera con su
secretario de Obras y Servicios Públicos, Raúl Kalinsky.

Cuando Grosso llegó al hotel con su secretario, se encontró con Aldo Benito Roggio, quien le pidió que lo empeza-
ra a tratar como corresponde a un empresario de su nivel.
Kalinsky, por su parte, recitó por enésima vez su minidis-
curso titulado Es Injusto que nos Acusen de Favorecer a Macri:

—*Yo le puedo dar a Macri una porción de torta grande. Y
hasta permitir que elija la porción que le gusta más. Lo que no
puedo hacer es darle más torta que a los demás, porque sería
muy desequilibrado* —se defendió Kalinsky.

Aldo Roggio no se inmutó, y Grosso entendió claramente
cuál era el mensaje. Así fue como Menem evitó que le quitaran
a Roggio la obra de ampliación de la línea D de subtes: un
negocio de 74 millones de dólares.

Dicen que la relación personal entre Aldo Roggio y Franco
Macri es ahora tan fría como siempre.

Sólo se encuentran cuando no tienen remedio.

Ellos se sonríen de costado en los cócteles, pero ambos tienen una espina que les atraviesa la garganta cada vez que se
ven. Uno de sus últimos cruces de negocios fue durante la
licitación de Obras Sanitarias de la Nación. Roggio y Macri
lideraban dos consorcios distintos: ambos perdieron el concurso a manos de Aguas Argentinas. Sin embargo, los archienemi-
gos se espiaron como si hubieran sido Estados Unidos y la
Unión Soviética durante la Guerra Fría.

En Roggio sólo dos personas sabían cuál era la cifra de la
tarifa de agua que ofertaban: Aldo y otro más. Pero sospecha-
ban que Macri había hecho pinchar los teléfonos y los celulares
para enterarse del precio de la competencia.

Tanto Roggio como Macri habían designado a una persona
para que estuviera muy cerca del procurador general del Tesoro. El procurador era el hombre que tenía la llave de la caja
fuerte donde estaba la oferta.

Dicen que ex empleados de Roggio se infiltraron en las
empresas de Macri y que ex empleados de Macri trataron de
husmear en Roggio.

El asunto no pasó a mayores, sólo porque no ganó ninguno
de los dos.

Pero los Roggio y los Macri a veces se tienen que sentar a
conversar, a desgano, igual que lo harían dos familias adversa-

rias de la mafia de Chicago. Se telefonearon, por ejemplo, por la licitación del peaje de la ruta Panamericana:

—*¿Vos te presentás?* —preguntó un hombre de Macri.

—*No. No me dan los números* —respondió el hombre de Roggio.

—*A nosotros tampoco: entonces es posible que la licitación quede desierta* —cortó el hombre de Macri.

Pero Macri ganó la licitación como único oferente y Roggio se quedó con dos sensaciones. Una: que Macri le había hecho trampa, una vez más. Dos: que el gobierno le había pedido encarecidamente a Macri que hiciera el sacrificio de presentarse para salvarlo del papelón de declarar una licitación desierta.

Otro de los encuentros a desgano lo protagonizaron Sergio Roggio, sobrino de Aldo Roggio, y Mauricio Macri, el heredero de Franco Macri. Fue para aclarar los tantos en el negocio del gas y el encuentro lo pidió Roggio.

Roggio SA posee Emprigás, una empresa que tiene el tendido domiciliario de Carlos Paz, Córdoba, y de las principales localidades de La Rioja y la Mesopotamia.

Y los Macri ganaron la Transportadora de Gas de Cuyo (TGC), junto con Astra y Soldati.

¿Por qué se juntaron? Porque, para seguir existiendo, Emprigás no tiene otro remedio que comprar gas a TGC.

Sergio Roggio fue a pedirle a Mauricio Macri que le vendiera el gas a un precio razonable y que no lo ahogara. A Mauricio le brillaban los ojos. Sin embargo, accedió de inmediato y por eso Sergio Roggio a veces repite:

—*¿Por qué no me pidió nada a cambio? ¿Qué as guardará en la manga?*

Es una pregunta sin importancia.

La próxima estocada de Macri llegará cuando tenga que llegar y será soportada por Aldo Roggio de pie y en persona: para eso tiene el corazón de piedra.

2. No hay nada ma' lindo que la familia unita

El primer Roggio que llegó a la Argentina era semianalfabeto y trajo en su mochila una recomendación que, más que una llave para trabajar, parecía un chiste de mal gusto.

Se llamaba Benjamín y aterrizó en este país en 1889 proveniente de Meduna de Livenza, Venecia, Italia. La carta de recomendación estaba firmada por Gabriel Benedetti, delegado del Ingenio Civil del Ministerio de Obras Públicas. Decía:

—*Declaro que Roggio Benjamín, hijo de Francisco, ha ejecutado en calidad de contratista muchos trabajos de obras murales y se puede comprobar que se trata de un artesano inteligente, trabajador y honesto.*

Benjamín también cargó en su maleta de inmigrante necesitado un documento impresionante: la foto de un puente de piedra sobre un arroyo levantado con sus propias manos.

—*El puente fue construido por Benjamín en Meduna de Livenza; era tan fuerte que resistió de pie las dos guerras mundiales* —contó uno de sus bisnietos con orgullo familiar.

Benjamín llegó a Buenos Aires con su esposa, Luisa Piva, y su hijo Benito, el fundador de Benito Roggio e Hijos SA.

Benito había nacido en Venecia el 28 de octubre de 1880. Benito Roggio se aguantó los treinta días a bordo en la segunda clase del barco Duca Gallieri y el 3 de mayo de 1889 pisó por primera vez la ciudad de Buenos Aires.

Benjamín, su esposa Luisa y su hijo Benito viajaron casi de inmediato hacia Colonia Caroya, Córdoba, donde unos parientes lejanos y muchos amigos los recibieron con chorizo colorado y vino de uva chinche, la bebida del lugar.

Benjamín encontró trabajo enseguida: sus compadres lo sometieron a una tarea intensiva en la vid del lugar. Este Roggio no sólo cosechaba y sembraba uva. También hacía pipones artesanales para conservar el vino y construía los galpones necesarios para los bodegueros de la zona.

Su hijo, Benito, es nada más y nada menos que el de la marca Benito Roggio e Hijos SA. Benito abandonó Caroya y se instaló en la ciudad de Córdoba apenas pasó los 20 años.

La primera casa donde vivió estaba en la calle Saráchaga y apenas tenía las comodidades necesarias para comer y dormir.

Benito igual se casó el 15 de octubre de 1904 con Rosa Ana Londero. Doña Rosa había nacido en Udine, Italia, en 1883. Ella había desembarcado junto a su familia en Buenos Aires, diez años después de la llegada de los Roggio, el 14 de febrero de 1899. Rosa no pasó por la familia de manera indiferente: trabajó de sol a sol y llegó a dibujar los planos de las casas que construyó su marido.

Benito empezó a trabajar de albañil para un constructor que tenía la misión de levantar un convento en el seminario de Loreto, en Alta Córdoba.

El constructor original rompió el contrato con la orden religiosa, porque sostenía que le pagaban poco y tarde. El constructor le dijo a su empleado:

—*Don Benito Roggio: esto no nos conviene, así que mejor nos vamos*

Pero enseguida una monja de la orden preguntó al albañil:

—*¿Se anima a terminar usted solo el trabajo?*

El día de 1908 en que Benito Roggio dijo "me animo" es tomado como la fecha de fundación del grupo que hoy factura cerca de 300 millones de dólares y emplea a más de 10 mil personas.

Roggio tenía solamente un balde, una plomada, una cuchara y cierta dignidad. Ya nadie recuerda cómo se llamaba la monja ni el contratista. La tradición oral sólo destaca que Roggio hizo lo que hacen los hombres de honor y de palabra. Ahora, cada vez que algún gerente sugiere que conviene más dejar sin terminar un contrato de obra pública que acabarlo, salta algún Roggio para recordar:

—*Antes de abandonar una obra acuérdese cómo nació esta empresa.*

Benito no gozó de mucho tiempo para festejar la oferta de la monja: tuvo que construir en tiempo récord un tanque de agua por el que cobró, según sus descendientes, algo así como 8 pesos de la época.

Las monjas del seminario de Loreto quedaron chochas y lo recomendaron como albañil, capataz, supervisor y jefe de obra a sus amigas de otras órdenes religiosas. Pero Benito no se agrandó y mientras hizo su trabajo, estudió y se recibió de "constructor de primera categoría", según informa uno de sus hijos.

En 1910 Benito ya había sentado cabeza y se fue a vivir con su esposa y su hijo a la primera casa propia que construyó con sus manos y que se encuentra en la calle Bedoya 160.

La casa de Bedoya es importantísima en la historia familiar: hoy, el holding donde se concentra buena parte del patrimonio de los Roggio se llama Doya Sociedad Anónima. En la casa de Bedoya había lugar para un caballo que tiraba del sulky de la familia. También había un garaje donde Benito guardaba un auto llamado Isota Frasquini, que funcionaba a manija y tardaba unas horas en ser puesto en marcha.

En 1912 Benito Roggio pasó de albañil a contratista de obras. Ese año hizo toques exquisitos a la Catedral de Córdoba y le pidió a su padre Benjamín que colaborara en la terminación artesanal. Más tarde levantó casas en Alta Córdoba y con el alquiler pudo vivir de rentas y evitar trabajar duro, porque una úlcera en el estómago se lo impedía.

Entre 1915 y 1918 Benito ya había comprado unas 10 hectáreas para la familia, en Boulevares, pasando La Rosa.

En la quinta se hacía de todo: se recogían uvas, se cultivaba verdura, se carneaban chanchos y los hijos de Benito cortaban el salame en fila y a cuchillo. La esposa de Benito, Rosa Londero, esperaba en el fondo con el balde, mezclaba el salame con jamón, chorizo y carne de vaca y servía un menjunje que estaba —dicen— para chuparse los dedos.

Un nieto que todavía conserva la memoria contó:

—*El abuelo Benito nunca comió un pollo, un chancho, una verdura o un tomate que no fuera de la quinta de Boulevares.*

También contó que nunca tomó otro vino que no fuera el de uva chinche fabricado por él mismo y que sus hijos nunca bebieron otra vineta (vino sin graduación alcohólica) que la que les preparaba la madre antes del almuerzo familiar.

Benito Roggio murió el primero de agosto de 1944, de cáncer de duódeno. Un mes antes había sido abierto de par en par por el cirujano de la familia, Vicente Bertola, quien descubrió en ese momento que ya no había nada que hacer.

En respuesta a un cuestionario enviado por el autor, uno de los hijos de Benito, Remo Roggio, confesó que antes de morir, su padre los reunió y suplicó:

—*Muchachos: no dejen nunca de trabajar, porque es el único medio por el cual el hombre se dignifica y progresa.*

Fue la última de sus sentencias simples y concretas. Pero también tenía otras dos. Una decía:

—*El tiempo que se pierde, no se gana más.*

La otra rezaba:

—*Quien no estudie, no tendrá un mejor nivel de vida.*

Benito dejó como herencia casas y departamentos para alquilar y sobrevivir.

Pero lo más importante que legó fue el edificio de siete pisos de la calle Roque Sáenz Peña 1392, al que todo el mundo conoce con el nombre de La Colectiva de los Roggio. En esa casa está sintetizado todo el espíritu de los inmigrantes italianos y la mesa de domingo. En ese edificio pudieron vivir perfectamente los Campanelli y alguno de los jefes del hogar pudo haber dicho:

—No hay nada ma' lindo que la familia unita.

La Colectiva fue concebida por Benito y pergeñada por Rosa para albergar a todos sus hijos y tenerlos siempre cerca.

Benito puso manos a la obra y su hijo mayor Héctor Marcelo la diseñó. Fue terminada en 1939 y dicen que en el mínimo revoque estaba calculado cómo debía ser repartido el poder familiar.

La Colectiva se hizo con garaje, jardín, patio y... ¡gallinero! Tiene seis pisos de departamentos. En uno vivían Benito y Rosa. En los demás cada uno de los cinco hijos que tuvieron. El último y séptimo piso lo reservaron para el gimnasio y la sala de juegos.

En La Colectiva de los Roggio había demasiadas cosas en común. Una era doña Bruna, la partera de la familia, quien ayudó a traer al mundo a casi todos los nietos de Benito y Rosa, incluido Aldo Benito Roggio, el actual número uno de la empresa. Otra cosa en común era el compresor del sótano, que servía para dar frío a cada una de las seis heladeras empotradas que cada familia poseía en su casa. Y también eran absolutamente idénticos cada uno de los departamentos. Medían aproximadamente 250 metros cuadrados. Tenían una cocina cómoda y amplia, un pasillo que comunicaba con el comedor diario y una heladera.

Los habitantes de La Colectiva se encontraban en el ascensor y en la escalera. Algunos primos varones se sorprendían por los pasillos en calzoncillos. Algunas mujeres de la familia se cruzaban con los ruleros puestos.

La Colectiva fue puesta por Benito a nombre de una SRL llamada HIDRO. Cada una de las iniciales de HIDRO corresponde al nombre de los hijos del fundador.

La H fue puesta por Héctor Marcelo, el primogénito y presidente de la compañía desde que murió su padre en 1944 hasta su propio fallecimiento, en 1994.

La I corresponde a Inés, la única hija mujer de Benito y Rosa.

La D es de Dino.

La R corresponde a Remo, actual presidente de la empresa y padre de quien la maneja, Aldo.

La O es por Oscar, quien en su momento decidió formar su propia empresa, como se verá después.

Los pisos tenían una distribución estratégica.

En el primero vivían Benito y Rosa. En el segundo, cerca de los padres, la "única nena", Inés.

En el tercero el primogénito, Héctor Marcelo.

En el cuarto Oscar, el más rebelde, quien debía estar cerca de Marcelo, el más responsable.

En el quinto Dino Alfredo.

Y en el sexto el menor de los hermanos, Remo.

Detrás de cada inicial y de cada nombre hay una historia para contar y está también el espíritu de la empresa familiar.

A cada uno de los hijos le corresponde un capítulo.

El primero es Héctor Marcelo, quien fue el Gran Heredero y el Gran Hacedor.

Héctor Marcelo fue también la prueba más concreta de la existencia del mayorazgo. Mayorazgo, en una empresa familiar, es el respeto y la obediencia absoluta al mayor de los hermanos y los primos.

Héctor Marcelo recibió todo el poder de manos de Benito, ni bien el fundador empezó a enfermar. Ninguno de sus hermanos se atrevió a contradecirlo hasta que su propia enfermedad hizo que delegara el manejo real a su sobrino Aldo Roggio.

Héctor Marcelo vivió en La Colectiva con su esposa Margarita Roselló y su primer hijo Rubén hasta que se fue a Buenos Aires en busca de negocios más grandes y de un nuevo amor.

La historia de su vida es apasionante.

Nació el 23 de mayo de 1906 y murió en el comienzo del invierno de 1994. Su espíritu y su fantasma todavía sobrevuelan la empresa.

A los 4 años ya caminaba por los andamios de la mano de su papá, Benito. Al servicio militar lo cumplió de grande, y se ve que estaba acomodado porque sólo cumplió la instrucción de tres meses en Los Nogales. Hay una leyenda que dice que Héctor Marcelo, después de ser dado de baja, hizo caminando los 45 kilómetros que separaban al cuartel de La Colectiva.

Héctor Marcelo se incorporó a la empresa en 1927, a los 21 años. A partir de ese momento, Benito Roggio se empezó a llamar Benito Roggio e Hijo. De esa época es la reliquia que él guardó bajo el vidrio del escritorio de su oficina hasta el día de su muerte.

Se trata de un billete de 50 mil pesos moneda nacional número 01.038.663 B entregado el 28 de enero de 1928 a las cuatro de la tarde. En el propio billete, con letra manuscrita, Héctor Marcelo escribió:

—Mis primeros pesos "del exterior" por adelantar la obra siendo capataz.

El exterior, para los Roggio, siempre fue Buenos Aires. Y todavía esa sensación permanece en los descendientes.

Héctor Marcelo se graduó de arquitecto en 1931, cuando ya había cumplido 25 años.

Su currículum dice que fue el primer arquitecto diplomado de la Universidad de Córdoba. Una de las hazañas de Héctor Marcelo que más se recuerdan en la familia es la que le permitió ganar a la empresa la primera licitación pública y el primer dinero grande.

Es digna de ser contada con puntillas.

Se trató de la construcción de viviendas de verano para los obreros municipales de Salsipuedes, provincia de Buenos Aires. La hazaña de Héctor Marcelo Roggio empezó el día en que se tomó el Tren Rayo de Sol desde Córdoba a Buenos Aires, respondiendo a un llamado de la intendencia, en el que se le pedía que concretara el precio del proyecto. En el Rayo de Sol también viajaba un competidor, el ingeniero Luis Soler, y lo hacía por el mismo motivo que Roggio. Soler poseía una de las constructoras más fuertes de la época. Cuando Héctor Marcelo se enteró para qué viajaba, pensó que no tenía posibilidades de ganar la licitación.

Pero Roggio lo madrugó.

No esperó a que el tren se detuviera en Retiro, desayunó velozmente, corrió hasta la salida, se tiró del vagón casi en movimiento, tomó un taxi y en menos de una hora se encontró con el funcionario correspondiente para cerrar el negocio. Héctor Marcelo Roggio estaba festejando la adjudicación de la obra al mismo tiempo que Soler terminaba de bañarse, afeitarse, almorzar y pedir una cita por teléfono al funcionario correspondiente.

—*No se moleste* —le respondió el secretario—. *Ya arreglamos con Roggio.*

Benito Roggio e Hijo construyó en Salsipuedes entre 25 y 30 casas de veraneo, le cobró a la intendencia 1.995 pesos moneda nacional por cada una de ellas y se quedó con una ganancia de... ¡500 pesos moneda nacional por unidad!

¿Cómo hizo la compañía para obtener semejante beneficio?

Héctor Marcelo puso a trabajar a su padre y sus hermanos, quienes le dieron los toques finales a la obra los fines de semana, sin cobrar salario. Además le encargó la carpintería, los vidrios y el "estuque planchado a fuego imitando mármol" a su primo, Carlos Piva.

—*El golpe de terminación con mano de obra propia fue lo que nos permitió esa rentabilidad* —recordó en 1994, en su despacho de Córdoba, su hermano Remo Roggio.

En 1934 Benito Roggio e Hijo pasó a llamarse Benito Roggio e Hijos, porque a Héctor Marcelo se le incorporaron sus hermanos Oscar, Dino y Remo.

En 1936, también de la mano de Héctor Marcelo, la compañía consiguió otro de los contratos más jugosos de la época: el Leprosario de San Francisco del Chañar. La obra fue licitada por el Ministerio de Obras Públicas de la Nación. Se habían presentado todas las grandes constructoras de Buenos Aires y Córdoba, incluida la del ingeniero Soler. A la empresa de los Roggio no la conocía nadie. Héctor Marcelo Roggio estaba en un rincón, agazapado, esperando sin esperanza. Pero pronto se supo que su oferta había sido la más baja, y que por lo tanto había ganado.

Un competidor envidioso se le fue al humo:

—¿*Cómo piensa hacer la obra con ese precio?*

Y otro le respondió:

—*Déjalo que se va a fundir.*

Los Roggio no se fundieron, entre otras cosas, porque fabricaron sus propios ladrillos y porque encontraron toneladas de arena en un arroyo, camino al Leprosario.

En 1937 Héctor Marcelo consiguió otro negocio espectacular: la construcción de estaciones del Automóvil Club Argentino en las ciudades de Córdoba, San Luis, Mar del Plata, Paraná y Tucumán. De esas estaciones sólo queda una, en Dolores. Y los nietos de Héctor Marcelo, cada vez que pasan por ahí, dicen:

—*Ahí está la estación de servicio del Nono.*

Cuando Héctor Marcelo le dio la noticia a su padre de que habían conseguido la obra para hacer las estaciones del ACA, Benito casi se infarta. Por eso le preguntó, en cocoliche:

—¿*Ma come hiciste? ¿De dónde vamo a sacare la plata, la máquina e los hombre?*

Las hicieron, y ganaron con eso mucha plata.

Desde ese momento hasta 1984, cuando lo empezó a aquejar un mal que poco a poco lo convirtió casi en un vegetal, Héctor Marcelo Roggio ejerció el liderazgo indiscutido de la empresa y la fue haciendo a su imagen y semejanza. Su hermano Remo lo definió como un tipo ambicioso y emprendedor, y lo que sigue es la historia completa no del empresario, sino del hombre:

De su primera esposa, Margarita Roselló, se sabe que tenía unos ojos verdes y despampanantes y que tuvo como padre a un gallego zapatero remendón que terminó construyendo seis casas y se las cedió al partido de sus amores, la Unión Cívica Radical. El padre de Margarita era conocido en Colonia Caroya por la libre interpretación que hacía del refrán:

—*El buey solo bien se lame.*

Don Roselló solía decir:

—*Yo solo me lamo un buey* —y todavía nadie sabe por qué.

Margarita Roselló murió en Córdoba hace siete años.

Su hijo, Rubén, jamás se enteró por qué ella y Héctor Marcelo se separaron.

—*Mi papá se la pasaba diciendo que mi mamá era una gran madre. Y mamá me decía que papá era un excelente padre* —explicó Rubén a un amigo.

La sospecha de Rubén es que su padre se enamoró de su segunda esposa de tanto viajar a Buenos Aires a cuidar y conseguir negocios. Héctor Marcelo se casó, en segundas nupcias, con una de las dueñas de la casa de cambios Piano.

Ella se llama María Edeltrudes Vitorino Piano y es la hermana de María Victoria Piano, viuda del empresario petrolero y dueño de Astra, Ricardo Gruneisen.

Héctor Marcelo Roggio era un verdadero aventurero y piloteaba su propio avión. Tenía muy pocos amigos, pero eran absolutamente incondicionales. Uno de ellos fue el conde Gilbert Cahen D'Anvers, padre de Mónica Cahen D'Anvers, la periodista de Telenoche.

Héctor Marcelo viajó por el mundo con el conde Cahen D'Anvers al cumplir sus 50 años: ambos se fueron en la mitad del viaje a pasar unos días junto a los pigmeos del Congo Belga. Los nietos y sobrinos recuerdan de ese viaje algo que Héctor Marcelo contó con sorna: que los pigmeos los hicieron dormir en una choza apartada porque no soportaban el olor de los carapálidas.

—*Hombre blanco huele a muerto. Hombre blanco huele a nada* —contó Héctor Marcelo que decían los pigmeos.

La anécdota es recordada por uno de sus hijos para demostrar que su padre no sólo era un lince en los negocios, sino que también tenía sentido del humor.

Los distintos autos que tuvo en su vida hablan de su personalidad.

El primero fue un Buik modelo 1947 cero kilómetro.

Lo usó 10 años seguidos hasta que sus hermanos, al cumplir los 50 años, le regalaron un Chevrolet nuevito. A ése lo caminó intensivamente y sólo cuando no dio más aceptó comprarse en 1970 un Rambler Ambassador. Finalmente, en 1981, de nuevo presionado por sus hijos, lo cambió por un Peugeot 604.

Héctor Marcelo nunca fue un hombre de gastar mucho en confort. Mejor dicho: siempre tuvo incorporado el síndrome del inmigrante de no gastar en asuntos del placer.

Cuando se separó de su primera mujer y se instaló en Buenos Aires, se fue a vivir a un sencillo y austero departamentito de tres ambientes en Junín al 1500. Sólo se desprendió de él para mudarse a otro no demasiado grande sobre la avenida Santa Fe con su segunda esposa María Edeltrudes Piano, mientras terminaba de construir el inmenso caserón familiar ubicado en la calle Arribeños, barrio de Belgrano.

Héctor Marcelo Roggio concretó la hazaña de construir la primera casa de un argentino en Punta del Este, República del Uruguay. La llamó Yuyito, la levantó en la zona del Golf, y era un departamento minúsculo, de apenas 32 metros cuadrados.

Amigos que lo quisieron con locura sostienen que lo usaba como una casita para el placer. Uno contó que solía tomar su pequeño avión acompañado de alguna mujer, burlándose de las autoridades de la época al cruzar la frontera aérea sin autorización, volando bajito, y aterrizaba en la playa Brava de Punta del Este para pasar un fin de semana como Dios manda. El mismo confidente narró que Héctor Marcelo Roggio fue un dandy toda su vida, y que hizo un esfuerzo por ocultarlo hasta que murieron su padre y su madre, para no darles un disgusto.

Los Roggio siempre intentaron tapar la evidencia de que Héctor Marcelo era un verdadero ganador con las mujeres. Por eso eligieron el silencio cuando periodistas sindicaron a su hermano Oscar como el hombre que había enamorado a una de las hermanas de Eva Duarte de Perón y utilizado la amistad con Juan Duarte para obtener contratos de obras públicas a partir de 1945. El amigo de una de las hermanas de Eva no fue Oscar, sino el propio Héctor Marcelo Roggio.

Héctor Marcelo impulsó cada uno de los grandes saltos que vivió la empresa, a saber:

* La incorporación en 1934 de sus tres hermanos varones, lo que modificó el nombre Roggio e Hijo por Roggio e Hijos.

* El primer gran aumento de capital a 400 mil pesos en 1939.

* La exportación a partir de 1940 de sus obras públicas y privadas hacia otras provincias. Para esa época los Roggio se arriesgaron a concretar una obra mucho más grande que lo que podían: los silos de las localidades cordobesas de Cintra, Bell Ville, Justiniano Posse y Ballesteros. Cuenta la leyenda que Héctor Marcelo tuvo que vender su auto y algunas propiedades para pagar a tiempo las máquinas y a los obreros, porque los bicicletearon con el cobro.

* La construcción en Córdoba del Jockey Club, el edificio central del Correo y el auditorium para transmisiones radiales en 1945. Dijo un descendiente de la familia:

—*Para ese entonces, los Roggio ya eran en Córdoba lo que son los Perez Companc en todo el país.*

* La construcción de una buena parte de las 600 escuelas y las decenas de hospitales que ordenó levantar a lo largo y a lo ancho del país la Fundación Evita en 1953.

* El inicio de la construcción, por la misma época, del Teatro General San Martín (TGSM).

* La constitución de Benito Roggio e Hijos como Sociedad Anónima en 1954.

* La construcción de la fábrica de automóviles Kaiser en 1958, lo que cambió la manera de hacer negocios de la compañía en 360 grados. La Kaiser fue encargada por un comitente americano, que exigió el cumplimiento de los plazos minuto a minuto y los obligó a ser más eficientes y serios.

* El aprovechamiento intensivo de la designación a dedo de su hermano Remo como intendente de la ciudad de Córdoba en 1961.

* La creación en el mismo año de la Corporación Argentina para la Vivienda (CAV), nada menos que el embrión del actual Banco del Suquía.

La CAV es el primer intento de los Roggio por hacer otra cosa además del negocio de la construcción. La CAV fue creada con la intención de manejar el mercado de ahorro para la construcción y compra de casas y departamentos. Los fundadores, además de Roggio, fueron Vicente Manzi e Hijos SA, Alvear SA, Tyta SA y la Corporación Cementera Argentina SA (Corcemar). Corcemar tenía como una de las principales accionistas a Elsa Verzini, esposa de Remo y cuñada de Héctor Marcelo. La CAV fue nada más y nada menos que el primer instrumento privado al que apeló Roggio para conseguir plata adelantada y así construir tranquilo. En 1962 la CAV abrió sucursales en Capital Federal y Santa Fe. El 28 de diciembre de 1979 la CAV aprovechó la ley de entidades financieras de Martínez de Hoz y se convirtió en el Banco del Suquía.

El Suquía tiene hoy 21 sucursales y depósitos por más de 500 millones de dólares, lo que lo convierte en el banco privado del interior más fuerte de la Argentina.

El Suquía es también el gran presentador de avales para los proyectos de Roggio, aunque está prohibido hacerlo si se supera el 10 por ciento del valor del banco.

Héctor Marcelo además participó del boom de la obra pública desde 1976 hasta 1982/1983, lo que permitió hacer a la empresa grandes obras como:

* la Central Térmica Independencia, en Tucumán
* la fábrica de elementos combustibles nucleares de la Central de Energía Atómica
* parte de ATC
* la segunda cloaca máxima de Obras Sanitarias en Córdoba
* el estadio mundialista Chateaux Carreras
* el edificio IBM
* el edificio de los Tribunales de Córdoba
* la Central Termoeléctrica de Bahía Blanca
* el edificio de la UIA
* la Central de Policía de Córdoba
* el Hospital Argerich
* el aeropuerto de Córdoba
* el aeropuerto de Tucumán.

Las grandes obras de Videla y Martínez de Hoz le reportaron a la compañía casi mil millones de dólares, según datos oficiales de Benito Roggio e Hijos.

Pero Héctor Marcelo Roggio no llegó a vivir en plenitud el cuarto gran salto de la compañía: no participó de la conclusión de su sobrino Aldo, quien advirtió que si no se metían en otros

negocios el grupo se fundiría. Menos llegó a compartir los beneficios de las privatizaciones menemistas y la toma de las rutas
de peaje, los subtes, los trenes y la telefonía celular. Visitó la
empresa hasta 1992, aunque en silla de ruedas. Sus últimos
meses los pasó en una clínica privada, casi como un vegetal,
con un peso de poco más de 30 kilogramos. Murió el 12 de
junio de 1994, y algunas de sus pertenencias todavía no fueron
retiradas de su despacho, porque muchos sienten que todavía
está ahí, dando órdenes y haciendo cuentas estratégicas.

Héctor Marcelo dio en vida a sus tres hijos algunas propiedades y acciones correspondientes a un poco menos de la mitad
del valor total de la empresa.

El único hijo que tuvo con su primera mujer se llama
Rubén y es un verdadero personaje.

Ultrasimpático, desaliñado, sibarita, bohemio, 52 años, 4
hijos, nacido el 8 de julio de 1941 a las 5.25 de la mañana bajo
el signo de Cáncer, arquitecto, manos tan grandes como las de
Edmundo Rivero, 1,90 metros de estatura y más de 110 kilogramos de peso, pudo haber sido el mandamás de la compañía,
porque es el mayor de su generación, y porque es el hijo de
quien ostentaba la presidencia cuando él estaba en edad de
sucederlo.

Rubén se fue de la Benito Roggio SA en 1991 y su partida
es uno de los temas tabú de la empresa. El, en vez de pelear por
el timón de la compañía, vendió su parte a sus hermanastros
Sergio y Alejandro en cómodas cuotas. No era poca plata: era
exactamente el 16,6 por ciento de toda una fortuna familiar que
hoy asciende a 500 millones de dólares.

Rubén compartió casi toda la infancia con su primo Aldo
Benito, el que ahora tiene la batuta y el que le dijo en 1990 que
no podía continuar más.

¿Por qué Rubén no se hizo cargo del grupo? ¿Por qué además fue desplazado de la empresa?

Un gerente de Roggio dice que fue porque no era todo lo
eficiente que debe ser el dueño de un grupo económico.

—Rubén era excelente para las relaciones públicas —agregó—, pero para todo lo demás era imposible contar con él.

Otro gerente sostiene que se despidió porque es un defensor a ultranza de la ética de los negocios y no soportó los tejes y
manejes del rubro construcción.

El asegura que un día le escuchó decir a Rubén:

—A mi abuelo Benito se le hubiera caído la cara de vergüenza al escuchar la fórmula "mayores costos". Mayores costos es la
excusa que utilizan las constructoras para indexar la plata que
deben cobrar del Estado. La versión de los amigos de Rubén es
que él se abrió porque un día sintió que la vida se le venía
encima.

—*La prueba es que para olvidarse de los negocios se fue a vivir a Cariló, donde hace algunas casitas y come muchos asados* —explican.

Rubén suele decir a la gente que lo visita:

—*Donde veas una chimenea con humo, ésa es mi casa.*

O también:

—*Hacer un hijo, criarlo, es más importante que hacer una empresa.*

Rubén siempre sintió a Héctor Marcelo Roggio como un padre ausente. El sufrió mucho la separación de sus padres y vivió en una época en la que no se tenía oportunidad de preguntar. Por eso cada tanto repite:

—*Rico no es el que tiene mucha plata. Rico es el que sabe vivir con lo poco o lo mucho que tiene.*

Rubén conoció a su madrastra, María Edeltrudes Piano, cuando tenía 12 años. La quiere tanto que es el primero en saludarla para el Día de la Madre. Incluso la saluda antes que sus verdaderos hijos. Rubén relaciona a la vida con los afectos y la familia y asocia a los negocios con algo obligatorio y desagradable. Entonces dice:

—*La vida es lo que se nos pasa haciendo otra cosa.*

Cuando sus amigos le preguntan por qué se fue, por qué renunció a su parte, él les responde:

—*Porque hasta los 47 años viví engañado, jugando al yuppie. Saltando de aeropuerto en aeropuerto absolutamente "al cuete"*

Y cuando le recuerdan la plata que perdió por haberse ido, él se justifica:

—*Era una vida de mierda. Una auténtica vida de mierda.*

Al salir de la empresa familiar, Rubén Roggio se desengañó. Durante dos años dejó de leer el diario convencido de que ninguno decía una mínima parte de la verdad. También dejó de fumar Kent largos aunque aumentó 22 kilos por eso.

A Rubén le pasó con Benito Roggio e Hijos algo parecido a lo que le pasó con su primera esposa: un buen día se desencantó y se mandó a mudar. Ella se llama Marta Bolland y era una novia casi perfecta: linda, buena y con muchísimo dinero proveniente de una familia de petroleros exitosos.

Rubén se separó y entró en una profunda depresión hasta que conoció a María de los Desamparados La Torre y enloqueció de amor. Con ella tuvo todos los hijos que no pudo o no quiso tener con Marta. Rubén fue padre por primera vez a los 38 años. Su primera hija se llama Carolina y tiene 15 años. Le siguen Florencia, de 8 años, María, de 7 años, y Benjamín, como el primer Roggio, de 6 años. Sus hermanastros, Sergio y Alejandro, sólo tienen de Rubén el apellido del padre.

Son hijos de Héctor Marcelo Roggio y su segunda esposa, María Edeltrudes Vitorino Piano.

Sergio Roggio, 36 años, casado, 3 hijos, ingeniero, grandote, de ademanes torpes, egresado del Liceo Militar y con un master en Business Administration y otro master en Ciencias de la Ingeniería en la Universidad de California, forma parte del directorio y tiene a su cargo los negocios de la basura, el arreglo de los hospitales de la Capital Federal y la distribuidora de Gas Emprigas. También representa a la compañía en el negocio del Hotel Conrad que se construye en Punta del Este y en el de Aguas Mediterráneas, la concesionaria de aguas y cloacas de Córdoba. Es bastante parecido a Groucho Marx. No se lo tiene como una luz para los negocios. Es ordenado y sabe ejecutar órdenes, pero más sabe hacer que se cumplan. Sergio practica tenis, esquí, vuela en ultralivianos y se divierte haciendo windsurf. Posee el 15,89 por ciento del capital del grupo y el 16,45 por ciento de los votos.

Alejandro Roggio, 33 años, casado, 3 hijos, arquitecto, master en Dirección de Empresas, ex estudiante en la Universidad de California, fue al Liceo Militar, igual que su tío Aldo y su hermano Oscar. Alejandro entró al directorio en 1988, cuando tenía apenas 27 años. Hace tareas más institucionales que productivas. Es el responsable del área de Vivienda y Desarrollos Inmobiliarios. Participó en algunos tramos de los negocios que Roggio ganó gracias a la privatización. Un alto empleado aseguró que hace pesar el hecho de ser accionista de la compañía. Mantiene diferencias con el contador Roberto Macías, a quien se considera la mano derecha de su primo Aldo, el mandamás del grupo. Participa en las reuniones de "mesa chica" de donde salen las decisiones finales estratégicas. Viaja por el mundo para aprender sobre nuevos negocios. Admira al ex ministro del Interior Gustavo Beliz.

Alejandro practica tenis, fútbol y surf. Es austero como toda la familia. Tiene una Renault break 18 modelo 1993. La cambió después de que sus amigos lo convencieron de que un hombre de negocios con familia numerosa no podía andar con un auto chico que a veces se le descomponía.

Tiene la misma participación accionaria y la misma cantidad de votos que su hermanos Sergio.

Pero el hombre más importante en la historia de Benito Roggio e Hijos, después del propio fundador y de Héctor Marcelo Roggio, es Remo Roggio, quien ostenta el cargo de presidente y todavía, a los ochenta y pico de años, anda haciendo de las suyas en su despacho de Las Heras 402, provincia de Córdoba.

Remo es el menor de los hijos de Benito Roggio y Rosa Londero. Su nombre completo es Vito Remo Roggio. Es el único Roggio que todavía conserva su departamento en La Colectiva. Estudió y trabajó simultáneamente desde los 17 años. Hizo los primeros dos años de secundaria en el Colegio Santo Tomás y de ahí pasó directamente a la Escuela Técnica de Constructores. La Escuela funcionaba en la Facultad de Ingeniería, pero de noche. El, como muchos hijos de inmigrantes, siente que haber estudiado de noche fue como ganarle tiempo a la vida para producir más riqueza. Se incorporó como socio accionista de la compañía en 1934. Lo nombraron gerente de Benito Roggio en 1939. Se recibió de arquitecto el 17 de diciembre de 1940. Y en 1945 ya era vicepresidente, ubicado, como casi toda la vida, bajo el ala de su hermano Marcelo, el Hacedor. En 1946 lo designaron tesorero de la Cámara Argentina de la Construcción (CAC), sucursal Córdoba. En 1949 lo ascendieron a vicepresidente. En 1961 se convirtió en presidente de la misma entidad. En 1962 fue elegido intendente de la ciudad de Córdoba, pero no por el voto popular sino por el dedo expreso de su amigo, el ingeniero Rogelio Nores Martínez. Nores Martínez tampoco fue elegido por la gente, sino por el dedo del presidente de facto José María Guido. Ostentó el cargo desde mayo de 1962 hasta octubre de 1963.

Mientras ejerció como funcionario público, no renunció a la vicepresidencia de Benito Roggio e Hijos SRL. Tampoco abandonó la presidencia de la Corporación Argentina para la Vivienda, que había asumido meses atrás.

El propio Remo Roggio justificó el haber estado a ambos lados del mostrador así:

—*La empresa no contrató ninguna obra pública mientras fui intendente.*

Y uno de sus sobrinos agregó:

—*No sólo no sacamos ninguna ventaja de la intendencia de Remo. La verdad es que fue la peor época de la empresa. Se les ordenó a todos los directivos no presentarse a ninguna licitación y todas las deudas de la municipalidad con el grupo quedaron congeladas.*

Ni Remo ni su sobrino aclararon que el intendente siguiente, Víctor Martínez —el mismo que fue vice de Alfonsín—, le empezó a pagar en cascada todas las deudas por obras y a ceder negocios bajo el eufemismo de la licitación.

En su corta carrera de agente estatal, Remo Roggio privatizó el transporte público, lo que ahora es considerado un acierto por la mayoría de los cordobeses. Lo hizo, entre otras cosas, porque estaba harto de que el sindicato nucleado en la Comisión Administradora del Transporte Automotor (CATA) hiciera huelga cada dos por tres.

Entre sus empleados, Remo Roggio tiene fama de tacaño y cabrón.

Hay tres anécdotas que fueron de boca en boca durante años y que probarían su espíritu ahorrativo.

Una es la que dice que para conseguir un lápiz nuevo, cada diseñador debe entregarle el lápiz viejo, chiquito y gastado al propio Remo, como una evidencia de que no lo perdió o de que no se lo quiso robar.

—*Todas las semanas Remo juntaba decenas de lapicitos y se los llevaba a sus nietos de regalo* —reveló alguien que trabajó cerca de él.

Otra anécdota trata de la sugerencia de su secretario, quien le aconsejó cambiar la vieja y ordinaria araña que tenía en el despacho de las oficinas de Córdoba. El secretario insistió y Remo se hizo el distraído, hasta que le dijo:

—*Cambiaré la lámpara por una nueva sólo cuando venda la vieja y al mejor precio.*

La tercera anécdota es la manía de Remo de abrir todas las ventanas para que entre luz y aire y poder apagar así tanto las luces como el aire acondicionado.

Remo Roggio mantuvo en la sede de Córdoba algo que fue abolido hace muchos años en la Argentina: la costumbre de trabajar los sábados hasta las 12 del mediodía. Quienes lo sufrieron aseguran que se paseaba sigilosamente entre las 11.50 y las 12 oficina por oficina, para comprobar quién era el que se atrevía a escapar antes de hora. Otra de las costumbres que impuso Remo Roggio, y que se mantenía hasta que este libro entró en imprenta, es disfrazar a las mujeres con guardapolvos color celeste y con la falda bastante más abajo de las rodillas.

—*El viejo Remo amenazó con despedir a más de una chica que tuvo la desgraciada idea de venir a trabajar con minifalda* —informó un ex empleado que sigue viviendo en Córdoba.

Una tarde de 1993 Remo se puso fuera de sí.

Fue cuando un gerente joven organizó una nueva empresa de concesiones de despachos de combustibles. El gerente decidió desterrar los uniformes de las empleadas, abolió el sábado inglés y encima les adjudicó mejores sueldos que los que se pagaban en otras empresas del grupo. El joven se gastó 30 mil dólares en todo concepto. Remo lo consideró un disparate y un gasto descomunal; tuvieron que negociar duro para ponerse de acuerdo.

Remo asumió la presidencia del grupo y del Banco del Suquía en 1985 y la ejerció con todo el poder hasta 1988.

A partir de ese momento reina pero no gobierna. De cualquier manera retiene el 1,71 por ciento del capital de la empresa con el 3,28 por ciento de los votos.

A Remo la revolución privatizadora menemista lo descolocó.

Ni él ni sus socios de la vieja guardia, como Angel Sargiotto, parecen comprender con claridad asuntos como el de pedir cientos de millones de dólares para hacer negocios que todavía son sólo una promesa. Viejos y nuevos directivos reconocen que su manera de hacer negocios pasó de moda, pero también señalan que si Remo no hubiera bajado los costos de las obras hasta el mínimo indispensable, ahora Roggio no podría ser lo que parece.

Remo Roggio tuvo con Elsa Verzini dos hijos.

Uno es Aldo Roggio, la figura estelar de esta parte del libro.

La otra es Graciela "Grace" Roggio, la regalona de papá. Grace es la más linda, delicada y agradable de todos los miembros de la tercera generación de Roggio. Entró al directorio en agosto de 1987. Casada con el contador Lejarza, tres hijos, es la responsable de la Fundación Benito Roggio, un sello desde donde saldrían los sobres con dinero para los partidos políticos y los periodistas a los que la empresa quiere ayudar por simpatía o para que no la hostiguen.

El mayor de los hijos de Grace, Fernando, estudia economía, juega al tenis, anda en moto, es un tiro al aire y resulta el preferido del abuelo Remo. Fernando trabajó uno o dos días en la empresa y salió espantado. El abuelo y la madre dicen que hay que esperarlo, porque tarde o temprano saldrá verdaderamente bueno.

—*Si Grace quisiera utilizar la influencia que tiene sobre su padre Remo, con seguridad obtendría más poder y rompería el equilibrio interno que hay en la familia* —explicó alguien que conoce el paño.

Los descendientes de los otros hijos de Benito y Rosa no trabajan en la empresa, pero eso no significa que no tengan historia.

Inés fue la única mujer de la segunda generación de los Roggio y jamás se interesó por la cal, la arena, la pala y el fratacho. Gorda y grandota, simpática, maestra del normal, se casó con Arturo Luca, primera viola de la Sinfónica de Córdoba, y se lo llevó a vivir al segundo piso de La Colectiva de los Roggio.

Inés Roggio y Arturo Luca tuvieron dos hijas. Una se llama Susana y la otra Elena. Ambas son dos personas dignas de ser conocidas. Susana se cambió el nombre y se puso Kozana. Es gorda y grandota como su madre. Elena no es tan grandota pero es igual de intensa.

Kozana y Elena se casaron con Carlos y Víctor Pelli, respectivamente. Ambos son hermanos entre sí y también son hermanos de César Pelli, el arquitecto argentino considerado como uno de los más importantes y exquisitos del planeta.

La vida de Kozana es digna de ser relatada. Después de un tiempo, ella se separó de su esposo Carlos para estudiar a los indios amazonas.

Más tarde se fue a San Juan de Puerto Rico, donde presentó un proyecto de remodelación del casco urbano. De allí pasó a

Nueva York y se alojó en una oscura calle de Manhattan. Desde ahí viajó a Londres, donde permaneció cinco años intentando ingresar al Royal Theater, un lugar al que sólo se puede entrar por fallecimiento de otro miembro y después de rigurosísimas pruebas de calidad artística.

Ella pasó el examen con una tesis original: un concierto a capella para siete voces.

Kozana pasó otros cuatro años de su vida lavando platos y dibujando para los estudios de Walt Disney, hasta que le avisaron que había ganado el primer premio con el proyecto para remodelar San Juan de Puerto Rico.

Kozana hace siempre lo que se le antoja, al contrario de los Roggio que parecen seguir sin desvíos el mandato familiar. A veces se aparece por Córdoba, Buenos Aires o Cariló, donde vive su primo Rubén, el primer hijo de Héctor Marcelo Roggio.

Kozana recorre el mundo con una bombacha que lava todos los días en la ciudad donde cae.

—*El que carga las alas no puede volar* —responde cuando le preguntan por qué viaja tan ligera de equipaje.

Kozana tiene una teoría sobre el estudio de la voz humana. Y hace gritar a todos sus sobrinos como si fueran Tarzán, pero por debajo del agua. Hasta hace poco era titular de una cátedra llamada Teoría del estudio de la voz humana.

Los que la conocen dicen que ella no canta bien, pero grita como nadie.

Se hermana Elena Luca no es menos particular.

Vive en Resistencia, Chaco, y casi nunca se movió de ahí. Pero tiene amigos en todo el mundo. Elena apareció en Helsinki, aunque nunca la conoció.

Allí se hizo el Concurso Mundial de Postales Pornográficas Artísticas.

Kozana estaba en el acto de anuncio de los premiados cuando escuchó algo que le pareció un chiste o una ensoñación:

—*El primer premio es para Elena Luca, de Resistencia, Chaco, Argentina.*

Elena había sido premiada por dibujar un pene en cuyo contorno había sido escrita, con una letra minúscula, una espectacular experiencia sexual mantenida con... ¡su marido, el arquitecto Víctor Pelli!

Oscar Roggio, el de la O de la SRL HIDRO, el habitante del cuarto piso de La Colectiva, siempre fue el más rebelde de todos los hijos de Benito y Rosa Londero. Trabajó en la empresa familiar los primeros quince años, y después puso en marcha su propia constructora vial.

Fue acusado injustamente de ser el Roggio que se lió con una de las hermanas de Eva Duarte obteniendo así ventajas para conseguir obras públicas peronistas. Se casó con Teresa Bácega y no tuvieron hijos.

Pero Oscar sí tuvo dos hijas naturales con su secretaria, la señorita Rina Montanari.

Oscar cargaba con más de 50 años y Rita con menos de 40 cuando decidieron amarse. El asunto nunca fue ningún secreto: en su momento, toda la clase acomodada de Córdoba lo supo y se escandalizó.

Patricia y Andrea se llaman los dos frutos de esa pasión inconveniente. Todos vivieron en Córdoba hasta que las niñas tuvieron que ir al jardín de infantes y a la escuela primaria y las compañeritas les empezaron a preguntar:

—*¿Por qué tu papá no viene a la escuela con tu mamá y vive con otra señora?*

Un abogado que se ocupó de la sucesión de Patricia y Andrea contó que tanto los actos como las reuniones de padres se empezaron a convertir en asuntos delicados para las chicas. Entonces Oscar Roggio, quien nunca dejó de reconocerlas y amarlas, decidió enviar a Rina Montanari y sus hijas a Buenos Aires para que en la panadería, la farmacia y el almacén dejaran de señalarlas con el dedo.

Fue una buena decisión, porque se acabaron los conflictos familiares. Mejor dicho: se acabaron hasta 1984, cuando Oscar Roggio murió y se inició el trámite sucesorio testamentario.

El había dejado testamento con disposiciones de última voluntad. Entre las disposiciones de última voluntad designó albacea a su hermano Remo Roggio. El albacea es el encargado de ejecutar la voluntad del muerto. Oscar había dejado bienes personales y acciones de su empresa de obras viales, llamada Oscar Hugo Roggio SA.

Entre los bienes personales, dejó:
* una casa en Carlos Paz con vista al lago
* diez departamentos en el barrio de Nueva Córdoba
* su piso en La Colectiva a nombre de HIDRO
* tres departamentos en Buenos Aires (uno para Rina Montanari, otro para Andrea y otro para Patricia)
* un auto más o menos nuevo.

Además de los bienes personales, Oscar dejó acciones de la empresa. Y las repartió, expresamente, así:
* un 40 por ciento para su legítima esposa, Teresa Bácega
* un 11 por ciento para el sobrino de Teresa, Héctor Salvadero. Salvadero era querido como un hijo por su tía Teresa. Incluso ella lo quería posicionar como el heredero
* un 47 por ciento para Andrea y Patricia, dividido en dos mitades iguales.

Algunos descendientes de Oscar se empezaron a frotar las manos antes de tiempo. Ellos interrumpieron el movimiento cuando se percataron de que la constructora vial Oscar Hugo Roggio SA tenía más deudas que plata en efectivo. La virtual quiebra de su empresa fue el anteúltimo y más grave error que cometió Oscar Roggio: el último fue no avisar a sus parientes que se había fundido.

Oscar Hugo Roggio SA empezó a quebrar al asociarse en la Unión Transitoria de Empresas (UTE) con las constructoras Malbrán y Crespo SRL y Britos Hermanos SRL para hacer una gran obra pública en Catamarca. La primera equivocación de Oscar fue armar una UTE ilegal, porque eran firmas de distinta naturaleza jurídica. La segunda equivocación fue dividir a la UTE en tres partes iguales, cuando la de Roggio era más grande y más importante. La tercera equivocación fue no medir la magnitud de las obras. Se trataba de dos largos caminos de cornisa y la construcción de una presa hidráulica y no se podían hacer en dos o tres días.

Fuentes vinculadas a sus hijas admitieron que en esa época Oscar estaba viejo y enfermo. Dijeron que tenía problemas circulatorios y cardíacos y que una artrosis lo tenía a mal traer.

Oscar Hugo Roggio SA quebró porque los organismos oficiales tardaron en pagarle. Y porque nunca pudo saldar la deuda a las empresas que le vendieron las máquinas.

¿Cómo se disparó el conflicto sucesorio?

Patricia y Andrea argumentaron que la deuda de su padre no les correspondía, y conminaron a su tío Remo para que les diera un plazo fijo de cerca de 300 mil dólares que Oscar tenía guardado en el Banco del Suquía.

Pero Remo les respondió:

—*El plazo fijo se usó, entre otras cosas, para pagar la deuda que Oscar tenía con el Banco del Suquía por la compra de algunas máquinas.*

Patricia y Andrea iniciaron entonces un juicio a Remo Roggio. En la causa lo acusaron de:

* incumplir con su rol de albacea testamentario, cuya única labor es ejecutar la voluntad del muerto.

* desviar el dinero que debía dar a Patricia y Andrea hacia un negocio manejado por sí mismo, ya que Remo era el presidente del Banco del Suquía.

* hacer mal uso de la herencia de su hermano.

* haber embargado ilegalmente todos los bienes de la sucesión, que ascendían a unos siete millones de dólares, para cobrar su hipoteca del Banco del Suquía.

* haber nombrado en un primer momento como abogado de la sucesión a Carlos Ferla, quien además era abogado del banco, del grupo Roggio y de Remo Roggio.

* ser actores, partes, deudores y pagadores.

Las hijas naturales de Oscar empezaron el juicio, pero lo interrumpieron cuando los abogados de Remo les ofrecieron un arreglo conveniente para todos. El arreglo fue así:

Patricia y Andrea, junto con Teresa Bácega, entregarían todos los bienes de la sucesión a una empresa vinculada al Banco del Suquía, La Morada. Patricia, Andrea y Teresa se verían así libres de pagar las deudas de Oscar. Patricia, Andrea y Teresa se quedarían con una suma cercada al medio millón de dólares cada una.

Ambas parecen felices y andan por la vida con la frente bien alta.

El último de los hijos de Benito y Rosa se llamó Dino Alfredo.

Era el de la D de HIDRO y vivía en el quinto piso de La Colectiva de los Roggio. Trabajó en la empresa familiar hasta que murió, de una cirrosis al hígado, en 1969, aunque jamás probó una gota de vino. Dino se casó con Elvira, una mujer de extraordinaria vitalidad que tiene más de 80 años y todavía viaja a la otra parte del mundo sólo para ver a sus nietos.

Elvira de Roggio fue secuestrada un par de años después del secuestro de Aldo Roggio. Su cautiverio se pareció mucho a una tortura. La tuvieron encerrada y con la cabeza encapuchada durante más de dos meses. Los raptores eran inexpertos y no sabían negociar. Apareció con vida una mañana cualquiera, cuando muchos de sus parientes la habían dado por muerta. Fue la peor época de toda la familia Roggio. Uno de sus miembros recordó:

—*Parecía que se trataba de secuestrar a algún Roggio.*

A partir de entonces empezaron a utilizar más custodia y se acostumbraron a usar mecanismos de seguridad, como no salir de la casa o entrar a una misma hora y utilizando el mismo camino. Dino y Elvira tuvieron tres hijos: Hugo, Mario y María Cristina.

Hugo vive en el Paraguay y tiene 54 años. Se fue de la empresa poco después de la muerte de su padre. Vivió mucho tiempo en Córdoba. En Asunción construyó algunos edificios.

Mario, 52 años, vive en Córdoba. Su trabajo consiste en manejar los papeles de su hermano Hugo.

A María Cristina le dicen Chichina, tiene 50 años y vive en Madrid con su esposo, el contador Oscar Giacciero, que además es un especialista en pinturas: sabe diferenciar un Goya auténtico de uno falso.

Los Roggio saben que no hay nada más lindo (y más conveniente) que la familia unita aunque tengan diferencias de negocios. La gran incógnita futura es si el sucesor de Aldo Roggio será otro Roggio o un presidente profesional, ajeno a la familia. Remo Roggio se ha pronunciado decididamente en contra de romper el hilo de la sangre, dijo una persona que lo conoce bien. En las cosas de la sangre los Roggio son tan cerrados como en los asuntos en los que sus empresas meten la pata o cometen irregularidades.

El capítulo siguiente demuestra la existencia de pecados que no se pueden silenciar ni tapar.

3. Negocitos & Negociones

—*Roggio, más que un grupo económico serio y pujante, es un emporio jurídico cuya mayor virtud es ganar pleitos contra el Estado.*

La frase no es un chiste y fue pronunciada por el concejal mandato cumplido Roberto Azaretto, frente a un grabador, una mañana de marzo de 1994, después de tomar un sorbo de café en La Biela, de Recoleta.

Azaretto es considerado por los Roggio como un Chirolita de los Macri, sus adversarios de negocios de toda la vida. El estuvo a punto de ser querellado por Aldo Roggio, quien ordenó a sus abogados investigar al dirigente por delante, por detrás, de frente y de perfil.

El mandamás de la empresa no le inició juicio porque finalmente comprobó que las denuncias no afectarían la continuidad de sus negocios.

Pero Azaretto no tiene razón: Benito Roggio e Hijos SA no es una empresa pleitera, porque apenas tiene dos juicios contra el Estado. La verdad es que Benito Roggio es una empresa que negocia con funcionarios del Estado, y obtiene así resultados fabulosos.

Uno de los más interesantes lo obtuvo con la adjudicación de tres líneas de trenes y cinco líneas de subtes.

Las líneas de trenes son Mitre, Sarmiento y Urquiza. La explotación de las dos primeras es por diez años. La del Urquiza es por 20 años, el mismo tiempo que tienen para disfrutar de las líneas A, B, C, D y E de los subterráneos de Buenos Aires.

No se trata de un negocito de morondanga.

Es un negoción que mueve más de 100 millones de dólares y transporta a más de 300 millones de personas al año. Un negoción en el que Roggio fue cuestionado por quienes perdieron la licitación, por la Comisión Bicameral de Reforma del Estado y también por los sindicalistas que protegen a los trabajadores de los trenes y los subtes.

Los que perdieron la licitación, por ejemplo, afirman que el consorcio liderado por Roggio y denominado Metrovías fue objeto de trato preferencial por la Secretaría de Transporte, cuyo titular es Edmundo del Valle Soria, y también por el ministro de Economía, Domingo Cavallo, y hasta por el presidente Carlos

Menem. Un ex gerente de Roggio explicó que la preferencia no le consta, pero aclaró que fue testigo presencial de una conversación telefónica entre los cordobeses Aldo Roggio y Del Valle Soria.

—*El ingeniero Aldo trataba a Soria como si fuese un subordinado* —explicó, y aclaró que no estaba exagerando.

La historia de la sospechosa entrega de los trenes y los subtes al consorcio Metrovías que integra Roggio es apasionante.

Una de las jugadas del gobierno que más llamó la atención es el poquísimo tiempo que estableció entre el llamado a licitación y el último día para la compra de los pliegos. En diciembre de 1991 anunciaron la privatización y el 31 de enero de 1992 fue fijado como último día para anotarse en la lista de interesados.

Tanto apuro oficial fue interpretado por los perdedores como una maniobra para desalentar a muchos grupos interesados en el negocio pero necesitados de más tiempo para preparar su oferta.

—*Además de ser demasiado rápido, el llamado se hizo en pleno verano, cuando en Buenos Aires no quedan ni las moscas* —dijo con aire magistral un asesor de uno de los consorcios competidores.

Otra de las decisiones de Economía y Transporte que hizo sospechar a muchos fue la altísima complejidad del llamado a licitación.

—*Fue tan confuso y tan complicado que pareció destinado a desalentar a muchos grupos que apetecían el negocio tanto como Roggio* —dijeron voceros de quienes participaron y perdieron.

Sólo como una pequeña muestra de lo complejo que resultó el acto licitatorio, se debe decir que:

* se obligó a entregar a los competidores tres sobres. Uno para la precalificación, otro con la oferta técnica y un tercero con la oferta financiera. Los dos primeros se podían presentar durante 1992. El otro tenía un plazo un poco más flexible.

* se indujo a los competidores a presentar ofertas "combinadas" y no divididas, una por una, por las siete unidades de negocios representadas por seis líneas de ferrocarril y el subte con sus ramales.

El tercer dato que llamó poderosamente la atención de los que quedaron afuera es que solamente ganaron los tres consorcios que incluyeron entre sus socios a empresas de ómnibus y colectivos: Metrovías, Traimet y Ferrovías.

Metrovías, el consorcio que lidera Roggio e integran Burlington Northon Railroad, Morrison Knudsen y SKS, tiene como socios a Cometrans, los propietarios de colectivos de la provincia de Buenos Aires.

Traimet, el consorcio que se quedó con los ferrocarriles Roca, San Martín y Belgrano Sur, tiene como miembros a los dueños de colectivos de la Capital Federal nucleados en la FATAP y cuya cabeza visible es Luis Carral, quien no sólo posee colectivos sino que regentea parte del negocio de las máquinas expendedoras de boletos.

Y Ferrovías, el consorcio que ganó el Ferrocarril Belgrano Norte, es liderado por portugueses e integrado por TAC Cuyo, la dueña de los colectivos de Mendoza y otras provincias.

—*Ser dueño de buses y colectivos fue considerado un punto a favor en la evaluación de las ofertas* —justificó un asesor de la Secretaría de Transporte.

—*¿Quién nos va a convencer de que no fue un arreglo entre los distintos dueños de colectivos de la Argentina y la Secretaría de Transporte?* —se preguntó un perdedor.

El cuarto hecho que indignó a sus adversarios es un viejo truco que se le adjudica a Roggio en este y otros asuntos. El truco consiste en presentar la oferta más barata para triunfar en la licitación y encarecerla después, una vez que está dentro del negocio, a través de pedidos de aumentos de tarifa o subsidios extras.

—*Lo importante es ganar. Después, todo es conversable* —explicó un gerente de Roggio que tiene experiencia en pulsear con el Estado.

Metrovías ganó el Sarmiento, Mitre, Urquiza y subtes con el pedido de subsidio oficial aparentemente más bajo: exactamente 138 millones de dólares.

—*¿De dónde sacará la plata Metrovías para hacer el Sarmiento o el subte más o menos rentable, sin resentir la calidad del servicio?* —se preguntó un competidor.

—*Del bolsillo de los argentinos, vía aumento de tarifas, subsidios, rebaja de los sueldos o cobros especiales que están estrictamente prohibidos en el pliego* —se respondió él mismo.

El quinto hecho que sublevó a los enemigos de Roggio fueron las irregularidades contenidas en los mecanismos de impugnación.

En una licitación, el derecho a impugnar el veredicto del gobierno constituye una garantía de transparencia y equidad. Pero la Secretaría de Transporte neutralizó hábilmente el uso de ese derecho al imponer una tarifa mínima de 200 mil dólares por cada Quijote que se atreviera a impugnar la decisión del Supremo. Y eso no fue todo. Porque no propuso como árbitro para decidir sobre la impugnación a un ente imparcial sino a la propia Secretaría de Transporte. Para que no haya confusiones: a la misma Secretaría de Transporte que adjudicó a Roggio este formidable negocio.

El consorcio que impugnó el triunfo de Metrovías se llamó Metrobaires, fue liderado por Aragón e iba a ser operado por Metro de Santiago de Chile. Los directivos de Metrobaires impugnaron la adjudicación a Metrovías de la unidad Mitre-Sarmiento-Urquiza y subtes porque consideraron que los verdaderos ganadores habían sido ellos. Explicaron que su pedido de subsidio de 159 millones de dólares había sido más bajo que el de Metrovías y no al revés, como consideraba el gobierno.

Metrobaires consideró que su pedido había sido más barato, porque en sus 159 millones de dólares estaba incluido el 18 por ciento del Impuesto al Valor Agregado. Agregó que la oferta de 138 millones de dólares que hizo Metrovías, de Roggio, no tenía incluido ni discriminado el IVA.

—Si al pedido de subsidio de Metrovías se le suma el 18 por ciento correspondiente al IVA, da casi 163 millones de dólares, 4 millones más que el presentado por nosotros —concluyó un asesor de Metrobaires, con aire de experto en curros licitatorios.

La no inclusión del IVA en el pliego de Roggio está probada de manera irrefutable. En el dictamen que hacen las autoridades de Subterráneos de Buenos Aires antes de la adjudicación, hay un párrafo que dice:

—En cada una de las planillas... de esta oferta, se indican expresamente que sus cotizaciones no incluyen el Impuesto al Valor Agregado (IVA)

El párrafo es acompañado por un presupuesto de Metrovías, con un pie de página en el que se puede leer:

ESTOS PRECIOS NO INCLUYEN IVA

La Secretaría de Transporte —la misma que había confeccionado el pliego— rechazó la impugnación. Metrobaires apeló entonces al juez contencioso-administrativo.

El juez pareció dar la razón a los impugnadores, dio orden de no innovar y exigió a la Secretaría de Transporte y al Ministerio de Economía que atendiesen el reclamo del impugnador y se pronunciasen. Entonces el ministro de Economía, Domingo Cavallo, decidió que Metrovías, de Roggio, era el triunfador y punto. Pero Metrobaires apeló la decisión de Cavallo y puso en jaque a todo el gobierno al pedir un dictamen del presidente Carlos Menem.

Y Menem le dio la razón al consorcio integrado por Roggio.

Periodistas de los diarios La Nación, de Chile, y Finantial Times, de Gran Bretaña, tomaron nota de todas las rarezas y denunciaron corrupción en la privatización de ferrocarriles y subtes.

Por la mitad de eso, en los países serios se habría llamado nuevamente a licitación.

Metrovías ignoró las quejas y sus operadores se dispusieron a descorchar el champagne para festejar el triunfo. Cuando se lo estaban por tomar, los contadores de Roggio cayeron en la cuenta de que los números no les cerraban y que el negocio, así, no era rentable. Entonces elaboraron una curiosa estrategia de dos puntos.

Uno: planear una fórmula para pedir al gobierno más subsidios sin violar demasiado las condiciones del pliego.

Dos: demorar todo lo posible el recibimiento de las líneas de ferrocarril y de subtes que estuviesen en peores condiciones para ganar tiempo en la negociación.

La tardanza de Metrovías en hacerse cargo de los subtes y las líneas de ferrocarril fue récord. De las 208 privatizaciones realizadas desde que asumió Menem hasta abril de 1994 la inmensa mayoría de las empresas tomaron el negocio casi inmediatamente. Y la empresa que más se demoró no pasó de los tres meses.

Metrovías, en cambio, tardó más de 17 meses.

Mientras bicicleteaba la toma, Metrovías encontró la excusa necesaria para pedir más platita: acusó al gobierno de no haber entregado las máquinas en el estado que había anunciado en el pliego. La acusación de Metrovías es una media verdad: es cierto que el Estado no le dio todo lo que le prometió pero también es cierto que, a medida que pasaba el tiempo por la negativa de Roggio de tomar los negocios que había ganado, el deterioro de las máquinas y los materiales se acentuaba cada vez más.

Los voceros oficiales de Roggio rechazaron, por supuesto, todas las irregularidades detalladas más arriba.

Ellos negaron la maniobra de cotizar demasiado barato para pedir dinero al Estado después con el argumento de que Metrobaires había ofertado más o menos lo mismo. (Es necesario aclarar que los expertos consideran que, de haber ganado Metrobaires, también habría necesitado de fondos públicos para no fundirse.) Los voceros de Roggio adujeron además que la demora en tomar el negocio fue ajena a la voluntad de Metrovías, y agregaron que toda la culpa la tiene el gobierno. Explicaron que la tardanza también se debió a la impugnación de Metrobaires. Indicaron que no se pidió la flexibilización del régimen de penalidades por no cumplir el servicio sino que se pidió que no se apliquen multas hasta que no les den los vagones que faltan.

Los sindicalistas de la Unión Tranviarios Automotor (UTA) defienden a los colectiveros y los empleados del subte y no se metieron en la licitación y la adjudicación de sus líneas. Sin embargo investigaron detenidamente el comportamiento de Metrovías y llegaron a pavorosas conclusiones.

Los sindicalistas probaron que doce gerentes de primera línea pasaron de la municipalidad a Metrovías sin escala intermedia, lo que para ellos constituye una grave falta ética.

Esta es la lista de los doce conversos:

José Barbero: fue presidente de Subterráneos de Buenos Aires (SBA) desde julio de 1989 hasta julio de 1990. Ahora es gerente técnico y operativo de Metrovías.

Enrique Aparisi: ex jefe del Departamento de Operaciones de SBA, ahora coordinador de líneas de Metrovías.

Pablo Cagnaso: jefe del Departamento Vías de SBA, ahora responsable de Area Ingeniería de Metrovías.

Manuel Domínguez: ex jefe del Departamento Mecánica de SBA, ahora jefe de Señales y Comunicaciones de Metrovías.

Héctor Durini: ex jefe de Materiales Rodantes de SBA, hoy jefe de Talleres de Metrovías.

Luis Lentini: ex gerente de Operaciones de SBA, ahora coordinador de Línea de Metrovías.

Ester Litovsky: ex gerenta de Planificación y Control, actualmente en el Area de Apoyo Operativo de Metrovías.

Edgardo Merchesi: ex jefe del Departamento de Subusinas y Redes de SBA, hoy jefe de Alimentación Eléctrica de Metrovías.

Juan Peña: era subgerente del Area Técnica de SBA y hoy es el responsable de Estaciones e Instalaciones de Metrovías.

Osvaldo Bonelli: fue gerente técnico de SBA hasta el 31 de diciembre de 1993. Pasó a Metrovías como jefe de Tráfico a cambio de un sueldo de 6 mil pesos.

Joaquín Acuña: gerente de Prolongación de la Línea D de SBA hasta octubre de 1993. Al día siguiente, pasó a desempeñarse como jefe de Instalaciones Fijas de Metrovías.

Rodolfo González: gerente general de SBA hasta octubre de 1993, ahora gerente de Operaciones de Metrovías.

Bonelli, Acuña y González no sólo cruzaron el charco de lo público a lo privado. Ellos fueron los que evaluaron parte de los pliegos que presentaron los consorcios que apetecían el negocio. Bonelli, Acuña y González fueron los que descubrieron que Metrovías no incluyó en sus cotizaciones el Impuesto al Valor Agregado.

Aldo Roggio se defendió de las acusaciones con el argumento de que Metrovías debía tomar lo que había en el mercado y no consideró los traspasos antiéticos.

Los sindicalistas de la UTA denuncian que Metrovías violó la ley al aumentar el horario de trabajo de seis a ocho horas sin incrementar además el pago. La ley dice que las horas de trabajo se pueden disminuir, pero no aumentar.

Metrovías quiso firmar con la UTA esa condición de trabajo. La UTA se negó. Al otro día el consorcio envió notas individuales y pidió a cada operario que firmara su conformidad con el aumento de horas de empleo. Los primeros que se negaron a firmar fueron despedidos: así fue como Metrovías consiguió aumentar la productividad.

Lo mismo sucedió con la reducción de sueldos, la disminución de bonificaciones y la suspensión de vacaciones. Un dirigente de la UTA dice que Metrovías rebajó el sueldo a muchas categorías.

—*Antes un boletero ganaba 646 pesos, ahora se lleva menos de 450 pesos* —informó en mayo de 1994.

El mismo dirigente explicó que también se redujeron las bonificaciones por antigüedad. Antes, por cada año de trabajo se pagaba un plus del uno por ciento del salario. Ahora ese plus no llega al 0,50 por ciento.

Las vacaciones de los empleados fueron suspendidas el primero de enero de 1994. Ellos tuvieron que firmar otra conformidad para que la empresa les diera el descanso a medida que ella lo necesitara.

Voceros de Roggio juran que Metrovías no bajó los sueldos pero aceptan que aumentaron las horas de labor.

Las pésimas condiciones de trabajo y la violación sistemática de las normas de higiene y seguridad son otros pecados que los hombres de la UTA les achacan a los de Metrovías.

Este es el rosario de acusaciones:

* Los conductores de los coches dan más vueltas, trabajan más horas y descansan menos. Antes tenían una hora de descanso por turno. Ahora tienen sólo 40 minutos.

* Las mujeres de Metrovías comparten los baños y los vestuarios con los hombres. No hay duchas, ni armarios ni escritorios suficientes.

* Metrovías reabrió un taller del Premetro que había cerrado el Ministerio de Trabajo porque violaba las normas de higiene y seguridad. El taller no tiene vestuarios. Está cerca de una fosa que se inunda y tiene corriente eléctrica, lo que hace peligroso el trabajo.

* Hay peligro continuo para los operarios de quedar electrocutados o caerse de alguna de las grúas de altura que no funcionan correctamente.

La UTA, finalmente, señala a Metrovías como autor de "avivadas" empresarias que sirven para obtener ganancias pero no para mejorar el servicio. Esta es una lista incompleta:

* Metrovías tiene la obligación de viajar con cinco vagones por coche para los servicios de las líneas A y D. Sin embargo, utiliza sólo cuatro vagones, y con cada uno de los que "sobran" arma un coche más. Lo hace para aparentar que ahora hay más servicio con menos demora entre subte y subte. En realidad lo que sucede es que la gente viaja más apretada e incómoda y los conductores trabajan más.

* Metrovías está cobrando los 60 mil dólares de canon que antes recibía la municipalidad por la utilización de espacios publicitarios.

¿Los subtes de Buenos Aires funcionan mejor o peor desde que los tomó Metrovías hasta julio de 1994?

Una encuesta cualitativa entre más de cien personas realizada por el equipo de investigación de *Los Dueños de la Argentina II* demuestra que hay cosas que funcionan mejor y otras que funcionan peor.

La gente dice que:

* hay menos evasión en el pago del pasaje y eso es bueno (para la empresa)

* los empleados y boleteros atienden a los pasajeros más amablemente

* las estaciones y los vagones están menos sucios y los tachitos de basura contribuyeron a eso

* hay más seguridad.

Pero también la gente asegura que:

* se sigue viajando demasiado apretujado

* los boleteros muchas veces no tienen monedas y no venden la ficha sin uno no va con cambio

* el servicio se demora igual o más que antes

* nadie avisa nada cuando el servicio se demora igual o más que antes

* las puertas cierran tan mal como antes

* las escaleras mecánicas se descomponen tanto como antes.

A veces Metrovías parece utilizar más energía en sacar ventajas del gobierno que en mejorar la calidad del servicio. Mientras este libro entraba en imprenta, los hombres del consorcio pedían a la Secretaría de Transporte que:

* no se interrumpa el período de gracia que le permite al consorcio dar el servicio que se le dé la gana sin control del Estado

* se les dé dinero para importar de Japón vagones usados

* se deje de lado la letra del pliego y se les dé absoluta libertad para aumentar la tarifa todo lo que al consorcio se le ocurra, aduciendo que no podrán abusarse por el límite natural que impone la competencia con el colectivo

* se les otorguen los 50 vagones reacondicionados que SBA les había prometido.

La frutilla de la crema del postre llamado Las Andanzas de Metrovías es el supuesto conflicto interno entre los socios del consorcio.

Fue publicado por algunos medios en setiembre de 1993.

La versión afirmó que la gente de Roggio había sido desplazada de la conducción de Metrovías por un acuerdo entre miembros de Morrison Knudsen y Cometrans. La pura verdad es que la supuesta pelea interna fue difundida por voceros del propio consorcio para tapar algo más serio y más grave. Algo digno de figurar en la parte de negocios de los futuros capítulos de una serie que podría llamarse Dinastía II.

Veamos:

Metrovías ya había ganado la licitación por los negocios de las cinco líneas de subtes y las tres líneas de ferrocarril.

El poder en Metrovías estaba repartido así:

* Roggio, con un 33 por ciento
* Cometrans, con un 33 por ciento
* Morrison, con un 15 por ciento
* Burlington, con un 15 por ciento
* SKS, con un 3 por ciento.

Pero 20 días antes de firmar el contrato sucedió algo terrible. Sucedió que los hombres de Burlington llamaron a los otros socios y anunciaron:

—*Nos vamos.*

—*¿Cómo que se van?* —preguntaron los demás, sorprendidos.

—*Sí. Nos vamos. Nos salió un negocio mejor en México y en nuestra casa matriz nos ordenan levantar vuelo.*

Roggio y Cometrans se desesperaron. Estaban por perder el negocio de su vida. Ambos sabían que sus competidores podían pedir que se llamara a una nueva licitación debido al cambio de la composición en el consorcio.

Pero a un operador de Roggio se le prendió la lamparita: les ofreció a los hombres de Burlington aparecer como integrantes del consorcio sólo formalmente.

—*¿Quién va a poner el dinero correspondiente a nuestro 15 por ciento?* —preguntó el respresentante de Burlington.

—*Nosotros y Cometrans* —respondió un directivo de Roggio.

—*¿Cómo se resolverá la parte legal?* —preguntó el hombre de Burlington.

—*De eso despreocúpese. De eso nos encargamos nosotros* —lo cortó el operador de Roggio.

Roggio y Cometrans pusieron la plata. Un contrato interno y absolutamente secreto dio cuenta de que Burlington aceptaba figurar como socio, pero que los verdaderos dueños de la parte eran Roggio y Cometrans. Los miembros de Roggio y Cometrans disfrutaron de su triunfo sólo unos días.

Exactamente hasta el momento en que se enteraron de que James Stoedzel, un gerente de Burlington que acababa de ser despedido, se había llevado el contrato secreto: los papeles que probaban que Roggio y Cometrans habían comprado a Burlington su 15 por ciento del negocio y habían adulterado así las condiciones por las que se los eligió como ganadores de la licitación.

Fueron días de angustia y desazón.

La gente de Roggio se fijó una estrategia de dos puntos para evitar el escándalo que la habría dejado sin negocio.

Uno: inventó una historia paralela a la real. La historia consistía en decir que había una interna entre Cometrans y Burlington contra Roggio para conducir el negocio. Los socios estaban perfectamente avisados de la mentira. La ensayaron sólo para darles carne fresca a los periodistas que pudieran pedir información.

Dos: rastrear al hombre con el papel que contenía el contrato secreto.

El papel secreto de Stoedzel llegó ä *Página 12*. Un periodista de ese matutino, muy profesional, pidió el descargo de Roggio antes de publicar nada. Entonces la gente de Roggio le contó la historia no verídica y aclaró:

—*Stoedzel miente. Lo echaron por ineficiente y lo único que quiere es venganza.*

El periodista consultó con la dirección si el episodio era digno de ser publicado.

Y finalmente no se publicó nada.

Meses después, el director de *Página 12*, Fernando Sokolowicz, visitó a Aldo Roggio en su oficina de Buenos Aires y le pidió que apoyara con publicidad el proyecto *Córdoba 12*. Sokolowicz solicitó 50 mil dólares por mes durante 12 meses. Los Roggio le terminaron dando 7 mil.

Pero no es justo vincular el apoyo publicitario de Roggio a *Córdoba 12* con la no publicación del artículo sobre Metrovías.

No es justo porque en los meses sucesivos, en artículos publicados los días 29 de febrero, 17 de mayo, 29 de junio y 30 de junio de 1994, periodistas de *Página 12* criticaron los incumplimientos de Metrovías con datos y sin piedad.

Pero Benito Roggio e Hijos SA no solamente obtuvo resultados fabulosos valiéndose del Estado con Metrovías.

También los obtuvo, aunque en menor proporción, con su participación en la construcción de la represa hidroeléctrica Yaciretá, la misma que fue considerada por el presidente Menem un monumento a la corrupción.

Roggio tiene más del 3 por ciento de las acciones de la Unión Transitoria de Empresas (UTE) Eriday, la más importante constructora de Yaciretá. Eriday significa Empresas Reunidas Impregillo Dumez para Yaciretá. Eriday está formada por un grupo de empresas nacionales y otro extranjero. En el grupo de empresas nacionales tienen activa participación tanto Roggio como Cartellone.

El 26 de julio de 1990, Eriday fue acusada por el contador Antonio Casabona de defraudar al Estado en más de 1.800 millones de dólares.

Casabona denunció ante el entonces juez federal Gustavo Wechsler que Eriday cobraba indebidamente reembolsos impositivos que eran pagados por el Estado sin control y de manera ilegal. Los reembolsos son exenciones impositivas para las empresas que compran materiales y maquinarias fabricados, armados y patentados en la Argentina. Los reembolsos tienen un sistema de arancelamiento que hace muy fácil saber qué productos y maquinarias están exentos y cuáles no.

Los reembolsos son dinero que el Estado devuelve a las empresas después de la compra de esas maquinarias.

Casabona presentó cargos por asociación ilícita, cohecho, estafa y defraudación al Estado y también por competencia desleal contra Casabona y Asociados.

Casabona y Asociados había sido contratada para gestionar reembolsos para las empresas SADE, de Perez Companc, Sideco, de Macri, y Desaci. Casabona y Asociados tenía preadjudicadas tres obras en las que participaban sus clientes: los silos del Noroeste, los silos del Noreste y la represa Uruguaí, una especie de Yaciretá en miniatura.

Los reembolsos que Casabona iba a conseguir para sus clientes no eran despreciables. Se calculaban en alrededor del 2,5 por ciento de lo que costaba cada una de las obras. Todo iba bien hasta que Casabona y Asociados fue desplazada de sopetón por otra gestora de reembolsos: Dicmar SA, comandada por Guillermo Arturo Henin.

Cuando Casabona preguntó a sus contratantes por qué lo estaban despidiendo, ellos le dijeron:

—*Porque Henin nos consigue reembolsos por el 15 por ciento de los gastos generales. Y eso es mucho más que el 2,5 por ciento, ¿no?*

—*¿Y cómo va a hacer para conseguir semejante plata?* —preguntó Casabona.

Sus patrones le respondieron con una sonrisa y le dijeron:

—*Es que Henin debe tener mejores contactos que usted con la gente que maneja las obras.*

Desde ese momento Casabona se dedicó a investigar las eventuales tramoyas entre Henin y los funcionarios del Estado. Tramoyas que les habrían permitido quedarse a las empresas con plata que no es suya sino del Estado argentino.

Casabona tuvo suerte: fue nombrado asesor de la Inspección General de Justicia y ese organismo le encargó controlar a la UTE número uno, denominada Eriday. Casabona acusó a Eriday ante la Justicia de cobrar al Estado reembolsos sobre todos los ítems del contrato de obra, aunque no figuraran en el nomenclador arancelario. El mecanismo del curro era sencillo: hacer pasar por un material exento de impuestos otro que no lo es. El ejemplo que dio Casabona ante la Justicia fue el del hormigón fresco.

El hormigón fresco se hace con piedra, cemento y arena. Esos tres materiales no tienen reembolsos. Sin embargo, Eriday pidió un reembolso del 15 por ciento amparándose en el capítulo 38 del nomenclador arancelario. El capítulo está dirigido a las industrias químicas y conexas que utilizan cemento sintético, como el poxipol y la gotita.

—*Hicieron pasar ese cemento sintético como si fuera el común* —explicó Casabona, y agregó:

—*Los millones y millones de dólares de fraude contra el fisco por el tema del cemento son evidentes. Yaciretá tiene un lago de cemento de 1.600 kilómetros cuadrados. ¿Se imagina cuánto representa el 15 por ciento del cemento que utilizan allí?*

No es ocioso aclarar que con el cemento sintético no se puede hacer hormigón.

Casabona acusó a Eriday de hacer pasar máquinas ajenas, usadas e importadas, como propias, nuevas y argentinas para cobrar reembolsos. Las condiciones para cobrar reembolsos por máquinas y herramientas son que sean nuevas, propias y nacionales y que se utilicen sólo para el proyecto en cuestión.

Sin embargo Casabona averiguó que ya habían sido utilizadas, que no eran propiedad de Eriday y que tenían nacionalidad italiana, alemana y norteamericana. Casabona confesó que se enteró del tema de las máquinas por pura casualidad.

—*Me lo dijo, como al pasar, Oreste Ramaiolli, el director de Administración y Finanzas de la UTE Eriday.*

—*¿Qué fue lo que Ramaiolli le dijo exactamente?* —se le preguntó a Casabona.

—*Que la UTE no poseía máquinas propias ni otros bienes de uso.*

Casabona sostiene que semejante maniobra no se pudo haber consumado sin el guiño de organismos oficiales como el Ente Binacional argentino paraguayo Yaciretá (EBY). Dice que tampoco habría sido posible sin la complicidad de la consultora HARZA y de la Subsecretaría de Industria de turno.

La consultora HARZA es una empresa privada que fue contratada por el EBY para evitar hechos de corrupción en Yaciretá. El presidente de HARZA es Jorge Carretoni.

Carretoni es un hombre muy particular: no solamente fue el jefe de finanzas para la campaña de Raúl Querido Presidente; también es el suegro del representante general de Eriday, Jean Francisco Rizzo.

—*El suegro lo fiscaliza al yerno... ¡Y casualmente no encuentra nada raro!* —bromeó Casabona para hacerse entender.

HARZA eligió un argumento singular para deslindar responsabilidades ante la Justicia: explicó que su tarea no era detectar maniobras en los certificados de Eriday sino comprobar que estaban prolijos y presentados en forma.

Yaciretá debía costar 750 millones de dólares, pero llevaría gastados 13 mil millones de dólares. Sólo la primera cifra, 750 millones de dólares, es lo que ya embolsó la consultora HARZA por controlar (o hacer la vista gorda) las certificaciones y los reembolsos.

El cálculo de 1.800 millones de dólares por estafa al que llegó Casabona tiene su explicación. El tomó las declaraciones del ex secretario de Planificación, Vitorio Orsi, quien aseguró al renunciar que Yaciretá había costado a los argentinos 9.000 millones de dólares, a pesar de que el presupuesto original era de 750 millones de dólares.

Casabona estimó los reembolsos conseguidos por Dicmar en un 20 por ciento del total y tomó como cifra final los 9.000 millones de Orsi.

Eso fue lo que le dio cerca de 1.800 millones de dólares.

Desde que Casabona presentó la denuncia en junio de 1990 hasta julio de 1994 pasaron muchas cosas curiosas.

En principio, Wechsler dictó la prisión preventiva del principal gestor de los reembolsos y presidente de Dicmar, Guillermo Henin, por presunto abuso del Estado en la obtención de reembolsos. Para continuar, uno de los secretarios de Wechsler, Sergio Paduczack, dejó sentado que alguien le ofreció dinero para que el juez se hiciera el distraído en el asunto Yaciretá.

—¿Cuánta querés y dónde la querés para hacer desaparecer la causa Yaciretá? —le preguntó a Paduczack una voz en el teléfono.

La causa pasó al juzgado de Néstor Blondi en diciembre de 1992. El juez ordenó una megapericia en Yaciretá formada por dos contadores expertos para cada uno de estos entes:
* Tribunal de Cuentas de la Nación,
* SIGEP,
* EBY
* y Cuerpo de Peritos Judiciales.

Esta comisión de 12 miembros llegó a una conclusión lapidaria. La conclusión dice:

—Se desvirtuaron los fines por los cuales la ley 20.852 fue creada, con el objetivo de obtener reembolsos impositivos en exceso o indebidos.

Esto, en español, significa:

—Le sacaron dinero al Tesoro Nacional con presentaciones mentirosas.

La supercomisión reconstruyó 136 hechos que prueban los delitos. Pero cuando Blondi estaba a punto de dictar sentencia en la causa fue milagrosamente ascendido a miembro de la Cámara de Casación.

Ahora el expediente lo tiene el juez Carlos Liporaci, quien fue designado por el gobierno en 1993 y al que se considera un adicto al menemismo. Liporaci tiene entre sus antecedentes más sugestivos el haber dictado sobreseimiento relámpago en la

causa en la que se investiga a José Luis Manzano por enriquecimiento ilícito.

(Por fortuna, el fiscal de Cámara Gustavo Hornos consideró prematuro cerrar la causa Manzano.) El abogado de Casabona, Carlos Viola, desconfía del nuevo juez. Viola dijo:

—*Liporaci tomó el caso el 29 de diciembre de 1993 y hasta ahora prácticamente no hizo nada*

Los enemigos de Casabona sostienen que él no hace esto porque es un héroe, sino porque pretende una suculenta in-demnización. Y agregan que utilizó su cargo de asesor ad honó-rem de la Inspección General de Justicia junto a González Arzac para conseguir información secreta sobre los reembolsos de Ya-ciretá.

Ambas cosas son ciertas.

Casabona pide un resarcimiento de 10 millones de dólares por los cuatro años de trabajo que les dio a las empresas Sade, Sideco y otras, en su intento de conseguir reembolsos para las obras de Uruguaí, Silos del Noroeste y Silos del Noreste.

Y Casabona utilizó las facultades que tenía en la Inspec-ción General de Justicia y casualmente investigó a la UTE re-gistro número uno, Eriday.

Pero ninguno de los dos hechos anteriores le quita credibi-lidad ni contundencia a la denuncia.

Consultado sobre el tema, Aldo Roggio afirmó:

—*No conozco bien el asunto de los reembolsos de Yaciretá, pero estoy seguro de que no es así como lo plantea la denuncia.*

Sus voceros se justificaron aduciendo que el poseer el 3 por ciento de Eriday significa tener una responsabilidad míni-ma.

Benito Roggio e Hijos SA aparece involucrado en estafas por millones de dólares pero también en asuntitos de centavos que son difíciles de explicar para un grupo de semejante enver-gadura.

Uno de esos asuntitos es la piratería de programas de computación utilizados en su sede de Leandro Alem 1050.

Todo comenzó en marzo de 1993, cuando el juez Juan Carlos Cardinali y un grupo de veinte personas, entre policías, asesores y testigos, allanaron las oficinas de Benito Roggio y secuestraron una Personal Computer y 40 disketes. Fue en esos disketes donde se encontraron copias truchas de progra-mas de computación para procesar textos, armar bases de cál-culos y diseñar gráficos.

Los Roggio habían comprado tres programas originales y los habían copiado 33 veces, violando así la ley 11.723 de pro-piedad intelectual. La ley 11.723 de propiedad intelectual prote-ge a los autores y a los fabricantes y prohíbe reproducir, alma-cenar o transmitir por ningún medio los textos originales.

Los que denunciaron a Roggio no son nenes de pecho.

Se trata de SBA, representante de las proveedoras de programas Autodesk, Word Perfect Corporation, Microsoft Corporation y Lotus Development Corporation. SBA es un sabueso implacable... porque cobra por cada caso de piratería que descubre: se lleva un porcentaje de la multa que la infractora paga.

El allanamiento a las oficinas de Roggio tuvo cierta espectacularidad: se inspeccionaron minuciosamente tres pisos, el jefe de personal Edgardo Cupi tuvo que acompañarlos ante la mirada asombrada de todos los empleados y los 10 policías de uniforme provocaron cierta alarma entre la gente.

—*Lo que hicieron los Roggio fue ahorrarse entre 500 y 2 mil dólares por cada programa original que copiaron e instalaron en sus terminales, como muchas otras empresas* —dijeron fuentes cercanas al juzgado que maneja la causa.

La copia de programas de computadoras es tan habitual como la copia y reproducción de música de una casete original a otra virgen, o las copias de las películas autorizadas a una cinta casera. Autodesk, Word Perfect, Microsoft y Lotus emprendieron esta querella con dos objetivos.

El primero: conseguir que Roggio les compre todos los programas originales y no los reemplace por los truchos.

El segundo: dar una lección a las grandes empresas que se apropian de lo ajeno para ahorrarse unos pesos, y así evitar que la piratería se vuelva a consumar.

El juez Cardinali designó a peritos policiales para que comprobaran el fraude. Y Roggio nombró a sus propios especialistas para defender su posición.

Los peritos policiales se declararon incompetentes. Sin embargo, una perita universitaria especializada en informática se hizo cargo y probó que las copias eran truchas.

Es difícil que Cardinali dictamine que hubo delito. Dos razones lo impedirían. La primera es que todo el mundo copia programas. Y la segunda es que la ley 11.723 de propiedad intelectual es antigua y no dice una palabra sobre programas de software.

Pero si todo fuera peor, los responsables de Roggio serían condenados con uno a 6 años de prisión excarcelable bajo caución juratoria.

Un ayudante de Cardinali remató:

—*Los Roggio son unos tacaños y los proveedores de programas son unos vivos.*

Aldo Roggio, en su defensa, sostiene que es imposible controlar a cada empleado al que se le ocurra utilizar el programa original que maneja su compañero. También afirma que lo que SBA entiende por piratería es práctica habitual en la mayoría de las empresas de la Argentina. Por las dudas, la encargada del Area de Informática de Benito Roggio e Hijos, Grace Roggio, prohibió a los empleados que copiaran en sus máquinas los juegos de computación que traían desde sus casas.

Benito Roggio e Hijos SA no sólo se ahorra unos pesos copiando programas originales de computación. También hace economía en su Departamento de Publicidad incurriendo en prácticas poco claras y nada éticas que involucran a periodistas que presumen de honestos.

Roggio da a los comunicadores Daniel Hadad y Marcelo Longobardi cerca de 3 mil dólares por cabeza y por mes y sin la contrapartida de la publicidad o el auspicio que deberían aparecer en Radio América o el canal América Dos.

La entrega de dinero de Roggio a Hadad & Longobardi a cambio de nada no es un invento del autor y constituye la primera evidencia concreta de un arreglo extrapublicitario entre periodistas y un hombre de negocios. Fue expresamente admitido por Aldo Roggio frente a un grabador encendido y en el transcurso no de una conversación informal, sino de un reportaje realizado en su oficina y con todas las de la ley.

Roggio no fue presionado para responder. Todo lo que dijo lo dijo en pleno uso de sus facultades mentales. El sobre con miles de dólares mensuales per cápita es el tributo que dicen aportar los voceros de la propia empresa.

¿Por qué Roggio paga sin esperar retribución a cambio?

¿Roggio está pagando protección, como lo hacen muchas compañías, a cambio de que los periodistas no informen sobre ellos?

¿Cuántos conductores de programas periodísticos hacen lo mismo?

¿Cuántas empresas aceptan esta práctica?

Aldo Roggio explicó que pagaba a Hadad y Longobardi por dos razones:

Una: porque a Benito Roggio SA le interesa apoyar a los periodistas y a los medios con el mismo espíritu con el que apoyan al sistema democrático por medio de ayuda económica a los partidos políticos.

Dos: porque pagando sin figurar en pantalla, Roggio se evita el "mangazo" de otros programas y otros periodistas tan importantes como Hadad y Longobardi.

La tercera razón fue explicada por un gerente de la compañía.

El gerente dijo:

—*La empresa cree que, especialmente Hadad, puede llegar a ser el nuevo Bernardo Neustadt de la Argentina, y siempre conviene tenerlo como amigo y no como enemigo.*

Aldo Roggio aseguró que el pago a Hadad & Longobardi figura en los balances del grupo. Y también aceptó que este tipo de colaboraciones económicas pueden ser tomadas a mal.

Es necesario aclarar que este tipo de retribuciones a periodistas y medios no constituyen delito pero son consideradas una falta gravísima por los casi setenta Códigos de Etica Periodística que existen en el mundo. También son vistas con repugnancia por empresas americanas de primera línea como Cargill, cuyos directivos se niegan sistemáticamente a pagar a hombres de prensa y medios por conseguir una nota a favor o por evitar una nota en contra.

Además es necesario recordar que Hadad se asume a sí mismo como alguien que lucha contra la corrupción y se define como un hombre "de principios" que defiende la ética periodística. En el número uno de la revista *La Avispa*, que edita el Centro de Estudios para la Nueva Mayoría, opinó:

—*Me parece que ganar plata en el periodismo no es sólo un derecho sino un deber... Yo estoy orgulloso de que los buenos ingresos que tengo, los tengo por derecha. Y la gente los ve al principio y al final de mis programas...*

Hadad explicó así que la plata que embolsa se origina en los auspicios y la publicidad de las empresas. Lo que no explicó es cuánto obtiene por los apoyos que no aparecen en el aire de la radio o en la pantalla de la televisión.

Dos semanas después de su declaración en *La Avispa*, Hadad & Longobardi fueron transformados por obra y gracia del periodista y humorista Jorge Guinzburg en Tarad & Mongobardi.

Sucedió el martes 30 de agosto de 1994, durante el programa *Peor es nada*, de canal 13.

El negro Horacio Fontova hizo de Tarad y Guinzburg de Mongobardi. El sketch no tuvo nada de particular hasta que apareció una misteriosa mano con un sobre que parecía contener dinero. Mongobardi lo miró de reojo y empezó a cambiar su hipercrítica opinión sobre el gobierno por una cada vez más complaciente y elogiosa.

Otro de los grandes negocios de Benito Roggio e Hijos SA con el Estado es la concesión de rutas por peaje.

Otero, del sindicato de Vialidad, sostuvo hace unos años que el negocio del peaje fue repartido entre las grandes empresas constructoras según un acuerdo predeterminado. Roggio se quedó con la parte del león: fue beneficiado con 2 mil kilómetros de rutas y empezó a cobrar peaje mucho antes de terminar de arreglar el camino.

Durante 1992 y 1993 Roggio y sus socios recaudaron un total de 170 millones de dólares y obtuvieron una ganancia de más de 20 millones de dólares. Desde que se hizo cargo del negocio, en 1991, hasta el 30 de abril de 1994, Roggio embolsó del Estado casi 34 millones de dólares en concepto de "compensación indemnizatoria".

Roggio tuvo que pagar multas de:

* 170 mil dólares por no tapar los baches y habilitar anticipadamente la cabina de peaje en el tramo de ruta que va de Rosario, Santa Fe, a La Banda, Santiago del Estero.

* 400 mil dólares por haberse atrasado en las obras de la ruta que va desde Santiago del Estero hasta Salta.

También debió pagar multas mínimas por no cortar el pasto perteneciente a las rutas.

Tres de las cinco rutas que maneja Roggio son supervisadas por Vialidad Nacional. Los responsables del ente de los caminos recibieron 133 quejas de usuarios de esas tres rutas entre noviembre de 1993 y mayo de 1994. Voceros de Roggio consideraron una insignificancia la cantidad de reclamos.

Entre las quejas más recurrentes de los usuarios se encuentran:

* el pésimo estado general de las rutas
* la mala atención
* los baches
* el estado de las banquinas
* la elevación desproporcionada del asfalto en su parte media
* las demoras
* la injusticia del pago del peaje.

Roggio, entre otras rutas, regentea la número dos, que va de Buenos Aires a Mar del Plata y es uno de los caminos que más recauda. Un asesor del diputado nacional Gastón Ortiz Maldonado explicó que Roggio se quedó con la ruta 2 no a través de una licitación sino por medio de un acuerdo espurio con el gobierno de la provincia de Buenos Aires.

Roggio había ganado la licitación de la ruta 2 cuando ésta era considerada un camino nacional, y no provincial. Pero la ruta fue pasada a la jurisdicción de la provincia de Buenos Aires justo en el momento en que se empezó a cobrar peaje, en virtud de un acuerdo entre Dromi y Alieto Guadagni.

Lo que molestó a Ortiz Maldonado es que Roggio, por medio de sucesivas negociaciones con el gobierno provincial, cambió las condiciones contractuales que tenía cuando la ruta era nacional y se benefició así enormemente. El diputado consideró una violación a la Ley de Obra Pública, por ejemplo, que le hayan concedido a la constructora Roggio, por contratación directa y no por licitación, el negocio de los trabajos para hacer a la ruta 2 de doble mano. Ortiz Maldonado también denunció que Roggio intentó cobrar aparte la instalación de un sistema de barandas que estaba incluido como una de las obligaciones de la empresa en el contrato original.

—*Si no hubiera sido por una denuncia, ya se lo habrían pagado* —afirmó un asesor del diputado nacional.

Los voceros de Roggio consideraron que el cambio de jurisdicción provincial fue legal y que no los benefició ni perjudicó.

El 15 de agosto de 1991 Ortiz Maldonado consideró una injusticia que se aumentara la tarifa sólo a la ruta 2 cuando el resto de la economía estaba congelada.

La 2 fue la ruta del escándalo.

Un escandalete particular se generó cuando la concesionaria Covisur colocó barreras metálicas por delante de las casillas para evitar que automovilistas y camioneros pasaran de largo sin pagar peaje.

No les salió gratis.

El juez de Dolores, Héctor Abel Musumano, consideró la prohibición improcedente e intimó a la firma de Roggio a remover las barreras en 48 horas. Musumano opinó que los gorilas de Roggio, con la barrera, estaban violando el artículo 154 del Código Penal que sanciona a quien entorpece el libre tránsito.

Todo comenzó cuando un ómnibus de la empresa Antón con 30 pasajeros se negó a pagar peaje en el puesto Samborombóm, cerca de Chascomús. Hombres de Roggio colocaron la barrera y el micro debió volver a Buenos Aires. Antón presentó un recurso de amparo ante Musumano por un lado y el juez de La Plata, Vicente Bretal, por otro. Musumano ya había dejado sin efecto multas aplicadas por la rutera de Roggio a 500 automovilistas que se negaban a pagar aumentos de entre el 200 y el 500 por ciento.

Y el señor Néstor Casali, de la Confederación de Asociaciones Rurales de La Pampa, había denunciado que el peaje en la ruta 2, Buenos Aires, Argentina, era mucho más caro que en Japón.

—*Para llevar cereales a lo largo de 600 kilómetros dentro del país, un camión debe pagar 37 dólares. El mismo recorrido, en Japón, sale exactamente 22 dólares.*

Otro escandalete digno de mención aconteció en diciembre de 1990, cuando los vecinos de Brandsen exigieron a Covisur que tirara una construcción que estaba obstruyendo el paso a una calle de la ciudad.

—*A esa calle colectora, en esa altura, no la utiliza nadie* —explicó un responsable de Covisur, y dio por finiquitado el asunto.

Voceros oficiales de Roggio afirmaron que el peaje en la Argentina es más barato que en otras partes del mundo, pero no aportaron un solo dato para confirmarlo. También explicaron que la inversión para refaccionar y ampliar la ruta 2 es importantísima, aunque no aclararon a cuánto asciende.

En 1993 Ortiz Maldonado volvió al ataque y acusó de blando al gobierno con respecto a las empresas de caminos por aceptar la postergación del inicio de las obras por seis y siete años mientras siguen cobrando peaje.

Fuentes de Roggio aceptaron que estiraron el cronograma de obras; aclararon que la postergación no llega ni a seis ni a siete años pero no dijeron cuánto se demorarán.

El último gran negocio de Roggio con el Estado fue el contrato de su empresa Presur con la municipalidad porteña para el arreglo de calles y veredas denominado Mantenimiento Urbano.

Presur fue una de las empresas que, según el intendente Saúl Bouer, cobró por sus trabajos un 17 por ciento más que lo que debía haber cobrado.

El concejal mandato cumplido Guillermo Francos, en cambio, consideró que la sobrefacturación trepó a un 30 por ciento.

Asesores de Francos dijeron:

—*Presur y las otras empresas se apuraban a tapar bachecitos que dejaban Telefónica, Edenor y Edesur para cobrárselos rápido a la municipalidad, aunque sabían que no podían hacerlo.*

Bouer renegoció los contratos inflados porque estaban destruyendo las finanzas de la municipalidad. Un asesor de Francos detalló que el único rubro en el que Presur era más barato que el resto del mercado era en el cambio del metro cuadrado de vereda: la empresa de Roggio lo cotizaba 32 dólares y el promedio era de 42 dólares.

Pero Presur cotizaba 21 dólares por metro cuadrado de bacheo, mientras en el mercado no pasaba de 15 dólares.

Cobraba casi 42 dólares el metro cuadrado de bacheo superficial cuando salía 28 dólares.

Pedía 23 dólares por metro cuadrado de repavimentación superficial sobre adoquines cuando todo el mundo la cobraba 13 dólares.

Presur, como todas las compañías, cobraba sus trabajos en un valor llamado unidades equivalentes.

Cada unidad equivalente valía 32 dólares.

Y Presur se había comprometido a hacer 155.874 unidades equivalentes, que representaban un costo de casi 5 millones de dólares.

Sin embargo terminó facturando casi 8 millones de dólares, a los que les descontó un 30 por ciento como si fuera un favor de Roggio a Bouer. Con el descuento, Presur embolsó 5 millones y medio de dólares, 500 mil dólares más que el monto pactado con la intendencia de Grosso.

¿Por qué Presur arregló tan poco y cobró tanto?

El asesor de Francos sospecha que Grosso presionó a las compañías para que hicieran el trabajo rápido y superficialmente con el objeto de causar gran impacto electoral por la sensación de que las calles estaban arregladas. El hombre de Francos dijo que Presur, en vez de arreglar bache por bache, repavimentó largos tramos de calles.

La razón por la cual hizo una cosa por otra es muy sencilla:

* el bacheo es costosísimo y de bajo retorno,
* se necesitan muchos hombres y sale mucha plata el traslado de máquinas de un lugar a otro,
* la repavimentación es barata y de alta rentabilidad: se hace con un par de hombres y una máquina, se cobra, igual, por metro cuadrado.

Presur, como el resto, debió haber trabajado sobre un cronograma de ejecución.

Pero el cronograma se desbarató por la urgencia de Grosso y la demora de las empresas, que exigían cobrar antes de empezar nuevos bacheos.

El asesor de Francos dice que fue un verdadero viva la pepa. Empresas como Presur hacían el trabajo que se les antojaba. Un inspector debía acreditar que estaba bien hecho hasta 48 horas después de ejecutado. Pero si no iba, se daba por bien hecho. Y a los 15 días Presur y las otras cobraban contra factura.

Finalmente, si la municipalidad no tenía efectivo, Presur debitaba su factura al Banco Ciudad.

La primera consultora que debía controlar si los trabajos estaban bien hechos no empezó a hacerlo enseguida: lo hizo... ¡ocho meses después! de iniciados los trabajos.

El contrato entre Presur y la municipalidad permitía otras avivadas.

Una era que las consultoras que debían inspeccionar si los trabajos estaban bien o mal hechos no cobraban un monto fijo sino el 3 por ciento de la facturación.

—*Eso determinó que las consultoras se preocuparan más por que las empresas facturaran mucho que por revisar el trabajo que hacían* —explicó el asesor de Francos.

La consultora que "inspeccionó" a Presur embolsó cerca de 240 mil dólares, que es el 3 por ciento de los 8 millones de dólares de facturación. La facturación de Presur representó más del 12 por ciento del total.

El contrato entre Presur y la municipalidad exigía a la empresa tener un local que sirviera de oficina y también de laboratorio, para que los inspectores pudieran hacer mediciones. Presur, de Roggio, nunca instaló una oficina cómo ésa.

El programa de Mantenimiento Urbano fue considerado por los porteños un verdadero desastre.

Antes de caer en desgracia, Grosso envió un aviso desesperado a los vecinos que clamaban por calles transitables con menos baches y veredas arregladas. El mensaje decía:

—*¡La culpa de los baches no la tiene el intendente! ¡La culpa de los baches la tienen las empresas que rompen y las empresas que los tienen que arreglar y no los arreglan!*

Bouer, su sucesor, pensó que con la renegociación de los contratos y un cambio en el sistema de control todo iría mejor. Pero las calles, las avenidas y las veredas nunca estuvieron peor que ahora.

Después del negocio de las empresas se comprobó que muchas calles recién asfaltadas se hundían y que los baches volvían a crecer, como si fueran los gremlins de Steven Spielberg, después de la lluvia. El gran ejemplo de lo que no se debió hacer es la avenida Juan B. Justo. Juan B. Justo se repavimentó superficialmente. Juan B. Justo resultó un buen negocio para la pavimentadora.

Un negocio de poco costo y de mucha facturación.

El problema es que, desde que se hizo ese trabajo, Juan B. Justo se inunda más que antes, y cada vez que llueve se deteriora más. La avenida Juan B. Justo debió ser destapada, descalzada, arreglada bien a fondo para ser tapada nuevamente y recién después asfaltada.

—*La municipalidad gastó mucho, y no sirvió para nada* —remató el asesor de Francos.

Adivina adivinador: ¿Cómo se llama la empresa que hizo el trabajo de la avenida Juan B. Justo?

Se llama Presur y sus hombres a veces aparecían con el uniforme de Cliba, la basurera de Roggio.

4. Roggio:
"No tengo nada que ocultar"

El hombre que manda en uno de los grupos económicos que más creció durante el gobierno de Menem, Aldo Benito Roggio, 51 años, ingeniero civil, casado, tres hijos, libreta de enrolamiento 7.981.273, nacido el 17 de octubre de 1944, Libra en el horóscopo occidental y Mono en el chino, intentó por todos los medios no ser incluido como protagonista en *Los dueños de la Argentina II*.

Aldo Benito Roggio primero discutió con miembros del directorio la mejor manera de evitar que el grupo pasara del bajo perfil a la portada de un libro. Después envió a uno de sus colaboradores para hacer saber al autor que la empresa estaba "dispuesta a todo" para que Roggio no formara parte de la investigación.

Más tarde, enviados informales de la compañía intentaron penetrar en la Editorial Sudamericana con el mismo propósito, pero desistieron inmediatamente cuando quien esto escribe les hizo saber que haría públicas todas las presiones para silenciar el trabajo.

Aldo Benito Roggio concedió dos entrevistas contra su original voluntad, una vez que su gerente de Comunicaciones, Juan Ordóñez, le aconsejó que hacerlo le traería menos dolores de cabeza que no hacerlo.

Roggio admitió que tiene un hijo que no es suyo pero le dio su apellido; reveló que posee la cuarta parte de todo lo que vale el grupo; contó que se hizo hombre en el Liceo Militar; reconoció que da dinero por abajo a periodistas como Daniel Hadad y Marcelo Longobardi; negó que la deuda del grupo fuese demasiado alta comparada con su patrimonio; calculó que gana y gasta menos de 30 mil dólares por mes; se definió como un padre ausente; aceptó que contribuye con políticos, fundaciones y partidos, aunque aclaró que se trata de montos pequeños; habló de su relación con Carlos Menem, Domingo Cavallo, Eduardo Angeloz y Saúl Bouer; narró escenas de su secuestro; desmintió que la compañía haya crecido gracias a los juicios contra el Estado o los reclamos por mayores costos de las obras y se defendió una a una de todas las acusaciones que pesan sobre su organización, desde las irregularidades de la basurera

Cliba hasta el polémico modo en que ganó la licitación de líneas de tren y de Subterráneos de Buenos Aires al frente del consorcio Metrovías.

Los encuentros fueron dos y se realizaron bajo la mirada atenta de Ordóñez. Roggio se fue soltando a medida que pasaron los minutos y fue respondiendo mejor cuanto más agresivas fueron las preguntas. Lo que sigue es una síntesis de ambas conversaciones. El orden de las respuestas fue modificado para facilitar su comprensión:

—*¿En qué momento supo que iba a ser lo que ahora es? ¿Protagonizó algún rito de iniciación?*

—No hubo un momento justo y específico, porque yo lo supe siempre. Sin embargo, el proceso que terminó por ponerme en el lugar donde estoy ahora empezó hace aproximadamente quince años. Tanto el arquitecto Héctor Marcelo Roggio, que entonces era el presidente de la empresa, como mi padre, Remo Roggio, que era el vicepresidente, me fueron dando paulatinamente más responsabilidades. Primero me fueron probando como como jefe de obra. Después me designaron conductor de obra, para lo que debía tener un panorama más general y estar mucho más cerca de ellos. Finalmente y casi sin darme cuenta me fueron traspasando de a poco la actividad que ellos hacían. Yo lo asumo como una cosa natural, como si viniera conmigo desde siempre.

—*¿No hubo un día en que su padre le dijo: "Tomá la posta, ahora te toca a vos?".*

—No. La empresa tiene un estilo y aquí nadie asciende a dedo, o porque lo diga el padre del que está arriba. Los puestos de conducción se van alcanzando con el tiempo, y a base de trabajo. En Roggio nadie recibe galones, y menos un familiar, si no se lo gana por su trabajo y el respeto de todos.

—*¿Por qué está tan seguro de que no pudo haber sido otra cosa que lo que es?*

—Porque yo idolatré siempre a mi padre, y desde muy chiquito soñé con hacer lo que él hizo y hace. Yo iba con mi cajita de carpintero porque en esa época la empresa se ocupaba sólo del rubro construcción. ¿Usted cree realmente que yo pude haber sido otra cosa que ingeniero?

—*Dicen que en Roggio, más que el esfuerzo, funciona el mayorazgo: todos se someten a la voluntad del mayor de los hermanos y los primos.*

—No. Eso es pura fantasía. Es una más de las leyendas que circulan sobre Roggio. La única vez que se dio el mayorazgo fue cuando mi tío Héctor Marcelo Roggio, como hermano mayor, se debió hacer cargo de la empresa ante la enfermedad de mi abuelo, Benito Roggio, el fundador. Pero Héctor Marcelo no tardó en ejercer un liderazgo natural. Y lo asumió plenamente cuando mi abuelo Benito murió, en pleno ejercicio de sus funciones. Es cierto que yo soy el mayor de la tercera generación, pero también es cierto que llegué hasta aquí porque era el que iba acumulando mayores responsabilidades en la empresa. A eso yo no lo llamo mayorazgo. Lo llamo crecimiento natural.

—¿El Liceo lo hizo más hombre o le amargó la vida?

—El Liceo fue tremendamente importante para mí. Me sirvió para aprender a arreglármelas solo. Lo bueno es que a los 12 años me mandaron al muere con el ingreso al Liceo. Una sola anécdota le va a servir para entender, en parte, mi carácter. La anécdota es que a la segunda noche de entrar al Liceo nos mandaron a correr por el campo con los pies descalzos, para templar los pies. No sé si me pareció justo o injusto. Ahora siento que eso no sólo me sirvió para templarme los pies.

—¿Será por eso que sus empleados y sus pares lo tienen como un tipo duro?

—Muchos dicen que soy duro pero yo creo que no. Al contrario: creo que soy demasiado blando.

—¿Usted llora?

—No me paso la vida llorando, pero lloro.

—¿Cuándo lloró?

—Lloré cuando mi padre no me llevó a un partido de fútbol en el que jugó Talleres contra Instituto. Lloré cuando perdí a mi madre y lloré también hace muy poco cuando perdí a mi tío, Héctor Marcelo. Lloro por cosas importantes en determinados momentos de la vida. Lloré cuando alguno de mis hijos tuvo problemas. Y lloraré de nuevo si los vuelven a tener.

—¿No militó en ningún centro de estudiantes?

—No fui el único que no se metió en nada. Ingeniería es una carrera en donde hay poca gente que se mete en algo. A los ingenieros nos preocupan más los números que la política.

—¿Qué ideología tenía en ese momento?

—Siempre estuve a favor de la empresa privada.

—¿Es cierto que iba a la facultad con un auto espectacular?

—No sé si era espectacular. Pero era muy vistoso. Era de mi padre. Era un Cicitalia Sport, algo parecido al Porsche, pero mucho más modesto. Era celeste. Pronto se puso muy viejo. Era modelo 1951 o 1952.

—¿Por qué se la pasa aclarando que sus propiedades son modestas, que no tiene tanto como parece y que no quiere andar mostrando nada?

—Es algo que tenemos los Roggio en la sangre. Aprendí de mi padre y de mi tío que las cosas valen mucho y que hay que ser cuidadosos y poco demostrativos. Espero que mis hijos lo entiendan igual que yo.

—*¿Cómo se llamaba su primera novia?*

—Novias no tuve. La mía ha sido una larga soltería. (Risas.)

—*No me va a decir que nunca tuvo una amiguita...*

—Tener tuve. Pero no hay ninguna mujer concreta. Primero tuve alguna amiga del barrio, después conocí a algunas amigas que no eran del barrio...

—*¿Y no se acuerda de ninguna?.*

—Sí, me acuerdo, pero no me parece propio contarlo.

—*Me contaron en Córdoba que usted tenía una novia muy linda y que era azafata.*

—Yo tenía una chica que salía conmigo y era azafata.

—*¿Es cierto que usted estaba muy enamorado y que sus padres le bajaron el pulgar porque pensaban que ella no era demasiado para usted?*

—No. Estuvimos algunos años juntos y ya pasó. Mis padres, como todos los padres, querían que su hijo se casara razonablemente bien y que fuera feliz.

—*¿Se iba a casar con ella?*

—No, ni ella ni yo nos queríamos casar.

—*¿Por qué se casó tan tarde?*

—No sé si era tarde. Me casé a los 36 años. ¿Quién puede saber cuál es el momento justo? Es mi destino y lo acepto como tal.

—*¿Es tan duro con sus hijos como lo es cuando se ocupa de sus negocios?*

—No. A mis hijos (Rodolfo, de 18 años, Martín Benito, de 12, y Lucía, de 9) trato de criarlos con mi señora. Ella es la que lleva el peso de la casa —porque yo estoy muy poco en casa— y lo hace lo mejor que puede. Creo que lo más importante es transmitir a los hijos lo que cuesta ganarse las cosas para que las valoren como corresponde. No sé si soy duro con ellos. La verdad es que trato de ser rígido pero a veces no puedo, no me dejan.

—*¿Va a incorporar a sus hijos a Benito Roggio e Hijos SA?*

—Sólo si se les da la gana y si demuestran ser lo suficientemente buenos. Pero no me haga preocupar con eso. ¡Si el más grande todavía no entró a la universidad!

—*¿Es cierto que el primer hijo es, en realidad, hijo de su mujer con su primer marido?*

—Sí. Mi mujer era viuda cuando se casó conmigo. Tuvo un hijo con su marido. Un hijo al que quiero como si fuera propio. Yo lo adopté después de mi casamiento. La madre y yo tuvimos una reunión con el juez para tratar de que mantuviera el apellido del padre. Sin embargo, el juez no nos dejó. Entonces tuvimos que ponerle mi apellido y a continuación el del padre.

—*¿En su familia lo quieren y lo reconocen como un hijo suyo?*

—Totalmente. Además creo que va a salir bueno, como los Roggio. Quiere estudiar ingeniería, contaduría o administración de empresas.

—*¿Se imagina si resulta el heredero? ¿No habría resistencias en la familia?*

—El heredero va a ser el que trabaje mejor. Y en una de ésas no es nadie de la familia. Además no se olvide de que yo no soy el único Roggio que trabaja en la empresa. También están mi hermana (Grace) y mis dos primos (Alejandro y Sergio Roggio), que son accionistas y por otra parte tienen hijos.

—*¿Usted es el que más acciones tiene dentro del patrimonio de la empresa?*

—No. Todos los accionistas de la familia tenemos más o menos la misma participación.

—*¿Puedo considerar que el patrimonio familiar asciende a 144 millones de dólares?*

—No. Ese es sólo el patrimonio contable. Se supone que la Benito Roggio Sociedad Anónima vale bastante más que eso. El día en que coticemos en Bolsa sabrá exactamente cuánto.

—*¿Es incorrecto que calcule el valor del grupo en 500 millones de dólares?*

—No lo sé. No me presione: prefiero no alentar expectativas. Además no quiero que mañana un secuestrador lea esto y piense que puede cobrar un rescate de 500 millones de dólares. ¿Hablamos de otra cosa?

—*Sin embargo, según el balance, usted tiene un 16,3 por ciento de este patrimonio.*

—Exacto: tengo ese porcentaje de la sociedad...

—*... al que se le debe sumar un porcentaje similar de su participación en Doya Sociedad Anónima, que a su vez concentra más del 20 por ciento del patrimonio de toda la sociedad.*

—Mire, a mí no me gusta hacer cuentas sobre mi patrimonio. Simplifiquemos. Todo lo tenemos entre cuatro: mi hermana, mis primos y yo. Otra parte más chica está en manos de mi padre, Remo. No me gustaría que se conociera esta información. Puede que alguna gente la manosee más de la cuenta.

—*¿Por qué no está Rubén Roggio en la empresa, si es hermano de sus primos Alejandro y Sergio Roggio, dos de los accionistas principales?*

—No está porque hace unos años él mismo decidió retirarse de la empresa. Estamos en perfecta relación con él.

—*Sin embargo Rubén y no usted tendría que haberse hecho cargo de la empresa, ya que es mayor y es hijo de Héctor Marcelo.*

—Ya le expliqué que en Roggio no se asciende por mayorazgo o por línea sucesoria.

—*Un grupo tan poderoso, ¿no debería prever quién será su sucesor?*

LUIS MAJUL

—Hay dos opciones. Será alguien de la familia o será un profesional. Eso se verá porque hay gente de la familia que está trabajando muy a fondo. Un mensaje es que yo, por ahora, no pienso largar. Otro mensaje es que no está descartado en absoluto que un profesional tome el manejo de Roggio.

—*Sería una revolución dentro de la familia.*

—Yo creo que se están haciendo revoluciones en muchos grupos familiares. Bunge & Born, por ejemplo, está haciendo una revolución fantástica. Y (su presidente, Angel) Perversi no es pariente de nadie.

—*En los archivos se relaciona sentimentalmente a su tío Oscar Roggio con una de las hermanas de Eva Duarte. Incluso se sugiere que Roggio consiguió muchas obras públicas del gobierno peronista gracias a esa relación especial. Sin embargo, gente conocida de la familia Duarte me dijo que el Roggio vinculado con una hermana de Evita era su tío Héctor Marcelo, quien ya se había separado de su primera mujer.*

—¿Qué quiere que le diga? Yo en esa época era bastante chiquitito. Prácticamente no existía. La familia Roggio no tiene conocimiento de ninguna relación, ni de Oscar ni de Héctor Marcelo, con la familia Duarte. Si es así yo no lo sé. La verdad es que no nos hemos enterado en la familia.

—*¿Sabía usted que su tío Oscar tuvo dos hijas pero no con su esposa sino con su secretaria? ¿Sabía que hubo un problema alrededor de la herencia que dejó?*

—Recién sobre el final de la vida de Oscar supimos que tuvo dos hijas y otras cosas. Sé que hubo una discusión sobre la herencia pero no conozco los detalles. Discutieron, sobre todo, porque a Oscar Roggio le fue mal en los últimos años de su vida profesional. Era un hombre muy divertido que tuvo mucha vida propia y en Córdoba hizo muchas cosas importantes. Fue dirigente universitario, hizo el motonáutico de Córdoba, estuvo en el Jockey Club, estuvo en la Asociación Cordobesa del Volante: parecía incansable.

—*En un pequeño marco, hay un billete de 5 mil pesos que su tío Héctor Marcelo recibió desde Buenos Aires. Allí él anotó "recibido del exterior". ¿Los cordobeses Roggio siempre se sintieron como kelpers frente a los porteños?*

—La verdad que sí. Siempre sentimos que viniendo de Córdoba no nos consideraban del mismo ruedo. Tuvimos una sensación general y no ha sido fácil entrar con negocios en la Capital Federal. Lo que pasa es que el mundo se ha abierto a pasos agigantados y la Argentina fue un país cerrado hacia afuera y hacia adentro. De la misma manera no nos es fácil ir a algunos países del exterior, como Chile.

—*¿Perdieron algún negocio sólo por el hecho de ser cordobeses?*

—Hemos perdido muchos negocios pero no por el hecho de ser cordobeses sino por el hecho de no ser porteños. Hemos tenido la sensación de que por ser del interior se nos hacía sentir como kelpers.

—¿Cómo la hicieron los Roggio?

—Con sudor y trabajo.

—¿Qué le contaron de cómo empezó?

—Empezó con mi abuelo Benito, que era albañil y después se recibió de constructor. Benito murió un año antes de que yo naciera y un año después falleció también mi abuela. Mis abuelos maternos habían fallecido mucho antes. No estoy lleno de anécdotas o precisiones. Lo que recuerdo muy bien es que mi padre trabajaba los sábados a la tarde y los domingos a la mañana. Recién el domingo al mediodía había un almuerzo familiar y la ida a la cancha de fútbol.

—¿Tiene a su padre Remo como un padre ausente?

—Tengo a mi padre como una máquina de trabajar. Pero si hay un padre ausente en la familia ése soy yo ahora, porque vivo en un lado (Córdoba) y trabajo en otro (Buenos Aires). Los Roggio somos así.

—¿Cuál fue el primer golpe de crecimiento de Benito Roggio SA?

—Hay dos obras a las que se tiene como muy importantes. Una fueron las escuelas (del primer gobierno peronista) que se ganaron a lo largo del todo el país. También quedaron como una marca las treinta y pico de estaciones del Automóvil Club Argentino.

—¿Las ganaron por licitación o por contratación directa? ¿Se las pagaron antes de empezar a trabajar? ¿Cuántas veces las volvieron a facturar?

—¿Por qué tira esas picardías? ¿Usted nos está acusando de integrar la patria contratista? Nosotros no integramos ni alentamos a la patria contratista. ¿Sabe la voluntad que había que tener para hacer las obras de las escuelas y del ACA? Mi padre me contó que fue durísimo. Primero, la zona en donde se hacían las obras: no había nada. Había que implantar un modestísimo obrador para poner dos o tres obreros a vivir para cuidar la obra. Mi padre y mi tío dormían una noche en una obra y otra noche en otra. Se recorrían el país en auto o en un viejo camión Ford, que todavía se conserva como una reliquia de la empresa. Ellos le daban para adelante hasta que terminaban. Y pegaban la vuelta para su casa recién cuando estaba lista la última. Era una época muy dura. En ese momento no existía la legislación que reconoce mayores costos por inflación o situaciones ajenas al contratista. El hierro había empezado a aumentar debido a la guerra. En todo el mundo se reconocían variaciones de costos del 5 o del 6 por ciento, menos en Argentina. Se había firmado un contrato por tanto dinero y había que cumplirlo sí o sí. Había que tener mucha imaginación para no fundirse o quebrar. Se llegó a bajar los techos de un metro a ochenta centímetros para gastar menos y no perder plata.

—*Sin embargo Roggio tenía y tiene fama de no cumplir los contratos. O de firmarlos y cambiar las condiciones a mitad de camino.*

—Roggio siempre cumplió con los contratos. Aunque tenemos fama de pelear a través de abogados las condiciones de los contratos, aunque nos acusan de no cumplir con los contratos originales, la realidad es totalmente distinta. Mire: en 85 años de vida sólo presentamos tres o cuatro juicios contra el Estado. Y nunca dejamos de terminar una obra. Las que no hemos terminado llegarán a dos o tres.

—*¿Qué obras? ¿Por qué montos?*

—Una fue hace mucho tiempo y yo no la he vivido. La otra fue en la provincia de Corrientes. No fueron obras grandes.

—*Esto es un párrafo textual aparecido en la revista* Negocios, *en 1991: "Roggio, una vez obtenido el concurso con precio bajo renegocia la oferta primigenia. Gracias a imprevistos como la inflación se vuelven a discutir los números del contrato. Utiliza entre otras cosas desde la inflación a los movimientos de tierras...".*

—Bueno, esto y decir patria contratista es más o menos lo mismo. No es así. No es nuestra política cotizar bajo y después renegociar el contrato.

—*Ingeniero Roggio: no puede negar que renegociaron e indexaron la gran mayoría de los contratos de obras públicas.*

—Usted se confunde. Los mayores precios o las variaciones en los precios existen en todo el mundo aunque la inflación sea baja. No es un crimen tener una inflación del 10 por ciento y que se les reconozca a las empresas el 10 por ciento en la variación del precio. Cuando hay un proyecto mal hecho o cuando hay un cambio en el proyecto es de norma internacional que se reconozcan los cambios de costos.

—*Hablando de renegociación. ¿Por qué la municipalidad prorrogó en 1992 el contrato con Cliba sin pasar por el Concejo Deliberante?*

—Porque ya estaba previsto en la licitación anterior. Mire: jamás nos han dado una prórroga de servicio que no figurara en el contrato original.

—*¿Dónde ubica a Roggio en el ránking de los grupos económicos más poderosos del país?*

—No tengo un ránking muy preciso. El grupo Bunge & Born, por ejemplo, es importantísimo. Techint, por otra parte, es el grupo constructor más importante de la Argentina. Pienso que es más que SADE, de Perez Companc, por dos razones:

porque está internacionalizada y porque Perez Companc está poniendo la energía en otros asuntos. No hay que perder de vista a Arcor, de Córdoba. Y a Benito Roggio lo pondría en una franja intermedia, después de los muy importantes, junto con otras 15 o 20 empresas con el mismo nivel de facturación.

—*¿Apoyó activamente el golpe del 24 de marzo de 1976?*

—No. Yo no he apoyado activamente ningún golpe. Ni siquiera ése.

—*¿Lo repudió?*

—Tampoco. Creo que el 90 por ciento de los argentinos en 1976 deseaban algún cambio. De modo que yo no lo apoyé ni lo desapoyé.

—*¿Lo festejó?.*

—Nos pusimos contentos no porque cayó el gobierno democrático sino porque acabó un gobierno que estaba desmanejado totalmente. A lo largo de los años nos hemos dado cuenta de que no ha sido una buena solución.

—*¿Apoyó la lucha contra la guerrilla?*

—Estuve totalmente de acuerdo con la lucha contra la guerrilla.

—*¿Justifica lo que algunos militares llamaron excesos en la lucha antisubversiva, como la tortura y las desapariciones?*

—Nadie puede estar de acuerdo con los excesos. Y menos un hombre no violento, como yo. Después de salir del secuestro me compré un revólver y nunca lo usé porque le tengo temor. Yo parto de la base de que aquí hubo una guerra y en la guerra pasan cosas. En ese momento yo estuve de acuerdo con la guerra contra la subversión. Ha sido un paso doloroso pero necesario para el país...

—*¿Le pareció bien el juzgamiento y la condena a los ex comandantes de las juntas militares?*

—No estoy ni estuve de acuerdo. Creo que, en general, algunos de ellos hicieron lo mejor posible en ese momento. Esto no quiere decir que soy militarista ni mucho menos. Creo que en la Argentina todos nos hemos vuelto democráticos y quiero que esto siga mal o bien pero con democracia.

—*¿En su empresa hubo desaparecidos? ¿Hizo usted alguna gestión para tratar de que aparecieran con vida?*

—No. No hemos tenido en la empresa ni familiares allegados a algún desaparecido. He tenido amigos que a su vez tenían parientes desaparecidos y que han vivido inquietos. Yo no he hecho gestiones personales en ese momento, pero entiendo que mi padre hizo gestiones por alguna gente. Era por un par de personas: familiares de amigos que no trabajaban en la empresa.

—*¿Nunca ganaron tanta plata como con el gobierno de Menem?*

—Ahora hemos hecho inversiones importantes, lo que no significa que hayamos ganado plata.

—*Algunas inversiones son de retorno rápido...*

—¿Cuáles? Me gustaría saberlo para apostar más fuerte.

—*La telefonía celular en el interior, por citarle una sola.*

—No sé. Recién estamos aprendiendo el negocio de las comunicaciones. Tenemos mucha esperanza en el negocio de la telefonía celular pero en el interior del país es toda una incógnita. Ojalá que sea como dice usted.

—*¿Cómo fueron los detalles de su secuestro?*

—A mí me secuestraron un 21 de setiembre de 1972. Me había acostado tarde la noche anterior. A la mañana fui a tomar mi auto —un Peugeot— en el garaje del edificio de la familia y me encontré con dos personas que me apuntaron y me llevaron en un Torino. Estuve en cautiverio dos días, o dos días y medio. La pasé bastante mal.

—*¿No sintió pánico? ¿No supuso que lo iban a matar?*

—Mucha gente me ha preguntado si he sentido miedo. Probablemente haya sentido mucho, pero eso pasó... ¡y pasaron tantas cosas desde esa época que ya ni me acuerdo! Tengo la impresión de que nunca pensé que me iban a matar. Temí en algún momento porque los secuestradores estaban demasiado nerviosos. No era que me trataban demasiado mal. Estaba encadenado. Estaba esposado. Pero no sufría por eso sino por la actitud de los raptores. Se ve que en esa época no teníamos experiencia ni yo ni los secuestradores.

—*¿Por qué lo raptaron a usted y no a otro?*

—Me imagino que porque era el hijo de Remo Roggio, un hombre muy importante en Córdoba.

—*¿Cuánto se pagó por el rescate?*

—Fueron en el orden de los 150 o los 200 millones (de pesos) de esa época. Era mucha plata. Realmente bastante plata.

—*¿Quién lo pagó? ¿Su padre o la empresa?*

—No sé. No me consta. Sin comentarios.

—*¿Cómo quedó de la cabeza después del secuestro?*

—Quedé bastante bien. Sólo un poco sugestionado. Al principio uno piensa que le puede pasar algo cuando sale o cuando llega a la casa. Tuve custodia durante unos meses. Después me olvidé de todo.

—*¿Por qué secuestraron a su tía Elvira?*

—Eso fue 3 o 4 años después de mi secuestro. Estamos seguros de que fueron delincuentes comunes.

—*¿Es cierto que estuvo en cautiverio mucho tiempo y que hasta la dieron por muerta?*

—La tuvieron secuestrada casi 4 o 5 meses pero nunca la dimos por muerta. Incluso yo estuve negociando con los secuestradores. Teníamos miedo porque ella era una mujer grande en ese momento.

—*¿Qué política tienen en la empresa con respecto a los secuestros?*

—No tenemos política. No nos planteamos este tema.

—*¿Va por la calle armado?*

—No.

—*¿Tiene custodia?*

—Esporádicamente. Depende de la época y de mis ganas.

—*¿Cuánto gana y cuánto gasta por mes?*

—Gano más de 20 mil y gasto menos de 30 mil pesos. En Roggio tenemos muy claras las cosas: no tenemos mucha plata... tenemos una importante empresa. Yo gano el sueldo que me paga la compañía como funcionario y como director en cada una de las empresas vinculadas.

—*No me va a decir que no retira las utilidades de cada año.*

—En Roggio retiramos pocas utilidades. La base del poder de esta empresa no se hizo retirando utilidades. Se hizo reinvirtiendo la plata que se ganó.

—*¿A cuánto ascienden sus bienes personales?*

—Mis bienes personales son las acciones que yo tengo en la empresa, mi casa de Villa Allende, mi auto y un departamento en Punta del Este.

—*¿Qué auto tiene?*

—Un Crysler. Casi ni lo uso. La verdad es que cambio el auto cada 10 años. Este sólo tiene un año.

—*¿Cuántos metros tiene su casa de Punta del Este?*

—No es una casa. Es un departamento cualquiera.

—*¿Cuando veranea manda todo al diablo o es de los que se la pasan todo el día con el teléfono móvil conectado con la empresa desde la playa?*

—La verdad es que la familia se queja porque veraneo poco. Para qué le voy a mentir: hace unos cuantos años que no veraneo casi nada. A Punta del Este voy los fines de semana: llego el viernes y me vuelvo el lunes. Me gusta la playa, me gusta jugar al golf. No desconecto ningún teléfono, pero tampoco estoy pegado todo el día al teléfono celular.

—*Se lo pregunto respetuosamente: ¿Cómo lo aguanta su familia?*

—Es una pregunta pertinente: mi señora y mis hijos tienen una gran capacidad de aguante.

—*¿Qué come y qué toma?*

—No lo sé bien, porque a mí me parece que como liviano y sin embargo estoy pesando 105 kilos, como 10 kilos por encima de lo normal. Quizá no se nota tanto porque mido 1,86 metros. Me encanta el asado. Dicen que soy bastante buen asador.

—¿Usted es medio tacaño?

—No soy tacaño. Algunos dicen que soy-demasiado-poco-tacaño... sin llegar a ser generoso.

—Pero a mí me contaron que usted es igual a su padre. Y que su padre, cada vez que le tenía que dar un lápiz nuevo a un empleado, pedía el lápiz chiquito, gastado.

—Esa historia forma parte de la tradición oral de Roggio pero no es mía. Y no es una mala historia. Tenemos que inculcarle a la gente ese sentido de bajar el gasto. Y el ejemplo del lápiz no está mal.

—¿Visita los baños de su empresa como lo hace Roberto Rocca, de Techint?

—No me ocupo detalladamente de eso pero los controlo cada vez que puedo.

—¿Cuántas veces usó los zapatos que lleva puestos hoy?

—No las conté, pero no es la primera. No se por qué los zapatos se me gastan tanto.

—¿Por qué les tiene miedo a los medios y a los periodistas?

—Porque tuvimos y tenemos un perfil muy bajo y queremos aparecer lo menos posible. No es una estrategia. Es un estilo. No nos gusta aparecer.

—¿Es consciente de que si se niega a responder da la imagen de que tiene muchas cosas sucias que ocultar?

—No tenemos ninguna cosa sucia que ocultar. Sólo nos parece que la vida de un empresario no tiene por qué ser una vida pública. Creemos que conservando cierta mesura se colabora con la organización.

—¿Por qué Roggio da dinero a periodistas como Hadad y Longobardi y no aparece la publicidad de la empresa en los programas que ellos conducen?

—Hay varios factores. El primero es porque queremos hacer un apoyo global (a periodistas) de la misma manera que apoyamos el proceso democrático a través de (la ayuda monetaria a) los partidos políticos. Sabemos que esto puede entenderse bien o mal. Creo que hay que apoyar al periodismo globalmente, igual que se apoya a los partidos políticos. Pero somos muy prudentes en ambos casos. Aparecemos en pantalla en unos pocos programas. Y si no aparecemos en otros (como el de Hadad y Longobardi) es para que los demás no lo vean y nos hagan asumir el compromiso de avisar en sus otros programas.

—¿Es consciente de que esta donación se puede interpretar como una especie de peaje o cuota de protección para que no lo critiquen?

—En el caso de Roggio no creo que se pueda interpretar así porque nuestras apariciones auspiciando programas son menores, salgan o no en pantalla.

—*¿No le parece que esto se puede confundir con una práctica en negro?*

—Está en blanco y en nuestros balances. Si lo viéramos así no lo haríamos y cambiaríamos.

—*¿Cuánta plata puso Roggio en la última campaña electoral?*

—Roggio, con respecto a los aportes a los partidos políticos, actúa con mesura. No le voy a dar números porque no me los acuerdo y también por razones de prudencia.

—*¿Roggio aporta a los partidos, las fundaciones partidarias o los hombres políticos?*

—Normalmente a fundaciones o a partidos politics, no a los hombres en forma particular.

—*¿Con recibo o sin recibo?*

—Con recibo.

—*¿Sabía usted que existe una ley que les impide a empresas vinculadas al Estado, como Benito Roggio, aportar dinero a los partidos políticos?*

—No conozco esa ley y son muy moderados los aportes que hacemos.

—*¿Qué significa moderados? ¿Un millón, 100 millones o mil millones de dólares?*

—Significa moderados.

—*En la revista* Noticias *Roggio figura en un ránking como poniendo 700 mil dólares para la última campaña presidencial de 1989. El aporte real, ¿está cerca o lejos de esa cifra?*

—Los números que salen en las revistas me parece que no tienen ninguna base; 700 mil dólares es una cifra demasiado elevada.

—*¿Se da cuenta de que si no contesta aparece como poco transparente?*

—No contesto para parecer más o menos transparente. No lo hago porque es una política de la empresa. E insisto con que somos muy moderados en nuestros aportes.

—*Asumió la plena responsabilidad del grupo hace diez años. ¿Multiplicó los panes y los peces? ¿Cuánto creció Roggio desde que la maneja usted?*

—Es difícil saberlo. Los dólares de antes no son los de ahora. Hace diez años Roggio facturaba entre 30 y 40 millones de dólares. Y ahora tiene ventas por 300 millones de dólares. Pero más importante que la facturación es la ganancia.

—*¿Cuánto gana Roggio hoy?*

—No más del 3, el 4 o el 5 por ciento de lo que factura. Las empresas como la nuestra tienen una mezcla de negocios muy variada. Hay años muy buenos y otros no tanto. Por eso nos diversificamos. Lo único que conservamos es la buena atención al cliente.

—*¿Cuánto invirtió Roggio en privatizaciones?*

—Más de 100 millones de dólares desde que empezó el proceso en el año 1990.

—*¿Ya los recuperaron?*

—No, de ninguna manera. Un ejemplo claro es la telefonía celular. En este negocio llevamos invertidos 70 millones de dólares cash más, sin contar lo que invertimos en deuda en compromisos tomados. Esa plata se va a recuperar, con suerte, en 6, 7 u 8 años.

—*¿A cuánto asciende la deuda de su empresa?*

—Las deudas son del orden de los 100 millones de pesos.

—*¿No es mucho y peligroso para el nivel de ventas que tiene Roggio?*

—No. Las empresas en el mundo, cuando hay estabilidad, de la única manera que pueden hacer negocios es endeudándose. No hay otra solución. Hay empresas eléctricas en el mundo que tienen un pasivo veinte veces superior a su patrimonio.

—*¿No es antiético hacer negocios con el dinero de otros?*

—¡Noooo! Se lo voy a plantear al revés: hacer negocios con el capital propio es prácticamente imposible en montos muy gruesos. Es imposible si no recibe apoyo financiero o no abre su capital.

—*¿Y no se corre el riesgo de que la deuda de su empresa y la de otras se conviertan en una bola de nieve y se transfieran a toda la sociedad, como pasó en 1982?*

—Para eso tendría que estallar el plan de convertibilidad. Y yo no creo que eso suceda. Mejor dicho: ojalá que eso no suceda.

—*¿Cuánto gasta Roggio en lobby?*

—Prácticamente cero. Es que es un tema al que no atendemos debidamente.

—*Bridas tenía anotados todos los cumpleaños de las camadas de generales que estaban en el poder. Luis Menotti Pescarmona siempre llevaba en el portafolios habanos y perfumes para las funcionarios y secretarias de funcionarios que debían decidir licitaciones. ¿Cómo seduce Roggio al poder?*

—Nosotros ignoramos los cumpleaños de los generales y de los actuales funcionarios. Roggio ha empezado a informar recién ahora sobre sus negocios y actividades. Tiene el plan de hacerlo más activamente. No tenemos mecanismos especiales. Todavía no tenemos armado el circo adecuado.

—*¿Es muy amigo de Menem? ¿Cuántas veces lo vio?*

—Lo veo en actos públicos. Lo veo personalmente cada tantos meses, sólo para comentar cómo están nuestros negocios y para analizar los problemas del país. Damos nuestra señal de apoyo a los temas que vemos positivos y de alerta a los temas que queremos que se rectifiquen.

—*¿Qué tarjeta de crédito usa?*

—Uso varias: Visa, Mastercard y American Express. Eso sí: todas están emitidas por nuestro Banco del Suquía.

—*El Banco del Suquía, ¿es uno de los que le paga el sueldo de 10 mil dólares al ministro de Economía Domingo Cavallo a través de la Fundación Mediterránea?*

—El Banco del Suquía es socio de la Fundación Mediterránea y como socio paga una mensualidad. No tengo la menor idea de cuál es la cuota.

—*¿Cuán amigo es de Cavallo?*

—Lo conozco hace mucho tiempo pero no soy amigo personal. Mis hijos y los de Cavallo fueron compañeros de clase cuando el ministro vivía en Córdoba. Uno de los hijos de Cavallo es amigo de mi hijo mayor. Insisto: lo conozco hace mucho tiempo, pero no soy su amigo personal.

—*Pero sí es amigo del gobernador (Eduardo) Angeloz.*

—Mire: no se adónde quiere llegar... tengo con Angeloz una relación parecida a la que tengo con Cavallo.

—*¿Cómo explica entonces que tanto Cavallo como Angeloz hayan visitado su casa?*

—Cavallo nunca ha estado en mi casa. Angeloz ha estado una sola vez en una recepción que yo le hice a un grupo extranjero. Yo he estado en la casa de Cavallo alrededor de dos veces y en la de Angeloz un par de veces.

—*¿Es amigo del ex intendente de Córdoba Ramón Mestre?*

—Tengo una buena relación social con el doctor Mestre. Considero que ha sido un muy buen intendente, tuvimos algunos encontronazos cuando él fue intendente y nosotros estábamos trabajando en la municipalidad con la recolección de la basura.

—*¿Encontronazos? Si el intendente Mestre fue el que facilitó, con la anulación del contrato a la basurera de Macri, que Roggio armara una recolectora de basura para reemplazarla y quedarse con el negocio.*

—Está bien lo que dice usted. Mestre nos dio la posibilidad de armar una empresa de basura, pero no nos dio (el negocio de) la basura. La recolección de basura la ganamos en una licitación pública.

—*¿Es cierto que la ancestral pelea que tienen los Roggio con los Macri se originó porque ellos interpretan que ustedes se apropiaron del contrato de recolección de basura en la ciudad de Córdoba?*

—Macri ha tenido con nosotros algunas diferencias. Pero yo nunca he podido saber el origen.

—*¿Usted siente a Macri como un italiano que hizo negocios y se llenó de plata demasiado rápido?*

—Macri es un tipo inteligente y un hombre exitoso. Si hay un cargo que me puedo hacer es que no hemos ido lo suficientemente rápido. Yo creo que si los empresarios argentinos hubiéramos hecho empresas más grandes el país estaría mejor porque nuestra misión es hacer negocios y no otra cosa. No tengo comentario que hacer sobre Macri. El es un hombre exitoso. Puedo hablar de Roggio. Puedo decir que tenemos una tradición empresaria de 85 años. Puedo decir que se forjó con dos personas de prestigio como Benito Roggio y su hijo Héctor Marcelo Roggio, a quienes todo el mundo respeta y ante quienes se saca el sombrero. Son señales que recibimos sus descendientes y también nuestros hijos.

—*¿Es cierto que usted llamó a su amigo el ingeniero Alvaro Alsogaray para pedirle que frenara al ex concejal Roberto Azaretto, quien denunció al grupo Roggio por irregularidades en el contrato de recolección de basura en la ciudad de Buenos Aires e incumplimiento de contrato en la obra de ampliación de la línea D de subtes?*

—No, de ninguna manera. Con el ingeniero Alsogaray tengo una relación desde hace muchos años. Soy amigo, y lo he respetado intelectualmente. Pero nunca lo he llamado para lo que usted me dice. Al señor Azaretto no lo conozco. Me he enterado de su denuncia pero no lo conozco.

—*Azaretto dice que alguien de los Roggio fue a hablar con él para que terminara con sus denuncias.*

—Puede ser que se haya visto con alguien de nosotros pero no estoy enterado y no fue conmigo. Si fuera así... ¿qué problema hay? Normalmente cuando alguien habla de nosotros lo primero que hacemos es tratar de verlo para explicarle nuestro punto de vista.

—*¿Cree que Azaretto denunció irregularidades en sus empresas porque es un hombre de Francisco Macri?*

—No tengo por qué decir eso. Hace tiempo que no tenemos noticias de Azaretto. En un momento dado las opiniones de Azaretto eran parecidas a las del grupo Macri. Pero me parece que eso se debe haber diluido.

—*Azaretto denunció a su recolectora de basura, Cliba, por alterar las taras de los camiones recolectores. Además pidió formalmente a la municipalidad el rompimiento del contrato por no haber recogido la basura durante varios días, lo que constituiría razón suficiente para quitar la licencia a la compañía.*

—El pedido existió. Pero no tuvo ningún tipo de éxito. Cliba no recogió la basura durante unos pocos días. Pero la huelga no la hizo la empresa. Las huelgas fueron por problemas sindicales ajenos a nosotros.

—*Hay serios indicios de que Cliba sobrefacturaba su servicio. Que cobraba más de lo que correspondía. La prueba es que, durante 1992, después de una inspección más rigurosa que la habitual, la facturación bajó de 2.700.000 dólares mensuales a 1.800.000 dólares.*

—Nosotros nunca hemos facturado cosas que no hemos hecho. Niego esa posibilidad. Sí sé que en dos o tres ocasiones la Municipalidad de Buenos Aires tuvo crisis financieras reiteradas y ordenó la disminución de los trabajos. Es por eso que baja la facturación, no porque nosotros alteremos los números. Le doy un ejemplo al revés: Clima de Córdoba recoge basura no por tonelada, sino por cuadra. Clima recogió durante años miles de toneladas de basura que costaban el doble del precio que cobrábamos por cuadra. La municipalidad finalmente reconoció que era una barbaridad.

—*¿Mestre les pagó la diferencia de precio?*

—En parte. Sólo en parte. Pero esto no es todo.¿Quiere que le dé otro caso de incumplimiento del Estado en perjuicio de las empresas en las que participa Roggio?

—*Cómo no.*

—Los subtes de Buenos Aires. El Estado tenía que haber entregado a Metrovías una serie de vagones reparados. Y hasta ahora no cumplió. Mientras tanto, la gente nos reclama a nosotros.

—*No le irá a echar la culpa del mal funcionamiento de los subtes al Estado que se los concedió.*

—No. Lo que quiero decirle es que nosotros estamos cumpliendo con el contrato, y el Estado no. Si no estuviésemos cumpliendo, sería imposible tener 100 mil pasajeros más que el año pasado en esta misma época.

—*Quizá la causa de que a Metrovías no le vaya tan bien es que la cotización de pedido de subsidio al Estado con la que ganó fue demasiado baja.*

—Los números no están tan mal. El problema es que estamos gastando demasiado. Gastamos mucho en reparar máquinas viejas que deberían haber sido reemplazadas por los vagones que el Estado no nos entregó. Estamos invirtiendo mucho más de lo que pensamos.

—*¿No es otra mancha en la trayectoria de Roggio que Metrovías haya sido acusada por su competidora Metrobaires de ganar ilegalmente la licitación al no aclarar que su oferta era más cara porque no venía con IVA incluido?*

—Yo la oferta no la tengo muy presente. La oferta tenía el IVA incluido, aunque la competencia diga que no. Como tenía el IVA incluido, resultó la más barata para el Estado. Por eso ganamos.

—*¿Sabe lo que dicen sus competidores? Que Roggio ganó los subtes con su maniobra de siempre: se presenta como la empresa más barata y una vez que gana empieza a pedir tarifas o subsidios, hasta que resulta más cara que sus competidoras.*

Dicen también que esto se probará cuando pidan y les den aumento de tarifas en el subte.

—Vamos a ver. Yo creo que le vamos a poder pedir más tarifa (al Estado). Pero no demasiado alta, porque la competencia con el colectivo es un límite natural. Nosotros vamos a estar en posición de poder pedir más tarifa si damos un buen servicio.

—*Dicen que Benito Roggio SA se llenó de dinero con las obras del Mundial 1978. Sostienen que fueron por contratación directa y que le costaron al Estado cientos de millones de dólares.*

—Nosotros hicimos el Chateaux Carreras de Córdoba y una parte de ATC. Las obras tenían un precio determinado. Los contratos más importantes se licitaban por orden y cuenta del Estado.

—*El ex fiscal Ricardo Molinas calculó que en las obras del Mundial se gastaron más de 300 millones de dólares, cuando no se debían haber gastado más de 100 millones de dólares.*

—Mire: si usted se pone a hacer ahora el estadio de Córdoba le costaría más o menos 150 millones de dólares.

—*Un contador denunció ante la Justicia al consorcio Eriday, responsable de la obra Yaciretá, de cobrar reembolsos del Estado indebidamente. Calculó el fraude en 1.800 millones de dólares. Roggio forma parte del consorcio Eriday. ¿Cuál es su descargo?*

—Los reembolsos son una cosa normal. Lo único que tiene Roggio en el consorcio es una persona que a veces está en el directorio y otras no, porque se trata de un puesto rotativo. Para mí es todo legal. Para mí no hay ningún problema.

—*¿Le parece legal hacer figurar elementos que no gozan del beneficio del reembolso de dinero por otros que sí lo tienen? ¿Le parece legal hacer pasar la gotita por cemento?*

—Bueno. Estoy seguro de que esto no es así. Segurísimo.

—*¿Le parece ético que en el staff de muchas empresas de Roggio figuren hombres que antes integraron áreas claves del Estado?*

—¿En qué empresas?

—*Metrovías, por ejemplo.*

—¿Quiénes?

—*Le nombro sólo a dos: José Barbero, quien fue presidente de Subterráneos de Buenos Aires durante 1989 y hasta 1990 y ahora es gerente técnico de Metrovías, y González, quien fue gerente general de Subterráneos hasta octubre de 1993 y ahora es gerente de operaciones de Metrovías.*

—El licenciado Barbero fue presidente de Subterráneos pero no tuvo nada que ver con el pliego de licitación. En la gerencia de operaciones, el licenciado Barbero debe haber sido el único que ha sido funcionario en una época anterior. Abajo de él no conozco bien el organigrama y puede ser que usted tenga razón.

—*¿Le parece ético tomar a gerentes y funcionarios del Estado?*

—¿Y a quién me sugiere que tome? ¿Dónde debo ir a buscar a la gente con experiencia? Barbero es un hombre honesto y correcto. Lo he tratado como funcionario y el hombre venía en colectivo a trabajar y siempre ha sido así. Para abajo no conozco prácticamente a nadie porque no tuve trato. Mire: todas las empresas privatizadas se han nutrido de la gente que ha trabajado en la empresa pública antes.

—*Pero los dos ex funcionarios que ahora trabajan en Metrovías participaron del análisis del pliego en el negocio que usted ganó.*

—Estoy seguro de que no son ni el gerente de contratos ni el gerente comercial. Quizá sean gerentes técnicos.

—*¿Roggio considera al intendente Saúl Bouer un amigo?*

—No. Yo no soy su amigo. Pero lo conozco hace mucho tiempo ¿Por qué? (Risas.)

—*Muchos no entienden por qué una empresa suya, Presur, ofreció ante Bouer rescindir el contrato de Mantenimiento Urbano. En ese momento se acusaba a todas las empresas de sobrefacturación y se consideró la renuncia de Roggio como un gesto político, como una devolución de favores.*

—No sea mal pensado. Le ofrecimos que rescindiera los contratos que él deseara o que no pudiera pagar porque la municipalidad estaba en pésimas condiciones financieras.

—*¿Cómo explica que una empresa de Roggio se haya comprometido a ampliar en determinado tiempo el subte D, no haya cumplido con los plazos y haya cobrado un importante porcentaje del contrato?*

—Los plazos de las obras no se cumplieron porque la Municipalidad de Buenos Aires —Subterráneos de Buenos Aires— no pagó.

—*Hay tramos de la obra que quedaron paralizados y los cobraron igual.*

—No es cierto. La obra tenía un porcentaje. Creo que se cobró una movilización de obra que era enorme en los contratos de ciertos volúmenes y no se cobró ningún otro adelanto. La Municipalidad de Buenos Aires nunca ha tenido los fondos suficientes como para trabajar a fondo la obra y es posible que en esta época de estabilidad podamos terminarla.

—*Bouer consideró que la sobrefacturación en los trabajos de bacheo de calles y veredas llamado Mantenimiento Urbano llegó al 17 por ciento. El ex concejal Guillermo Francos calculó el sobreprecio de las empresas en un 30 por ciento y dijo que tanto su empresa Presur como las otras se apuraban a arreglar pozos y baches que dejaban Edesur y Edenor para facturarlo rápido a la municipalidad aunque no les correspondía hacerlo. ¿Cúal es su descargo?*

—Las obras de Presur no se cobraban en efectivo sino en plazos de siete años, con período de gracia y repago en varios años. No es cierto que los precios de Mantenimiento Urbano en general y de Presur en particular sean altos: una cosa es cobrar al contado y otra muy distinta a siete años. Tampoco estoy de acuerdo con la denuncia de que hemos bacheado para sobrefacturar o facturar de más. ¿Cómo podíamos hacerlo? Teníamos una inspección rigurosa por parte de una consultora privada.

—*Es difícil que esa consultora privada le pida que no facture tanto si sus ingresos se originan en el 3 por ciento de la facturación o la venta total de las empresas.*

—La mayoría de las consultoras cobran un porcentaje. Si son firmas serias y de prestigio perduran. Si hacen macanas se desprestigian y no las contrata nadie.

—*Cada vez que una compañía privada es sorprendida cometiendo un delito o una falta ética, el empresario dice: ¿a usted le parece que voy a poner todo mi prestigio en juego sólo por este negocio?*

—Mire: el mejor antídoto para que no haya sobreprecios o sobrefacturación es la estabilidad.

—*Hablando de estabilidad y de inflación... En junio de 1991 Roggio protestó por asincronismo en la fórmula de ajuste de la facturación de Cliba. Obtuvo así cerca de 5 millones de dólares extras. ¿No hubiese sido más lógico rescindir el contrato por imprevisión, si es que no le cerraban las cuentas?*

—Cualquiera de los dos caminos es lógico: romper el contrato o reclamar por lo que uno cree justo.

—*En 1993 su empresa fue acusada por representantes de IBM y Word Perfect de piratear programas de computación. ¿Es necesario que un grupo como Roggio copie ilegalmente programas para evitarse pagar unos cuantos miles de dólares? ¿No habla este episodio de la tacañería de la empresa?*

—Por lo que yo conozco el asunto no es así. La verdad es que las terminales están interconectadas. Suponga que una persona trabaja en algo dentro de un sistema y otra necesita hacer otra tarea en el mismo sistema. Va y le pide una copia (de su programa). ¿Quién puede controlar eso? ¿Es verdaderamente una infracción?

—*¿De cuánta plata estamos hablando?*

—No se trata de muchísimo dinero. Estamos hablando de 30, 40 o 50 mil dólares. El asunto no es ése. El asunto es que nosotros creemos que no cometimos ninguna falta.

—*Todos los empresarios que coimearon a funcionarios para ganar licitaciones y conseguir algún negocio se defienden argumentando que o se pone la coima o se pierde el negocio y desaparece la empresa. ¿Qué argumento tiene usted?*

—Nos hemos visto (en Roggio) en estas situaciones pero no muy seguido. Tampoco era como que si no hacíamos tal cosa (dar coima) nos quedábamos sin trabajo. Siempre tuvimos oportunidad de hacer negocios por la línea derecha.

—*¿Aceptaría ser ministro de Economía, secretario de Obras y Servicios Públicos o hasta presidente si se lo pidieran?*

—Yo no tengo perfil para aceptar cargos públicos. Fui dirigente de fútbol y alguna vez se me pasó por la cabeza aceptar algún cargo público o político. Pensé que podía serle útil al país. Pero eso fue hace diez años. Y por suerte ya se me pasó.

—*¿Ya hizo su testamento?*

—No.

—*¿Cuándo lo piensa hacer?*

—No lo pienso hacer, porque no he pensado en morirme todavía. Dejemos que ambas cosas, la muerte y el testamento, se presenten como algo natural.

—*¿Cómo le gustaría morir?*

—No me imagino el momento de mi muerte, pero creo que seguramente estaré trabajando. No me imagino para nada jubilado y tranquilo.

1. El hombre que volvió de la muerte

Enrique Menotti Pescarmona, el hombre que convirtió un taller metalúrgico en un supergrupo que factura más de 300 millones de dólares por año, es un empresario de laboratorio pergeñado por su padre, quien lo alimentó y educó sólo para que multiplicara los panes y los peces.

—*Lo más fecundo y perfecto que hizo en la vida don Luis Menotti Pescarmona fue ayudar a parir a su hijo Enrique* —aseguraron, en forma separada, dos hombres que conocieron a la empresa y la familia como si fueran las propias.

Enrique Menotti nació en Mendoza el domingo 16 de noviembre de 1941, a las tres en punto de la tarde. *El Gordo* pesó cerca de cinco kilogramos y la familia se debatió entre la alegría de la llegada del primero y los trastornos que le provocó a la madre, Ana Teresa Peña, semejante criatura.

El propio Pescarmona admitió al autor:

—*Fue un día de alegría, pero nací tan gordo que casi mato a mi madre.*

Menotti es el nombre de pila y no el apellido, lo heredó de su padre y no se trata de una marca de la que se sienta orgulloso: entre las condiciones para la entrevista, pidió que al Menotti se lo hiciera desaparecer.

—*¿Cómo quiere que lo haga desaparecer si es el nombre que lleva?* —se le preguntó.

—*Entonces póngale M., o haga lo que se le antoje* —remató enojado.

Enrique Menotti tuvo la infancia típica de los chicos que no sufren necesidades y a los que sus padres les exigen certificado de número uno en todo. Entre los 4 y los 6 años, su abuelo, Enrique Epaminondas, el fundador de la empresa, se lo subía en las rodillas, le metía los caramelos en la boca, lo llevaba a andar en bicicleta, pero entre premio y premio le decía en cocoliche:

—*Tené que sere el mecore alunno de la escuola.*

Pescarmona era el jefe de la banda de chicos del barrio. No había cumplido 8 años y ya pintaba como un excelente esquiador de agua y nieve y comenzaba la carrera que lo llevaría a ser campeón de motonáutica.

Mientras los demás niños dormían la siesta para recuperar energía, Pescarmona, que en ese entonces no era obeso sino una pluma, se llevaba a uno o dos compañeritos para enseñarles a esquiar.

Gastó las veredas de las calles Mitre y Rondeau, de la
ciudad de Mendoza. Vivió siempre en casa, porque sus padres
odiaban los departamentos. Hizo la primaria en la escuela Manuel Belgrano no porque amara la educación pública, sino porque Don Luis Menotti la consideraba la mejor de todas y sobre
todo la más exigente.

Fue un alumno excepcional.

Nunca bajó del tercer puesto y siempre tuvo un lugar en el
cuadro de honor, en competencia con una compañerita que no
le perdía pisada. Pasó de primero a segundo grado sin hacer la
etapa intermedia denominada primero superior. Dio cuarto grado libre porque cursaba tercero de taquito y eso lo aburría.

Nació con un pan debajo del brazo y sus amiguitos lo sabían. Pero él, para probar que se daba con cualquiera, confesó:

—*Muchas veces volví a mi casa con piojos, y antes de sacarmelos mi mamá se indignaba terriblemente.*

También aclaró, para que no se lo confunda con un niño
bien:

—*Nos matábamos a piedrazos y a piñas y un día llegué a
mi casa con los dos ojos en tinta, de la paliza que me habían
dado.*

Enrique Menotti fue enviado por su padre Luis Menotti a
uno de los dos mejores colegios secundarios que existían en la
ciudad de Mendoza en esa época: se llama Martín Zapata y es
comercial. Su examen de ingreso fue calificado de excelente: se
ubicó entre los 10 mejores sobre más de cien postulantes.

Hizo los deberes de taquito y rindió segundo año libre.

En tercero le empezó a encontrar el sabor a la vida y a las
chicas. Se dedicó a la vagancia hasta quinto año, sin descuidar
las notas.

—*Apliqué la fórmula máximo rendimiento con mínimo esfuerzo* —confesó.

Le alcanzó justo para sacar un 7 de promedio en todas las
materias. Incluso en matemática, cuando todo el mundo se la
daba por perdida.

Enrique Menotti Pescarmona utilizó métodos extraños en
el estudio para evitar que lo bocharan. Métodos extraños que
tienen que ver con la seducción a los que mandan y que repetiría años después en el mundo de los negocios. El Gordo había
entregado la última prueba del año. Había estudiado como nunca, porque necesitaba un 10 y quería asegurarse. La profesora
Bergamasky, de 21 años, era soltera, linda y exigente. Entonces
Pescarmona se tomó al atrevimiento de invitarla al baile de fin
de curso.

—*No voy a ir* —le contestó secamente.

—*No sólo va a ir, sino que la voy a pasar a buscar por la puerta de su casa* —avanzó Enrique Menotti, con audacia.

El alumno se emperifolló como nunca.

Se puso un saco blanco, un pantalón azul, estrenó una camisa blanca y una corbata roja y fue en busca de su presa. La madre de Bergamasky primero lo mandó a freír churros, pero enseguida le cayó en gracia y a los dos minutos ya se había puesto del lado de Pescarmona. Sin embargo, Bergamasky no cedía:

—*No pienso ir al baile. Y menos de la mano de este caradura* —gritaba desde su cuarto.

Y su madre replicaba:

—*Pero si es un muchacho muy simpático. ¡Y está de punta en blanco!*

Enrique Menotti tardó más de una hora en salirse con la suya. Pero todavía recuerda con orgullo su entrada triunfal a la fiesta de fin de curso del brazo de la de matemáticas y la mirada de estupor y envidia que le lanzaron sus compañeros. Y también recuerda —¡cómo olvidarlo!— el soberano 10 que le puso Bergamasky después de haber pasado una de las noches más felices de su vida de profesora.

Se recibió de perito mercantil a los 14 años, cuando todo el mundo lo hace a los 17. Entonces ya sabía que no quería otra cosa que ser un gran empresario, según confesó él mismo.

A los 15 ya había ingresado a la Facultad de Ingeniería Mecánica de la Universidad de Cuyo, en San Juan. De esa época le viene el sobrenombre de Chupete, porque era tan chiquito que al lado de sus compañeros parecía un bebé. En la Universidad también la rompió.

Estuvo durante los primeros años entre los 5 mejores y en el último año fue calificado con un 10 en todas las materias, menos en una.

—*¿Finalmente lo bocharon?* —se le preguntó.

—*No: la verdad es que me saqué un 9* —remató con una carcajada.

Hay una leyenda universitaria que sirve para alimentar las fantasías alrededor de la pelea crónica que mantiene Pescarmona con el también mendocino ex ministro de Obras y Servicios Públicos, José Roberto Dromi. Cuenta esa leyenda que ambos estudiaban en la Universidad de Cuyo y que ambos se recibieron el mismo año. Agrega que se estaba decidiendo quién debía leer el discurso para la entrega de diplomas.

Parece que Pescarmona se había ganado ese derecho, porque era medalla de oro y había obtenido las mejores calificaciones. La leyenda asegura que Dromi lo quiso madrugar, aduciendo que la tradición imponía que los discursos lo leyeran flamantes abogados, como él.

Pescarmona hizo la colimba como cualquier hijo de vecino.

Pero fue dragoneante, como lo son casi todos los chicos que pretenden ser primeros en cualquier asunto de la vida.

El dragoneante Pescarmona entró al servicio militar a los 22 años, cuando le faltaban apenas tres materias para recibirse de ingeniero. Lo designaron dragoneante porque cumplía las órdenes a la perfección y porque nunca dudaba de dónde estaba el poder. Se llevaba tan bien con sus superiores, que lo dejaron faltar 15 días para preparar una de las últimas materias.

Llegó a montar una escuelita para los que no sabían leer y escribir y logró que cinco colimbas analfabetos le enviaran cartas a sus respectivas familias.

A su obediencia incondicional sólo la traicionó su inteligencia, y esto último fue lo que determinó que un suboficial lo tomara para el churrete durante un día entero. El suboficial era terriblemente chicato y usaba unos anteojos de los conocidos como "culo de botella".

El suboficial lo desafió:

—*Dragoneante Pescarmona, usted que es ingenierito y sabe de todo, ¿podría explicar a los soldaditos por qué soy chicato y tengo que usar semejantes anteojos?*

Pescarmona tomó una tiza y se dispuso a dictar una clase básica de óptica.

—*El ojo suyo* —explicó— *es una lente así. Cuando mira un jarrón, lo ve más chiquito, porque su mente lo refleja más chiquito.*

El suboficial lo interrumpió:

—*Está equivocado: me pasa completamente al revés.*

Pescarmona lo miró sobradoramente y siguió dibujando:

—*Este es el foco: si la lente se refleja así tiene presbicia y si se refleja así, tiene miopía. No hay que ser adivino para saber que usted es miope.*

El sargento insistió y Pescarmona lo cargó: juntó los tacos, se puso firme y vociferó:

—*Tiene razón, mi sargento: usted no es miope.*

El sargento era miope pero no sonso y decidió ejecutar la venganza con detenimiento.

Ordenó:

—*Dragoneante Pescarmona: primero salto rana y carrera mar, después, haga de invierno.*

El Gordo lo miró sin entender.

—*Ahhhh, ¿el ingenierito no sabe qué es hacer de invierno?* —preguntó.

—*No, mi sargento* —respondió Pescarmona.

—*¿Qué pasa en el invierno?* —lo siguió gozando.

—*Hace frío.*

—¿Y qué más?

—No sé.

—¿No sabe? Se ve que no es tan inteligente. En invierno, ingenierito, también se caen las hojas de los árboles. ¿Ahora va entendiendo?

—Más o menos, mi sargento —respondió Pescarmona.

—Hacer de invierno consiste en sacudir el árbol todo el día, hasta que se caiga la última hoja —le informó finalmente.

El suboficial impartió la orden. Pescarmona se quiso pasar de piola y fue a buscar una escoba, para sacudirlas con el palo. El sargento entonces le aclaró:

—La orden es arrancar las hojas con la mano, una por una y gritar, mientras dure la tarea: "soy un boludo/ soy el invierno/ soy un boludo/ soy el invierno".

El dragoneante y casi ingeniero se pasó más de una hora gritando, sin interrupción:

—¡Soy un boludo! ¡Soy el invierno! ¡Soy un boludo! ¡Soy el invierno!

Y nunca más se le ocurrió dar una clase magistral de nada.

Fue jefe de guardia y se retiró como oficial de reserva. Desde esa época tiene por los militares un respeto reverencial. Terminó la facultad dos meses después de que le dieran la baja. Su padre lo mandó a foguearse como profesor del Colegio Industrial Otto Krause, turno noche. Fue una experiencia alucinante.

El más chico de sus alumnos le llevaba tres años. La mayoría tenía la edad de sus padres. Y el más grande hasta podía ser su abuelo.

Enrique Menotti daba la materia denominada Circuitos Eléctricos. Había terminado con la parte teórica y se acercaba el momento de armar el sistema. Toda la clase debía ponerse de acuerdo para traer un circuito eléctrico con interruptores y probarlo ahí mismo.

El día anterior, un alumno le preguntó:

—Seguimos paso a paso lo que hay que hacer. ¿Usted cree que nos saldrá bien?

Y Pescarmona, que no estaba seguro, optó por el camino menos riesgoso:

—Si entendieron bien va a salir bárbaro; si entendieron mal no será culpa mía.

Al otro día, después de una sencilla ceremonia, alguien prendió el famoso circuito eléctrico con interruptor... ¡Y todo el colegio permaneció durante más de 15 minutos a oscuras!

Enseguida su padre lo mandó a hacer un curso de posgrado en la Universidad de Navarra, España, que regentea el Opus Dei. Lo hizo en el Instituto de Estudios Superiores de la Empresa (IESE), uno de los semilleros de altos ejecutivos más prestigiosos de Europa.

Es una de las épocas que recuerda con más cariño.

Allí entendió que IMPSA no crecería si no se dedicaba a hacer bienes de altísima tecnología. Allí desató su instinto seductor y se puso de novio con varias mujeres. La penúltima fue una española que lo volvió loco y con la que estuvo por casarse. La boda no se consumó porque sus padres se lo prohibieron terminantemente y porque además idearon un plan para casarlo como Dios manda.

El plan consistió en enviarle de incógnito a su actual adorada esposa, Lucy Elizabeth de Pujals, con la que se casó el 20 de marzo de 1969. Lucy no es un accidente en la vida del Gordo: se la define como la manejadora del verdadero poder detrás del trono.

Es necesario detenerse en ella.

Nació en Rosario, tiene 48 años y dejó trunca la carrera de Ciencias Económicas en la Universidad Católica Argentina por su casamiento. Habla inglés y francés y es tan inteligente como su marido, pero resulta todavía más fina y calculadora. Es hija del ingeniero Pujals, quien durante más de veinte años hizo multiplicar la producción de Acindar. Este vínculo hizo que IMPSA obtuviera contratos para hacer negocios con Acindar por más de 50 millones de dólares. Es prima de la esposa de Miguel Zavala Ortiz, sobrino del homónimo canciller del ex presidente Arturo Illia. (Zavala Ortiz es un alto ejecutivo del grupo, tuvo excelentes contactos con el gobierno de Alfonsín y llevó la valija con los cinco millones de dólares que se pagaron por el rescate de Enrique Pescarmona en 1985). Lucy sigue a su marido a sol y a sombra y le dio cuatro hijos que la enorgullecen: Lucas, Sofía, Luis y Lucila. Lucy supervisa todas las grandes decisiones del grupo, incluidas la continuidad y la renuncia de sus gerentes, aunque casi nunca aparece por las oficinas de Mendoza o Buenos Aires. Disputó con su suegro y sus cuñadas el control de las negociaciones con quienes secuestraron a su marido en 1985, y ganó la partida. Contuvo a sus hijos y a Enrique durante y después del secuestro. Convenció a su esposo de mudarse a Pittsburgh después de aquel episodio. También lo presionó para que exigiera la parte del león de la fortuna familiar, y obviamente tuvo éxito. Le aportó a Enrique el roce social que le faltaba. Le suele hacer una sutil señal de silencio con los dedos cuando siente que su esposo habla en público cosas que son inconvenientes o demasiado subidas de tono.

En 1967 Enrique Menotti Pescarmona se fue de la Universidad de Navarra con el título de Master en Economía y Dirección de Empresas.

Desde ese día se metió de cabeza en Industrias Metalúrgicas Pescarmona (IMPSA), se instaló en la sede de Mendoza y empezó a convencer a su padre Luis del nuevo rumbo que debía tomar la compañía.

—*Tenemos que hacer bienes de capital con alto valor agregado y mucho margen de ganancia* —le explicó a Don Luis, quien al principio lo miró extrañado.

Así empezaron a hacer turbinas, los bienes de capital más caros y más exquisitos de la industria metalúrgica pesada. En 1970 Enrique ya conocía la compañía como la palma de su mano. En 1971 convenció a su padre para que diera un golpe de Estado familiar. En 1972 Luis, convencido, desplazó de la compañía a su hermano Mario y a los hijos de éste, Enzo y Mario Juniors, y se quedó con la otra mitad del grupo. Ese año, el Gordo Enrique fue nombrado director y gerente general de IMPSA y empezó a compartir el poder efectivo con su progenitor.

Desde ese momento hasta ahora nuestro hombre contrarió el dogma de la sangre que dice que la tercera generación es la que despilfarra la fortuna que acumulan la primera y la segunda. Porque él multiplicó por 25 el capital de la empresa y el propio patrimonio familiar.

Cuando se dispuso a tomar el timón, IMPSA facturaba no más de 5 millones de dólares y daba trabajo a unas 150 personas. Era una metalúrgica mediana sin perspectivas ni demasiadas ambiciones.

Ahora Enrique Menotti Pescarmona es el dueño de un importante grupo económico que:

* Factura aproximadamente 350 millones de dólares.
* Gana, según el último balance, casi 12 millones de dólares por año.
* Emplea a más de 6 mil personas de las cuales una parte importante son ingenieros de primera categoría. De ese total, 1.500 trabajan en el exterior.
* Tienen un sueldo promedio de 2 mil dólares (aunque en la planta de Mendoza hay directores de área que ganan menos de mil). .
* Exporta bienes de capital desde 1975.
* No sólo vende turbinas.
* También fabrica autopartes
* Maneja sistemas de telecomunicaciones
* Recoge basura en la Argentina, Brasil y Colombia
* Posee dos líneas de trenes de carga que ganó en el proceso de privatización impulsado por el presidente Menem.
* Tiene una compañía de seguros y una bodega que son parte exclusiva de la familia Pescarmona.
* Le ganó una licitación a Mitsubishi para fabricar turbinas en China.

* Vendió a Arabia Saudita tres grúas portacontenedores que son las más grandes del mundo y le cobró 8 millones de dólares cada una.

¿Cómo hizo Enrique Pescarmona para concretar semejante hazaña? Mediante el cumplimiento de tres premisas que fue manteniendo en el tiempo:

Audacia, buenos contactos con los gobiernos de turno y firmeza para reclamar indemnizaciones que el Estado tarde o temprano pagará. Cada una de esas premisas aparecerá con fuerza en el momento oportuno. Ahora urge contar los detalles del episodio que le dio vuelta la vida como una campana. El asunto que impactó y sigue impactando en su familia y sus negocios. El hecho por el cual le dicen El Hombre que Volvió de la Muerte.

Su secuestro. Uno de los secuestros más controvertidos de la historia argentina. En el monólogo que cierra la parte correspondiente al grupo IMPSA y Pescarmona, el propio Enrique cuenta en detalle sus días de cautiverio y algunos aspectos de la negociación. Pero lo que sigue es la historia inédita de la convulsión multidireccional que provocó el rapto.

Lo arrancaron de su auto a las nueve menos diez de la mañana del miércoles 10 de abril de 1985. Lo dejaron en Castelar cuarenta y dos días después, el martes 21 de mayo, a las 10 y media de la noche. Volvió a su casa de San Isidro antes de la medianoche, miró a su mujer y gritó, en medio de un llanto incontrolable:

—¡Estoy vivo!

En el medio, pasó de todo.

Su padre, Luis Menotti Pescarmona, pretendió pilotear las negociaciones. Su esposa, Lucy Pujals, también. Ambos creyeron estar haciendo lo mejor pero la verdad es que esa disputa generó la aparición de dos vías de negociación, la división en dos de la banda de secuestradores y la posibilidad cierta de que asesinaran a Pescarmona aun cuando se pagara el rescate. Don Luis no tuvo mejor idea que llamar a una conferencia de prensa el día que lo secuestraron.

Mintió.

Dijo que había sido un intento de robo, y que su hijo estaba bien, aunque debía guardar un largo reposo. Al otro día fuentes policiales lo desmintieron y los secuestradores se pusieron demasiado nerviosos.

Lucy preguntó entonces a su suegro si había hecho semejante barbaridad porque no quería a su hijo o porque estaba loco. Don Luis habló personalmente con el presidente Raúl Alfonsín y el ministro del Interior Antonio Tróccoli. Los secuestradores ya habían dado cuenta de cuánto dinero pretendían: exactamente diez millones de dólares.

Don Luis aprovechó la urgencia y les dijo:

—*Necesito que me adelanten parte de lo que nos debe el Estado. Se trata de la vida de mi hijo. No pueden ser tan insensibles.*

El padre de Enrique cobró parte de un certificado de una obra encargada por Agua y Energía. De esa bolsa salieron parte de los 5 millones de dólares que los organizadores del secuestro recibieron en la mano en un baño de la terminal de micros de San Pablo, la ciudad industrial de Brasil.

Don Luis se comunicaba con los extorsionadores por medio de cartas o avisos clasificados que aparecían en el diario *Clarín*. Pero perdió el contacto después de mandar a uno de los gerentes de la empresa, Miguel Zavala Ortiz, con la valija que contenía el precio de la libertad de Enrique.

—*Perdimos el contacto porque usted es un estómago resfriado* —le dijo Lucy, desesperada.

El verdadero contacto se retomó cuando Enrique, desde su cautiverio, dio a los raptores el número telefónico de uno de sus mejores amigos, el abogado Juan Cambiasso. El número de Cambiasso no había sido intervenido por la policía ni la Brigada Antisecuestros.

Posiblemente eso haya sido lo que salvó la vida del empresario.

Cambiasso se conectó con Lucy y ella manejó las cosas con discreción y sutileza, y no habló con nadie del asunto hasta el mismo instante que vio entrar a su marido con 20 kilos menos por la puerta de su casa de San Isidro, en la calle Pasteur al 700.

El viernes 17 de mayo de 1985 fue el peor día en la vida de la familia de Enrique Pescarmona. Esa mañana apareció en la tapa del diario *Clarín* un título a dos columnas que decía:

PESCARMONA HABRIA SIDO
HALLADO MUERTO EN BRASIL

El artículo tenía la firma del corresponsal de *Clarín* en Brasil, Manuel Epelbaum. Sin embargo, no había sido escrito por él. Había sido escrito por un periodista de la redacción, apoyado en informes obtenidos por la Policía de Río de Janeiro.

Todavía la familia Pescarmona no sabe si los periodistas de *Clarín* fueron utilizados por los secuestradores para apurar el pago del rescate o si realmente confundieron a El Gordo con un hombre de negocios que fue encontrado muerto en Río. Lo que se sabe es que el sábado 18 de mayo el rescate fue pagado y que los billetes fueron sacados del banco suizo Credit Suisse.

Lucy operó con ese banco por varias razones. La primera es que entonces Enrique tenía allí una cuenta personal de 30 millones de dólares. La segunda es que El Gordo era amigo de su presidente, de apellido Muller. Y la tercera era que se trata-

LUIS MAJUL

ba de la institución más rápida en dar la plata y menos preguntona.

Desde que Enrique Menotti Pescarmona volvió de la muerte nada siguió siendo lo mismo.

El sufrió una especie de arranque místico que le impidió dormir los primeros días y ahora lo hace hablar de Dios y del destino en el medio de las asambleas de directorio. El recibe a determinada gente con un arma sobre la mesa para demostrar que esta vez nadie se lo va a llevar así nomás y alardear que puede defenderse. El no dice oficialmente que pagó rescate pero repite entre sus íntimos:

—Fue el régimen para adelgazar más caro de mi vida.

Y también repite ante sus amigos:

—Los que me secuestraron están libres, y la verdad es que tengo miedo.

El siente que está viviendo de prestado. Se dio cuenta, de un tirón, de que la plata no podía comprarlo todo. Que el tiempo y la vida son bienes no transables. Entonces se dedicó a Lucía, su hija más chiquita, como si la hubiera conocido desde ese momento. Y empezó a amar a su esposa como si fuese la última vez.

La relación de Enrique Menotti con su padre y sus hermanas tampoco volvió a ser la misma.Porque la pelea entre Lucy y su suegro dejó heridas abiertas que no cerraron con la muerte de Don Luis a fines de 1993 y no cerrarán hasta que todos pasen al otro mundo. La disputa entre Lucy y Don Luis por el monopolio del diálogo con los secuestradores continuó después del hecho con otra pelea: la eterna disputa por la herencia y la fortuna familiar.

Hasta la privación ilegítima de la libertad de Enrique, el patrimonio familiar de los Pescarmona era un paquete controlado por Don Luis Menotti Pescarmona y su esposa Ana Teresa Peña. Un paquete que estaba dividido naturalmente en tres partes para cada uno de los tres hijos:

33 por ciento para Enrique Menotti y su familia

33 por ciento para Liliana Teresa Pescarmona y su familia

33 por ciento para Silvia Mónica Pescarmona y su familia.

Liliana Teresa es arquitecta y se casó con su colega Pedro Mayol, que también trabaja en el grupo.

Silvia Mónica, ingeniera agrónoma, es Enrique en versión femenina y está casada con el ex accionista de Tupungato, Enrique Baldini, ahora ejecutivo de IMPSA.

Después del rapto, Lucy se empezó a preguntar qué habría pasado si su marido hubiese muerto. Para que se entienda bien: cuánto debían haber recibido ella y sus hijos si se atendía a la sucesión. Por eso planteó a su esposo:

—¿No te parece injusto mantener un tercio de la empresa cuando vos sos el que la hiciste verdaderamente grande?

Enseguida Enrique exigió a su padre y a su madre que le transfirieran el 51 por ciento de las acciones de IMPSA a su nombre. También sugirió que a cada una de sus hermanas se les cediera el 24,5 por ciento restante. Su padre primero se negó y lo acusó de estar dominado por su mujer. Un testigo presencial asegura que El Gordo entonces le respondió:

—*Papá: tiro todo a la mierda y me voy.*

—*Vos no te podés ir. Tenés que ayudar a la empresa.*

—*Mirá: después de lo que me pasó, yo puedo hacer lo que quiera.*

—*Entonces hacé lo que quieras* —remató Don Luis, dando por terminado el diálogo.

Así fue como Enrique Pescarmona y su familia iniciaron su exilio voluntario en Pittsburgh, la capital mundial del acero. Se compraron una hermosa casa de 400 metros cuadrados y dos plantas en las afueras, valuada en 300 mil dólares. Enrique y Lucy enviaron a sus hijos a un colegio público inglés. Vendieron el departamento de Belgrano. Pusieron en alquiler la casa de Martínez.

Enrique utilizó a su suegro de puente para conocer a John Denbek, ex presidente de la US Steel, el hombre que más conoce de acero en el mundo.

Enrique tenía un plan de negocios maquiavélico que debía ser llevado a cabo desde los Estados Unidos. El plan era comprar a precio de morondanga Allis Chalmer, la metalúrgica que estaba haciendo la mayoría de las turbinas en Yaciretá.

Allis Chalmer estaba fundida. Pescarmona quería quedarse con la marca, el prestigio y la posibilidad de fabricar materia prima desde los Estados Unidos por apenas 75 millones de dólares.

La operación no se concretó porque el sindicato del acero de los EEUU estudió todos los antecedentes de Pescarmona y concluyó que:

* Pescarmona pretendía vaciar Allis Chalmer.

* IMPSA era una empresa técnicamente quebrada, ya que tenía una millonaria deuda con el Estado y nada parecía indicar que la cobraría inmediatamente.

La aventura de Pescarmona en los Estados Unidos duró un poco más de un año. Es que todo se estaba complicando demasiado. Su padre ya no controlaba nada y la empresa seguía funcionando de casualidad. Los gerentes lo seguían llamando a él como si viviera en Mendoza. Se gastaba millones en comunicaciones telefónicas con su plana mayor con el objeto de apagar incendios. Se levantaba a la madrugada porque se le confundía el horario de Pittsburgh con el de Mendoza. Pronto los gerentes empezaron a recibir órdenes desde los Estados Unidos, en sus oficinas o en sus casas y a cualquier hora del día.

Todo se empezó a convertir en un verdadero descalabro.

Cuando los Pescarmona regresaron a su tierra, lo primero que hizo Enrique fue insistir ante sus padres para que le entregaran el 51 por ciento de las acciones de IMPSA.

Don Luis firmó la transferencia y sus hijas Liliana Teresa y Silvia Mónica aceptaron la exigencia de su hermano mayor. El propio Enrique Menotti defendió su parte cuando se le preguntó:

—¿Por qué tiene usted más de la mitad de las acciones del grupo y sus hermanas menos de un cuarto cada una?

El respondió con sencillez provinciana:

—Porque yo soy el que laburo más y también el que pone la cara cuando vienen los cachetazos.

Los cachetazos fueron menos que los halagos en la vida de nuestro hombre. En 1980, cuando tenía 39 años y estaba en plena disputa con su padre por el control efectivo de IMPSA, fue elegido como uno de los jóvenes sobresalientes por obra y gracia de la Cámara Juniors. En 1983 fue designado empresario del año por la entonces prestigiosa revista *Mercado*. Y en 1986 fue nuevamente nominado empresario del año pero esta vez por la revista *Prensa Económica*.

Su relativo bajo perfil no impidió la construcción de una radiografía del ser humano.

Es sonámbulo: se levanta de madrugada a pensar ideas, las escribe en su computadora y es capaz de despertar a algunos de sus colaboradores si no consigue volverse a dormir. Vive arriba de los aviones, y hace viajes de meses enteros a China, India, Paquistán, Colombia, Arabia Saudita y República Dominicana, algunos de los países donde IMPSA mantiene oficinas.

Tiene la costumbre de andar con traje y zapatillas. Algunos piensan que lo hace porque es un excéntrico y otros porque es "un grasa".

—Lo hago porque tengo pie plano y los zapatos me aprietan e incomodan —confesó frente al autor, mientras lucía unas New Balance.

En el verano de 1993 aseguró que gastaba no más de 20 mil dólares mensuales pero fuentes responsables elevaron esa cifra hasta los 50 mil dólares. En abril de 1994 era dueño de tres autos: un Peugeot 405, un Renalut 21 y otro 19.

Pero el auto más espectacular que tuvo fue un Saab y se lo compró en Pittsburgh, después del secuestro, cuando disfrutaba cada segundo de la vida como si fuera el último.

Vive en Chacras de Coria, una zona residencial que se encuentra a 13 kilómetros de la ciudad de Mendoza.

Enclavada en un terreno de cerca de 1.300 metros cuadrados, su casa ocupa más de 400 metros, tiene dos plantas muy amplias, una chimenea que domina gran parte del living y un sótano donde se encontraría una de las bodegas más variadas e importantes de la provincia. Su residencia tiene frontón, cancha de tenis, un jardín bastante amplio y...tres ovejeros alemanes que provocan terror a niños y adultos. La decoración no es original pero tampoco rimbombante: uno se puede chocar tanto con una pintura de calidad como con la imagen de la Virgen de Nuestra Señora de la Misericordia, a quien Lucy y sus hijos le rezaban todas las tardes durante los 42 días que duró el cautiverio de Enrique.

Se hace la ropa a medida en la casa Castro, de 25 de mayo y Córdoba.

Usa Rolex de acero y ya le robaron por lo menos dos.

Al primero se lo sacaron durante el secuestro. Al segundo se lo arrebataron a la salida de la cancha de River cuando los seleccionados de Argentina y Australia jugaron el partido clasificatorio para la Copa del Mundo 1994.

—*Dame el reloj y la guita o te reviento* —le gritó en la cara un punguista mientras otro lo agarraba de los brazos para inmovilizarlo.

—*Me lo vas a tener que sacar a la fuerza* —se envalentonó Enrique Menotti Pescarmona, quien suele tener arranques de héroe urbano.

Los tipos no le gritaron más, pero le arrancaron el reloj y le dejaron el ojo en compota.

Entre sus berretines más consecuentes se encuentran el esquí sobre nieve y la caza de perdices. No es un tirador del montón: suele hacer entre 15 y 18 blancos sobre 25 disparos al platillo desde 25 metros y con escopetas. Sólo los campeones del mundo aciertan los 25 tiros. Su currículum no oficial dice que como jugador de rugby fue un buen empresario y que como jugador de bridge es mejor no dar precisiones.

Mide poco más de un metro ochenta y al momento de escribirse estas líneas pesaba 85 kilogramos. Su peso habitual era de más de 100 kilogramos y llegó a pesar hasta 125. Sus dos bruscos adelgazamientos se produjeron en medio de graves crisis personales. El primero fue producto del secuestro y lo dejó en 90 kilogramos. El segundo aconteció después de la muerte de su padre, a fines de 1993. Enrique aprovechó el bajón anímico que le produjo la desaparición de Don Luis y todavía se mantiene en línea. Sin embargo, sus empleados directos de la planta de Mendoza rezan para que engorde, porque sostienen que las dietas lo ponen de pésimo humor.

—*Cuando decimos pésimo es porque su humor habitual es de malo a muy malo* —agregó uno de sus hombres de confianza.

Antes de que iniciara la dieta de faquir, se hacía traer quesos directamente de Suiza y los acompañaba con embutidos que preparaba su mamá con mano insuperable. De vez en cuando todavía come lo que es su perdición: la langosta como sea, cuanto más grande, mejor.

A la señora Adelma, su secretaria privada de Mendoza, ya la echó y la reincorporó dos veces. Tanto a ella como a sus hermanas las trata de manera seca y cortante, como si siempre lo estuvieran molestando.

El carácter podrido de Enrique y las escandalosas peleas familiares no se deberían tanto a su mal genio sino a esa manera italiana de tomar la vida. En cambio, el suponer que a ciertos empleados se los puede tratar como un bien propio es algo que no es habitual en las empresas italianas pero se dio en su padre, Don Luis Menotti Pescarmona, y se repite en Enrique.

Un par de anécdotas sirven para probar la sospecha anterior.

La primera sucedió en una fiesta de la Vendimia.

Desde hace muchos años, los Pescarmona invitan entre 200 y 300 ejecutivos y banqueros para que conozcan la provincia y visiten sus empresas. En 1984, Enrique hizo lo mismo. Los invitados llegaban un día no laborable. Entonces llamó a uno de sus gerentes y sin saludar, ordenó:

—*El sábado te vas a (el hotel) Aconcagua y te ocupás de atender a los hombres...*

El gerente le dijo:

—*Me gustaría pasar el fin de semana con mi familia.*

Pero Enrique no lo escuchó y continuó:

—*...y de paso le decís a tu mujer que se ocupe de las mujeres.*

El gerente enfureció:

—*Te recuerdo que el empleado tuyo soy yo, y no mi mujer*

Y Pescarmona reaccionó:

—*Se trata de la imagen de la empresa.*

El gerente se despidió:

—*No sé si a mi señora le interesa la imagen de la empresa. No sé si tiene tiempo. No sé si está dispuesta a hacerlo. Es más: me parece que no va a ir nada.*

Pescarmona le pidió un poco de calma. Después le dijo que no se hiciera problema.

Sin embargo, a las pocas horas, le mandó a decir por otro gerente que nada sería lo mismo después de su negativa. El gerente rebelde y su señora estuvieron en el Aconcagua, a la hora señalada: ambos temieron la inminente llegada del telegrama de despido.

Lo mismo que hizo Enrique Menotti con su gerente lo hizo Don Luis Menotti Pescarmona con Carlos *El Alemán Buk*, uno de sus hombres de confianza de los años setenta. Don Luis le regaló a Buk una casa precaria, justo detrás del taller metalúrgico. Cuando la vio terminada, Buk no sabía cómo agradecerle.

Pero Don Luis se la cobró con creces. Porque, aprovechando su cercanía al taller, lo molestaba a toda hora y todos los días, incluidos almuerzos, siestas, feriados, cumpleaños y madrugadas de amor. Buk todavía recuerda que se disponía a disfrutar el Viernes Santo de 1969 cuando Don Luis tocó su puerta e informó:

—*Se voló un galpón de chapa en San Salvador, Entre Ríos.*

—*¿Y?* —preguntó Buk con la esperanza de zafar.

—*Que te agarrás la camioneta, te vas para allá y no te volvés hasta que esté de nuevo en pie.*

A otros de sus gerentes, que ya no está, Enrique hizo que IMPSA le prestara 110 mil dólares para comprarse una casa.

Fue en 1978.

El gerente le planteó a El Gordo su necesidad de vivienda. Al otro día, el contador de la empresa, Miguel de Lamadrid, le dio la plata en la mano, y al contado. El gerente necesitado devolvió el préstamo con puro trabajo. Debió dejar la mayor parte de su sueldo en blanco, y también de su sueldo en negro.

Pero eso no fue lo que lo molestó. Lo que indignó al gerente fue que, el mismo día en que compró la casa, Lucy Pujals, la esposa de Enrique, fue a supervisar qué clase de inversión había hecho.

—*Vino con la excusa de que pasaba por ahí* —contó el ex gerente—. *Pero quería saber si había pagado un buen precio, si tenía comodidad como para recibir a ejecutivos y muchas cosas más que tenían que ver con la empresa, y no conmigo.*

A ese gerente, igual que a todos sus hombres de confianza, Pescarmona, de IMPSA, les hace lo mismo. Les da tarjetas de crédito sin límites de compra para gastos de la empresa. Los hace sentir supermillonarios. Pero les recuerda que todo lo que tienen y lo que son no es producto de su esfuerzo, sino de la generosidad de Enrique Menotti Pescarmona.

Otra de las características de Enrique Menotti Pescarmona es su puritanismo.

—*Enrique es capaz de despedir a cualquier empleado que le sea infiel a su esposa* —informó un ex ejecutivo de la empresa.

Enrique mandó a pasear a un pariente mendocino que fue su mano derecha cuando éste le pidió dinero para alquilar en Buenos Aires un nidito de amor para su amante porteña.

—*Vos no respetás a tu mujer, vos no tenés idea de lo que es la familia* —lo espantó, como hiciera Al Pacino en el padrino III con su sobrino de la ficción, Andy García.

La última particularidad que se le adjudica a nuestro hombre es su supuesta obsesión por ingresar a lo que erróneamente se considera la alta sociedad. La larga lista de clubes y entidades a las que está asociado parecen ratificar esa manía. Pescarmona es socio de:

El Golf Club de Mendoza
El Country Club de Mendoza
El Jockey Club de Buenos Aires
El Tennis Ranch de Montevideo.

Todas esas afiliaciones no alcanzaron para que El Gordo sea considerado uno más en la lista de exquisitos y superpoderosos. Sus amigos sospechan que esta discriminación es porque Pescarmona es un hombre de negocios del interior, y no porteño. Sus enemigos dicen que la razón por la que no entró al selecto club es porque a veces no cumple con la palabra empeñada.

Un ex gerente que trabajó con él codo a codo entre 1976 y 1982 presentó en exclusiva una supuesta "Lista de Insatisfechos" de Pescarmona. Una nómina de gente a la que le prometió mucho y le dio poco. O directamente no le dio nada. La llamó los acreedores de Pescarmona:

Son:

Dromi, José Roberto: ex ministro de Obras y Servicios Públicos del gobierno de Menem. Amigos de ambos dicen que Dromi le hizo la cruz porque Enrique no le pagó honorarios o comisiones que según él le correspondían. El corto mano corto fierro tuvo lugar cuando Pescarmona era un mediano empresario y Dromi manejaba un importante estudio jurídico en Mendoza. Dromi jamás se lo perdonó: estuvo dos años sin recibirlo cuando debía decidir sobre el tema de Aerolíneas Argentinas; impidió que la empresa de El Gordo, Cielos del Sur, operara más allá de las fronteras y espantó a miembros de compañías de vuelo extranjeras que pudieran asociarse con su enemigo, como se verá luego en detalle.

Manzano, José Luis: no fue generoso con él mientras Chupete fue jefe del bloque de Diputados Justicialistas y lo ayudó a destrabar asuntos millonarios como Piedra del Aguila y Aerolíneas Argentinas. Manzano, exiliado de la política en California, no está en posición de clamar venganza, pero dicen que el ex ministro del Interior no se olvida nunca de nada.

Porolli, Libertad: no le dio todo lo que le prometió mientras ella manejaba el Fondo de Desarrollo Regional (FDR) que dependía del Ministerio del Interior y financiaba obras en las que IMPSA participó. Socia política del intendente Saúl Bouer y su secretario de Hacienda Julio Aguilar, Porolli es otra que no se olvida de nada.

Menem, Carlos; Angeloz, Eduardo y Bordón, José Octavio: A ninguno de los tres les dio tanta plata como la que les anunció que les iba a dar. A Bordón le entregó en cuotas lo que iba a ser al contado. Fuentes capciosas aseguran que Luis y Enrique Menotti Pescarmona quisieron recuperar durante el gobierno de Menem la voluntad de ayuda que no tuvieron durante la campaña.

Dos altos ejecutivos explicaron que, así como fue Enrique quien hizo de un taller metalúrgico una superempresa, es también de El Gordo la culpa de que IMPSA no haya alcanzado la envergadura de grupos como Sociedad Comercial del Plata, de la familia Soldati, o Astra, de la familia Gruneisen.

—*Su personalismo y su manera de hacer negocios es lo que lo hizo grande durante los años en que ser cortesano del poder era más importante que bajar los costos* —explicaron.

Enseguida agregaron:

—*Son las mismas dos cosas por las cuales ahora el grupo no crece.*

Los expertos ofrecieron una serie de evidencias para probar su hipótesis. Son las siguientes:

* La prueba de que a Pescarmona le pudo haber ido mucho mejor es que sólo ganó dos trenes de carga en el bingo de las privatizaciones.

* Eso, sin contar el fracaso por su participación en el consorcio que encabezó Iberia.

* Con sus actuales contratos de obras públicas pierde plata y gasta mucho más energía discutiendo indemnizaciones que haciendo turbinas.

* Las únicas obras públicas que le hacen ganar plata son Piedra del Aguila y Picún Leufú.

* Es cierto que gana plata con los satélites de IMPSAT y con las autopartes de Puesto Seco en San Juan: son justo las compañías que no controla directamente.

* No tiene una corporación que consolide balance por balance.

* No posee un organigrama suficientemente claro.

* Oculta la facturación de cada una de sus empresas y suministra una global, como si fuera suficiente.

* IMPSA es EnriquePescarmonadependiente.

—*Si El Gordo se resfría, o se va de viaje un mes, todo se empieza a desmoronar como si fuese un castillo de naipes* —remataron.

Los ejecutivos no lo dijeron, pero Enrique Menotti Pescarmona es admirado por muchos hombres de negocios por dos decisiones muy fuertes.

Una: la de pelear contra el almirante Eduardo Massera para conseguir parte del negocio de la construcción de turbinas para Yaciretá que deseaba monopolizar Allis Chalmer junto a AFNE. Dos: la de hacer hacer dinero sin fondos propios y con plata ajena, cuyo ejemplo más acabado es su paso paso primero por Cielos del Sur y después por Aerolíneas Argentinas.

El primer episodio se dio en llamar La Guerra de las Turbinas. AFNE dependía de la Marina y el almirante no quiso perderse el negocio.

—*Hombres que hablaban por Massera amenazaron a Enrique de muerte* —reconoció un empleado de Pescarmona.

La manera en que IMPSA mordió una parte del bocado Yaciretá es contada por el propio Pescarmona en su apasionante monólogo. La verdadera historia de cómo se llenó de dinero con los aviones empieza a partir de ahora:

En 1987 Pescarmona compró Austral Líneas Aéreas sin desembolsar un solo peso en efectivo y la llamó Cielos del Sur. Fue a través de una licitación en la que resultó el único oferente. Pescarmona, en realidad, encabezaba el consorcio Cielos del Sur con el 65 por ciento de las acciones. Lo acompañaban sus socios Amadeo Riva, Francisco Devicenso y su testaferro Hugo Bunge.

Se trató de una transacción sumamente beneficiosa para Pescarmona y altamente perjudicial para el Estado. Las razones:

* Cielos del Sur, de Pescarmona, se quedó con la compañía a cambio del pago de 14 millones de dólares pero no en efectivo sino a través de avales del Banco Nación.

* El Estado —todos los argentinos— se hizo cargo de la deuda de 200 millones de dólares.

* Cielos del Sur recibió por gentileza de Aerolíneas una parte del negocio de los vuelos de cabotaje.

* Cielos del Sur pagó la primera cuota no con dinero contante y sonante sino con papeles certificados por el Estado. Los papeles decían que el Estado debía plata a IMPSA por la construcción de la represa Ullum, en San Juan, y que Pescarmona podía pagar una parte de Austral con ese documento.

Esto se llama certificación de deuda.

La que le debía a Pescarmona era la provincia de San Juan. Ullum fue cobrada por contratistas como IMPSA más de una vez porque la provincia demoraba los pagos y los privados ponían a funcionar el reloj de taxi de las indemnizaciones por incumplimiento de contrato. El Gordo había amenazado con abandonar todo si no le pagaban. Los senadores bloquistas sanjuaninos presionaron al gobierno de Raúl Alfonsín para que se hiciera cargo.

Y Alfonsín pagó la deuda con aviones y rutas.

La segunda cuota que pagó Pescarmona por Cielos del Sur fue mínima: la convirtió en casi nada la inflación galopante de la última etapa de Juan Sourrouille.

El pago de las demás cuotas se fue demorando. El secretario de Hacienda Mario Brodersohn le inició a Pescarmona juicio sumarísimo por el no pago de avales del Banco Nación. Y El Gordo le puso moño al asunto con una jugada maestra:

—*Pagó todo en australes entre junio y julio de 1989, cuando la moneda argentina no valía absolutamente nada* —informó un ex gerente de IMPSA que hizo los números.

Pescarmona y sus voceros dicen que durante los tres años que la gestionaron Cielos del Sur funcionó tan bien, que los españoles de Iberia le pusieron *La Joyita*.

Estos fueron los argumentos que mostraron:

Pescarmona compró tres máquinas de las más modernas. Achicó la burocracia y dejó a la empresa en un nivel óptimo de eficiencia. Pasó de tener 200 a 130 empleados por cada avión. Se desprendió de 500 personas que no le servían. Pasó de manejar el 27 por ciento al 47 por ciento del total de vuelos de cabotaje en la Argentina. Ganó por lo menos 10 millones de dólares.

Pero la mayoría de los sindicatos de aeronavegantes calificaron de pésimo y nefasto el paso de Pescarmona por Cielos del Sur. Uno de sus miembros dijo que los balances muestran que jamás hizo una inversión de riesgo. Carlos García, prosecretario general de la Asociación de Pilotos de Líneas Aéreas recordó que Pescarmona no cumplió su promesa de no levantar escalas y que eliminó las de San Juan, Goya, Paraná, Villa Mercedes y Reconquista. Y agregó que también incumplió la promesa de reducir sólo el 20 por ciento del personal.

—*Pescarmona se cargó a un 35 por ciento de la planta en un solo movimiento* —remató.

Pescarmona y sus voceros sostienen que IMPSA compró Cielos del Sur sólo porque funcionarios del gobierno radical les prometieron que los iban a dejar operar en países limítrofes como Chile, Uruguay, Brasil y Paraguay.

—*Alfonsín dijo en un discurso que decretaría la apertura de los cielos, pero jamás cumplió* —agregó un Pescarmonadependiente.

Lo que Cielos del Sur pretendía no era una pavadita. Pretendía quedarse con rutas que hubieran multiplicado por cien el negocio de sus vuelos.

El negocio de Pescarmona se empezó a derrumbar a principios de 1988.

Exactamente cuando el ministro de Obras y Servicios Públicos Rodolfo Terragno anunció un preacuerdo para vender a Scandinavian Air System (SAS) el 40 por ciento de Aerolíneas Argentinas y así convertirla en socia minoritaria.

Pescarmona calculó con razón que sólo podía ganar dinero con Cielos del Sur siempre que su competidora de cabotaje Aerolíneas Argentinas (AA) continuara siendo muy estatal y muy ineficiente.

Así se lo explicó a un empleado de confianza en su oficina del piso 19 de la calle Madero 940:

—*Si se privatiza Aerolíneas se hace más competitiva, me afana el mercado y me funde. Si no me dejan operar en el mundo me fundo también. Mi alternativa es vender todo o asociarme en el consorcio para conseguir Aerolíneas.*

Entonces, además de insistir ante Alfonsín para que lo dejaran abrirse al mundo, El Gordo se dedicó a boicotear la sociedad propuesta por Terragno.

Fue una jugada de zorro viejo.

Pescarmona apareció de repente, en julio de 1988, anunciando que quería comprar hasta el 55 por ciento del paquete de AA, asociado con Swissair y Alitalia. Dos meses después fue al Senado para convencer a la mayoría peronista de que su oferta era mejor que la de SAS, pedir un concurso de precios abierto e insistir en su derecho de volar a países limítrofes. Terragno y los radicales supieron desde el principio que lo de Pescarmona no era una propuesta seria, sino un boicot para no tener que competir con una AA eficiente. Los senadores peronistas también lo sabían, y utilizaron a Pescarmona como argumento para demostrar que Terragno se negaba a convocar a una licitación transparente y democrática.

Como todo el mundo sabe, Pescarmona ganó la partida.

La llegada de Menem al gobierno llenó de esperanzas el corazón de El Gordo. Pescarmona buscó negociar desesperadamente con el ministro José Dromi el permiso para volar a Chile y otros países. Pero Dromi ni siquiera le atendió los llamados.

Pescarmona se hartó. Entonces llamó primero a su comprovinciano Eduardo Bauzá, después al presidente Carlos Menem y les dijo a ambos:

—¡Mirá lo que me está haciendo el gordo Dromi. Esto no se le hace ni al peor enemigo!

Pescarmona presentó ante ambos el asunto de la siguiente manera: Dromi quiere impedir que Cielos del Sur se convierta en una aerolínea internacional, pero a la vez le permite a LADECO, de Chile, operar en la Argentina.

Menem le tocó el timbre de inmediato al ministro Dromi y le preguntó:

—¿Qué le estás haciendo al Gordo?

Casi al mismo tiempo hizo sonar el timbre de Dromi el siempre influyente Bauzá:

—Gordo: ¿por qué hacés jugar tus problemas personales con Pescarmona en asuntos tan importantes como Cielos del Sur?

Menem había quedado encantado con Pescarmona después de que lo invitó a pilotear el DC que estrenó para su flota. El Gordo se dio cuenta de que el presidente amaba la galantería. El regalo de la pintura de Facundo Quiroga, unos meses después, es la prueba más contundente de que el empresario sabe cortejar a los presidentes de turno.

La presión de Pescarmona fue tan fuerte, que Dromi estuvo a punto de entregarse. Sin embargo, por una vez, puso por delante de los intereses personales el sentido común y se defendió.

Dromi dijo a Menem y Bauzá:

—*Si nosotros dejamos operar a Cielos del Sur internacionalmente, ¿quien nos va a comprar Aerolíneas Argentinas? ¿No se dan cuenta que Pescarmona los está corriendo? ¿No se dan cuenta que Aerolíneas vale sólo porque puede volar por el mundo?*

Bauzá intentó una nueva presión y Dromi lo paró en seco:

—*Mirá, Flaco: darle permiso para operar en el mundo es regalarle exactamente 571 millones de dólares y tirar para abajo la privatización de Aerolíneas.*

Menem y Bauzá no insistieron más. Y en diciembre de 1989 se firmó el decreto para vender el 49 por ciento de Aerolíneas a empresas privadas. Fue la privatización menos transparente y más desprolija de la historia argentina. La piloteó el propio Dromi y todos los candidatos originales se fueron cayendo por distintas razones. Todos los candidatos menos el que más odiaba Dromi: Pescarmona, en yunta con la estatal española Iberia.

Pescarmona salió a buscar socios al mundo con la intención original de no fundirse. Convenció primero a Swissair y después a Alitalia, pero Dromi espantó a ambos, con el argumento de que su comprovinciano no era el socio adecuado.

Fue a buscar a American Airlines y a Varig, pero los primeros abandonaron el barco por falta de interés y los segundos porque los tomó de sorpresa el congelamiento de depósitos de Fernando Collor de Mello.

Pescarmona ganó junto a Iberia porque fueron los únicos oferentes.

El presidente de IMPSA comenzó entonces a pergeñar un plan de ingeniería accionaria espectacular. Un plan que tenía como objetivo convertirlo en el controlador de la empresa privatizada aún teniendo muy poquitas acciones. La formación de un consorcio de mayoría argentina, denominado AERONAC (Aerolíneas Nacionales).

Su concepción demuestra la infinita inteligencia y habilidad de Pescarmona para armar castillos en el aire. El plan AERONAC fue presentado a Menem y a Bauzá.

AERONAC manejaría el 51 por ciento de las acciones de Aerolíneas Argentinas (AA), como lo exigía el pliego.

AERONAC estaría conformada así:

* con un 51 por ciento de Cielos del Sur, de Pescarmona.

* y Amadeo Riva, Hugo Bunge, Francisco De Vicenso, Luis Zanón y Francisco Pott con el 49 por ciento restante.

Lo que no aclaró Pescarmona era que él no tenía el 100 por ciento de las acciones de Cielos del Sur, sino el 65 por ciento.

—*Si el gobierno hubiese aceptado el plan AERONAC, Pescarmona habría controlado Aerolíneas sólo con el 18 por ciento real de las acciones* —le contó Dromi a un amigo.

Dromi fue, de nuevo, el que abortó los sueños de El Gordo.

El ministro atomizó primero los paquetes accionarios de los socios. Y después permitió a los españoles de Iberia quedarse con la mitad más uno de Aerolíneas.

Dromi hizo algo inquietante: entregar el control mayoritario a una línea de bandera.

¿Cómo lo hizo?

Le dio el 30 por ciento a Iberia, el 15 por ciento a bancos españoles estatales vinculados a Iberia y el 2 por ciento a un abogado argentino que era en realidad un testaferro de Iberia y que apareció dos horas antes para firmar la entrega de la compañía.

—*Dromi está contento porque me impidió hacer un negocio, pero pasará a la historia como el hombre que regaló una gran empresa nacional a unos gallegos ineficientes* —dicen que dijo Pescarmona al enterarse de todo.

A partir de ese momento Pescarmona supo que su sueño de convertirse en el dueño absoluto de los aviones se había truncado. Porque debió conformarse sólo con una mínima participación en las decisiones vía el 12 por ciento de las acciones que le correspondieron a Cielos del Sur.

El 4 de julio de 1990 el gobierno argentino supo que Iberia & Pescarmona serían los únicos que presentarían oferta.

El mismo día Pescarmona fue a las oficinas de Emir Yoma y José Luis Manzano para asegurarse de que no habría interferencias, según reveló Horacio Verbitsky en *Robo para la corona*. El 5 de julio Pescarmona ya había arreglado su negocio interno con los españoles de Iberia.

El negocio consistió en:

* no poner plata en efectivo, sino entregar Cielos del Sur como el equivalente de su parte societaria;

* cobrar un 5 por ciento del negocio total del traspaso, por ser el operador más activo.

La audacia de Pescarmona estaba fuera de toda duda:

Convenció a los españoles para entrar al negocio. Les dio la idea de pagar las cuotas en efectivo por la compra de Aerolíneas vendiendo aviones de Aerolíneas. Presentó avales controvertidos que fueron detectados por el titular de la Sindicatura General de Empresas Públicas, Mario Truffat, y aceptados a sabiendas por Dromi y Bauzá.

Tuffat confirmó al autor que Pescarmona le presentó un supuesto aval del Crédit Suisse que acreditaba la calidad de serio y pagador de Cielos del Sur e IMPSA.

Truffat dijo:

—*Un aval es un aval y no una carta de recomendación. Aquí está todo en potencial. El banco no dice que pone las manos en el fuego por vos.*

Truffat dice que Pescarmona reconoció:

—*Tenés razón.*

Pero Truffat agrega que al mes siguiente Pescarmona apareció con la misma carta en el despacho de Bauzá.

—*Vos no sos serio* —dice Truffat que le dijo a Pescarmona.

Y agrega que Bauzá sonrió. Pescarmona, en persona, desmintió este episodio ante el autor de este libro.

Aerolíneas fue entregada a sus compradores el 6 de julio de 1990. Desde ese día, Pescarmona recibió un golpe tras otro de sus socios, y empezó a pensar en salir del negocio. El primer golpe fue el reemplazo como negociador de Iberia de Eduardo Andreu por Miguel Aguiló. Andreu siempre simpatizó con El Gordo; Aguiló nunca lo pudo tragar. Ese cambio le quitó a Pescarmona influencia en el directorio.

El segundo golpe se lo propinó su socio argentino Amadeo Riva. Riva empezó a apoyar sistemáticamente las decisiones de los directores de Iberia y a boicotear sin interrupciones todas las ideas de Pescarmona.

El tercer golpe fue su propio desplazamiento del directorio: no le dieron tiempo ni para retirar sus cosas.

—*Yo me voy* —les anticipó a los españoles un día y agregó—: *Mejor que me compren a buen precio Cielos del Sur, porque si no les voy a hacer la vida imposible.*

Pescarmona vendió Cielos del Sur a sus socios de Iberia por más de 25 millones de dólares.

Desde que tomó Austral hasta que se despidió del negocio, Pescarmona llevó a su bolsillo más de 35 millones de dólares y no puso un solo peso. Mejor dicho: gastó 30 mil dólares en la compra de los pliegos para adquirir Aerolíneas.

Es una ganancia que envidiaría hasta el dueño de Perez Companc. Sin embargo, Pescarmona perdió mucho pero mucho. Perdió el desafío empresario. Perdió prestigio y dejó de ser confiable para el gobierno. Y desde ese día fue visto con menos respeto por algunos hombres de negocios serios que operan en Argentina.

Pero no se puede definir la calidad empresaria del presidente de IMPSA solamente por su vuelo rasante sobre la industria aerocomercial. También se lo debe medir por la creación de su criatura más querida.

La planta de mecánica pesada más importante y moderna de America Latina.

La Planta Industrial II de Industrias Metalúrgicas Pescarmona (IMPSA) en Mendoza.

Se puso en marcha en 1982. Costó más de 150 millones de dólares. Tiene una superficie cubierta de 21 hectáreas. Posee una nave de 33 metros de ancho por 33 metros de altura y 175 metros de largo. Tiene una capacidad de producción de hasta 30 mil toneladas de equipo de altísima tecnología. Contiene un

Laboratorio Hidráulico donde se hacen turbinas en miniatura y los clientes comprueban su verdadera calidad. No fue concebida para fabricar chorizos sino turbinas hidráulicas y reactores nucleares de primera y segunda generación. En ella pueden hacerse todos los procesos metalúrgicos, desde la chapa plana hasta la máquina más sofisticada.

De allí salieron: grandes puentes, tuberías de presión, compuertas, recipientes, intercambiadores de calor y grandes turbinas.

Las turbinas son como los Rolls-Royce: no se pueden fabricar en serie; se hacen a pedido y cuestan carísimas. No se hacen turbinas como diarios o chorizos: terminar sólo una lleva por lo menos tres años. Turbinas hacen unos pocos países en el mundo. La mayoría son desarrollados y tienen una tradición industrial a prueba de golpes inflacionarios y dictaduras. Entre los más productivos se encuentran Estados Unidos, Francia, Alemania, Italia, Suecia, Noruega y Japón.

Cada una de las siete turbinas que IMPSA está fabricando para Yaciretá vale entre 18 y 20 millones de dólares. El margen de ganancia de IMPSA es del 20 por ciento.

El ingeniero encargado de Investigación y Desarrollo de IMPSA, Mario Colpachi, aseguró que el programa con el que se diseñan las turbinas trabaja con una precisión de media milésima de milímetros.

—*Ninguna turbina puede tener fisuras, y la precisión milimétrica sirve para evitarlas* —explicó, en un tramo de su clase magistral.

IMPSA, la criatura más amada por Pescarmona, acaba de comprar uno de los programas de computación más avanzados del planeta. Se llama Pro Engineer Parametrics Technology Corp. Le dicen PARAMETRIC. Es el mismo que manejan IBM y las automotrices japonesas más poderosas.

PARAMETRIC es capaz de hacer cosas maravillosas.

Puede decir, por ejemplo, cuánto costará, como funcionará y qué impacto ambiental tendrá una moto BMW si se cambia su tamaño original por otro más grande y largo. Puede responder al ingeniero Enrique Pescarmona cuánto le saldrá la próxima turbina de Yaciretá que pesa 380 toneladas.

Entre una y otra visita guiada, Colpachi diseña una por una las 119 válvulas de acero de un metro de diámetro que ya le vendieron a la empresa Agua Potable de Nueva York después de ganar una licitación más que peleada.

IMPSA, la hija más querida de Pescarmona, factura cerca de 170 millones de dólares. Fabrica turbinas, reactores y compuertas para las obras como Piedra del Aguila; Yaciretá; Pichi Picún Leufú, Miranda en Brasil; Gutiérrez y Toro en Costa Rica; Agua Potable en Nueva York; Viru en Perú y Jedha en Arabia Saudita.

IMPSA posee una fábrica que es considerada una hermana menor en Colombia, país donde el grupo factura más de 50 millones de dólares. Desde IMPSA y para IMPSA Pescarmona envía cada dos años a una decena de ingenieros para perfeccionarse en los Estados Unidos. IMPSA también proveyó de equipos a siderúrgicas como Acindar, Altos Hornos Zapla, Gurmendi, Siderca y Somisa, y metalúrgicas de Colombia, Chile, Perú y Uruguay. Y vendió proyectos llave en mano como la planta Inlasa, la principal acería uruguaya, con capacidad para producir 80 mil toneladas anuales de acero, con lo que embolsó casi 14 millones de dólares.

Pero la planta de IMPSA tiene un grano que también identifica el estilo Pescarmona. Porque para levantarla, el hombre de negocios pidió un crédito de 55 millones de dólares al Banco Interamericano de Desarrollo (BID). Un crédito con aval de la Secretaría de Hacienda cuyas tres primeras cuotas no fueron pagadas a tiempo.

El crédito fue obtenido en 1981.

Pero IMPSA no pagó la cuota del 5 de diciembre de 1986.

Tampoco la del 6 de octubre de 1987.

Y menos la del 14 de octubre de 1988, de 3 millones y medio de dólares.

La Secretaría de Hacienda tuvo que sacar de su bolsillo el dinero, para evitar que el BID interrumpiera los créditos hacia la Argentina. Brodersohn le inició un juicio sumarísimo que, como no podía ser de otra manera, terminó en la nada.

Pescarmona adujo que no pagó porque el Estado le estaba debiendo 12 millones de dólares en concepto de reembolsos por Yaciretá y Atucha. Pescarmona tampoco abonó la cuota de medio millón de dólares que venció en diciembre de 1990.

Sin embargo, el gobierno de Menem le perdonó la vida: también se hizo cargo de la deuda de El Gordo para evitar que el BID bloqueara otros créditos que debía dar a la Argentina.

Menem hizo algo más: compensó las deudas que supuestamente el Estado tenía con Pescarmona con las que IMPSA debía pagar al Estado. Desde ese día Pescarmona se confesó un admirador del Presidente.

—*Menem me arregló en veinte días lo que Alfonsín no me quiso solucionar en cinco años* —remató.

2. Cómo hacer fortuna con plata ajena

—Vaya y ocupe el puesto de ese pobre difunto.
La voz de Enrique Epaminondas Pescarmona retumbó nítida en los oídos de su hijo, Luis Menotti Pescarmona. Lo de su padre no era un pedido, sino una orden terminante e indiscutible. Un operario acababa de ser enterrado después de un accidente con uno de los tornos más peligrosos del taller. El dueño del negocio necesitaba dar a sus empleados la seguridad de que no volvería a suceder. Y necesitaba también demostrar que los Pescarmona no tenían miedo. Que hasta su propio hijo estaba en condiciones de manipular la máquina asesina.
Luis Menotti debió tomar el lugar el obrero muerto, y sintió terror.
Fue en la tercera década de este siglo.
Se trata de la leyenda que sintetiza el espíritu de Enrique Epaminondas Pescarmona, el fundador del taller de fundición que constituye el primer antecedente de Industrias Metalúrgicas Pescarmona (IMPSA), el grupo que hoy maneja su nieto con audacia y dedicación.
Lo de Enrique Epaminondas fue una verdadera pirueta del destino.
Vino desde Turín sólo por una semana para bendecir el casamiento por poder de su hermana mayor, Bienvenida, con el sastre Angel Perone, quien había nacido en Novara, Piamonte, pero vivía en Mendoza desde 1903.
Enrique Epaminondas tenía pasaje de ida y vuelta.
Pero se quedó en Mendoza para toda la vida y plantó la semilla de lo que hoy es uno de los quince grupos económicos más poderosos de la Argentina. Hijo de Luigi Pescarmona y Olimpia Bosco, nació en Turín, Italia, el 29 de julio de 1883. Su padre le puso Epaminondas porque adoraba los nombres griegos. Epaminondas fue un general y jefe de la democracia en Tebas al que mataron en la batalla de Mantinea en el año 362 antes de Cristo. Una de sus hermanas se llamó Olimpia, y a otro de sus hermanos le pusieron Menotti y ambos, desde siempre, fueron centro de muchas bromas juveniles.
Enrique Epaminondas trabajó hasta los 13 años en su ciudad natal para la pequeñísima empresa de fundición de su padre. A los 15 años salió airoso de una práctica no rentada en

la fundición Fratelli Braconi, la más importante y seria de la
región: allí manipuló desde el hierro hasta el acero. Trabajó de
día y estudió de noche en el instituto Eglizerboni: se recibió de
técnico mecánico a los 21 años y la familia le hizo una gran
fiesta de consagración. Llegó al puerto de Buenos Aires junto a
Bienvenida a principios de octubre de 1906, con 23 años recién
cumplidos. Ambos trajeron un pequeñísimo baúl, con muy poca
ropa, y él lució un chambergo que hizo época. Pasaron la noche
en el Hotel de los Inmigrantes y salieron al otro día hacia Mendoza, en tren. Llegaron el miércoles 10 de octubre y para el
viernes ya habían celebrado el matrimonio civil y la ceremonia
religiosa.

Enrique Epaminondas, en vez de volver, aceptó de inmediato la oferta de sus paisanos de Turín, los hermanos Enrique,
Pablo y Mario Casale, quienes le dieron empleo en su propio
taller metalúrgico.

Los primeros meses subsistió con eso y con los pesos que
le dieron por la venta del pasaje de regreso. Pero en 1907 abrió
su propio taller de fundición: le puso Talleres Metalúrgicos de
Enrique Pescarmona y la planta completa no llegaba a 10 personas.

Empezó a fabricar repuestos para maquinarias de hierro
fundido. Produjo macheteras para cortar carne, rejas y balcones, cocinas económicas y braseros. El fundador trabajó mucho más duro que sus descendientes. Empezaba a las 7 de la
mañana y terminaba a las 8 de la noche. Los sábados eran
considerados un día más y los domingos se levantaba más tarde pero igual iba al taller, para ver si las herramientas no se
habían escapado de su sitio. Fabricaba los materiales con sus
manos pero también los diseñaba y hacía el marketing para
convencer a sus clientes. En 1908 regresó a Italia para enterrar
a su padre Luigi Pescarmona. Sobre su tumba decidió que se
quedaría en Argentina definitivamente. En 1910 se mudó de su
pequeñísimo taller a otro más grande ubicado en el centro de la
ciudad de Mendoza, en la esquina de la calle Godoy Cruz y la
avenida España. Entonces dio un saltito más alto y entregó a
tiempo nada menos que las compuertas para el Río Mendoza.

Por esa época su negocio se terminó de encaminar y se
casó con Enriqueta Remolard. Enriqueta nació en Barcelona el
23 de marzo de 1889. Su padre era colchonero y murió de
fiebre tifoidea. Ella fue puesta en un convento desde los 9 a los
17 años. Enriqueta rezó, tejió y se confesó como Dios se lo
mandó, pero una amiga de ella, llamada María Nuria, escapó
del claustro a los 18 años, cansada de tanta represión. En el
convento se dijo que María Nuria había desaparecido por culpa
de Satanás, quien se la había llevado por el desagüe de los
lavaderos convertida en rana.

El 7 de julio de 1919 Enrique Epaminondas y su mujer Enriqueta festejaron el nacimiento de su primer y más querido hijo: Luis Menotti Pescarmona. Enseguida el matrimonio trajo al mundo a tres Pescarmona más: Mario Oscar, Iris y Lidia.

Los hijos del fundador vinieron con un pan debajo del brazo: pronto su padre cobró mil pesos sólo por colocar en su sitio el monumento al General San Martín en el Cerro de la Gloria.

En 1915 la empresita dio su primer gran salto.

Empezó a fabricar maquinarias para bodegas como moledoras de uvas y bombas de desagote de piletones de vino con licencia italiana Garolle. Bautista Gargantini, Balbino y Sotero Arizu, Juan Giol y Antonio Tomba fueron algunos de sus poderosos clientes.

—*Algunas de esas bombas todavía funcionan a la perfección* —confesó un bodeguero de la zona íntimo amigo de los Pescarmona.

Enrique Epaminondas enseguida se convirtió en el primer fabricante de una miniturbina de 50 HP de potencia: se sirvió de la energía hidráulica de los canales de la provincia. En 1925 Talleres Metalúrgicos de Enrique Pescarmona se mudó a un impresionante terreno de casi 1.500 metros cuadrados y aumentó su plantilla a 100 personas.

En 1927 tomó 50 obreros más.

En 1928 el dueño de los talleres creyó tocar el cielo con las manos y trasladó el negocio a una planta de 3.200 metros cuadrados en la esquina de la calle Barcalá y España.

En 1929 le pegó de lleno la Gran Depresión. Los banqueros empezaron a quebrar y no pagaron.

Los bodegueros dejaron de encargar maquinarias para sus negocios. Y la plata de los Pescarmona se evaporó como solía evaporarse el vino de la mesa familiar.

Y en 1930 Enrique Epaminondas Pescarmona se desprendió de todo y se quedó con dos empleados calificados: sus hijos Luis Menotti y Mario Oscar.

Entre 1930 y 1933 la empresa perdió todo su capital.

En 1934, el Banco Nación ordenó su definitivo remate.

Los pocos que lo conocieron y todavía viven, dicen que ese día Enrique Epaminondas se empezó a morir de a poco.

Y el día que vendió sus bienes, un prestigioso martillero mendocino, Roberto Saravia, sentenció:

—*No es mi costumbre comenzar una subasta haciendo el historial de la persona en desgracia, pero considero mi deber dejar constancia que el ejemplo dado a la sociedad de Mendoza por este luchador inquebrantable, cuya caída es sólo el fruto de las circunstancias en el mercado mundial, sea sólo el mal sueño de una noche triste y que Don Enrique Epaminondas pueda re-*

*surgir en compañía de sus hijos como el Ave Fénix, porque así se
lo merece y porque Mendoza lo necesita.*

Enrique Epaminondas volvió a levantar su empresa en
1936, con la participación activa de sus hijos.

Compró una planta en la avenida España, frente a la Iglesia de San Francisco. La misma planta donde el ingeniero Arturo Acevedo, considerado el padre de la siderurgia argentina, y
Eduardo Arroyo Benegas comenzaron a trefilar hierro por com-
binación. No se trató de un símbolo menor: así nació Acindar,
la acería más importante de la Argentina.

En 1937 Talleres Metalúrgicos de Enrique Pescarmona
pasó a llamarse Pescarmona Hermanos y Compañía.

En 1938 apareció un aviso de la empresa en el diario *La Li-
bertad*, de Cuyo. Fue publicado el mismo día en que se inaugu-
ró la antológica Universidad de Cuyo. El aviso decía:
ENRIQUE EPAMINONDAS PESCARMONA
EL ABUELO DE LOS INDUSTRIALES METALÚRGICOS
SE COMPLACE EN SALUDAR Y DESEAR
A SU DISTINGUIDA CLIENTELA
FELICIDADES CON MOTIVO DE NAVIDAD
Y AUGURARLES UN PRÓSPERO AÑO NUEVO
El aviso "vendía", entre otras cosas:
COMPUERTAS A PRECIOS INCOMPETIBLES (SIC)
CARPINTERÍA METÁLICA A TODOS LOS PERFILES
COCINAS DE BUEN RENDIMIENTO Y
PERSIANAS METÁLICAS CON CIERRE PATENTADO
En 1939 Epaminondas trajo a Mendoza el primer serrucho
mecánico y convirtió ese hecho en otro elemento publicitario de
alto impacto. La gente se agolpaba en la calle para mirar cómo
funcionaba semejante máquina que era capaz de cortar los per-
files metálicos en segundos.

En 1945 se dio el gusto de volver a tener 150 empleados.

En 1946 se produjo el segundo gran salto de la familia
Pescarmona. Fue cuando se mudaron a lo que hoy se conoce
como la Planta I. La planta I se encuentra en Godoy Cruz, a 10
kilómetros de la ciudad, y tiene una superficie de más de 5 mil
metros cuadrados. La planta I es una medalla que lleva en el
pecho toda la familia. Ahora ocupa un área de 40 mil metros
cuadrados de los cuales 26 mil están cubiertos. Allí funcionan:
un departamento de Ingeniería, Sistemas y Garantías de Calidad, oficinas administrativas, cinco naves principales donde se
arman máquinas y turbinas, playas de ensamble y pruebas
finales y una fábrica de controles y comandos eléctricos.

El fundador Enrique Epaminondas murió de muerte natural el 28 de junio de 1947 a los 63 años.

Sus hijos se hicieron cargo de inmediato. Pero el mayor,
Luis Menotti Pescarmona, resultó para la empresa más impor-

tante que su propio padre. Es imprescindible contar su inquietante historia.

Apasionado, tenaz, aventurero, petiso y calvo, amiguísimo de sus amigos y amante de las mujeres, los habanos suizos Davidoff y los autos importados y faroleros, Don Luis nació en cuna de metal bañada en oro y estudió de noche para no dejar a su padre con un empleado menos.

Llegó a este mundo bajo el signo occidental de Cáncer y oriental de la Cabra. A los siete años quedó atascado en un caño de cemento. Su perro, *Pirolo*, vio como se atrancó, ladró hasta que se cansó pero sus padres no se dieron cuenta de qué se trataba. Lo sacaron con esfuerzo los bomberos de la zona. Y cuando su madre Enriqueta se percató de que no tenía ningún hueso roto, le dio una paliza inolvidable, como las de antes.

Luis Menotti fue instruido por sus padres para hacer buenos negocios. Tenía la misión de comprar en la feria de las calles Jujuy y Moreno todo lo que le encargaba la madre. Su hazaña consistió en conseguir buen precio y quedarse con 5 centavos que era lo que valía un buen helado.

A los 15 años ya sabía perfectamente cómo se moldeaban las piezas para la fundición de hierro gris.

Estudió en la Escuela Superior de Comercio Martín Zapata y logró así el título de Contador Provincial. Luchó gran parte de su vida para conseguir el mismo título, pero con chapa nacional. Una piadosa biografía sostiene que en 1987, cuando tenía 68 años, completó la carrera con quienes podían ser sus nietos en la Universidad del Museo Social Argentino. También dice que colgó el título en su despacho de IMPSA en Buenos Aires.

Luis Menotti pasó por la Escuela de Construcciones de la Universidad de Cuyo pero nunca obtuvo un título terciario en esa especialidad.

Reparó ascensores OTIS en la Mercantil Andina, Compañía de Seguros, la misma empresa que hoy engrosa los balances del grupo que maneja su hijo. A los 20 años viajó a Buenos Aires por segunda vez para aprender más sobre el arreglo de ascensores. De inmediato lo emplearon en Stigler, donde ganaba 6 centavos la hora. Se ocupó del mantenimiento de los seis ascensores del teatro Colón. Así pudo ver gratis Operas como Madame Butterfly, La Traviata, Aída. Rigoletto y La Bohéme.

Fue uno de los personajes más conocidos de Mendoza.

Se asoció a:

El Club Regatas de Mendoza

El Golf Club Andino,

El Círculo de Periodistas de Mendoza

La Federación Mendocina de Boxeo.

Fue uno de los mejores jugadores de waterpolo de la provincia. Fue también un excelente nadador y perdió parte de su oído al bajar a 40 metros de profundidad para salvar a un paracaidista que cayó en picada al lago en un festival aeronáutico en Carlos Paz.

Pasó muchos domingos de su vida haciendo montañismo. Fue instructor de esquí acuático y de motonáutica. Se lo tuvo siempre como un timbero de suerte: muchos recuerdan cuando se fue a Mar del Plata un viernes, pasó por el Casino y volvió con un descapotable al lunes siguiente, con una alegría que no cabía en su ropa.

Fue nombrado Comendador al Mérito del Trabajo por la República Italiana. Lo designaron empresario del año en Mendoza primero y en la Argentina después.

Fue el mejor lobista que tuvo la empresa.

Consiguió espectaculares contratos con el Ejército del gobierno de Perón y la embotelladora de Coca Coca en los años 50, sólo por su poder de seducción y su simpatía.Llevó siempre en su valija una caja de habanos para los funcionarios de turno y un frasquito de perfume para las secretarias de esos funcionarios: siempre supo que a las grandes licitaciones se las gana teniendo a ambos de su lado.

Nunca se metió en política pero fue un excelente cortesano de todos los poderes de turno. Un día compró un busto del teniente general José de San Martín y otro del general Juan Perón y los metió en su despacho. Uno de sus empleados más fieles preguntó entonces:

—¿Para qué los quiere?

Y él contestó con ojos pícaros:

—Cuando vienen los demócratas pongo el de San Martín y cuando llegan los peronchos pongo el otro.

Después le preguntó, desconfiado:

—¿Usted no andará en política, no?

Le mandó cajas de vino de su bodega Lagarde a Raúl Alfonsín y convenció a su hijo para que le regalara al presidente Carlos Menem la famosa pintura de Facundo Quiroga.

Estuvo tres veces a punto de morir, y las tres veces se salvó de puro milagro.

Una sucedió cuando manejaba el auto en compañía de su mujer, Anita. Iban desde la ciudad rumbo a Potrerillos, por el camino de montaña. Hizo una mala maniobra en una curva, el auto volcó, dio varias vueltas en el aire y quedó al borde del precipicio con el techo en el suelo.

La segunda aconteció el 3 de julio de 1963, a las siete horas y seis minutos de la tarde y fue un accidente brutal. Un avión de Aerolíneas que volaba desde Mendoza hasta el aeropuerto de Pajas Blancas, en Córdoba, aterrizó de panza después de romper el tren de aterrizaje y casi deja a los pasajeros del otro lado del mundo.

La azafata Alicia Beatriz Pernigotti contó todo en el dramático informe que elevó a sus superiores días después para deslindar responsabilidades.

El comisario anunció el aterrizaje.El piloto intentó bajar suavemente, pero subió de inmediato, porque estaba terriblemente nublado y no se veía la pista. Probó de nuevo, y otra vez debió subir. Los pasajeros se empezaron a inquietar. Luis Menotti Pescarmona, quien fue condecorado por Aerolíneas por ser el pasajero con más horas de vuelo, se puso pálido. Pernigotti fue a la cabina de comando para averiguar qué estaba pasando. El piloto le escupió cinco palabras de pánico:

—*Te callás y te sentás.*

La azafata se sentó junto a Pescarmona, quien estaba ubicado justo al lado de la puerta de emergencia. Ella intentó hablar de cualquier cosa, pero el hombre de negocios le habría dicho:

—*Esta vez no la contamos.*

El primer impacto de la panza del avión contra la tierra fue tremendo. Las cosas del bar empezaron a volar y los ruidos de botellas rotas se confundieron con los gritos de terror.

El ala izquierda del avión estaba dominada por una llama de más de medio metro.

El último choque contra el suelo fue peor. Porque le siguió una carrera desenfrenada de 500 metros y todo el mundo sabía que eso no era la pista.

Pescarmona fue el primero en desabrocharse el cinturón, abrir la puerta de emergencia, saltar hacia la máquina del avión y empezar a correr hacia cualquier parte, por miedo a que estallara el avión.

Es más: en medio de la confusión, cerró la puerta de emergencia de nuevo y sus compañeros de viaje la tuvieron que destrabar a patada limpia. El avión estalló en varios pedazos minutos después, cuando todos habían salvado su vida corriendo hacia las vías del ferrocarril.

Don Luis Menotti volvió más tarde al lugar del hecho sólo para tomarse unas fotos al lado de la máquina destruida. Antes pasó por la empresa, donde todo el mundo se reunió en torno a él para que contara el milagro. Como el hombre no empezaba, un gerente le preguntó:

—*¿Está completamente entero?*

Y Pescarmona respondió:

—*Con el culo un poco dolorido, nada más.*

La tercera oportunidad en que casi no la cuenta fue también arriba de un avión. Venía de Helsinki, donde se habían realizado los Juegos Olímpicos. Hicieron una escala en Río de Janeiro. El avión despegó de nuevo pero, a los cinco minutos, se le desprendió la hélice y ésta cortó el fuselaje. Aterrizó sobre una playa, mientras todos rezaban en sus respectivos idiomas.

Luis Menotti Pescarmona fue chinchudo y carismático.

Gritoneó a sus empleados pero también los abrazó cuando creyó que era lo mejor. Presentó con algunos de ellos arranques de generosidad que no se correspondieron con los sueldos que pagaba.

Uno de esos arranques tuvo como beneficiario a su chofer de tiempo completo, de apellido Miranda. Pescarmona paseaba por la ciudad de Mendoza con su último modelo, cuando se topó con su Miranda, de civil, manejando un renault Gordini del año de la Vidú Cola.

—*¿Ese es tu auto?* —le gritó desde la ventanilla. Sin esperar respuesta, lo retó:

—*Andá y cambiá de una vez ese auto de porquería. No quiero que digan por ahí que el chofer de Pescarmona anda con una batata.*

—*¿Y con qué plata lo voy a cambiar?* —se agrandó Miranda.

—*Sin plata* —lo sorprendió su patrón—. *Andá a Mario Goldstein y decile que te dé un Dodge 1.500.*

Goldstein es una concesionaria de autos en Mendoza.

Pescarmona esponsoreó al maratonista Alfredo Maravilla. También financió la carrera de la soprano Patricia Cangemi e hizo que IMPSA diera una beca a su hija para que pudiera estudiar en Alemania. Amó a través de ellas y más allá de ellas a Verdi, Rossini, Puccini, Mozart y Vivaldi.

No se sabe si antes de morir incluyó en el testamento a su secretario privado, Juanjo Rolón. Pero se puede certificar que Rolón hizo un viaje de dos meses a Europa después de que su jefe pasó a la otra dimensión. Rolón nunca fue millonario: lo recogió de la calle Luis Menotti cuando no tenía qué comer ni dónde vivir.

Luis Menotti Pescarmona fue el motor de la empresa desde que murió su padre en 1967 hasta 1972, cuando su hijo empezó a disputarle su liderazgo a fuerza de trabajo e inteligencia.

Empezó a sentirse protagonista en 1936 cuando junto a su hermano Mario secundó a su padre en la reconstrucción de la empresa familiar quebrada. Al poco tiempo olió el boom de las obras públicas y consiguió un contrato de 3 mil pesos con la Dirección General de Ingenieros del Ministerio de Guerra. En esa época ni él ni su hermano ni su padre tenían dónde caerse muertos.

Protagonizó un gran salto a mediados de los años 50 cuando consiguió vender estructuras metálicas a la planta embotelladora de Coca Cola y logró además hacer carpintería metálica para los cuarteles militares de Uspallata, Resistencia y Córdoba. Un viejo empleado de Luis Menotti recordó:

—*Trabajo nos sobraba. Era tanto el metal que importába-*
mos desde Bélgica, Francia y Alemania que el encargado de la
estación de ferrocarril Godoy Cruz me entregaba la llave, porque
estaba cansado de ver todo el día cómo descargábamos las cha-
pas.

Pescarmona se vengó en los 60 de las privaciones que le
tocó vivir en los 40, después de La Gran Depresión. El y su
hermano Mario viajaron un buen día a los Estados Unidos y se
volvieron con un Dodge celeste cero kilómetro cada uno. Luis
Menotti lo conservó durante un tiempo pero Mario lo cambió
enseguida por un jeep espectacular. Un jeep con el que anduvo
por la ciudad a una velocidad inusitada para la época: más de
80 kilómetros por hora.

Los dos hermanos continuaron al frente de la compañía
hasta 1972. La pelea que los separó fue mantenida hasta ahora
en absoluto secreto.

Es hora de contarla con puntillas.

Mario siempre fue más bonachón y menos ambicioso y
pícaro que su hermano Luis. Y los hijos de ambos tuvieron
mucho de ellos mismos. La polémica se inició durante una
asamblea en la que se debía nombrar la nueva conducción de la
empresa. Se había aprobado el balance. Se había acordado aumentar en dos el número de miembros del directorio. Lo que no
se había negociado era cuáles de los hijos de Luis Menotti y
Mario ingresarían a IMPSA por la puerta grande.

Luis Menotti apoyó una alternativa.

Mario otra distinta.

Luis Menotti Pescarmona votó la incorporación de su hijo Enrique Menotti y de su mano derecha, "el alemán" Carlos
Buk.

Mario Pescarmona no se opuso al desembarco de su sobrino, pero exigió el aterrizaje simultáneo de cualquiera de sus dos
hijos: Enzo o Mario Juniors.

Tanto Luis Menotti como Mario tenían la misma cantidad
de acciones: un poco más del 40 por ciento. El resto estaba en
manos de accionistas minoritarios.

—*Accionistas minoritarios que respondían a Luis Menotti y*
boicoteaban a Mario —aclaró un testigo presencial.

Se votó y ganó el hermano mayor. Así fue como los hijos de
Mario quedaron afuera de la empresa. Así fue como Mario entendió que su hermano mayor y más poderoso tarde o temprano
se quedaría con todo.

Mario Oscar Pescarmona aceptó resignado el reparto de
bienes en 1972. Se quedó con la mayoría de los bienes familiares no afectados a la producción del grupo. Se quedó con una
finca de aproximadamente 5 mil hectáreas en Laguna del Rosario. Recibió la llave de unas cuantas propiedades en Mar del

Plata, donde todavía vive. Le cedió a Luis Menotti una sola cosa.

La más importante y la de mayor futuro.

La empresa madre denominada Industrias Metalúrgicas Pescarmona (IMPSA) y todas sus vinculadas. En el momento en que se produjo el golpe de Estado familiar, IMPSA facturaba no más de 5 millones de dólares y contaba con cerca de 150 empleados. Ahora vende por más de 350 millones y da de comer a 5 mil personas de manera directa.

Los que piensan como Enrique dicen que fue un arreglo justo. Que lo injusto hubiese sido que sus primos Mario juniors y Enzo se quedaran con parte del negocio.

—*Mientras El Gordo se quemó las pestañas yendo a la facultad y haciendo master sus primos apenas pasaron, y a duras penas, el secundario* —explicaron. Enzo y Mario Juniors nunca fueron considerados superinteligentes.

Sin embargo, Enzo siempre dio la sensación de ser el menos rápido de todos. Su padre nunca consiguió que trajera de vuelta a casa un título universitario. El lo mandó a la Universidad de Córdoba a estudiar ingeniería pero a los dos años se dio cuenta de que su hijo ni siquiera se había anotado para cursar materias.Por esa mentira Enzo recibió un castigo ejemplar: lo enviaron a Río Negro para inspeccionar las obras de IMPSA, y meterse de una buena vez en los problemas de la empresa.

Fue el 1° de enero de 1968.

Su padre, Mario, le pidió al mejor supervisor de obra que tenían, el alemán Carlos Buk, que se hiciera cargo del nene.

—*Nunca la pasé tan mal en mi vida* —recordó Buk ante unos amigos.

Buk fue a buscar a Enzo Pescarmona a su casa a las 5 de la mañana. Estuvo golpeando la puerta hasta las 6 y el muchacho lo atendió cuando estaba a punto de venirse abajo. Lo subió a la camioneta y juntos llegaron ese mismo mediodía a Malargüe. Buk se detuvo a tomar unas fotos y ordenó a Enzo Pescarmona que preparara unos sandwiches. Le mostró el pan, el fiambre y las gaseosas y le dijo:

—*Manos a la obra.*

Pero Enzo, después de unos minutos, se dirigió a Buk y le dijo:

—*Este pan no es como los demás. Este pan es redondo. ¿usted tiene idea de cómo se corta?*

Dos días más tarde, Buk y Enzo Pescarmona viajaban por la ruta 40, desde Zapala hacia Neuquén.

Era de noche.

De repente, la dirección del jeep Gladiator en el que viajaban hizo un ruido y se rompió. Buk maldijo en voz alta y le dio a Enzo instrucciones precisas:

—*Te tomás el micro porque para taxi no hay plata. Buscás
una barra para remolque y te volvés enseguida.*

Buk lo vio irse tranquilo, pero temió lo peor.

Y sucedió lo peor. Porque Enzo no volvió sino a la mañana
siguiente y no con una barreta sino con un artefacto que no
servía para nada. Y no se trepó a un micro sino a un taxi a
cuyo conductor se le caía la baba por el negoción que estaba
haciendo.

Cuando sucedió eso Enzo Pescarmona tenía más o menos
23 años y no sabía qué hacer con su vida. En cambio su primo
Enrique Menotti se acababa de recibir de ingeniero con medalla
de oro, algo que su padre jamás olvidó.

Mario Oscar Pescarmona pasó sus últimos años en Mar del
Plata y hasta la muerte de su hermano Luis Menotti recibía una
pensión para cubrir sus gastos menores.

Pero Don Luis Menotti Pescarmona no sólo dedicó su existencia a hacer de su hijo un superhombre de negocios. También
amó la vida y la juerga. Todos los primeros de mayo desde 1952
y hasta 1956 se sentó a jugar al truco con sus trabajadores y
les dio un algo muy particular: se dejó ganar unas partidas y
pagó la apuesta como si fuera un premio a la productividad. Le
compró una coupé Alfa Romeo roja al cónsul de Italia y la paseó
por Buenos Aires mientras piropeaba chicas. No lo hizo como
una locura de juventud: tenía exactamente 67 años y su hijo
Enrique Menotti pegó el grito en el cielo cuando se enteró de
semejante extravagancia.

Rompió el corazón de muchas mujeres, además del paciente corazón de su legítima esposa.

Ella se llama Anita Peña, todavía vive y nunca fue una
figura decorativa. Ella arregló grandes problemas empresarios y
acercó posiciones irreductibles entre su esposo y su hijo con el
recurso mágico de los ñoquis de los domingos en la casa de La
Puntilla. Ella nunca prestó atención a las pequeñas cuentas
pero siempre supo cuándo el grupo andaba mal, más o menos o
espectacularmente bien, y dio el consejo justo para mantener el
clima de negocios.

Luis Menotti y Anita se conocieron en octubre de 1937. Los
presentó el hermano de ella, en el buffet del antiguo Club Mendoza.

Se comprometieron el 25 de diciembre de 1939.

Se casaron por amor el 29 de marzo de 1940.

Entre los testigos del civil se encontró el gobernador. Se
fueron de luna de miel a Córdoba en un auto Opel proporciona-
do por el hermano de la novia.

Tuvieron cuatro hijos. El primogénito fue El Gordo Enrique
Menotti. La segunda Liliana Teresa, quien nació el 16 de junio
de 1944, a las cinco de la tarde. La tercera, Cecilia, quien

murió muy joven. Y la cuarta, Silvia Mónica Adelina, nacida el 1º de setiembre de 1948, a las once de la mañana.

Liliana Teresa y Silvia Mónica son educadas y profesionales, están bien casadas y se presume que pagan sus impuestos. Sin embargo no tienen el vuelo ni la visión empresaria de su abuelo, de su padre o de su hermano.

Liliana Teresa, la mayor, Libreta Cívica 4.978.081, es arquitecta y se casó con su colega Pedro Mayol, a quien siempre quiso imponer en la empresa para hacer distintas cosas. Mayol se ocupó un tiempo del departamento de Obras Civiles del grupo, pero pronto fue desplazado a otra área.

Gerentes de la empresa sostienen que Mayol no hubiese entrado nunca en IMPSA si no se hubiera casado con una Pescarmona.

Liliana vive en La Puntilla, Luján de Cuyo, al lado de la casa de su mamá. Durante parte de 1994 se la pudo ver por las calles céntricas de la ciudad de Mendoza manejando un BMW gris últimísimo modelo. Su marido, para no ser menos, se hizo traer un aeroplano directamente de Alemania. Liliana no figura en el directorio de IMPSA como miembro titular.

Silvia Mónica, la menor, Libreta Cívica 5.330.244, es ingeniera agrónoma y se casó con el señor Eduardo Baldini, quien en su momento poseyó acciones de la bodega Tupungato.

Baldini parece un poco más útil que Mayol. Manejó en su momento la bodega familiar Lagarde y los negocios agrícolas como la exportación de cebollas a Brasil.

Silvia Mónica aparece como la primera directora titular de IMPSA. Fuentes responsables dicen que ella no es sumisa, y que tiene el carácter tan fuerte como el de su padre o su hermano. Las fuentes dijeron que fue muy exigida por su padre para que terminara la carrera.

—*La presionó tanto* —agregaron— *que el día que se recibió, entró al despacho de Don Luis y le dijo: tomá papá, acá tenés el título, ahora dejame tranquila.*

Luis Menotti nunca apostó a sus hijas y siempre a su hijo.

El envío del primogénito a la Universidad de Navarra para que se codeara con otros hijos de ejecutivos de los más importantes países del mundo le costó varios meses de facturación. Cuando el primogénito volvió, el padre no sólo se dio cuenta de que efectivamente sería un superhombre de negocios. También se dio cuenta de que lo iba a pasar por encima por el empuje de su mente y su juventud.

Una sola anécdota sirve para ilustrar las diferencias de criterio que tenían Enrique Menotti y su padre.

Un día de 1970 Luis Menotti pidió a uno de sus incondicionales, Carlos Buk, que apurara la fabricación de puertas metálicas que debían entregar urgente a la cárcel de máxima seguridad de Mar del Plata. Se venían haciendo 12 por semana y Luis Menotti pretendía que se hicieran 70 en el mismo lapso. Se había comprometido a entregar 750 puertas y el pedido estaba muy demorado. No se trataba de puertas sencillas. Eran de doble chapa y cada una pesaba un cuarto de tonelada.

—*¿Me autoriza a hacer cualquier cosa con tal de que salgan las puertas?* —preguntó Buk.

—*Lo único que me importa es que las terminen a tiempo* —asintió El Viejo Pescarmona.

Buk hizo cuentas y puso manos a la obra. No se anduvo con chiquitas:

—*Se acabaron las horas extras* —fue lo primero que les avisó a sus operarios.

Ellos respondieron primero con furia. Pero Buk enseguida les dijo:

—*Cobrarán dos horas más por semana sin trabajar si consiguen sacar 70 puertas cada sábado.*

Pareció una decisión brillante.

Las puertas salieron como por un tubo. Buk y Luis Menotti Pescarmona bailaron en una pata. Sin embargo, un ingeniero incondicional de Enrique Menotti puso el dedo en la llaga al preguntar al jefe de personal, de apellido Navarrete:

—*¿Me podría explicar por qué hay 12 operarios que cobran horas extras sin trabajar?*

Naverrete fue sincero:

—*Porque es orden de Buk. Y las órdenes de Buk no se discuten.*

El ingeniero incondicional elevó la queja al auditor llamado Calógero Lanzavolpe. Y el Lanzavolpe le respondió igual que Navarrete. El ingeniero no se dio por vencido y fue más allá: le avisó a su jefe del alma, Enrique Menotti Pescarmona. El Gordo mandó entonces a llamar a Buk y protagonizó con él la siguiente tenida:

—*¿Quién te autorizó a hacer semejante barbaridad?*

—*Tu padre* —contestó Buk.

—*Vos no te podés tomar estos atributos* —lo retó Enrique Menotti.

—*A mí tu padre me ordenó que sacara 70 puertas por semana. Yo cumplí la orden y nos salió menos plata que cuando fabricaban solamente 12* —explicó Buk. La cosa se empezó a poner espesa y Enrique le gritó:

—*Andate de esta empresa.*

Y Buk le retrucó que se fuera con su mismísima madre que lo parió.

El Gordo le mandó el telegrama de despido.

Pero Don Luis lo reincorporó.

El Gordo se vengó y le recortó poder.

Y su padre le devolvió un poco de influencia.

La batalla terminó en marzo de 1972, cuando Enrique Menotti tomó el absoluto control de la empresa: Buk se fue silbando bajito y vendió a los Pescarmona sus pocas acciones de IMPSA con las que compró un auto usado en buen estado.

Enrique Menotti Pescarmona resultó para IMPSA aun más importante que su padre. El hizo en la empresa una verdadera revolución. Empezó a contratar ingenieros de primera categoría y los puso en los cargos de mayor responsabilidad. Los envió al exterior para perfeccionarse y buscar nuevos negocios. Compró la primera máquina alesadora, perforadora, fresadora con control numérico y con tres movimientos (vertical, horizontal y longitudinal) que resultó de gran utilidad para la fabricación de turbinas. Decidió pasar de subcontratista a contratista de grandes obras.

—*Asumió más riesgo pero ganó mucha más plata* —explicó un ejecutivo de la época.

Consiguió licencias de compañías extranjeras, como la Cleveland Crane and Engeneering, de los EE.UU., que le aportaron el conocimiento y la tecnología necesarios para la construcción de las primeras grúas. Adquirió licencias de las mejores firmas suizas y noruegas para fabricar turbinas. Obtuvo la licencia de la mejor empresa francesa y la más importante firma sueca para armar generadores. Pagó poco por esos derechos y recibió bienes impagables como mercado, inteligencia y prestigio.

Los que trabajaron junto a él revelaron que la receta de su éxito contiene la conquista de contratos con la Comisión Nacional de Energía Atómica (CNEA) para Atucha I y II y otras. Explicaron que la vida le empezó a sonreír cuando mandaba en la CNEA el almirante Castro Madero.

Enrique Menotti Pescarmona pugnó por incorporarse en parte del negocio que significaba la futura construcción de cinco o seis centrales nucleares. Entonces hizo una serie de pedidos a las autoridades competentes. Fueron éstos:

* beneficios impositivos, préstamos y subsidios indirectos del Estado para competir con fabricantes de turbinas de Alemamania, Estados Unidos e Italia.

* privilegios como los de no tener en cuenta los antecedentes para ganar una licitación, ya que IMPSA recién empezaba a operar en ese rubro.

* pagos de los trabajos por adelantado y al contado contra los pagos diferidos que habitualmente se hacían a las fabricantes extranjeras.

* reembolsos por utilizar máquinas nacionales, como si se tratara de una exportación.

Pescarmona consiguió todas estas ventajas que fueron presentadas como una manera de apostar a la industria nacional.

El Estado fue generoso y cumplió con la mayoría de las pretensiones.

Sin embargo, Pescarmona empezó a reclamar al Estado millones de dólares de indemnización por incumplimiento de contrato, como se verá en detalle en el próximo capítulo. Pidió compensaciones basadas en que el Estado le había prometido participar de más obras que no se estaban realizando. Adujo que había comprado material y contratado gente pensando en la construcción de máquinas para seis centrales nucleares y no se habían proyectado ni siquiera tres.

—¿Quien nos va a compensar por las máquinas que compramos y no se usarán, por la chapa que tenemos al aire y se oxidará, por la gente que tenemos de brazos caídos? —preguntaron cien veces sus gerentes de IMPSA, y siempre se llevaron a cambio plata del Estado.

Pescarmona bicicleteó a los bancos oficiales y los gobiernos de turno, pero jamás cometió el pecado de endeudarse con los bancos suizos. Lleva como una medalla en el pecho de su chaqueta de negocios el hecho de haber sido uno de los pocos empresarios que no compró seguros de cambio para bicicletear el pago de su deuda externa.

La participación de IMPSA en la fabricación de las turbinas para la represa hidroeléctrica Yaciretá también fue producto del lobby de Enrique Menotti Pescarmona.

Sus buenos contactos determinaron que contrataran a IMPSA y sus socios para hacer siete de las 20 turbinas que están proyectadas. El lo presentó como una Gran Batalla de la Industria Nacional contra los Perversos Fabricantes de Turbinas Extranjeros.

La historia es inquietante.

Pescarmona armó primero una sociedad denominada METANAC. METANAC significa Metalúrgica Nacional. Es un consorcio encabezado por IMPSA e integrado por Cometarsa (Techint) y los astilleros Astarsa. Pescarmona lo armó para competir por la porción nacional del negoción de Yaciretá en el rubro turbinas. METANAC se asoció con Escher Wyss, una fabricante suiza.

Pero METANAC perdió la licitación. Cayó vencida por los impresionantes antecedentes y el alarde de alta tecnología que hizo la americana Allis Chalmers. Allis Chalmers presentó como su socio local a AFNE (Astilleros Fabricaciones Navales del Estado). Y AFNE fue entusiastamente apoyado por el miembro de la Junta Militar y entonces jefe de la Armada, el almirante Emilio Eduardo Massera.

A partir de ahí Pescarmona y sus socios presionaron al gobierno para que obligaran a Allis Chamler a cederle a METANAC una parte del negocio.

Lo hicieron aduciendo que se estaba perjudicando a la industria nacional. Se enfrentaron al propio Massera y ganaron la pulseada, ante la sorpresa de todos. Un periodista del diario *Página 12* dejó entrever que el marino amenazó de muerte al empresario, y que éste se las aguantó. METANAC todavía no terminó de entregar todas las partes de las turbinas, pero ya cobró por lo menos dos meses el monto original del contrato.

Enrique Menotti Pescarmona se abrió al mundo a partir de 1975.

En 1980 puso oficinas de IMPSA en Hong Kong.

En 1982 se instaló en Ecuador y los Estados Unidos.

En 1983 fundó IMPSA Colombia, algo que El Gordo ama con locura. Su gran ejecutor fue el señor Luis Riva. Allí Pescarmona levantó una planta industrial metalúrgica llamada Metalmecánica de Los Andes donde trabajan 2 mil personas. Se trata de un negocio que factura cerca de 35 millones de dólares anuales. Allí también puso en marcha las primeras turbinas hidroeléctricas de Colombia después de ganar un concurso de precios frente a japoneses y alemanes. Ofreció el precio más bajo: 3 millones de dólares. No ganó plata: las turbinas le costaron más de seis.

—*Perdí un par de millones, pero gané decenas de millones con la acumulación de antecedentes para otras licitaciones*, explicó ante un grupo de asesores que no entenía cómo se había metido en semejante negocio.

Y es también en Colombia donde maneja la basurera Limpieza Metropolitana SA (LIMPSA) que recoge un tercio de la basura de la ciudad de Bogotá y factura más de 11 millones de dólares anuales.

En 1987 abrió una sucursal en Brasil y Corea del Sur.

El mismo año compró sin plata la compañía aérea Austral y la llamó Cielos del Sur.

En 1988 fundó IMPSAT, la más eficiente de todas sus compañías. Le costó más de 30 millones de dólares ponerla en marcha. Tiene 80 empleados y factura entre cerca de 60 millones de dólares anuales. Fabrica e instala equipos de telecomunicaciones. Brinda servicios de comunicación de datos vía satélite a empresas y bancos. Sólo en los primeros nueve meses de operaciones había instalado 160 antenas parabólicas VSAT (Very Small Aperture Terminals). Entre sus clientes más conspicuos figuran Shell, IBM, Perez Companc, Acindar, BASF, la propia IMPSA y unos 50 bancos.

Pescarmona tuvo como principal socio en IMPSA al canciller Guido Di Tella. El diplomático abandonó el negocio después de algunas desinteligencias con lo que se denomina el Estilo Pescarmona.

En 1990 se quedó con una porción de Aerolíneas Argentinas.

En 1991 empezó a funcionar Puerto Seco, la fábrica de autopartes que constituye la mayor industria en la provincia de San Juan y que factura entre 12 y 15 millones de dólares.

En 1992 vendió Cielos del Sur y su porción en Aerolíneas y se quedó con 25 millones de dólares limpios por la transacción.

Ese mismo año, con parte de la diferencia que le dejó el negocio de los aviones, abrió oficinas en Indonesia, Tailandia, Arabia Saudita, Costa Rica y Venezuela. También apareció LIMSA, la recolectora de basura que opera en la provincia de Jujuy.

En 1993 se hizo cargo de dos líneas de trenes de cargas: Buenos Aires al Pacífico (BAP) y Ferrocarril Mesopotámico (FM)

BAP empezó a operar en agosto de 1993 y para marzo de 1994 ya cargaba 170 mil toneladas sobre una capacidad ideal de 300 mil. Tiene asegurada, cada mes, una carga de 40 mil toneladas de petróleo, 20 mil de piedra caliza e importantes cantidades de agua mineral, vinos, carbón residual, granos, cereales, pellets y aceites. No se trata de un negocito así nomás. Sus directivos creen que van a llegar a facturar cerca de 40 millones de dólares anuales. BAP tiene 95 locomotoras con 5 mil vagones que andan a una velocidad promedio de 30 kilómetros por hora por los 5 mil kilómetros de vía que le fueron dados en concesión. BAP opera con apenas 1.250 personas un negocio en el que antes trabajaban más de 12 mil.

Enrique Menotti Pescarmona se quedó sin su padre, el hombre que lo inventó, un sábado de la segunda mitad del año 1993. Lo amó y lo enfrentó con la misma intensidad italiana. Lo veló junto a su familia y los empleados en el primer piso de la sede de IMPSA en Mendoza.

El domingo lloró hasta que se cansó.

Y el lunes fue a trabajar, como si no hubiese pasado nada.

3. Todo tiene precio

A los Pescarmona siempre se los consideró los reyes de la picardía.

Todavía no eran ni siquiera una mediana empresa cuando empezaron a defraudar con pequeñeces al Estado.

Sucedió en 1944.

La víctima fue el Ente Público para la Reconstrucción de San Juan, que había sido creado por decreto para hacer de nuevo una buena parte de la provincia, destruida después del terremoto del 5 de enero de 1943. Las normas indicaban que el Estado sólo podía anticipar dinero a los contratistas contra la compra de cierta cantidad de material, debidamente certificada. Los anticipos se otorgaban una vez que los inspectores constataban la existencia del material. Don Luis Menotti Pescarmona había pedido un adelanto de fondos. Debía mostrar como prueba 20 mil kilogramos de chapa fina para carpintería metálica.

El día del control, Don Luis no tenía ni siquiera la mitad de las chapas. Pero envió a su hombre de confianza a conducir la Operación Engaña Pichanga.

La operación consistió en poner una chapa entera por cada siete chapas truchas que sólo tenían los bordes.

—*Fue como colocar un billete verdadero sobre un fajo de papeles falsos* —reveló el hombre que puso una chapa sobre otra.

Se trata de un ex empleado que juró estar dispuesto a repetirlo cuando sea y ante quien sea. El ex empleado agregó que algunos inspectores se habrían dado cuenta de la trampa. Y que hicieron la vista gorda a cambio de una prebenda, como es de uso y costumbre.

Los Pescarmona también fueron desde siempre víctimas de chantaje, pero jamás lo denunciaron ante la justicia.

El caso se dio otra vez en medio de la reconstrucción de la provincia de San Juan. IMPSA terminaba de ganar una importantísima licitación. Una obra para armar toda la carpintería de la nueva casa de gobierno. Luis Menotti Pescarmona, su hermano Mario y el gerente Carlos Buk se encontraban en uno de los despachos oficiales, esperando el cheque con el anticipo.

El cheque le fue entregado a Luis Menotti en la mano, quien lo besó de inmediato. Mario Pescarmona y Carlos Buk festejaron como si se hubiera tratado de la llegada de un bebé. Los tres salieron hacia los pasillos eufóricos.

De pronto, tres hombres grandes y rudos salieron de una puerta. Uno de ellos chistó:

—¡Psst! ¿Ustedes son los que ganaron la licitación de la carpintería para la casa de gobierno?

—Sí —admitió Luis Menotti—. ¿Y usted quién es? —le preguntó.

El hombre hizo una pausa e informó:

—Los quiere ver el gobernador, urgente. Pasen por aquí.

Los hermanos Pescarmona y Buk tardaron menos de un minuto en enterarse de que alguien les había tendido una trampa: los hicieron entrar a una pieza donde había una mesa y cuatro sillas; cerraron la puerta; los miraron con cara de pocos amigos y uno de ellos se dirigió a Luis Menotti y exigió:

—No te hagás el pícaro y dame el cheque por el 10 por ciento, como se había arreglado. —Luis Menotti se hizo el distraído y gritó:

—¡Yo no arreglé nada con ustedes!

En el mismo momento Mario Pescarmona tomó una silla con la intención de pegársela en la cabeza a uno.

No alcanzó a hacerlo. Porque los tres tipos audaces lo madrugaron y sacaron una pistola reglamentaria con la intención de usarla.

Buk temió por su vida y dijo:

—Yo sólo soy un empleado: no tengo nada que ver.

Y los Pescarmona, que tenían la virtud de saber cuándo perdían, sacaron la chequera y les dieron a los matones el 10 por ciento que ellos sostenían haber acordado de antemano.

Otra muestra de que a Luis Menotti Pescarmona le importó menos la ética que los negocios es la siguiente anécdota, contada por un testigo presencial que todavía la recuerda con una mezcla de goce y tristeza.

IMPSA había llamado a un informal concurso privado de precios para la compra de grúas eléctricas que debía usar para el gran trabajo de carpintería que estaba haciendo en el Teatro General San Martín (TGSM). Un inescrupuloso de una empresa llamada TEGA llamó al jefe de obra de IMPSA para proponerle el siguiente curro:

—IMPSA me elige a mí, yo te vendo 50 guías eléctricas a mitad de precio y vos, si me das una manito, te quedás con un porcentaje a conversar.

La empresa TEGA vendía guías eléctricas para la carpintería que IMPSA estaba haciendo en el Teatro San Martín.

El jefe de obra de IMPSA era absolutamente fiel a la autoridad. Y, como si eso fuera poco, honesto. Así que informó inmediatamente sobre la salada propuesta a El Viejo Pescarmona.

Pero el hombre de negocios, en vez de cortar relaciones con TEGA por el intento de corromper a su gerente subordinado, tomó esta utilitaria decisión:

—*Compralas, que están baratas. Cobrale por tu gesto un porcentaje bien alto. Después el cheque me lo das a mí, y lo tomamos como un descuento en el precio.*

Pocos saben tanto y con semejante detalle de los tejes y manejes de los Pescarmona como un alto ejecutivo mendocino que trabajó junto a Enrique Menotti desde 1966 hasta 1986. El se fue de la empresa en malos términos, porque sus dueños no le quisieron pagar una indemnización de 110 mil dólares por los servicios prestados. Entre los servicios prestados por el alto ejecutivo estuvo el de negociar los contratos de la central nuclear Atucha II.

El hombre aseguró que su perspicacia le permitió a IMPSA cobrar por lo menos 30 millones de dólares adicionales sin entregar antes el porcentaje correspondiente. Explicó que El Gordo, después de los resultados, le preguntó:

—¿*Cuánto querés por tu trabajo?*

—*Quiero una casa.*

—*Hecho: yo me hago cargo* —jura el ejecutivo que le dijo Pescarmona ante testigos calificados.

La transacción entre el dueño de IMPSA y el alto empleado terminó mal. Porque el segundo, efectivamente, compró una casa de 110 mil dólares. Pero Enrique Menotti lo despidió antes de empezar a pagarla. El ejecutivo participó activamente en tres de las decenas de renegociaciones que hubieron entre IMPSA y la Comisión Nacional de Energía Atómica (CNEA) por los contratos nucleares de Atucha II.

El contrato original se firmó en 1981. Decía que IMPSA debía fabricar y entregar no más allá de 1985 grúas puentes, grandes recipientes de presión y varios generadores de vapor. En ese momento, el monto total de los trabajos ascendía a 50 millones de dólares.

—*Yo le puedo asegurar que desde ese momento hasta ahora IMPSA cobró por los contratos de Atucha más de 300 millones de dólares, pero todavía no llegó a entregar todas las maquinarias comprometidas* —informó, con copias de los contratos en la mano, el gerente negociador despechado que hoy maneja una pequeña empresa y no le va tan mal.

El ex empleado de IMPSA, quien se considera un hombre educado y ético, tiene cierta culpa por su participación en la renegociación de los contratos. Sin embargo reconoce que no hizo nada ilegal más que aprovecharse de los oscuros mecanismos que le imponía el sistema.

—*Aprovechamos la debilidad y la corruptela del Estado* —dijo, en una emotiva intervención—. *Porque el Estado argentino es el mejor pagador que hay. Paga tarde, pero paga. Paga la deuda externa y también le fue pagando a Pescarmona mucho más de lo que le correspondía.*

Los negociadores de IMPSA reclamaron y consiguieron de la CNEA indemnizaciones por ítems que provocarían carcajadas en países serios y desarrollados.

Entre los ítems más originales se encontraron:

* *Por espacio ocupado de la fábrica*: Los directivos de IMPSA argumentaron que el espacio ocupado por los materiales mientras estaba la obra paralizada, era un espacio ocioso, un espacio improductivo. Se lo cobraron al Estado como que hay un Dios.

* *Por manos caídas*: Se denomina manos caídas a las horas/hombre no trabajadas por demoras en la obra provocadas por el contratador. Es cierto que la demora no era responsabilidad de IMPSA. Pero también es cierto que en el proyecto trabajó personal temporario, al que se podía tomar y despedir sin demasiados costos adicionales.

* *Por índices polinómicos de variación de costos*: Esta fue la especialidad de los negociadores de Pescarmona. Cambiaban la fórmula de ajuste según su estricta coveniencia. Cuando les quedaba bien, aplicaban para calcular sus gastos el valor dólar; cuando no, el valor del yen.

—*Hasta llegamos a tomar el valor del cobre en Chile* —recordó el ejecutivo arrepentido.

El hombre dejó sentado que IMPSA no fue la única compañía que se aprovechó de la debilidad o la corruptela de los funcionarios de turno para aspirar dinero de la CNEA. Para demostrarlo, recordó que el presupuesto inicial de Atucha fue de 1.200 millones de dólares, y calculó que le terminará costando a los argentinos cinco o seis veces más.

—*Los especialistas que estuvieron desde el principio suponen que finalmente costará entre 6 mil y 7 mil millones de dólares* —remató.

Los tejes y manejes que permitieron a IMPSA quedarse con plata del Estado no fueron permitidos sólo por los militares del denominado Proceso de Reorganización Nacional o los funcionarios radicales.

En enero de 1993, por ejemplo, el gobierno del presidente Carlos Menem le habría reconocido 18 millones de dólares de los 55 millones que Pescarmona reclamó por ítems tan llamativos como los detallados más arriba. Y en 1991, el Tribunal de Cuentas de la Nación, que todavía hacía gala de su independencia política, detectó la entrega irregular por parte de la CNEA a IMPSA de una indemnización de 5 millones de dólares, también por Atucha II.

Los detalles de este asunto no tienen desperdicio. Todo se mantuvo en estricto secreto hasta 1992, cuando el ingeniero mecánico Carlos Eduardo Martiniau reveló ante un grupo de diputados nacionales que había sido despedido de la Comisión Nacional de Energía Atómica (CNEA) precisamente por haber denunciado esa entrega irregular de fondos públicos.

Martiniau, un cordobés regordete, simpático e inteligentísimo, DNI 5.951.890, reconstruyó la historia en su oficina del centro, con todos los expedientes a la vista. Martiniau recordó que en 1980 Pescarmona consiguió con habilidad y buenos contactos el negocio de la fabricación de un generador de vapor, dos intercambiadores de modelador y un presurizador, entre otras cosas. Agregó que Pescarmona también se benefició con un programa oficial de transferencia tecnológica que permitió a IMPSA comprar paquetes de información y capacitar a sus ingenieros en el exterior con subsidios del Estado. Explicó que entre 1984 y 1985 se produjeron serias demoras en Atucha II y las atribuyó no a la picardía de IMPSA y otras contratistas sino a la ineficiencia y la falta de manejo de las autoridades de la Empresa Nacional de Centrales Eléctricas (ENACE).

ENACE es una sociedad constituida por la Comisión Nacional de Energía Atómica (CNEA) con más de la mitad de las acciones, y la alemana Siemens con el resto del poder.

Martiniau contó que las demoras de ENACE permitieron que IMPSA presentara otro de sus reclamos por amortización de equipos, gastos improductivos y entrenamiento de personal por 5 millones de dólares. Explicó que Pescarmona aducía que el Estado le debía pagar, porque sus agentes le habían prometido que haría máquinas para 6 centrales nucleares, y no sólo para dos o tres, entre ellas Atucha. •

Martiniau, quien siguió paso a paso la letra chica de los contratos, aclaró:

—*No hubo una sola carta de intención, un solo contrato que justificara semejante reclamo: sólo estaban la vehemencia de los negociadores de Pescarmona y la debilidad de las autoridades de ENACE.*

El ingeniero cordobés narró que ENACE determinó que se debía pagar lo que pedía IMPSA e instruyó a la CNEA para que hiciera efectivo el reclamo. La decisión se demoró hasta 1992, cuando el Tribunal de Cuentas de la Nación sospechó de la existencia de gato encerrado.

El Tribunal de Cuentas ordenó entonces que se cancelara inmediatamente la decisión de pagar.

También pidió las explicaciones y los descargos pertinentes a la CNEA. Entonces el presidente de la CNEA, Manuel Mondino, puso el dedo en la llaga.

Mondino hizo suyo el descargo ofrecido por la ENACE. La ENACE había explicado que la decisión de dar 5 millones

de dólares a Pescarmona no era puramente técnica o económica. Había escrito en papel membretado que:

—*El reclamo escapa a los límites de lo estrictamente técnico
para incursionar en el difícil terreno de lo político.*

El difícil terreno de lo político puede ser reconstruido sin
tanto aspaviento.

El presidente de ENACE en ese momento era el señor
Grasso, hijo de un accionista de Acindar al que se lo vincula
con una financiera especialista en convertir bonos en moneda
constante y sonante. Mondino, por su parte, es un hombre del
secretario general de la presidencia, Eduardo Bauzá, a quien el
presidente Menem le da poder para mediar en contratos millonarios a favor o en contra de grandes empresas.

Todos ellos aparecen como responsables de esa controvertida decisión.

Martiniau no es político, pero ostentaba el cargo de presidente de la Comisión de Revisión Técnica de las Centrales
Nucleares. En ese carácter presentó la denuncia ante la CNEA,
y pidió la aplicación de sumarios administrativos para todos
los agentes públicos que hubieran participado de la maniobra. Involucró a los firmantes del acta que permitieron el pago: ingeniero Oscar Quihillat, gerente de Area de Centrales
Nucleares; contador Renato Terigi, secretario de Administración y Finanzas y al Gerente de Asuntos Jurídicos. Contó que
durante la reunión donde se decidió pagar, un tal ingeniero
Rinaldi, de ENACE, golpeó a otro tal ingeniero Demtschenko,
gerente de Proyectos de Atucha II. Aclaró que Rinaldi estaba a
favor de la indemnización, y que Demtschenko sugirió que
alguien se estaba llevando plata a su bolsillo que no era bien
habida.

Martiniau viajó enseguida hacia un congreso en París. Y
los capos de la CNEA, en vez de dar curso a la denuncia, lo
despidieron con la excusa de que había salido al exterior sin el
permiso correspondiente.

Antes de despedirlo le dieron una última oportunidad. Le
pidieron que ratificara la denuncia, o la retirara. El ingeniero la
ratificó y el 31 de diciembre de 1992 no le renovaron el contrato, con argumentos infantiles e increíbles y sin el preaviso correspondiente.

Martiniau se dedica ahora a la actividad privada y se encuentra un poco desalentado.

Tiene razón: la causa que presentó ante la justicia ordinaria está demorada y el presidente Carlos Menem terminó
autorizando a través de un misterioso decreto el pago de los
benditos 5 millones de dólares que reclamó con energía Pescarmona. El decreto fue firmado el 12 de febrero de 1993 por
Menem y el entonces ministro del Interior, Gustavo Beliz. Lleva

el número 209/93 y careció de un pequeño detalle: no fue acompañado de las actas respectivas.

Fue la primera vez que una decisión de la CNEA debió ser refrendada por un decreto del mismísimo presidente de la Nación. Un decreto que sirvió no sólo para dar luz verde a la pretensión de Pescarmona de cobrar los 5 millones, sino para blanquear los millones de dólares correspondientes a renegociaciones entre la CNEA e IMPSA desde 1990 en adelante.

Menem jamás respondió a dos pedidos de informes que presentaron 16 diputados nacionales encabezados por Miguel Ortiz Pellegrini.

Uno exigía que se mostraran las actas de los contratos. Otro que se explicara por qué el gobierno decidió pagar a pesar de tantas advertencias de los organismos de control.

Martineu hizo un cálculo sencillo para demostrar cuánto costó a los argentinos la ineficiencia y corruptela del Estado más la audacia de contratistas como IMPSA. Informó que el costo original del generador de vapor que debía construir era de aproximadamente 3 millones y medio de dólares. Aceptó que ahora un generador igual se consigue en el mercado por entre 5 y 6 millones de dólares. Y consideró una barbaridad que, para enero de 1993, ya se hubieran pagado por esa máquina, que todavía no empezó a funcionar, casi 40 millones de dólares.

Atucha II es sólo uno de los contratos que Enrique Menotti Pescarmona renegoció con energía de león y visión de lince. Pero más impresionante y contundente que el éxito de los Pescarmona en Atucha II fue la diferencia que consiguieron para sus obras electromecánicas de Piedra del Aguila.

El asunto fue tan escandaloso que terminó con la renuncia de Mario Truffat a la Sindicatura General de Empresas Públicas (SIGEP), uno de los organismos que debían controlar las agachadas de las empresas del Estado.

Todo comenzó cuando IMPSA ganó la licitación para proveer de maquinarias a la central.

La ganó aduciendo que aunque el trabajo salía 100 millones de dólares lo podía hacer a 70 millones, y a buen ritmo. Pero cuando empezó a trabajar reapareció en escena la Tragicomedia de los Mayores Costos e IMPSA terminó pidiendo al Estado un total de 200 millones de dólares. El caso fue presentado ante Truffat, quien adujo que la Reforma del Estado y la Emergencia Económica hacían imposible aplicar la fórmula de los mayores costos.

Pescarmona ignoró entonces a la SIGEP y le presentó al gobierno de nuevo un reclamo por 200 millones de dólares. Alguien muy importante recibió el reclamo del empresario mendocino. Entonces llamó a Truffat y lo emplazó:

—*Te va a llegar de nuevo Piedra del Aguila. Hay que apro-barlo sí o sí.*

El funcionario de la SIGEP, que era un poco díscolo pero no comía vidrios, estudió el expediente, habló con el personaje muy importante que se lo giró y se sinceró:

—*Mirá: yo puedo dibujar algo, pero no soy mago. Si me esfuerzo, puedo firmar un papel en el que diga que con 170 palos todos nos quedamos conformes. Pero 200 millones de dólares es mucho y yo no los voy a inventar.*

La posición del agente público no conformó a alguien que trabaja ahora en la Secretaría General de la Presidencia, quien sacudió a Truffat así:

—*200 son 200 y no 170.*

El jefe de la SIGEP quiso acatar la directiva con un poco de dignidad y aprobó una obra de 170 millones de dólares a los que se le podían sumar 30 millones de dólares en premios, siempre y cuando Pescarmona la terminara en once meses. A los pocos días los hombres del Presidente pasaron por arriba a Truffat e hicieron firmar a Menem un decreto en el que se le reconocieron a IMPSA los 170 millones de dólares, más un pago de 30 millones de dólares por mayores costos.

El decreto lleva el número 2073/91 y tiene una complicada redacción. Una vez que se lo traduce al español, queda claro que se hizo para justificar una superexcepción a las leyes de Emergencia Económica y Reforma del Estado que inventó este gobierno.

Truffat estuvo por presentar una objeción, pero pronto se dio cuenta de que le habían tocado el traste y prefirió renunciar. El se fue con la sensación de que el ministro de Economía Domingo Cavallo apoyó ese decreto porque tenía urgencia en terminar con las obras de Piedra del Aguila y porque "algunos muchachos del Presidente tenían cierta necesidad de financiamiento propio o partidario".

Detrás del decretazo de Piedra del Aguila, Truffat recibió en la nuca otro decretazo: el que convirtió a la SIGEP en SIGEN (Sindicatura General de la Nación), lo que recortó el poder de decisión del organismo y lo convirtió en un títere de Eduardo Bauzá.

Truffat siempre supo que la SIGEP molestaba a Bauzá, pero en ese momento se dio cuenta de que también molestaba a Cavallo: el decreto de recorte de poder fue firmado por un hombre del Mingo, el secretario de Hacienda Héctor Gutiérrez.

Enrique Menotti Pescarmona, consultado por el autor, dijo que no hubo irregularidades alrededor de la participación de IMPSA en Piedra del Aguila.

Sin embargo, los Pescarmona siempre fueron unos leones vendiendo argumentos para conseguir plata del Estado.

En 1985, Luis Menotti le llegó a decir al entonces presidente Raúl Alfonsín que lo consideraría responsable de la muerte de su hijo, quien permanecía secuestrado, en poder de una banda de profesionales. Pescarmona le estaba pidiendo plata adelantada de un certificado de obra para Agua y Energía que ya debía haber cobrado. Plata para pagar el rescate de Enrique Menotti.

El jefe de Estado, conmovido, ordenó que le dieran parte del dinero que reclamaba.

También en 1985 los Pescarmona enviaron a uno de sus gerentes de entonces, Eduardo Fasulino, a reclamar deudas por sus obras ante el inconmovible ministro Juan Sourrouille. Fasulino empezó a negociar con el argumento que emplearon muchos empresarios durante el gobierno de Alfonsín, con excelentes resultados:

—Si no nos pagan ya tendremos que cerrar la planta de IMPSA en Mendoza y cuando la gente nos pregunte por qué, diremos que es porque el gobierno no nos abona nuestro trabajo.

En Mendoza gobernaba el radical Felipe Llaver, quien más tarde intercedió para cumplir el objetivo de los Pescarmona.

En 1990 los papeles se invirtieron.

Sucedió que el ministro de Economía Antonio Erman González mandó a llamar con urgencia a Don Luis Menotti Pescarmona, para exigirle que cancelara las cuantiosas deudas que IMPSA mantenía con la Caja Nacional de Ahorro y Seguro, el Banco Interamericano de Desarrollo —del cual el Estado aparecía como garante— y del BANADE.

Erman empezó por la Caja de Ahorro:

—Pescarmona: ustedes le deben a la Caja unos 5 millones de dólares.

—¿Y qué representan 5 millones de dólares comparados con los 200 millones que el Estado le debe a Pescarmona? —se hizo la víctima Don Luis Menotti.

Cuando González se dispuso a justificar su apuro, el viejo Pescarmona sacó un papel largo y empezó a desagregar las cuentas pendientes. Una no era deuda sino reclamo que se debía discutir. La otra era un certificado por mayores costos de obra. La tercera era una queja por una modificación en las reglas de juego de un proyecto.

La cuarta era una orden de servicio.

—Ninguna de esas cuentas era deuda documentada —recordó Erman en mayo de 1994 frente a un amigo en su oficina de la Fundación que preside—. Sin embargo Pescarmona las contabilizaba como plata suya. Y quería compensar su deuda efectiva con las del Estado, que todavía se estaban discutiendo.

El ministro prometió estudiar los casos. Y lo volvió a llamar cuando comprobó la endeblez de las quejas de Pescarmona.

González le dijo:

—*Esta pretendida deuda discútala con Agua y Energía. Esta otra es asunto de Hidronor. Por todo lo demás, si quiere inicie juicio.*

Pescarmona casi lagrimeó y por un momento consiguió descolocar a Erman. Enseguida preguntó:

—*¿Qué me quiere decir?*

Y recibió esta respuesta:

—*Le quiero decir que tiene que pagar la deuda con los bancos ya, o le cancelamos todos los créditos de inmediato.*

Pescarmona no se amilanó y lo presionó con estilo:

—*¿Usted me quiere fundir? ¿Quiere que cierre la cortina? ¿Pretende que deje a miles de personas en la calle?*

Los Pescarmona intentaron seducir a Erman con múltiples invitaciones a Mendoza. Pero cuando vieron que no había caso golpearon por enésima vez la puerta grande del despacho de su comprovinciano, Eduardo Bauzá. Su pretensión de compensar deudas con deudas es algo que cumplieron gracias al presidente de la Nación y sus incondicionales.

Es por eso que Enrique Menotti Pescarmona siempre dice:

—*Menem me solucionó en meses lo que los radicales tardaron años en no solucionarme.*

Lo que no pudieron evitar ni el padre ni el hijo fue que un millón y medio de personas se enteraran en una noche de todas las cosas que hacían para bicicletear el pago de un crédito concedido por la Caja Nacional de Ahorro y Seguro.

La Caja de Ahorro fue creada en la Argentina con el objeto de que la gente de bajos recursos y de clase media pudiera juntar unos pesitos. Todavía quedan en el baúl de los recuerdos de muchas familias las libretas con estampillas que se les daba a los estudiantes para acostumbrarlos a ahorrar.

Pero a partir de la asunción del presidente Menem el diputado nacional Carlos Chacho Alvarez bautizó a la Caja como El Banco de los Amigos. Alvarez pidió en Diputados la formación de una comisión investigadora y fue a la justicia para denunciar:

* renegociaciones de deudas sin punitorios ni intereses
* aceptación de garantías truchas
* entrega de créditos a amigos del poder que nunca fueron pagados.

Entre los amigos y entidades cercanas a Menem que pidieron crédito y no los pagaron o los pagaron están Jorge Antonio, el Banco de la Rioja y la empresa Renacimiento SA, entre cuyos socios se encontraban el hermano del embajador de los Estados Unidos, Guillermo Granillo Ocampo, su esposa y el amigo presidencial Elías Saad. Alvarez no incorporó en su denuncia los créditos otorgados a Industrias Metalúrgicas Pescarmona (IMPSA).

Pero el martes 13 de octubre de 1992 la compañía fue denunciada ante un millón y medio de televidentes de haber sido partícipe de un hecho de corrupción al no pagar en tiempo y forma un crédito millonario pedido a la Caja de Ahorro y Seguro. Fue durante el programa Tiempo Nuevo, que conduce Bernardo Neustadt, por Telefé. Allí, Carlos Segovia, ex auditor de la Caja, acusó a Pescarmona de no pagar "un solo centavo, ni de intereses, ni de capital" por un crédito pedido muchos años atrás. Segovia también acusó a la Gerencia Jurídica de connivencia con el empresario al no finiquitar en más de 4 años un juicio "ejecutivo" que normalmente no demora más de 6 meses.

Segovia fue llevado ante las cámaras por una gestión especial de la periodista Fanny Mandelbaum.

Neustadt, en vivo, preguntó a Mandelbaum si se podía poner las manos en el fuego por Segovia. Y ella respondió:

—Es honesto. Demasiado honesto. Choca contra las paredes de tan honesto que es.

Segovia no tuvo tiempo de dar los detalles del caso. Son deliciosos.

Todo comenzó cuando IMPSA pidió un crédito de casi 9 millones de australes en 1985.

En junio de 1987 IMPSA no había pagado ni siquiera una cuota. Entonces la Caja inició un juicio ejecutivo destinado a recuperar el crédito más 900 mil australes correspondientes a desvalorización monetaria, intereses y costas.

El juicio ejecutivo incluyó un pedido de embargo sobre la fábrica de IMPSA en Mendoza.

El 6 de octubre de 1987 el juez Luis López Aramburu decretó el embargo de la compañía. (El embargo es el instrumento más efectivo para hacer pagar a los morosos. Son pocos los que se resisten ante el cartel de remate).

Los funcionarios de la Caja de Ahorro debieron haber concretado el embargo para asegurarse el pago de su deuda.

Segovia siempre se preguntó qué fuerza mayor les impidió velar por los intereses de la entidad y hacer cumplir la ley, como corresponde.

El 17 de diciembre de 1987 IMPSA aprovechó la no ejecución del embargo para oponer excepciones con el objeto de dilatar aún más el juicio y el pago de la deuda.

Las copias de las excepciones fueron retiradas por los abogados de la Caja no inmediatamente sino demasiado tarde. Exactamente el 16 de marzo de 1988. Es decir: 3 meses después de presentadas.

El 23 de marzo de 1988 los abogados de la Caja pidieron al juez que rechace las excepciones y al mismo tiempo sugirieron una audiencia con la empresa para tres días después.

El 26 de marzo se celebró la audiencia y no cambió nada.

El 26 de junio de 1988 la Caja refinanció la deuda. El valor de la deuda ascendía entonces a 537 mil dólares sin intereses ni costas.

El 27 de julio de 1988 se presentó IMPSA para homologar el acuerdo transaccional.

Pero la Caja de Ahorro envió a un apoderado sin facultades para decidir, por lo que se fijó una audiencia para el 15 de mayo de 1989.

El 15 de febrero de 1989 la Cámara Federal de Apelaciones en lo Civil y Comercial pidió el expediente.

El expediente fue devuelto recién el 19 de setiembre de 1991, casi dos años antes del reinicio del juicio ejecutivo.

El 17 de julio de 1992, ya sin recursos, IMPSA le envió al juzgado no dinero en efectivo, como corresponde, sino una boleta de depósito por 2.933.186 pesos o dólares, en concepto de pago total de la deuda.

Segovia cree que IMPSA nunca habría pagado la deuda si no hubiera sido por su aparición en televisión.

Segovia se defiende ahora de los abogados de Enrique Menotti Pescarmona, quienes le iniciaron una querella por calumnias un mes después de su aparición en tevé, el 16 de noviembre de 1992.

Los abogados que eligió Pescarmona para la ocasión son de los más caros de la plaza: Roberto Durrieu hijo, Raúl Nicholson y Hernán Munilla Lacasa.

Segovia está postrado en su casa de Ramos Mejía, convaleciente de una operación de hernia de disco. Tuvo que hipotecar el lugar donde vive para afrontar los gastos de la operación.

Los abogados de Enrique Menotti Pescarmona consideraron a Segovia un difamador público. Argumentaron que injurió a su cliente por haberlo colocado como miembro de una "mafia corruptora" integrada por él y la Gerencia de Asuntos Jurídicos de la Caja de Ahorro.

Explicaron que quien hubiera visto ese programa se habría ido a dormir con la idea de que Pescarmona dio dinero a la Gerencia de Asuntos Jurídicos de la Caja para dilatar el pago de la deuda todo lo que fuera posible.

La jueza que tramitó la querella de Pescarmona contra Segovia es Isabel Poerio de Arslanián, esposa del ex ministro de Justicia León Carlos Arslanián.

Segovia teme que el poder económico de Pescarmona le haga perder el juicio y también haga perder el juicio de quienes deben decidir sobre su suerte. Segovia dice que no se dará por vencido y seguirá investigando.

Por lo pronto, detectó otro acuerdo sugestivo entre Pescarmona y la Caja.

Un acuerdo por el que el hombre de negocios se comprometió a devolver los 3.700.000 que había pedido.

Segovia detectó en la transacción dos hechos sugestivos:

* que se lo dejaran devolver en 110 cuotas mensuales, lo que constituye un plazo demasiado largo

* que le cobrara apenas un 13 por ciento de interés anual, lo que constituye una tasa bajísima, comparada con el 18 por ciento que cobra la Caja de Ahorro a quienes piden créditos hipotecarios.

Segovia concluyó su dictamen al pie de la cama donde se cura de su operación:

—*Si Pescarmona hubiese puesto el monto total del crédito otorgado al 18 por ciento anual no sólo le hubiese alcanzado para pagar el capital sino también los intereses y los punitorios.*

Y remató:

—*Fue un negocio muy beneficioso para Pescarmona y muy ruinoso para la Caja de Ahorro.*

Entre los muchos enemigos que se ganó El Gordo a lo largo de su carrera de negocios, hay quienes piensan que algunas de sus "pegadas" se las debe a su esfuerzo por seducir con diversas artes al propio presidente Carlos Menem.

El ex ministro Roberto José Dromi, por ejemplo, todavía cree que Pescarmona casi le arrancó a Menem la posibilidad de que Cielos del Sur fuera internacional, sólo por haberlo invitado a volar un DC y prepararle una fiesta el día que presentó nuevos aviones para incorporar a la flota.

—*No parecía un acto institucional, sino un homenaje personal a la figura de Menem* —recordó Dromi en su oficina de la calle Cerrito una fría mañana de 1994.

Dromi no quiso decir que a Menem le encanta que lo diviertan y le reconozcan sus gustos por encima del protocolo.

Pero el mayor tributo del hombre de negocios al presidente fue el obsequio de una pintura del caudillo Facundo Quiroga.

Pescarmona se la podría haber regalado con discreción, pero lo hizo sin disimulo y con cierta prensa: se aseguró de que estuvieran en el momento de la entrega todos los fotógrafos que habitualmente cubren los acontecimientos de la Casa de Gobierno.

La gentileza le cayó muy bien al presidente y muy mal a una parte de la sociedad. Algunos puristas del derecho recordaron que, al aceptar la pintura, Menem había violado un artículo del Código Penal que impide a los funcionarios públicos recibir dádivas personales. El jefe de Estado hizo pelito para la vieja, tomó el cuadro y después aceptó el consejo de uno de sus asesores, quien le recomendó donarlo al Estado.

—No vaya a ser cosa que por una pavada como ésta se termine repitiendo la historia de la Testa Rossa —le explicó más tarde Menem a Pescarmona.

La Ferrari Testa Rossa se consideró en un momento como el símbolo más acabado de la frivolidad de Menem y de este gobierno. Había sido obsequiada por dos parejas de hermanos, los Braghieri y los Castiglioni, quienes negociaban con el gobierno la construcion de hoteles de lujo y la remodelación completa de los aeropuertos metropolitanos.

En el monólogo que sirve de broche de oro a la historia de su vida y del grupo IMPSA, Pescarmona reconoció que le regaló la pintura por admiración, consideró que por su precio, su calidad y su intencionalidad no se la podía comparar con la Ferrari y admitió que también lo hizo porque Menem siempre se había portado muy bien con él y lo había ayudado a destrabar un negocio fuera de la Argentina.

Un negocio de cerca de 25 millones de dólares.

Se trataba de unas grúas que debía fabricar y entregar al gobierno de Arabia Saudita. Pescarmona había ganado la licitación, el negocio ya se había adjudicado, pero los árabes no querían abrir la carta de crédito que le aseguraba a IMPSA el cobro sí o sí. Así como Menem habló con su amigo el rey de Arabia Saudita Fahd Bin Abdulaziz Bian Al Saud para proponerle como director técnico del seleccionado de aquel país a Jorge El Indio Solari, también pasó por encima de los canales ordinarios para decirle al monarca:

—*¿Por qué no le destrabás el contrato a Pescarmona?*

El Gordo nunca pensó que una pintura de cerca de 30 mil dólares comprada en un remate cualunque le diera tanto resultado y le trajera a la vez tantos dolores de cabeza.

Una de las cosas que más le molestó fue el pedido de informes a Menem que le hicieron los diputados Chacho Alvarez, Alfredo Bravo y Ricardo Molinas, entre otros. Los legisladores pretendían confirmar la veracidad de las declaraciones de Pescarmona relacionando la pintura con la gestión de Menem no sólo para destrabar el negocio de Arabia Saudita sino también otro en Malasia.

Pescarmona se puso furioso cuando leyó los fundamentos. Uno de sus párrafos más interesantes, decía:

—*Un poder al servicio del amiguismo y las prebendas no es el mejor, ni es el que votamos los argentinos. Por eso el Poder Ejecutivo debería clarificar esta información y de paso preocuparse más por la pequeña y mediana empresa, los trabajadores, los jubilados, la educación, la salud y la seguridad y menos por hacerles negocios a sus amigos.*

Pescarmona sostiene que las atenciones personales no deben confundirse con el soborno. El hombre de negocios tiene la

particular teoría de que las personas que no aceptan una gentileza o una invitación, lo hacen porque en el fondo quieren un
premio mucho mayor.

Esa teoría la desarrolló cuando quien esto escribe rechazó
primero la oferta de un viaje a Colombia para conocer la planta
de IMPSA en ese país y después una caja de vinos marca Lagarde para probar la calidad de la bodega familiar.

—*Voy a tener que pensar que no se conforma con nada* —dijo un poco en broma y mucho en serio.

Pescarmona es uno de los empresarios argentinos con mayor capacidad de negociación.

Por eso piensa que todo tiene precio.

4. "Péguenme dos tiros"

Enrique Menotti Pescarmona, el hombre que multiplicó veinticinco veces la fortuna familiar y salvó su vida por la módica suma de 5 millones de dólares, 53 años, casado, cuatro hijos, Escorpio en el horóscopo occidental y Serpiente en el Chino, ingeniero en electromecánica y master en Economía y Dirección de Empresas, invitó a Colombia al autor de esta investigación con la secreta intención de ser bien tratado como uno de los protagonistas de *Los Dueños de la Argentina II*.

Sucedió el viernes 4 de marzo de 1994, un poco antes de las tres y media de la tarde, en la oficina que el hombre de negocios posee en Mendoza.

Pescarmona no se calló nada.

Reconoció que Menem le solucionó problemas de dinero entre su empresa y el Estado; contó aspectos inéditos de su secuestro; se arrepintió de haber apoyado el golpe de Estado de 1976; no dudó en la posibilidad de matar a alguien que intentara secuestrar a su mujer; relató con lujo de detalles su infancia, su adolescencia y cómo conoció a su actual esposa; admitió que gastaba 200 mil dólares por año en invitaciones a políticos y banqueros para la fiesta de la Vendimia; expuso su teoría denominada Lo Difícil Que Es Hacer Negocios Con Dinero Ajeno; narró las diferencias que separaron a la familia durante el rapto; contó su odisea para poder fabricar turbinas; reconoció que es amigo de Menem, Alfonsín, Bordón, Storani y Bauzá, entre otros; precisó cómo el Presidente lo ayudó a destrabar un negocio millonario en Arabia Saudita así como Domingo Cavallo hizo lo mismo en Filipinas; explicó por qué fracasó en Aerolíneas Argentinas y dio su versión del golpe de Estado familiar que dejó fuera de la empresa a su tío y a sus primos.

La entrevista con Pescarmona fue divida en dos sesiones.

La primera fue en Mendoza, se prolongó por dos horas y tuvo momentos de tensión, vinculados con preguntas inconvenientes, como la relacionada con la pintura de Quiroga que le regaló al Presidente. El estaba con una remera, unos pantalones grises subidos más arriba de la cintura y unas zapatillas de tenis para combatir el pie plano. Había pasado con éxito la mitad de su régimen: pesaba un poco más de 90 kilogramos, 20 menos de los que soportaba cuando le decían El Gordo. Sólo se paró para ir a hacer pis y para atender un llamado que él mismo había pedido con su hermana.

La segunda fue en Buenos Aires, en su oficina del piso 19 de la calle Madero 941. Esta vez hizo sentar a su lado al asesor jurídico (no se sabe si para evitar alguna afirmación inapropiada o para vigilar la conducta del periodista). Esta vez, además, se puso un traje gris pero estuvo menos tenso que durante el primer contacto. Pidió encarecidamente que no se publicara ni un solo dato que pudiera excitar la imaginación de potenciales secuestradores o poner nerviosos a los que ya lo raptaron. Su pedido fue respetado.

—*Estoy seguro de que mis secuestradores están libres* —advirtió, antes de despedirse.

Lo que sigue es la reconstrucción del diálogo. Los temas son presentados por orden de importancia periodística. Fue editado en forma de monólogo para hacerlo más atractivo. Las malas palabras utilizadas por Pescarmona no evidencian su mala educación sino el nivel de familiaridad que tuvieron algunos pasajes. Su relato de cómo regateó con los secuestradores por el pago del rescate es de antología:

Yo quedé medio rayado después de mi secuestro, pero le prometí que le iba a contar todo, y se lo voy a contar.

Me secuestraron a una cuadra de mi casa.

Yo era un tipo muy tranquilo, igual que ahora. Me dedicaba a la familia. ¡Hace 25 años que vivo con la misma! Nunca había tenido custodia. Tampoco ahora. Siempre pensé que tener custodia es como ir contra mi libertad personal.

Iba en el auto con mi chofer, leyendo el diario, como todas las mañanas. (A partir de ese momento no leo jamás nada en el auto). Entonces nos pusieron un auto adelante y otro atrás.

Yo iba en el asiento de atrás. Bajaron dos o tres tipos. Uno de ellos estaba con una ametralladora y otro tenía un revólver. El revólver estaba martillado. ¿Cómo supe que estaba martillado? Lo supe porque soy cazador y algo de armas conozco.

Me apuntaron con el revólver martillado y me dijeron:

—*Bájese ya.*

Yo bajé de inmediato y un tipo enseguida me entró a dar en la cabeza con el mismo revólver.

No sé si me resistí. A lo mejor sí. La verdad que no mucho. Cuando te dan dos mamporrazos de ésos... ¿para qué te vas a resistir, para que te maten? Después me enteré que al tipo se le había escapado un tiro. Yo ni lo escuché. ¿Sabía usted que al tiro de la muerte nunca se lo escucha?

Me rompieron la cabeza. Me metieron en el asiento de atrás de uno de los autos. Se fueron de raje y de contramano. Unas veinte cuadras después cambiaron de auto. Me metieron en un baúl. Yo era mucho más gordo que ahora. Ahora peso 88. Y sigo midiendo 1.80 metros. He llegado a pesar 120. Y en esa época pesaba mucho más de 100 kilos.

Sigo: me metieron en el baúl de un Dodge 1.500. Hubiera jurado por mi madre que no podía entrar en el baúl de un coche así. Sin embargo con una ametralladora en la sien cualquiera es capaz de hacer cualquier cosa.

Estuve en ese baúl un rato largo. Después me cambiaron de auto y me pusieron una venda. Me llevaron a un lugar chico. Me bajaron: me metieron en un sótano. Bah, supongo que era un sótano, porque me hicieron bajar una escalera. Estaba encapuchado. No veía nada. Me metieron en un calabozo de uno por tres. Al principio me trataron mal. Me dijeron clarito:

—*No se haga el loco porque lo reventamos.*

Y yo en un momento estaba casi seguro de que me iban a matar. Me tiraron en el cuartito. Estaba todo ensangrentado. Ellos entraban a la celda encapuchados. Me advirtieron:

—*Si se hace el loco lo encadenamos.*

Pero yo no protestaba. Los trataba bien. Quería facilitarles las cosas. Les decía:

—*Vamos a negociar, ¿por qué no negociamos? Negociemos.*

Eso era lo correcto.

Empecé a negociar con estos tipos: ahí me di cuenta que eran profesionales. La primera cifra que me pidieron fue exorbitante.

No le voy a decir cuánto.

Le tiene que alcanzar con saber que fue una cifra exorbitante. No se la dije a nadie. Me voy a llevar el secreto a la tumba. La cuestión es que, cuando la escuché, les dije:

—*Yo no tengo esa plata: mejor péguenme un tiro.*

Se fueron enseguida. Pero al rato vino uno. Yo lo reconocía como el que me curaba la cabeza. Porque tenía la cabeza hecha pelota. Me ponía sulfamida y agua oxigenada para que no se me infectara.

Pasaron un par de días y yo me empecé a angustiar porque no volvían los negociadores. Pero enseguida regresaron y y me bajaron la cifra un 30 o un 40 por ciento.

Y y lo les volví a decir:

—*En ese caso péguenme otro tiro.*

¿Por qué usted dice qué difícil debe ser negociar conmigo o sacarme plata? Yo se los decía de verdad. Yo no tenía la guita que me pedían. ¿Qué quería que hiciera?

Se fueron sin contestarme, enojados. Menos mal que siempre los traté muy bien. Que les dije desde el principio que me iba a portar bien. Que no iba a hacer locuras. Lo único que les pedí fue que no me pegaran ni me torturaran. Bastante tortura era dormir en el suelo. Llegué a sentir bastante frío: era abril y mayo.

—*Soy colaboracionista* —les dije, de entrada, para que me entendieran bien.

Así fue obteniendo conquistas sociales.

A los diez días me dieron un colchoncito para dormir más tranquilo. Después me dejaron lavarme y enseguida me dieron unas pilchas limpias. Yo hacía mis necesidades en un balde. Y ese balde me lo sacaban de la pieza de vez en cuando. Poco a poco me fueron dando más. Un día un jabón. Otro día un pantalón. A los 20 días pedí una máquina de afeitar.

Los tipos eran preparados. No sé si eran profesionales. Ni diga que yo dije que eran profesionales porque no lo se. Eran preparados.

No eran boludos.

¿Quiere que le siga contando la negociación?

A los 15 días vino un señor distinto a los que venían tratando conmigo. Y entonces me pidió una cifra más razonable.

La cifra era más razonable y no se la voy a decir. Lo único que le puedo decir es que después negociaron una cifra un poco más alta con mi familia, que a esa altura estaba desesperada.

Pero hubo un día en el que sentí más miedo que ningún otro.

Ya habíamos iniciado la negociación. Yo tenía la esperanza de que todo iba a funcionar bien. Fue entonces cuando pasó eso que no sé cómo usted lo sabe: el momento en que uno se metió sin la capucha, a cara descubierta. Cuando me di cuenta que el tipo estaba entrando sin capucha me di vuelta, me tiré al suelo y me tapé la cara.

El tipo me preguntó, haciéndose el gracioso.

—*¿Qué le pasa? ¿Se siente mal?*

—*No me pasa nada* —le contesté—. *Me pasa que no le quiero ver la cara.*

Yo sabía que eso equivalía a mi seguro de muerte. Pero nunca pude saber por qué lo hicieron. A lo mejor era porque ese hombre quería probarme. A lo mejor se equivocó.

Sigo:

La negociación se cortó, y yo les fui dando números de teléfonos para que se comunicaran con mi familia. En un momento determinado me di cuenta que se había cortado la comunicación o la negociación porque no aparecieron por diez o doce días.

Empecé a buscar una nueva vía de comunicación.

Se comunicaron con un par de amigos y con un pariente. Tampoco le voy a decir quién es. Además, ¿para qué lo voy a meter al pobre tipo que ayudó a salvarme la vida en este lío?

Lo importante es que se retomó la vía de comunicación.

Ah, ahora me acordé:

Otra de mis conquistas sociales fue conseguir libros y hasta diarios para leer. Y yo leía todo. Absolutamente todo. Y además hacía ejercicios. Ejercicios fuertes. Cuanto más fuertes mejor: flexiones contra la pared, caminaba rápido en el lugar. Lo hacía para despejarme la cabeza. Para no pensar. Y también para cansarme y poder dormir. La verdad es que dormía bien. Demasiado bien. Tanto que ellos se sorprendieron y me preguntaron:

—¿Por qué duerme tanto? ¿no tiene miedo?

—No. Yo siempre dormí bien. Y además tengo la conciencia tranquila —les dije.

Pero la verdad es que dormía mucho porque era otra de las maneras de que pasara el tiempo. ¡Si hasta llegué a dormir más de 10 horas por día!

Yo tenía conciencia del tiempo. Sabía exactamente el día que era.¿Cómo lo sabía? Lo medía por la cantidad de meadas que me echaba. Esto no lo escriba, porque es grosero, pero por la caca no soy tan normal. Sin embargo por el pis sí. Soy un meón consuetudinario: hago entre 14 y 16 pipís diarios. Lo que tenía cambiado era la hora. Me equivoqué exactamente en 10 horas. Cuando me largaron creí que eran entre las 12 o las 2 de la tarde pero eran las 10 de la noche.

Claro, entre los diarios que leí estuvo el Clarín.

Mire: la verdad es que no sé por qué Clarín, antes de que me largaran, publicó en la tapa que me habían encontrado muerto en Brasil. Además los periodistas no te dan las fuentes y a mí nunca me dijeron de dónde salió eso.

Ahora no tiene ninguna importancia. Sí fue jorobado para mi familia. Pero yo no lo vi. Porque ese día me dieron el diario sin la tapa y sin la página donde estaba la información. Yo me desesperé:

—¿Qué pasa? ¿Qué dice el diario que no me quieren mostrar?

—No dice nada: se le mojó la página y la tiró —me mintieron.

Menos mal que no me la mostraron: me habría vuelto loco.

¿Cortocircuitos entre mi mujer y mi padre por la negociación del rescate? ¿Quién le contó eso?

Mire: yo supongo que ha habido esos cortocircuitos. Es normal que los haya. Pero cortocircuitos hubo. No le quepa la menor duda. Nuestra familia es muy democrática. Y se discute todo. Si por cada negocio se discute con tanta pasión ¡imagínese cómo habrán sido las discusiones estando en juego la vida de un miembro de la familia! Discutimos apasionadamente y no quiere decir que nos llevemos mal.

Si un sajón viera nuestras discusiones familiares y de negocios pensaría:

—*Estos están completamente locos*

Y esperaría que nos agarráramos a tortas. Pero es nuestra forma latina de discutir. Somos gritones y calientes.

¿Me pregunta si mi secuestrador fue Guglielminetti? Sinceramente no sé si fue. Creo que no fue. Pero no sé quién fue. ¿Por qué creo que no fue? Porque si hubiera sido lo habrían encontrado. Estaba tan cantado que era él que no puede ser. Las cosas que parecen fáciles no lo son tanto.

Después del secuestro comencé a tomar ciertas precauciones. Empecé a andar armado.

Sé manejar bien las armas. Soy cazador y buen tirador. No tengo miedo de contestar a su pregunta: si unos tipos entran a mi casa y quieren secuestrar a alguien de mi familia probablemente los mate. No es apología del delito. Es legítima defensa. No sé, depende del momento. De cómo la estén tratando, por ejemplo, a mi mujer. Depende de las circunstancias. Pero no tengo miedo de que me vuelvan a secuestrar los mismos tipos. Aunque es cierto que me pueden volver a secuestrar.

Unos días antes que me largaran los muchachos se empezaron a poner contentos. Hacía mucho frío y me convidaron un coñac. Les pregunté a qué se debía tanta consideración. Me dijeron:

—*Prepárese porque lo estamos por largar.*

La felicidad se me mezcló con el temor.

Yo siempre tenía miedo de que me mataran una vez que consiguieran el dinero. Ese día les dije, como casi todos los días en que se tocaba el tema:

—*Muchachos: si ustedes quieren matarme mátenme. Yo estoy dispuesto a bien morir. Tengo mis cuentas arregladas en la Tierra. Pero por favor: no me conviertan en un desaparecido más, tiren mi cuerpo por ahí. Hagan que aparezca. No hagan sufrir a mi familia más de lo que está sufriendo.*

Y los tipos, cada vez que les decía eso, me preguntaban:

—*¿Pero usted no le tiene miedo a la muerte?*

Me sacaron de la piecita. Me metieron en el baúl del mismo auto que me había traído, me vendaron los ojos. Me sentaron en el cordón de una vereda y me dijeron:

—*Cuente hasta 60. Después sáquese las vendas: Está usted liberado.*

Cumplí al pie de la letra. Conté, despacito, hasta 60. Me habían dejado muy cerca de la estación Castelar. Me fui corriendo de la alegría hasta que encontré algunas casas iluminadas. A todos les pedí el teléfono y todos me lo negaron. Nadie me quería abrir. Tenían miedo. Finalmente uno me guió hasta una estación de servicio donde había un teléfono público. Estaba a 6 cuadras.

No llamé a mi casa. Llamé a lo de mi suegro. Querían venirme a buscar. Pero me tomé un taxi con la plata que me habían dado los tipos.

El secuestro me hizo perder como 20 kilogramos. Fue el régimen para adelgazar más caro de mi vida. Un régimen que no le recomiendo a nadie. Es un régimen muy peligroso: quedan más muertos que vivos.

El proceso de mi recuperación fue un poco lento. Al principio me despertaba gritando porque soñaba que estaba en el mismo calabozo y esa idea me impedía luego dormir.

Poco a poco me fui recuperando mientras que al mismo tiempo se me iba cayendo Lucy, mi mujer. Lo mío duró entre 5 y 6 meses. Lucy a los tres meses ya estaba verdaderamente bien. ¿Cómo quiere que se lo explique? No quedás completamente loco. Pero te quedan rayes. Quedás medio rayado. Lloré un par de veces. No es malo llorar. Al contrario: es como una descarga psicológica. Estuve mal pero jamás recurrí a una bruja o a un psicoanalista. Los médicos me querían dar pichicata para dormir y yo dije:

—No: me las voy a aguantar solo hasta que se me pase.

Pero lo único que recuperé rápido fueron los kilos. En menos de un par de años ya estaba igual que antes.

¿Ahora viene la parte en la que tengo que hablar de cuándo nací y todo eso?

Nací un domingo a las tres de la tarde: pesaba mucho, era muy gordo.

Era tan gordo que casi mato a mi madre. Era un toro. No recuerdo exactamente, pero debí haber pesado como cinco kilos. Fue un día muy feliz para todos. De mi infancia me acuerdo que era muy travieso, muy inquieto, pero buen deportista. Era un gran esquiador, ya de chiquitito. Fui campeón argentino de motonáutica. Cuando empecé a esquiar tendría 8 o 9 años. Hacía esquí de agua y esquí de nieve. En vez de ir a dormir la siesta le enseñaba a esquiar a todo el mundo. Era flaco. Muy flaco. Un palo.

Ya volveré a ser flaco. Adelgacé mucho. Pero todavía falta. Falta menos pero falta. Más flaco necesito estar.

¿Quién fue mi primera novia? Novias tenía muchas, no le voy a decir una cosa por otra. Pero, ¿novia, novia? Andaba con una piba bárbara que era petisita, gordita con rulos rojizos. Tendríamos los dos unos 10 años. ¿Beso, qué beso? ¿En esa época? ¡No! ¿Usted está loco?

No le voy a decir el nombre de mi primera novia: a lo mejor a ella no le gusta. No: mi primera novia no fue mi mujer. Tenía muchas. Hay que ser piola: no me pida nombres. A lo mejor el marido se enoja.

Entré en ingeniería a los 15 años.

En la Universidad me llamaban chupete. Me llamaban así porque era uno de los dos más jóvenes de los 200 que estudiábamos ingeniería. El otro se llamaba Tarántola. Trabajó en Agua y Energía. Nadie entendía cómo un pibe de 15 años se había recibido de Perito Mercantil.

Me recibí de ingeniero a los 22 años.

¿Si hice la colimba? Claro: dragoneante Pescarmona. Pedí prórroga y me la dieron. Cuando entré, me faltaban tres materias para recibirme. La hice en la Dirección de Ingenieros de la Unidad Regional Cuyo. ¿Acomodado? ¿Qué voy a estar acomodado? Ahora le voy a contar.

Yo era un colimba que cumplía las órdenes a la perfección. Y también, era casi ingeniero. Lo primero que hice fue montar una escuelita para enseñar a leer y escribir a los que no sabían. En un par de meses les había enseñado a 5 colimbas.

Me sentía orgulloso. Pero eso de que me pusiera a enseñar trajo algunos resquemores de suboficiales. Y uno de ellos, el más resentido, me hizo hacer de invierno.

Hacer de invierno es sacudir todo el día un árbol, hasta que se le caigan todas las hojas.

Por lo demás, la pasé muy bien en el Ejército. No sé si me gustó, pero fue una buena experiencia. Tuve un gran jefe que se llamaba Ochoa. Era un militar hecho y derecho. Un gran jefe. Muy correcto y muy decente. No andaba en cosas raras.

El mayor, por ejemplo, me dejó ir 15 días para rendir una materia. No señor, ¿por qué dice que estaba acomodado? No estaba acomodado. Lo que pasaba era que era muy buen soldado. ¡Si no, no me hubieran nombrado dragoneante! ¡Y además era jefe de guardia! Escúcheme: era oficial de reserva. Nadie se quejaba de mí. Como no podía ser de otra manera. Para eso está la colimba. Uno venía a servir a la patria. Si no tenía que hacerse el loco.

Dos meses después de terminar la colimba me recibí de ingeniero. Tenía 22 años y me fui a trabajar de profesor a la escuela industrial Otto Krause. Daba clases a la noche. ¡Y mis alumnos eran más grandes que yo! Algunos podían haber sido mis padres...aunque todos eran muy correctos.

Después me fui a Barcelona.

Me fui hacer el master en Economía y Dirección de Empresas. No me ayudó mi padre. Me fui por mi cuenta. Hice un muy buen examen de ingreso y me admitieron. Entramos 36 sobre 400 y yo estuve entre los 10 primeros. Me fui con muy poca plata. Tenía un departamento. ¡Qué lindos recuerdos!

Yo conocí a mi mujer (Lucy Pujals) en Barcelona.

Es una historia fácil de contar. Y es linda, además.

Yo estaba, como corresponde, saliendo con la española de turno. Mi padre siempre me mandaba argentinas. La verdad es que no quería saber nada con las españolas. Un día mi padre y mi madre se encontraron con el ingeniero Espiase. Espiase fue el que lo ayudó al abuelo después de la recesión del año 30. Se encontraron en Mar del Plata. Fue a mediados de la década del sesenta. Y...usted sabe cómo son los viejos. Espiase empezó:

—*¡Yo tengo una nieta bárbara! Justo para su hijo.*

El abuelo la quería especialmente porque Lucy había vivido con ellos en la época en que el padre estaba muy enfermo y casi se muere.

—*Además se está yendo para Europa* —insitió Espiase.

Fue ahí cuando mi madre aprovechó para "venderme". "Que tengo un hijo ingeniero. Que estudia en Europa". Cosas de viejos con sus hijos. Cosas que yo haré lo mismo con los míos dentro de poco. La cuestión es que le dieron mi dirección a Lucy en Barcelona y ella me vino a buscar. Ella estaba en Roma con una amiga. Habían estado saliendo 14 noches seguidas. Lucy le apostó a la amiga que no iban a romper la racha. Que la noche número 15 sería en Barcelona. Le dijo a su amiga:

—*Yo tengo la dirección de un tipo que nos va a sacar a pasear.*

A mí la idea no me gustó mucho. La verdad es que estaba descontento. Mi padre me mandaba muchas nuevas argentinas...y muy poca plata. Y a consecuencia de eso, siempre andaba cortado.

—*Habla Lucy Pujals* —me dijo, corta.

—*Ya sé* —le dije yo—, *¿no pretenderás que te invite a salir, no?*

—*Sí, por supuesto* —me madrugó.

Me fui a buscarla hecho un reo. No quería que pensara que yo deseaba agarrarla. Yo, en realidad, pensé:

—*Zas: otro mono loco y van...*

Dije mono loco porque la semana anterior habían estado unos monos...perdón, unas chicas muy feas. Y me habían hecho gastar un montón de plata. Además había chocado el auto. Y tuve que sacar a estos monos...(chicas) a pata. Mis amigos aprovechaban, paseaban con el auto y me ladraban y me tiraban nueces.

Pero cuando la vi...quiero decir...cuando vi a Lucy, dije:

—*Madre mía: éste no es ningún mono loco.*

Y hoy sigo enamorado de ella.

Nos casamos en el 67, en Buenos Aires, el 20 de marzo.

¿Si mi mujer influye en los negocios?

Es cierto que ella tuvo y tiene mucha influencia sobre mí. Mi mujer es una mujer inteligente y tiene influencia. ¿En todo?...Por lo menos en el sexo, obviamente. ¡Hace 25 años que ando con una sola, así que...!

Y en los negocios... sí, también tiene influencia. Mi mujer es mi mujer. Y opina. No se mete, pero sabe lo que está pasando. Y la consulto en las grandes decisiones.

¿Pero por qué hace preguntas tan raras?

No: no me acuerdo cuándo conseguí mi primer millón. ¿Por qué tengo que acordarme? Yo no me acuerdo de eso. Me acuerdo de otras cosas más profundas.

Me acuerdo todos los objetivos que fui cumpliendo en mi vida. Porque mi sueño se cumplió. Cuando vine de España, mi primer sueño fue dar trabajo a ingenieros argentinos que de otra forma no lo iban a tener. Mi segundo sueño fue hacer una empresa competitiva en el mundo. Y el tercero hacer un producto que nadie fabricara en el país.

Lo hice. Pero no fue fácil. Cuando yo pronostiqué que iba a hacer generadores y turbinas en la Argentina nadie nos creyó.

—¡Este chanta qué va a hacer turbinas! —decían.

Y era de verdad difícil. Porque los turbineros estaban en Europa o Estados Unidos.

Imagínese usted lo que significaba que un tipo joven, ingeniero, amenazara con que se pondría a hacer turbinas. Ubíquese: hacía 150 años que empresas extranjeras, grandes y con supertecnología mantenían su negocio. Empresas que tenían sus grandes representantes en la Argentina.

Dése cuenta. ¿Cómo podía competir yo con un representante de estas empresas que lo único que tienen es un fax, que no corren ningún riesgo? Ellos se sintieron muy atacados cuando yo anuncié que empezaba a hacer turbinas. Y, claro: tenían miedo de perder sus fuentes de ingreso.

¿Quiénes eran? Allis Chamler, por ejemplo.

Nosotros peleamos contra ellos por proveer de turbinas a Yaciretá. Alguien dijo que a raíz de esto yo escribí un libro titulado La Guerra de las Turbinas. No es cierto. Yo escribí un caso: un business case. Expliqué los hechos: aclaré como fui desglosando el camino hasta obtener este contrato tan importante de poder fabricar las turbinas Kaplan más grandes del mundo.

Fue una lucha muy dura. Y duró mucho tiempo. Todos pronosticaban que perdíamos. Y teníamos todo para perder. Le explico: un arma para evitar que entren nuevos competidores al mercado es poner de manifiesto los antecedentes. Y nosotros, en ese momento no teníamos antecedentes. Yo tenía que golpear las puertas de mis clientes: Agua y Energía, Yaciretá, Hidronor. Y después venía el representante de los extranjeros y decía:

—¿A este tipo quién lo conoce? ¿Qué sabe de turbinas? Es un chanta. No sabe nada. Hacen falta 150 años para hacer turbi-

nas. No tiene antecedentes. No tiene plata. No tiene avales. No tiene nada.

Y si a eso le suma que yo era de Mendoza, que estaba fuera del cinturón industrial y que venía de una provincia vitivinícola... ¿quién podía apostar a que la guerra la ganábamos nosotros?.

No mezcle una cosa con otra:

Yo no tengo el resentimiento de los del interior que conocen tarde Buenos Aires. Fui de chico muchas veces.

Por supuesto que a los mendocinos, y especialmente a mí, nos gusta más Mendoza que Buenos Aires. Tanto en Buenos Aires como en Mendoza hay tipos muy atorrantes y también tipos bien.

Déjeme seguir con las turbinas de Yaciretá:

¿Qué papel jugó (Eduardo) Massera en mi pelea contra Allis Chamler?. Bueno...AFNE (Astilleros Fabricaciones Navales del Estado) hizo un acuerdo con Allis Chamler para fabricar una parte de las turbinas acá. Y (al consorcio que lideraba IMPSA) no nos pareció correcto. Nos pareció mal. Lo vimos como un subsidio del Estado a una empresa extranjera cuando había un fabricante nacional privado que lo podía hacer.

Massera estaba jugando para Allis Chamler. Pero nunca discutí con él. Yo no lo conozco. Yo discutí con la gente de AFNE. Les dije que no podía hacer todo el Estado y sí las privadas. Y menos con un subsidio.

Así nos quedamos con una parte del negocio.

¿Quién le dijo que la planta II de IMPSA se levantó con un subsidio? Esta empresa nunca tuvo un subsidio, nunca tuvo prebendas. Siempre compitió. Siempre tuvo excelencia profesional. ¿Y qué tiene que ver el BID (Banco Interamericano de Desarrollo) con los subsidios? Sí: a la planta II la hemos levantado con un crédito del BID. Pero no era un crédito subsidiado. ¡Y hemos pagado de ese crédito hasta el último mango! Usted está mal informado: ¿de dónde sacó que no pagamos las cinco primeras cuotas del BID? A esas cuotas las pagamos. Y a las siguientes cuatro cuotas no las pagamos porque el Estado no nos pagaba las cuentas que nos debía. Nosotros pretendimos que nos las compensaran. Y de hecho las compensamos. Déjeme explicarle cuál era el contexto.

Cuando se produjo la debacle de la Argentina (88 y 89) el gobierno dejó de pagarnos a los contratistas.

Nosotros le dijimos al gobierno:

—*Pagá las cuentas y yo compenso.*

¿Qué tiene de malo eso?

El crédito (del BID para la planta de IMPSA) fue por 55 millones de dólares.

Pero no son rueditas.

Usted a la fábrica la vio. Y hemos invertido mucho más que 55 millones. Porque sólo el torno grande que usted vio esta mañana vale 25 millones de dólares. Mi pelea (el no pago de las cuotas del crédito del BID) no fue con (el ex secretario de Hacienda Mario) Brodersohn.

Mi pelea fue con el Estado por la falta de pago. La Secretaría de Hacienda no podía pagar. No tenía plata. Qué quiere que le diga. Los números no estaban como los tiene Cavallo hoy.

El gobierno (de entonces) tenía un verdadero despelote.

Tenía déficit fiscal. Si me pagaban a mí se les agrandaba el déficit. Y una forma de tener menos déficit es no pagar sus cuentas. Y eso nos hicieron a nosotros: el gobierno nos llegó a deber muchísimo dinero. ¡Uhhh! En una época nos llegaron a deber como 150 millones de dólares.

Y encima muchas de las cuentas nos las pagaron con bocones (bonos del Estado).

Fue una verdadera licuación en nuestra contra.

Claro que me pagaron las deudas indexadas. Pero yo también les pagué mis deudas indexadas a ellos. Nosotros compensamos las cuentas sin un centavo de diferencia. Es más: pagamos más intereses de los que ellos nos pagaron a nosotros. Nosotros les pagamos el 14 por ciento de interés, y ellos el 8 por ciento. Fue una compensación en la que perdimos plata.

A mis deudas las arregló el gobierno de Menem, obviamente. Me las arreglaron cuando el país se empezó a enderezar. Porque antes era un gran caos: no nos engañemos.

Pero si usted quiere hacer una historia real debe decir que en la compensación perdimos plata. ¿Cuánta plata? Por lo menos 4 millones de dólares. La plata que había que compensar eran 8 millones de dólares. Perdí 4 sobre 10. ¿Le parece poca pérdida? ¿Usted sabe lo que cuesta ganar un millón de dólares? ¿Sabe lo que cuesta ganarlo? Ah, bueno.

Sí: estuve muy de acuerdo con el golpe de 1976.

Todos los empresarios estuvimos de acuerdo con el golpe de 1976. Lo cual fue un error. Faltaba muy poco para que hubiera elecciones. Y si hubiera habido elecciones habría seguido la democracia. Pero los argentinos en ese momento veíamos a las Fuerzas Armadas como una alternativa política. Y eso también fue un grave error. Hoy tenemos más sabiduría y más paciencia.

Sí: tuve muchos amigos en las Fuerzas Armadas. Y los sigo teniendo. ¿Por qué no voy a tenerlos? ¿Qué tiene de malo? ¿Qué tiene usted contra de las Fuerzas Armadas? Los tenía y los tengo. Yo soy amigo de muchos generales. Por ejemplo de...No. ¿Para qué le voy a decir el nombre? Pobre tipo: todavía, sin comerla ni beberla, lo van a jorobar. Soy amigo de algunos almirantes, ¿qué tiene de malo? Y soy amigo de muchos políticos. Soy amigo del señor (José) Bordón, soy amigo del señor (Eduardo) Bauzá, del señor (José Antonio) Romero Feris, del Rolo (Rodolfo) Gabrielli (gobernador de Mendoza), soy amigo de Fredy Storani y su padre. Soy amigo de Menem y Alfonsín, ¿por qué no? Yo lo admiro mucho a Menem.

Pero si un día, como dice usted, el presidente me pide:

—*Tenés que ser ministro de Economía: no me podés decir que no.*

Le digo que no. Que zapatero a tus zapatos. Yo soy empresario. No soy ministro de Economía. Y haría un mal papel. Yo soy empresario. No funcionario público.

Yo soy un buen pagador. Yo, a todos los bancos les he pagado.

No sólo al Crédit Suisse, como dice usted. A todos. Porque si no no estaría en pie. Y si no no me seguirían prestando. ¿Usted cree que puede bicicletear a los bancos? Los puede bicicletear hoy. A lo sumo mañana. Pero a la larga les tiene que pagar.

Mentira: yo no bicicleteé al Estado. Mejor dicho: bueno...El Estado argentino es el más grande bicicletero de este mundo. Y todavía lo es: no nos engañemos. Si ahora les paga con bocones a los jubilados. ¿Quiere más bicicleta que ésa?

No. Usted está equivocado. Fue un pésimo negocio para mí que el Estado me pagara tarde, aunque me pagara. Pésimo negocio. Pé-si-mo ne-go-cio. El peor negocio de mi vida.

Porque usted pierde tiempo y dedica su mejor management a la tarea de cobrar deudas y hacer posible que la empresa siga adelante. Y pierde la eficiencia que necesita este negocio.

¿Cuanto dinero gasto de lobby y relaciones públicas?

Quiero ser sincero: el más grande gasto que nosotros tenemos en lobby es la vendimia. A esto sí le damos mucha importancia. Este año nos está costando 200 mil dólares. Mejor dicho: 100 mil al BAP (Buenos Aires al Pacífico, una empresa de la cual es socio) y 100 mil a nosotros, a IMPSA. ¿Y sabe para qué sirve este gasto, esta inversión? Para que una serie de gente importante vea con sus propios ojos lo que hicimos nosotros. Porque si yo se los cuento, no se lo creen: dicen éste es un chanta. En cambio, si lo ven, como lo vio usted, seguro que dirá:

—*Podrá ser cualquier cosa, pero...¡miércoles! La planta está.*

Por supuesto que invito a gente importante. Invito a banqueros. Invito a funcionarios extranjeros. A las autoridades, y a los banqueros los invito también a mi casa. Porque un tipo que te va a prestar plata te tiene que conocer bien. Tiene que tenerle confianza. El banquero profesional lo mira de arriba abajo. Y le presta porque está seguro que se lo va a devolver.

A mí me critican mucho porque alguna vez dije que la gracia es hacer negocios sin plata. Déjeme explicarle:

Dígame: ¿Para qué están los bancos? Para prestar. No me hable de la plata del Estado. El Estado no tiene un mango. Yo nunca hice negocio con plata del Estado. Siempre hice negocio con plata de los bancos o de gente que me prestó.

¿Me deja explicar la teoría de lo difícil que es hacer plata con dinero de otro? El discurso que di ante el personal de Cielos del Sur fue mal interpretado. Yo dije exactamente:

—*Negocio con plata cualquiera hace.*

Y es la verdad: negocio poniendo plata de uno es fácil hacer. El asunto, lo difícil, es hacer negocio con plata que le presten a uno. Y yo creo que no es pecado. Si el banquero se la presta no es porque es sonso: es porque cobra un interés. ¿Hay algo de malo de eso? Es mucho peor una empresa que primero pone la plata y después se funde, como está pasando ahora con Aerolíneas.

A propósito:

Es mentira que yo en Aerolíneas no puse plata fresca.

Yo en Aerolíneas puse plata cash. Pero también puse máquinas, personal, management. Y especialmente las ideas. Y fui muy denigrado por eso.

¿Así que ese ex ministro (de Obras y Servicios Públicos de Jujuy, Mulqui) dice que yo sobrefacturé obras en el dique Las Maderas? ¿Cuánto dice que sobrefacturé? ¿Cuatro millones de dólares? Es mentira que yo sobrefacturé. La verdad es que todavía no me pagaron por el trabajo. Hace como un año que no cobramos. No importa: algún día me lo pagarán.

Este ministro (de Obras y Servicios Públicos de Jujuy) no sabe lo que dice. Si yo le sobrefacturé, ¿por qué no me manda a la policía? Si él dice que yo le metí la mano en la lata que me lleve a un juez. Que me demuestre que yo le robé la plata.

Mire: nosotros acá nunca hemos hecho cosas raras.

¡Vamos! Regalarle una pintura de Facundo Quiroga a Menem no es una cosa rara.

Y tampoco dije que le había regalado el cuadro de Facundo Quiroga a Menem porque él me había ayudado a destrabar un negocio en Arabia Saudita.

Yo le voy a explicar:

Hoy día los gobiernos serios de todo el mundo ayudan a sus empresarios en el exterior. Los embajadores en la Argentina se la pasan haciendo lobby para las empresas. ¿Qué se cree que se la pasa haciendo (el embajador de los Estados Unidos, James) Cheek? Lobby para la ley de patentes medicinales. Ese es su trabajo más importante. Y para eso le pagan.

A mí me parece totalmente correcto que el Presidente vaya y hable a favor suyo si usted va a llevar la bandera con los productos argentinos. ¿A usted no le parece correcto?

Menem es un tipo bárbaro: nos destrabó una gestión en Arabia Saudita. Nosotros teníamos un contrato firmado con una empresa estatal por dos grúas en el puerto de Chera. Y el gobierno no nos quería abrir una carta de crédito. Con una carta de crédito usted está seguro que va a cobrar. Sin carta de crédito, posiblemente algún día va a cobrar. Pero es difícil que sepa cuándo. Era una situación rara: a pesar de que habían asegurado que abrirían la carta de crédito, no lo hacían. Bien al estilo árabe. Que no es malo. Ellos negociaban.

Entonces papá (Luis Menotti Pescarmona) le pidió al doctor Menem que por favor hablara con el que fuera para ver si esto se destrababa. Y Menem, por supuesto, habló con el Rey de Arabia Saudita. Y la cosa se destrabó: nos dieron la carta de crédito. Y gracias al doctor Menem pudimos volver a tener trabajo en la fábrica. Y por suerte los árabes nos pagaron. Porque el único que nos ha clavado a nosotros es el Estado argentino. Todos los demás pagaron.

Lo de Cavallo en Filipinas fue distinto.

Nosotros estamos tratando de conseguir un trabajo ahí. Y Cavallo nos está ayudando. ¿Cómo? Diciendo a los filipinos que somos una buena empresa. Que la Argentina va a ayudar con un crédito para hacer esta obra. Lo que hace todo el mundo: el Eximbank japonés, el norteamericano y el BICE argentino ahora.

¿Le parece que las gestiones de Menem y Cavallo pueden tener alguna relación con el dinero que pusimos para las campañas electorales? No señor: esto no tiene nada que ver con el dinero que hemos puesto para las campañas electorales.

Además, todo el dinero que hemos puesto para esa campaña (la última presidencial) es con recibo. Y no es mucho. No es lo que dice la gente. ¿Para qué quiere la cifra? No me acuerdo...No me acuerdo. No ando en eso. Pero habrán sido 200 mil dólares.

¿Cúanto? No.

Nunca puse 500 mil dólares juntos para ninguna campaña. Nunca puse esa guita. No me acuerdo si puse más plata para Menem que para la fundación de Bordón. Mejor dicho: no lo sé. Además, si lo supiera tampoco se lo diría. Porque no soy huevón. Y usted no me puede hacer escupir para arriba.

Hágame el favor: no me haga preguntas que no le puedo contestar.

Y déjeme decirle: no me arrepiento de haberle regalado a Menem un cuadro de Facundo Quiroga. Además, ahora es patrimonio nacional. No, por favor. Eso no es lobby. Acá la gente confunde una atención con lobby. ¿Cree que Menem —que ha hecho una transformación extraordinaria en este país— necesita que Pescarmona le regale una pintura de Facundo Quiroga?

¿Por qué dice que costó 34 mil dólares si salió mucho menos? ¿20 mil? No: menos. ¿15 mil? Tampoco. Mucho menos. No se lo voy a decir: es un secreto que me voy a llevar a la tumba. Pero fue muy poca plata.

Lo de la pintura fue un gesto, porque no valía un carajo.

Póngale que me costó mil dólares. O 500. ¿Quién quiere comprar un Facundo? Nadie. ¿Usted quiere comprarlo? No. Yo tampoco. Pero el Presidente sí. Por eso lo compré. Y la plata es lo de menos. Lo que importa es que yo le estoy haciendo un homenaje al presidente de la Nación que es un admirador de Facundo Quiroga. Encontré el cuadro. Fui, lo compré y se lo regalé. No hay lobby. No hay toma y daca. Y de hecho no me sirvió, porque la ruta (que había pedido Cielos del Sur para volar) al exterior no me la dieron.

Con usted también lo puedo hacer. Lo puedo invitar a almorzar, regalarle una caja de vino. Y regalarle un cuadro de un pintor mendocino porque sé que le gusta. ¿Y eso qué tiene de malo? Yo no quería conseguir nada a cambio. Era un homenaje al hombre.

Por favor: a Raúl Alfonsín le mandaba siempre vino. Y le sigo mandando. Porque le gusta. Y cómo no le va a gustar si nosotros hacemos un vino buenísimo. Además, ¿por qué no lo vamos a regalar y promocionar? ¿Cree que es un compromiso para ellos aceptarlo? ¡Qué compromiso! ¿Por una caja de vino? ¿Por un cuadro de mierda que no vale un carajo? Ya mismo le puedo traer una caja de vino. ¿Ah, no? ¿No la quiere? Perdóneme: pero si se siente ofendido por una caja de vino voy a pensar mal de usted.

Yo al Estado no le debo nada. Y el Estado a mí me debe bastante. Pero menos que antes.

¿Así que (Mario) Truffat dijo que el gobierno me dio 30 millones de dólares de más por (la obra de) Piedra del Aguila? Mire: no me acuerdo lo de los 30 millones de más de Piedra del Aguila. Sí, lo entiendo. Pero son macanas. ¿Que se violó la ley? ¿Qué ley? La verdad es que no sabía que Truffat había renunciado por esto. Es la primera noticia que tengo.

¿Así que Truffat dice que yo para entrar al consorcio de Iberia presenté una carta de recomendación en vez de una garantía? Lo que le di a Truffat para poder entrar en el consorcio con Iberia era un aval. No una carta de recomendación. Si Truffat dice que era una carta de recomendación está mintiendo.

Mi proyecto, en cambio, era lindísimo: hacer una línea rentable.

Lo primero que pedimos nosotros era que nos dejaran volar al exterior con Austral. El lobby de los sindicatos de Aerolíneas and Company impidió que nos dieran las rutas al exterior. El gobierno no cumplió su palabra. Nos habían prometido que nos darían rutas a Chile, a Uruguay y a Brasil: rutas regionales. Y de hecho nos dieron la autorización para salir a Chile. Y el día que el avión estaba a punto de despegar nos la cortaron. ¿Por qué? ¿Yo qué sé por qué? Aerolíneas en ese momento le tenía miedo a la competencia que le ofrecía Austral. Nos tenían miedo.

Yo no compré Cielos del Sur sin poner un peso. No la compré con compensación de deudas. La compré con plata. Cumplimos con el pliego. Había que poner el 30 por ciento cash y el saldo a pagar en 3 años. Ese 30 por ciento lo pagamos cash. Pusimos un 20 por ciento del activo de la propia compañía para asegurar la deuda. Eran 30 millones, la misma plata que habíamos puesto. Y el saldo lo teníamos que avalar con otras cosas. Entonces nosotros dimos en garantía para la compra de Austral papeles del mismo gobierno. De deudas que tenía el gobierno con nosotros. Y al gobierno mucho no le gustó...como no lo quería pagar...no quería que lo usara como contragarantía.

Sí. Claro, yo me cobraba la deuda de cualquier forma. Como podía. Yo tenía que cobrar. Yo era cobrador. Usted hubiera hecho lo mismo. Hubiera buscado todo para cobrarle lo que le deben.

¿Quién le dijo que por Aerolíneas no pagamos un peso? Con el consorcio pagamos 130 millones de dólares cash. ¿Yo? Yo pagué mi parte. Pagué lo que tenía que pagar. Entre todos los argentinos tuvimos que pagar el 34 por ciento del total. Lo pagamos en el momento que teníamos que pagarlo. Hicimos un depósito en el banco de New York. Un depósito que no se liberaba si no nos entregaban la compañía. Vamos: en ese momento la Argentina era un gran despelote; no sabíamos si la iban a entregar, y en qué condiciones.

Es cierto que siempre ando armado. Pero no es cierto que yo suelo poner un arma sobre la mesa para reunirme con gente que no me gusta. Uso el arma. La uso, depende de dónde esté. No tuve que aprender a disparar. Siempre supe. Soy cazador. Cazo perdices. Y tiro bien. Cada 25 tiros al platillo acierto entre 15 y 18. Que es bastante. No soy un superexperto. Los campeones del mundo hacen 25 sobre 25. Pero lo mío no está mal. La distancia es de 25 metros y tiro con escopeta. Voy a cazar donde mi invitan los amigos: Entre Ríos, La Pampa, Mendoza y San Rafael.

Otra cosa que me gusta mucho es el estudio de los agujeros negros del espacio. La teoría de la relatividad de Einstein.

No se lo explico porque no lo va a entender.

Está bien, no lo subestimo, se lo voy a explicar lo más fácil que puedo.

Un agujero negro es aquella densidad de masa tal que la velocidad de escape es igual a la velocidad de la luz. La teoría de Einstein dice que no hay nada que puede ir más veloz que la luz (300 mil kilómetros por segundo). Es decir: que no hay nada que pueda escapar de ese agujero negro.

Se cree que hay muchos agujeros negros en el universo. Stephen Hawking, el inglés famoso, dice que el agujero negro es una singularidad en el espacio. Una singuralidad con la que se puede manejar el tiempo nunca para atrás, siempre hacia el futuro.

¿A cuál empresa quiero más?

A todas mis empresas las quiero. Pero de IMPSA estoy enamorado.

Y está claro que yo la hice más grande.

Empecé en 1967. Y en ese momento teníamos empleadas 150 personas. Hoy son más de 6 mil en todo el grupo. En ese momento facturaríamos 7 u 8 millones de dólares. Y hoy, si Dios nos ayuda, facturaremos 400 millones de dólares. Este año quizá no ganemos un mango.

Ganar plata es la cosa más difícil del mundo.

Las acciones familiares están repartidas así: mitad yo y mitad mis hermanas. Yo tengo la mayor parte. ¿Por qué? Debe ser porque soy el que recibo más cachetazos.

A propósito. Cuando me tenga que nombrar, no me ponga Enrique Menotti Pescarmona, póngame Enrique M. Pescarmona. ¿Cómo por qué? Porque no me gusta y no lo uso. Lo usan nada más que los periodistas.

Y si no, ponga el nombre que quiera.

¿Cómo se va a llamar el libro? ¿*Los Dueños de la Argentina*? Yo no soy dueño de la Argentina ni de nada.

Apenas soy dueño de mí mismo, pero no mucho. Cuando uno tiene tantas responsabilidades deja de ser dueño de sí mismo.

Es cierto: yo no me hice empresario por casualidad.

Siempre supe que iba a ser lo que soy ahora. Desde chico, desde que tenía 12 o 13 años. Por un problema de familia, de genio. A mi siempre me gustó la empresa. Siempre me gustó dirigir a la gente.

Yo me preparé para ser lo que soy. Era un buen alumno. He hecho lo mejor que puedo de mí mismo.

Es mentira que yo tenga un estilo paternalista para dirigir la empresa. O que la gente tenga que estar las 24 horas a mi disposición. No es así. No soy dueño de la vida o la hacienda de nadie.

Fue un poco así en el caso de mi viejo.

El tenía otro estilo. Yo soy de otra generación y tengo otra filosofía. Es cierto que mi viejo a veces hacía eso. Y no estaba mal. Estaba bien. ¿Cree que es malo que la empresa preste dinero a un empleado que lo necesita? No es malo. Pero eso sí: lo va a tener que devolver. Porque ni mi padre ni yo hacemos regalos. Y eso no significa tener agarrado al empleado de por vida. Ningún tipo se va a sentir atado a una empresa porque se le presten 50 mil dólares para comprar una casa. Se pondrá la camiseta de la empresa y eso también será mejor para él, porque nosotros no somos egoístas. Lo que le puedo asegurar es que si a la empresa le va mal a él le va a ir muy mal.

¿Le falta mucho? Porque se me está acabando el tiempo.

¿Golpe de Estado familiar? No.

No hubo ningún golpe de Estado de mi padre Luis contra mi tío Mario en 1970.

Lo que hubo fue una divergencia de posiciones. Nosotros queríamos incorporar en la empresa ciertas cosas. Cosas que Mario no estaba dispuesto a hacer. Mi papá y yo queríamos hacer obras como contratistas y mi tío quería seguir siendo subcontratista. Evidentemente ser contratista tiene mucho más riesgo que ser subcontratista. Tiene más costos de todo tipo. Pero también tiene más beneficios. Nosotros queríamos hacer obras complejas y completas. Y él no.

No fue un problema familiar. Fue un problema de concepción empresarial.

Todo empezó en 1970 y pico. Se empezaron a pelear mi padre y mi tío. Se generaron como dos bandos dentro de la empresa. La gente se empezó a dedicar a ver con quién le convenía estar mejor. La empresa andaba cada día peor. Estaba muy mal financieramente. Tenía graves problemas financieros porque no se dedicaba a producir sino a la pelea interna.

Nosotros nos quedamos con la empresa sola, pelada.

Ellos se quedaron con los bienes familiares más el dinero que se pagó por las acciones que les correspondían en la empresa. No me acuerdo cuánta guita era. Me acuerdo que se pagó mucho más de lo que valía.

Ellos tenían cerca del 48 por ciento.

Mi padre y mi tío nunca se llevaron bien. Y yo con mis primos sí que me llevo bien, aunque no trabajo con ellos.

Sé que hay una anécdota en la empresa que dice:

—*Lo mejor que hizo Luis Pescarmona en su vida fue a su hijo, Enrique Menotti*

Sin embargo, es un error. El no me hizo a su imagen y semejanza. Hizo algo mejor: me dio alas, me dio libertad. Y me dejó crecer. ¿Si me peleaba con mi viejo? Todos los días y no sabe cómo. ¿Somos latinos o no somos latinos? Me peleaba con la misma energía con la que mi hijo se pelea conmigo.

No sé quién será mi sucesor.

Probablemente sea mi hijo. Probablemente no lo sea.

El tiene apenas 24 así que todavía no puede sucederme. Y si yo, por una de esas casualidades, desaparezco —nadie tiene la vida comprada— él no podrá serlo, como tampoco mi mujer.

Será uno de los ejecutivos de mi compañía.

No sé cuándo me voy a retirar. Si hubiera alguien mejor que yo me retiro ya mismo. Así de paso me voy a pasear por el mundo con mi mujer.

Mi viejo se retiró cuando murió, pero yo no soy mi viejo. La verdad es que espero retirarme un poco antes. Quiero llevarla a mi mujer a los lugares donde ella desea.

—*Siempre me llevás donde hay trabajo y nunca a pasear* — siempre me dice.

Espero retirarme para darle el gusto a Lucy.

Mis hijos no son criados como millonarios sino como chicos normales. Mi hijo mayor es licenciado en Economía y en Ciencias Políticas y Sociales. No sé si es bocho como yo. Pregúnteles a quienes lo emplean. Trabaja en Arthur Andersen. Entró hace 9 meses. El no me puede contar lo que hace y no me lo cuenta. Si me contara el intríngulis chíngulis de las empresas sería un mal profesional. Y espero que jamás le toque auditar a IMPSA. La lealtad de mi hijo no es para mí, sino para la empresa que le paga el sueldo. No sé si va a entrar a IMPSA. Tiene las puertas abiertas de IMPSA o de cualquiera de las empresas que tenemos. No sé. A lo mejor quiere hacer su propia empresa. A lo mejor se quiere quedar en Arthur Andersen. A lo mejor quiere ser profesor.

¿Haría lo mismo que ahora si desapareciera y volviese a nacer? Si muriera y volviera a nacer haría muchas menos macanas de las que hago ahora.

Después del secuestro, me volví un poco más fatalista. Cuando uno ve la muerte tan de cerca se da cuenta que las cosas importantes son las bases. Que nada es más importante que Dios, la familia y los valores morales.

Acuérdese de lo que le digo:

La guita es lo de menos...la guita es lo de menos.

Hoy la tiene y mañana no la tiene.

Conclusión II

Las evidencias obtenidas sobre el comportamiento de éstos Dueños de la Argentina II son idénticas a las aparecidas en la investigación anterior.

Este libro prueba que Perez Companc, Soldati, Roggio y Pescarmona —como Amalita, Bulgheroni, Macri, Rocca y Jorge Born— no son esencialmente corruptos o perversos: demuestra que son los mayores dadores de trabajo en el país; revela que gastan mucho dinero en ayuda social y que cada vez que operaron dentro de un sistema que invita a la corrupción, no desentonaron ni tampoco lo denunciaron.

Los Dueños de la Argentina II sugiere que estos grupos económicos, igual que los anteriores, tienen un poder inhibidor casi infinito que hace que casi nadie los investigue o los cuestione por temor a quedarse sin empleo.

La investigación confirma que son seres humanos con dos ojos, una nariz, una boca y un corazón, y corrobora que sus empresas tienen una relación tan perversa con el poder político como la que mantenían sus antecesores: con la mano derecha le ofrecen dinero y con la izquierda le tirarían del saco para obtener negocios.

Pero la gran diferencia entre las conclusiones del primer libro y el último es la desmesurada acumulación de poder que consiguieron desde 1989, gracias a las privatizaciones de Menem y la debilidad o negligencia de un Estado fundido que no los controla como corresponde.

La diferencia entre un tiempo y otro es la brutal concentración de riqueza que se quedó atascada en la pirámide y no bajó hasta el común de los mortales.

Un sola hipótesis sirve para probar la última afirmación:

Si los cuatro dueños decidieran cerrar sus persianas de un sopetón y en un mismo día, el gobierno caería por falta de capacidad para hacer aparecer el agua, la luz, el gas, la nafta, los trenes, los subtes, los teléfonos y la energía hidráulica.

Nada menos que esto es lo que distingue a los gobiernos de turno del verdadero poder.

Buenos Aires, 30 de octubre de 1994

Fuentes

Los dueños de la Argentina II fue posible porque tres periodistas, incluido el autor, emplearon más de un año en contactar y hablar con más de 200 personas que aportaron datos invalorables para enriquecer esta investigación. Diputados, senadores, jueces, altísimos funcionarios y ex funcionarios, ministros y ex ministros, sindicalistas y hombres de negocios que trabajaron o trabajan en Perez Companc, Sociedad Comercial del Plata, Benito Roggio o IMPSA; importantes agentes que integraron o integran la Secretaría de Ingresos Públicos, la Dirección General Impositiva, los ministerios del Interior y de Economía, la Inspección General de Justicia, el Tribunal de Cuentas de la Nación y dos organizaciones que manejan información financiera y personal sobre todos los argentinos que tienen una cuenta bancaria. La mayoría de los diálogos fueron grabados. Muchos de los consultados prefirieron mantener su identidad en reserva. Cada oración de este libro está apoyada por testimonios confirmatorios y documentos oficiales, públicos y privados, libros, revistas, diarios y expedientes. La cantidad de información que no fue publicada podría servir para elaborar otro libro de la misma cantidad de páginas; no se la incluyó para no abrumar al lector y hacer el libro más ameno. Estas son las fuentes correspondientes a cada capítulo:

PRIMERA PARTE: GOYO, EL FANTASMA

CAPÍTULO 1: LA IMPORTANCIA DE LLAMARSE PEREZ COMPANC

El pedido de Margarita Companc a sus hijos de sangre para que aceptaran a Goyo Bazán fue narrado por alguien que todavía vive en el edificio Kavanagh y confirmado por dos ex altos directivos de Perez Companc. El motivo, el día y la hora de la muerte de la señora figuran en la partida de defunción que aparece, a su vez, en su sucesión. El "acta de inscripción tardía" de Goyo Bazán lleva el número 239, y se la puede encontrar en el Registro de las Personas de la provincia de Buenos Aires. Los datos personales de Goyo Perez Companc fueron logrados cruzando documentos oficiales y el balance de la Naviera

Perez Companc con testimonios de sus empleados cercanos y sus amigos, excepto el dato de su fortuna personal, que apareció en la revista *Forbes* de 1994.

Los datos de Margarita Companc, su marido Perez Acuña, sus hijos de sangre Carlos Alberto, Alicia y Jorge Joaquín Perez Companc se obtuvieron de las distintas sucesiones familiares que se encuentran en el archivo de Juicios Universales de la Capital Federal.

El estado de salud de la señorita Alicia Perez Companc fue contado con lujo de detalles por alguien que la quiere mucho.

El cambio del apellido Bazán a Perez Companc consta en la ficha del Registro Nacional de las Personas.

La confesión de Goyo a su familia en la quinta de Escobar fue narrada por un ex altísimo directivo del Banco Río.

La enfermedad ósea de Goyo y parte de su infancia forma parte del testimonio de uno de los gerentes de la Naviera que participó de su fundación.

Todos los datos del imperio Perez Companc tuvieron como base informativa los balances de la empresa.

Las notas de Goyo Bazán al recibirse de bachiller aparecen en la memoria escolar del Colegio Marín perteneciente al año 1953. El detalle de su paso por ese colegio en condición de pupilo fue contado por cinco compañeros suyos que conservan la virtud de la memoria. La información de que por esa época los colegios lasalianos como el Marín no aceptaban chicos naturales o adoptados sin los papeles en regla fue confirmada por una persona que sufrió la prohibición en carne propia. La reunión de ex alumnos fue relatada por testigos presenciales. El intento frustrado de Perez Companc de ingresar en Agronomía fue revelado por un ex empleado y confirmado por un amigo de Goyo.

La anécdota de la compra de Goyaike fue recordada por alguien que preparó la escritura. El envío de Carlos a Goyo para que fuera a criar ovejas lo conoce una buena parte de la cúpula de Perez Companc de aquella época.

La hipótesis de que el verdadero padre de Goyo sería su "hermano" Jorge Joaquín es menos fuerte que la otra en el que aparecen como sus progenitores Ramón Perez Acuña y la doméstica.

La apertura del cementerio de La Recoleta en horarios no habituales es algo que contó al autor el hijo de uno de los accionistas fundadores de la Naviera Perez Companc en su oficina de la calle Paraguay. La vida de Jorge Joaquín en Villa Dolores fue recordada por un compañero de colegio. La reconstrucción de la sucesión de Jorge Joaquín se puede encontrar en los tribunales.

Los datos filiatorios de la esposa de Goyo aparecen en las transcripciones de algunas asambleas de la Fundación Perez

Companc, donde ella es vocal. La historia de su abuelo se puede conseguir en el Concejo Deliberante, donde archivan libros sobre las familias más tradicionales de la Argentina. La toma de la capa de la reina Sofía por parte de Julia Helena Sunblad fue registrada por todos los diarios de la época.

Los datos sobre la vaca jersey fueron suministrados por uno de los pocos y exquisitos criadores que existen en la Argentina. También fue él quien recordó que los hijos de Goyo fueron premiados por pasear a unos cuantos ejemplares. El precio del semen de los animales aparece en la revista de la Asociación de Criadores de Jersey. La reunión entre Perez Companc, Vicente y el embajador de Rusia fue reproducida por uno de los presentes.

La fiesta de casamiento de Goyo y Munchi fue recordada por un invitado.

Los detalles de la absurda muerte de Margarita Perez Companc salieron de la boca de alguien que vivió paso a paso la tragedia, igual que el desconsuelo permanente de su padre.

La mayoría de los datos de Jorge Perez Companc están en los papeles de la Fundación Perez Companc y el Banco Río.

La ceremonia y la fiesta de casamiento de Jorge Perez Companc y Claudia Morea fueron vistas por un colaborador del autor en un video. Un par de fotos aparecieron en la revista *Novias*. La anécdota de lo que tardó Jorge en decirle a Gloria que no era un Perez sino un Perez Companc fue confirmada por un familiar indirecto de ella.

El fresco sobre todos los hijos de Goyo y Munchi fue armado gracias a varios testimonios de ex compañeros de colegio de los Perez Companc.

Cómo es y cómo vive Goyo fue una de las informaciones más difíciles de obtener. Se consiguió gracias a decenas de confesiones: los más importantes fueron los de las autoridades municipales de Quina Quila, los directivos de la cancha de River, tres hombres que trabajaron junto a él y uno que todavía trabaja.

Una parte de la vida de Margarita Companc fue reconstruida a través de una denuncia judicial que presentó el señor Próspero Fernández Alvariño, alias el capitán Gandhi, contra Carlos Perez Companc. Otra fue obtenida con los datos de su propia partida de defunción y la de su esposo Ramón Perez Acuña. La revelación de que fue una humilde lavandera fue repetida una y mil veces por el hijo de uno de los socios fundadores de Perez Companc. La propuesta de Margarita Companc a Barrionuevo de cuidarle su hijo fue contada por alguien que la escuchó y no lo podía creer.

Para mostrar la vida y la obra de Carlos Perez Companc se contó con más de 20 testimonios y con publicaciones de la época como *Mercado* y *Primera Plana*. El pedido de crédito para comprar un departamento y su pago en 180 cuotas fijas aparece en su sucesión, aunque usted no lo crea.

La vida y el pensamiento de Alicia Perez Companc fueron contados por dos personas que la conocen y la visitan continuamente.

CAPÍTULO 2: EL HEREDERO DE DIOS

Todos los números que demuestran el poder del Banco Río figuran en sus balances. El detalle de la compra de las acciones del banco a la Fundación por parte de Goyo y su familia se encuentra en la Inspección General de Justicia, igual que la verdadera naturaleza y poderío de la Fundación Perez Companc. También aparece allí el artículo que prueba el verdadero vínculo económico entre Perez Companc y la Iglesia Católica argentina. La hipótesis sobre el desplazamiento de Alicia tiene sentido si se toma en cuenta lo que piensa la propia señorita Perez Companc.

La interpretación sobre la renuncia de Maccarone fue realizada por cuatro personas imparciales.

El aterrizaje del hijo de Goyo y sus jóvenes turcos fue explicado por Marcelo Bonelli en *Clarín*, en su Panorama Empresario. Los principales datos de los miembros del equipo fueron tomados de una organización privada que reúne información sobre el mundo financiero.

Las cifras sobre el desembarco de Goyo en el Río se encuentran en la Inspección General de Justicia.

La historia de cómo se levantó el imperio Perez Companc tiene su origen en múltiples fuentes documentales y testimoniales. Las principales fueron: el folleto para inversores extranjeros que reparte Perez Companc; los dichos de Oscar Vicente; las revistas *Somos*, *Noticias*, *Mercado*, *Negocios*, *Panorama* y *Primera Plana*; los diarios *Clarín*, *La Nación*, *La Prensa* y *Página 12*; los balances y presentaciones de la Fundación Perez Companc; los balances del Banco Río y las revelaciones de dos importantes ex directivos y un ex integrante de la comisión interna de la entidad; los testimonios de cuatro parientes directos de los accionistas fundadores: un ex funcionario que los sufrió en carne propia y siete gerentes de distintas áreas que pasaron por el grupo; el testimonio y los documentos sobre el negocio de los contratos petroleros del experto en energía Gustavo Callejas y ex presidentes de YPF; las sucesiones de Margarita Companc y Carlos Alberto y Jorge Joaquín Perez Companc y la generosidad de un amigo íntimo de Juan Bustos Fernández.

CAPÍTULO 3: CON PECADO CONCEBIDA

La acusación de utilizar la Fundación Perez Companc para evadir impuestos se encuentra en el expediente correspondiente a la propia Fundación que guarda con celo la Inspección General de Justicia.

El juicio completo con la denuncia de Fernández Alvariño contra Carlos Perez Companc se encuentra en los tribunales; su viuda, además, tiene la copia textual.

Las cifras sobre el oscuro negocio de los contratos petroleros se obtuvieron de distintas fuentes. Las más importantes fueron un pedido de informes de Diego Ibáñez y Antonio Cassia, el testimonio y la documentación aportada por el ex secretario de Energía Gustavo Callejas y los informes preparados por el Centro de Estudios General Mosconi en 1984, además de los dichos de Oscar Vicente y los balances de Perez Companc.

La denuncia contra SADE de truchar licitaciones, cobrar sobreprecios y coimear a otras empresas fue realizada por Llorens frente a un grabador y sus detalles constan en expedientes que el acusador entregó al autor.

Las presiones a Mario Truffat por Petroquímica Bahía Blanca fueron reveladas por Horacio Verbitsky en su libro *Hacer la Corte* (Editorial Planeta, 1993). Sus aspectos más polémicos fueron narrados al autor, frente al grabador, por alguien que conoce mucho a Truffat.

La intervención de SADE en ENTel y el beneficio que obtuvo por eso tiene como informantes a ex miembros del sindicato Capital de la Federación de Obreros y Empleados Telefónicos de la República Argentina (FOETRA). La inversión, incorporación de nuevas líneas y disminución del tiempo de reparación es información oficial de Telefónica y Telecom.

La clase magistral de Abate incluye cuadros y cifras que no fueron incluidos para no distraer la atención del lector. Los seis casos de vicios típicos de empresas monopólicas tienen incluidas la fuentes en el propio texto.

Los detalles del escándalo del Shopping Recoleta fueron aportados por el concejal Aníbal Ibarra y el ex concejal Guillermo Francos.

Las idas y vueltas del llamado de atención de la Comisión de Valores a Perez Companc fueron contadas con minuciosidad por una altísima fuente de esa comisión.

La historia completa de cómo murieron carbonizados los operarios de Edesur Rodríguez y Hernández fue reconstruida a través de testimonios de miembros de Luz y Fuerza, de los familiares de los trabajadores y el informe de la empresa.

Las ventajas con las que Edesur se hizo cargo de una parte de Segba y el beneficioso contrato que firmó fueron analizados por Abate y dos expertos más que prefirieron dejar su nombre en reserva.

Las peripecias de Metrogas con la Auditoría General de la Nación (AGN) y el ente que la regula aparecieron en los principales medios; los detalles inéditos fueron aportados por fuentes de la AGN y Energas.

El análisis del contrato entre Metrogas y el Estado es de Abate.

El panorama completo del caso de las aves empetroladas fue presentado por Juan Huapel, presidente del CADACE. La defensa de Perez Companc fue realizada directamente por Oscar Vicente.

SEGUNDA PARTE: SOLDATI, EL TAPADO

CAPÍTULO 1: SANTIAGO QUERIDO

La anécdota de cómo el padre de Santiago Soldati evitó que fuera un simple y respetable criador de pollos fue contada al autor sin malicia por el propio Soldati. La idea de que nadie esperaba que Santiago Soldati se convirtiera en el número uno del grupo fue admitida por él mismo y ratificada por directivos y ex directivos cuyo nombre se mantiene en reserva. Su infancia, sus estudios, el relato de cómo se enteró del terrible accidente de su hermano Francisco y toda su actividad profesional son datos que corresponden a su propio testimonio, su currículum oficial y la declaración de dos hombres que se consideran sus amigos.

Los datos sobre el grupo económico figuran en los balances y algunos, como el de los amigos que tiene Santiago Soldati en el gobierno, fueron obtenidos de fuentes oficiales muy confiables. La historia de cómo se levantó el imperio Sociedad Comercial del Plata contó con múltiples fuentes. Las más importantes fueron: el testimonio de Italo Arturo, el hombre más importante del grupo después de Santiago Soldati; las revistas *Somos*, *Noticias*, *Negocios*, *Panomara* y *Mercado*, los diarios *La Nación*, *Clarín* y *Página 12* y la información oficial brindada por las distintas empresas del holding más los testimonios de funcionarios que la conocieron por dentro.

La radiografía de Santiago Soldati fue armada con su propio testimonio y el de sus colaboradores inmediatos. Los detalles de su secuestro fueron conseguidos gracias a la colaboración de la propia víctima y de fuentes policiales y militares que conocieron el hecho.

El caso Italo tiene como base documental el Tomo I de *El Caso Italo. Informes y conclusiones de la Comisión Especial In-*

vestigadora (Buenos Aires, 1985). El descargo de la familia Soldati fue realizado, mayoritariamente, por Italo Arturo y, en menor medida, por el propio Santiago Soldati.

CAPÍTULO 2: DINASTÍA

El origen y la historia de la familia Soldati fueron reconstruidos a partir del Códice Genealógico Ticinese-MCMLXXII que lleva la firma de las autoridades competentes.

La crónica de cómo José Soldati levantó las localidades de Soldati y Lugano tiene como base documental a la revista *Historiando Lugano* y al *Corriere del Ticino*, una publicación vinculada a la familia Soldati, rama suiza.

Los datos identificatorios de Francisco Soldati fueron obtenidos de expedientes que contienen su nombre. El origen de la familia Lainez se encuentra en el archivo de la biblioteca del Concejo Deliberante. La crónica del casamiento de Francisco Soldati y Elvira Laínez apareció en *La Nación* y en la revista *Atlántida*. Los principales datos de la estancia La Elina aparecieron en la revista *El Hogar*, en una nota del 10 de abril de 1942; otros fueron aportados por tres personas que la visitaban asiduamente.

Los principales rasgos de la personalidad de Francisco Soldati fueron destacados por empleados que lo conocieron. El más prolífico y benigno de ellos fue Italo Arturo. Los más personales fueron recordados por su hijo Santiago. Los bienes que les dejó a sus hijos fueron contabilizados por Arturo. Su asesinato fue recreado con el testimonio de sus familiares, de Arturo y con publicaciones de la época como *Clarín*, *Gente*, *Somos*, *La Nación* y los cables de las agencias United Press International y Télam.

Las muertes de Diego Laínez, Susana Vela, Elvira Laínez, Miguel Pando, Natalie Montalembert Soldati y Francisco Soldati hijo fueron rememoradas con dolor y resignación por Santiago Soldati, y completadas con las informaciones aparecidas en diarios de la época.

El paso de Francisco Soldati hijo por la función pública fue contado por un colega de entonces. Aspectos de su vida y la de miembros de su familia fueron narrados por fuentes muy seguras.

El patrimonio del grupo está en los balances que presenta periódicamente a la Bolsa de Comercio. Los detalles más sabrosos fueron proporcionados por contadores que los analizan con detenimiento. Los bienes personales de los miembros de la familia aparecieron en la lista Dorada que la DGI publicó en los diarios en octubre de 1992.

LUIS MAJUL

CAPÍTULO 3: VICIOS PRIVADOS

La denuncia de Varela Cid contra Simet fue contada con pelos y señales por el diputado y sus ayudantes a un colaborador del autor. Los datos precisos y las cifras fueron extraídos de su pedidos de informes del 7 de junio de 1993 y de la causa judicial. El descargo del grupo fue realizado por Soldati y por voceros de la empresa, en forma escrita.

La crónica completa del caso de la Torre Ocampo se logró a través de la consulta de varias fuentes. Las principales fueron: el concejal Eduardo Jozami y sus asesores; Santiago Soldati; las autoridades de la empresa Condominios Buenos Aires; Guillermo Francos; el concejal Norberto Laporta; Facundo Suárez Lastra; el ombudsman Antonio Cartaña; las versiones taquigráficas de las sesiones del Concejo Deliberante en las que se discutió el tema y los vecinos afectados por el levantamiento del edificio.

El vínculo entre Soldati y Marc Rich fue denunciado por el periodista Rogelio García Lupo en el diario *Clarín* el 19 de febrero de 1993. La biografía y las acusaciones contra Rich fueron proporcionadas por un abogado que no lo quiere. La desmentida de Menem sobre su reunión con Rich apareció en *Página 12* el 9 de junio de 1993.

Estas son las distintas fuentes documentales y testimoniales de donde surgieron datos sobre las vicisitudes de Aguas Argentinas: diputado Jorge Argüello; la propia empresa; los diarios *Clarín, La Nación, Ambito Financiero, Página 12* y *Le Monde*, el ETTOS y la revista *L'Evenement Du Jeudi*, la Dirección de Obras Públicas de la municipalidad de Buenos Aires y los balances de Aguas Argentinas.

La información sobre FerroExpreso Pampeano fue obtenida gracias a los testimonios de sindicalistas de la Asociación del Personal de Dirección de Ferrocarriles Argentinos (APEDEFA), un artículo de Cledis Candelaresi en *Página 12* del 30 de junio de 1993, otro de Antonio Rossi en *Clarín* y la declaración de un miembro de la Secretaría de Transporte de la Nación.

La denuncia contra DAPSA fue recogida del propio expediente. Los detalles ampliatorios fueron aportados por Severo Clavijo. El juez de la causa habló con el autor.

La historia sobre la responsabilidad de Aguas Argentinas en el caso del gas tóxico de Avellaneda fue contada a partir del testimonio de todas las partes involucradas cuyas identidades figuran en el texto. La lista de personas que trabajaron para el grupo y para el Estado Nacional fue confeccionada con datos de distintos medios, libros y documentos. *El Informe Italo*, y *Por qué cayó Alfonsín* (Majul, 1990) fueron los principales. El dato de que la UCedé es uno de los partidos a los que el grupo dona más dinero fue admitido por Santiago Soldati, en conversación con el autor.

TERCERA PARTE: ALDO, EL DURO

CAPÍTULO 1: CORAZÓN DE PIEDRA

La biografía de Aldo Roggio fue preparada con muchos ingredientes que incluyeron su propio relato, el testimonio de dos parientes muy cercanos, el aporte de su Gerente de Comunicaciones, su extenso currículum oficial y detalles inéditos de su secuestro que fueron aportados por un amigo que lo lamentó.

El secuestro de Elvira Roggio fue reconocido por uno de sus sobrinos.

El poderío y las cifras del grupo Roggio se obtuvieron a través del testimonio del hombre que más lo conoce, contador Alberto Verra, de los balances de Benito Roggio y de la declaración de dos directivos de compañías vinculadas.

La crisis de Roggio fue admitida por todos sus directivos, con la salvedad de que la consideran una "crisis de crecimiento".

El patrimonio de la familia Roggio y la fortuna de cada uno de los miembros de la familia aparece en el *Prospecto informativo de la Emisión de Obligaciones Negociables* que por 10 millones de dólares lanzaron al mercado el 6 de enero de 1994.

La forma de ser de Aldo Roggio, sus costumbres, su carácter y sus actitudes corresponden, en idénticas proporciones, a la observación del autor y a las anécdotas contadas por un empleado fiel, dos ex empleados y un pariente muy cercano.

El desempeño de los directivos Macías, Urribarri, Verra, Bullejos y Mirotti fue narrado por dos ex empleados y dos hombres que todavía trabajan en los principales puestos de la compañía.

La crónica sobre las desopilantes peleas entre los Roggio y los Macri y los escándalos y juicios que derivaron de ellas fue realizada en base a diferentes fuentes. Estas son las de mayor peso: dos hombres que integraron el directorio de una empresa del grupo Macri; Azaretto; fuentes responsables del directorio de Benito Roggio; Facundo Suárez Lastra; dos altos funcionarios de la intendencia en la época de Carlos Grosso; un secretario de Estado de la época de Saúl Bouer; alguien que negoció la rescisión del contrato entre Aseo y la municipalidad de la ciudad de Córdoba y alguien que arregló el nuevo contrato entre Clima y el mismo ente; los expedientes de la Fiscalía General de Investigaciones Administrativas; versiones taquigráficas de una sesión en el Concejo Deliberante y la desgrabación textual del programa radial de Carlos Varela.

CAPÍTULO 2: NO HAY NADA MA' LINDO QUE LA FAMILIA UNITA

La constancia de que Benjamín Roggio era semianalfabeto; la carta de recomendación del funcionario del ministro de Obras Públicas de Meduna de Livenza; el relato de la construcción del puente de piedra; el desembarco de los Roggio en Buenos Aires y toda la historia de la familia hasta el dato de quién será el heredero del actual número uno del grupo fueron reconstruidos a partir de los testimonios de Aldo Roggio, el cuestionario que respondió su padre, Remo Roggio, la precisión y la memoria de un miembro de la familia que pidió expresamente no ser citado y la completísima lista de obras públicas que realizó la empresa prácticamente desde su fundación.

La historia de Rubén Roggio fue narrada por alguien que lo conoce muy bien. Se trata de la misma persona que habló de la familia de Inés y Dino Roggio. Anécdotas sobre la tacañería de Remo fueron contadas por ex empleados que la sufrieron en carne propia.

La crónica de las hijas naturales de Oscar Roggio y la disputa por su herencia, fue elaborada en base al testimonio de Carlos Viola, el abogado que las defendió.

CAPÍTULO 3: NEGOCITOS & NEGOCIONES

Las irregularidades en la concesión de las cinco líneas de subtes y las tres de ferrocarril fueron comprobadas gracias a la generosidad de un miembro de la Comisión Bicameral de Reforma del Estado; dos sindicalistas de la Unión Tranviarios Automotor que las sufrieron, una persona que representó a un grupo que perdió el concurso y documentos como las distintas ofertas presentadas y artículos aparecidos en *Página 12*, *La Nación*, de Chile y *Finantial Times*, de Londres. La encuesta realizada por el equipo de *Los Dueños de la Argentina II* no tiene rigor científico, pero se considera válida para mensurar el humor de los usuarios de subtes y coincide, en términos generales, con la que encargó Metrovías en setiembre de 1994.

El supuesto conflicto interno entre los socios de Metrovías fue confesado por alguien que se vio involucrado contra su voluntad.

Los hechos de corrupción alrededor de los reembolsos de Yaciretá fueron contados por Casabona y su abogado al autor y tienen como sustento una copia de parte de la denuncia judicial que todavía está en los tribunales.

El caso de presunta piratería de Roggio contra las empresas que venden programas de computación fue explicado, en detalle, por una alta fuente del juez que maneja la causa, Juan Carlos Cardinali.

La sugestiva entrega de dinero de Roggio a los periodistas Hadad & Longobardi fue reconocida por el propio Aldo Roggio frente a un grabador.

El negocio de Roggio en la concesión de rutas por peaje, las multas con las que fue castigado, las quejas de los usuarios, el controvertido traspaso de juridicción de la ruta dos, el aumento de tarifas y la postergación del cronograma de obras son datos conseguidos gracias al testimonio de un asesor de Ortiz de Maldonado; y fuentes muy seguras de Vialidad Nacional y de Vialidad de la provincia de Buenos Aires.

El negocio de Presur para el programa de Mantenimiento Urbano fue aclarado por un asesor del ex concejal Guillermo Francos y por un funcionario municipal de Bouer, quien aportó documentación como el contrato original y la rescisión de éste.

CUARTA PARTE: PESCARMONA, EL AUDAZ

CAPÍTULO 1: EL HOMBRE QUE VOLVIÓ DE LA MUERTE

El chiste sobre lo más fecundo y perfecto que hizo en su vida Luis Menotti Pescarmona fue contado por dos personas distintas que trabajaron en el grupo pero que no se conocen.

La historia de la vida de Enrique Menotti Pescarmona y de la familia que construyó fue contada por él mismo y completada con datos de identidad que fueron obtenidos de balances y copias de documentos de identidad que figuran en expedientes judiciales.

Los datos del grupo económico tienen como base fundamental los balances de las empresas, los dichos de Enrique Menotti, las precisiones de su asesor en Comunicaciones, Alberto Salem, y artículos de revistas como *Negocios*, *Somos*, *La Semana*, *Siete Días* y *Noticias*.

La historia inédita de la conmoción multidireccional que provocó el secuestro de Pescarmona fue elaborada a partir de los testimonios de un ex gerente que participó indirectamente en las negociaciones y un funcionario que también los siguió de cerca.

Los logros de Pescarmona, su manera de ser, los detalles de la casa donde vive fueron escritos a partir de conversaciones con vecinos, empleados directos y un ex amigo que trabajó con

394   LUIS MAJUL

él durante más de cinco años. Las anécdotas sobre su particular manera de tratar al personal son parte de las experiencia de sus ex empleados.

La lista de gente a la que Pescarmona le prometió mucho y le dio poco fue confeccionada de acuerdo a los dichos de un gerente que muchas veces negoció con ellos. El y otro colega ayudaron a plantear los motivos por los que consideran que IMPSA no alcanzó la envergadura de otros grupos como Sociedad Comercial del Plata o Astra.

El relato de cómo se quedó primero con Cielos del Sur y después con parte de Iberia fue enriquecido con el testimonio un ex gerente de Pescarmona y de sindicalistas pertenecientes a la Asociación de Pilotos de Líneas Aéreas, la declaración de un altísimo funcionario que participó en las negociaciones, un importante diputado nacional, otro importante senador nacional, cinco pedidos de informes de diputados al Poder Ejecutivo, artículos de los diarios *Clarín*, *La Nación*, *Ambito Financiero* y *Página 12*, de las revistas *Noticias* y *Somos* y párrafos del libro *Robo para la corona*.

La presentación de la planta de IMPSA y los logros de esa empresa fueron obtenidos de folletos del grupo y de declaraciones del propio Enrique M. Pescarmona. El conflicto con el gobierno de Alfonsín por no pagar en tiempo y forma las cuotas del crédito para levantar la planta fue recordado por un funcionario de aquella administración.

CAPÍTULO 2: COMO HACER FORTUNA CON PLATA AJENA

La anécdota de cómo Enrique Epaminondas colocó a su hijo en el puesto de un obrero que acababa de morir en un accidente de trabajo fue recordada por un ex gerente de la compañía que la escuchó decenas de veces de boca de Luis Menotti Pescarmona.

La historia completa de la familia Pescarmona, desde el primero que bajó del barco hasta que Luis Menotti murió se contó a partir de los siguientes elementos: el testimonio de Enrique Menotti Pescarmona; la excelente nota firmada por Jaime Correas, titulada *Hombres de Acero* y aparecida en la revista mendocina *Primera Fila* en 1993; una investigación de la revista *Negocios*, un artículo de Marcelo Zlotogwiazda en *Página 12*; un aviso aparecido en 1938 en el diario *La Libertad*, de Cuyo; el informe de la azafata que voló en el avión que se cayó en Córdoba con Luis Menotti Pescarmona adentro; el testimonio de uno de sus amigos y de un hombre que fue su empleado fiel durante más de veinte años.

La verdad sobre la pelea familiar entre Luis Menotti y su hermano Mario Pescarmona fue contada por dos fuentes distintas e imparciales.

La radiografía de las hermanas Pescarmona y sus esposos fue confeccionada tomando la declaración de tres empleados que trabajan ahora en la planta de IMPSA en Mendoza.

La diferencia de criterios entre Luis Menotti y su hijo fue contada por Buk, y no fue ni la primera ni la última diferencia.

Los detalles de cómo se benefició Enrique Menotti Pescarmona con los contratos de la Comisión Nacional de Energía Atómica (CNEA) fueron explicados por los gerentes de IMPSA que consiguieron las ventajas y los agentes de la CNEA que conocieron los detalles de las negociaciones.

La pelea de Pescarmona con Massera por las turbinas de Yaciretá fue admitida por el propio hombre de negocios.

La apertura de IMPSA hacia el mundo figura en todos los papeles oficiales de la empresa. Su desarrollo desde 1985 hasta ahora aparece en cualquier reseña que presentan antes los inversores o los dadores de crédito.

El hecho de que Pescarmona no faltara a trabajar ni decretara duelo por la muerte de su padre fue algo que llamó la atención a todos los empleados de la planta en Mendoza.

CAPÍTULO 3: TODO TIENE PRECIO

La simulación de IMPSA de presentar chapas metálicas truchas como si estuvieran enteras fue contada por quien lo hizo, ante testigos, en su casa de Mendoza. El juró estar dispuesto a repetirlo ante quien sea.

Se trata de la misma fuente que contó, sin interrupciones, cómo funcionarios del gobierno de San Juan de aquella época le quitaron a los Pescarmona el 10 por ciento del monto de una licitación que habían ganado. Es el mismo hombre que relató la anécdota con el gerente de compras de la empresa TEGA y la actitud de Luis Menotti Pescarmona.

La forma en que se benefició IMPSA con los contratos de Atucha fue narrada por quien negoció, durante mucho tiempo, en nombre de IMPSA.

La denuncia de un pago irregular de 5 millones de dólares por parte de la CNEA a IMPSA apareció en un pedido de informes que encabezó, con su firma, el diputado Miguel Ortiz Pellegrini, de la Unión Cívica Radical.

El escándalo de la plata extra que obtuvo Pescarmona del Estado para sus obras de Piedra del Aguila fue narrado por alguien muy cercano al ex titular de la SIGEP, Mario Truffat.

El pedido de un adelanto de dinero de Luis Menotti Pescarmona para pagar el rescate de su hijo y la amenaza de un ex gerente de cerrar la planta si el Estado no le pagaba sus acreencias fueron revelados por alguien que participó de ambos hechos.

La discusión económica entre Erman González y Luis Menotti Pescarmona fue contada por un testigo presencial.

La denuncia de que IMPSA no pagaba su deuda por un crédito en la Caja de Ahorro se conoció en Tiempo Nuevo el 13 de octubre de 1992. El caso completo se reconstruyó a partir del expediente y del testimonio del escribano Segovia.

La historia del regalo de Pescarmona a Menem de una pintura de Quiroga y los gestos que consiguió IMPSA del gobierno después de la atención se incluyeron gracias al testimonio de dos diputados nacionales que manejaron el tema, los dichos de Enrique Menotti Pescarmona y el pedido de informes de Carlos Chacho Alvarez & Cía.

Pescarmona insistió con la invitación del autor a Colombia cuando terminó la entrevista.

INDICE

Composición láser: Noemí Falcone

Esta edición de 10.000 ejemplares
se terminó de imprimir en
Indugraf S.A.,
Sánchez de Loria 2251, Bs. As.,
en el mes de diciembre de 1994.